Diabolino: Dieses Buch ist allen „tierischen und menschlichen halben Enten" dieser Welt gewidmet!

© Copyright 2006 by Orphikon Verlag, Mauren, Liechtenstein,

E-Mail: orphikon-verlag@orphikon.li

In jeder Buchhandlung oder direkt zu bestellen bei:
Heinrich Heine Vertrieb
Viehofer Platz 8, D-45127 Essen
Tel. : +49(0)201 82070-0, Fax +49(0)201-82070-16
vertrieb@heine-buch.de, www.heine-buch.de
(portofreie Lieferung)

Alle Rechte vorbehalten

Das Werk einschließlich aller seiner Teile ist urheberrechtlich geschützt. Jede Verwertung außerhalb des Urhebergesetzes ist ohne Zustimmung des Verlages unzulässig und strafbar. Das gilt insbesondere für Vervielfältigungen, Übersetzungen, Mikroverfilmungen und die Einspeicherung und Verarbeitung in elektronischen Systemen.

Umschlaggestaltung: Gudrun Grebu und Alfred Kleinat

Layout: Gudrun Grebu und Alfred Kleinat

Satz: Alfred Kleinat und Markus Nies-Lamott

Redaktion: Dr. Rainer Schöttle Verlagsservice

Druck und Bindung: Valkat, A. Spanoudis & Co O.E., Athen

Printed in Greece

ISBN-10: 3-9523200-0-5

ISBN-13: 978-3-9523200-0-6

Eine Ent-liche Geschichte

von

Jorgos Canacakis

Illustratorin: Gudrun Grebu

Gedichte: Stefanie Montermann-Müller

Die Welt ist voll von halben Enten

Eine Entwicklungsreise für unsere Kultur

Wie das halbe Entlein Kalliopi sich auf den Weg macht, um eine gaaaaanze Ente zu werden

Ein Buch in drei Bänden

Basierend auf innovativen Forschungsansätzen und

pädagogisch-psychologisch kreativen Konzepten

Lebensunterstützung für Alt und Jung

Eine Art Schatzkarte zum leichten Auffinden der entdeckten Schätze
Band I

Hallo, ich bin dein Entenbuch! 10
Die Stoffente Kalliopi und die Instrumente aus der Geschichte stellen sich vor 12

Teil 1: Mitten hinein ins Theater des Lebens und auf die Bühne der Welt 13

Die „himmlisch" erdigen Expeditionsschutz- und Gewinnregeln 14
Angemessene und unsinnige Ausrüstung für diese Expedition 18
Alle für einen, einer für alle und ich für mich! 20
In der Ahnengalerie werden die Superstars vorgestellt 21
Beziehungskisten oder das Halbe-Enten-Dasein ist geil! 24
Nichtspezialisten als Entwicklungshelfer 26

Teil 2: Die vier faszinierenden Lebenswelten 29

Assipelli, der das Verborgene und Unsichtbare sieht 30
Die „Erden-Anschubs" – Übung 31
Wenn wir den Lauf der Welt stoppen wollen, läuft alles schief! 32
Assipelli und die Mäuse beleuchten die vier Welten 33
Hymnus an Sonne Helios und Mondin Selene 36
Die „Mit der Erde atmen"-Übung 37
Könnte der gute heile Teil in uns ein Engel sein? 40
Die „Ich hab´ mich lieb"-Übung 45
Ach, wie schön ist die Entenwelt-Idylle! 46

Teil 3: Wie die Idylle der Entenwelt zerbricht 49

Ein Sportauto überfährt Entenpapa Babo 52
Kalliopi wird vor lauter Entsetzen im Ei vergessen 54
Die Pustetiere werden zu Hebammen und Entenpaten 55
Der Solidargemeinschafts-Schatzkoffer und die Schatzkoffertheorie 58
Kalliopi wird von Opa und Oma „fallen" gelassen 60
Was macht man mit Tränen? Im Verlieren gewinnen! 62
Entenpapa Babos Beerdigung 63
Turbokinder sorgen für die Mama 64
Pleite auf der ganzen Linie 68
Das Halbe-Enten-Klagelied 73
Das Entlein macht sich auf den Weg 74

Teil 4: Kalliopi macht sich auf den Weg in das große weite leere Nirgendwo 77

Kalliopi ist allein 78
Wie man Halluzinationen überflüssig macht 82
Die Erde ist Bodyguard und Nahrungs-Schatzkeller in einem 84
Pan-Orpheas singt das Erden-Mondin-Schlaflied 86
Assipelli und Pan-Orpheas treten in Erscheinung 88
Der Anti-Grrr-Brrr-Jamrrr-Schatzkoffer 91
Kalliopi will zu den Engeln 92
Endlich geliebt, gesehen, verstanden und akzeptiert 93
Was tut man beim Verlieren? Pan-Orpheas stellt die Trauerformen vor 96

Teil 5: Wie Kalliopi im Schneckentempo lernt, ihren eigenen Füßen zu vertrauen 99

Kalliopi´s Gehversuche unter der Aufsicht der Schnecke Slowly 102
Das Enten-Watscheltraining 103
Kalliopi ist die Nr. 1 109
Sich als Erdenkind fühlen 112
Aller guten Dinge sind drei: Getragen sein, sicher sein, geliebt sein! 117
Kalliopi nimmt Abschied 118

Teil 6: Wie Abschied geschieht und der Vorhang fällt 119

Erinnerungsmeditation mit Pan-Orpheas 120
Einladung zum Erinnern und Sammeln der entdeckten Schätze 121
Die Zuschauer kommentieren die unvergesslichen Erlebnisse 124

Band II

Kalliopis Lebensabenteuer geht weiter... 129
Ein rätselhafter Minnegesang... 132
Glucksy der Fisch... 134

Teil 1: Ein Fisch, der vom Quaken weiß, es aber selbst nicht kann... 135

Kalliopi gerät durch ein bekanntes Flugtier in Bedrängnis... 136
Das Märchen von den sieben Toren mit den sieben Schlössern... 140
Wie bringt man eine Ente zum Quaken?... 141
Das Grrrrooooaarrr-Wuttraining mit dem SHS-Schatzkoffer... 143
Gezieltes Wüten... 146
Hymnus an die Gefühle... 147
Das Urfeuer des Big Bang und die Ursuppe als Ursprung von Wut- und Feuerausdruck... 148

Teil 2: Von einem, der ohne Augenlicht sehen konnte, und einer, die mit ihren großen Augen fast gar nichts sah... 151

Kalliopi begegnet dem Maulwurf Earthy... 152
Wie man eine Freundin der Erde wird... 155
Am Magma-See entsteht die Klangschale Helianthos... 158
Das Klageritual mit der Klangschale... 159
Schwingungs-Übung mit den goldenen Tönen von Helianthos... 161
Geborgen und sicher getragen im Bauch von Mutter Erde... 162
Kalliopi nimmt die Welt mit offenen Sinnen wahr... 164
Klangschalenentspannung... 166
Sinnliche Erdennahrung und schmatziger Erdentortenklang... 168

Teil 3: Seltsam, wenn Entenfedern nicht ins Wasser wollen - Schwimmen lernen heißt, sich dem Wasser anvertrauen... 171

Kalliopi stößt auf Mehmet, den ungewöhnlichen Raben... 172
Kalliopi fällt ins Wasser und geht fast unter... 174
Das rabenschwarz geniale Schwimm-Trockentraining... 175
Allseitige Begeisterung und Bewunderung... 177
Abschied von Mehmet... 178

Teil 4: Kalliopi lernt zu tauchen und die richtige Nahrung in der Tiefe zu finden... 179

Wie soll Kalliopi bloß die leckeren Früchte im Wasser erreichen... 180
Die Eule Kukuwaja und der Schmetterling Papillon – Vereinigtes Nichtspezialistentum bewirkt Wunderbares... 185
Ovationen für Kalliopi und die Zwillingscoachies... 188

Teil 5: Wie benachteiligte Wesen anderen Benachteiligten unbedacht zu Hilfe eilen... 191

Helfersyndrom, was ist denn das?... 192
Wie Kalliopi sich selbst vergisst... 193
Helfen ist gar nicht so einfach!... 195
Was ist los mit dem Spatz im Ei?... 197
Die weltbekannte fantastisch wirksame Schutzübung „He-Li-Wi-Wä-S-A"... 199
Abschiedsritual am Bächlein... 202

Teil 6: Vom Esel, der beinahe geflogen wäre, dann aber sehr schmerzhaft landete!... 205

Kalliopi trifft auf den „Möchtegern-Flieger" Donkyfly... 206
Transzendente Höhenflüge werden durch Frösche aufgeschreckt... 207
Die Mega-Enttäuschung: Eine Ente, die nicht fliegen kann!... 208
Das Flügel-Lüftungs-Training oder wie Kalliopi endlich zum Fliegen kommt... 209
Was geschah mit dem sagenhaften Ikarus?... 213

Teil 7: Mit Magie und Zauberei geht immer alles besser?... 215

Da würde Harry Potter aber Augen machen!... 216
Lord Quackoq und das rettende PBS-Training... 220
Zwei Schwanen-halsige im Misthaufen... 223
Die Magie- und Zauberklage... 226

Teil 8: Der zweite Akt geht zu Ende... 227

Lob an das Publikum und die Leser... 228
Herzensfotos und Erinnerungskorb... 229

Band III

Unter der Platane sitzen das Schreib-Mal-Team und die Hauptdarsteller... 234
Lebewesen aller Länder, die Selbstfürsorge üben, vereinigt euch zur Rettung von euch selbst, den Mitmenschen und der Erde!... 235

Teil 1: Ein wunderbarer Schulturm mit PISA-Eigenschaften oder
Wenn der Untergrund, auf dem wir den Schulturm bauen, nicht hält, kann der Turm nur schief werden... 239

Mit der Ameise Mini-Maxi-Worky echte Größe erleben... 240
Auf einem unsicheren Untergrund steht immer ein schiefer Turm... 242
Turbo-Kinder in Aktion... 243
Was machen wir jetzt?... 246
Orientierung und Aufräumaktion in Kalliopis Traumwelten-Chaos... 248
Das megastarke Super-Traum-Training aus dem Schutz-Traumtraining-Schatzkoffer... 251
Die Umwandlung von Albträumen und Halluzinationen... 254

Teil 2: Ich freue mich auf diese unsere Welt!... 255

Wie ist das mit der Selbstliebe?... 256
Die Wertschätzung der Lebensquellen, auch Ressourcen genannt... 257
Die Traumreise-Meditation zum Ur-Refugium... 259
Was man gewöhnlich mit dem Herzen macht oder Ich-Kontakt und Klarheit mit sich selbst... 261
Das Werden und Vergehen im Lauf der Jahreszeiten... 262
Wir und die Erde sind die Mega- Einmaligkeit der Galaxis... 266

Teil 3: Trauer oder Depression, der berühmte kleine Unterschied macht's aus!
Gefühlsumwandlung und Lebendigkeit oder seelische Schwindsucht... 271

Die Bio- Trans- Pression... 272
Gefühls- und Tränen- Training (GuTT)... 275
Der Trauer- Umwandlungs- Schatzkoffer... 276
Wutttränen schenken Kraft für das Leben... 279
Alles geht dahin zurück, wo es hergekommen ist... 280
Tränen sind sehr kostbar... 282

Teil 4: Wie Leonardo in Kalliopis Leben tritt oder Andocken ist geil!... 283

Was ist Liebe überhaupt? Theoretische Liebesquasseleien... 284
Die Andockung läuft schon!... 286
Besuch von Mega-Foot, dem Beziehungsspezialisten... 288
Die Liebe wird auseinander genommen... 290
Die Wut-Trabanten... 292
Von Wi-Li-Schi zu Wi-Li-Gu... 293
Liebe ist Schwingung des Herzens-Kann man Liebe durch einen Gongschlag verstehen?... 295

Teil 5: Rückflug nach Hause! Ob das wohl gut geht?... 297

Trübe Heimatidylle... 298
Die Wiedersehens- Tränen reinigen die trübe Atmosphäre... 300
Am Grab von Papa Babo... 302
Wie aus einem Picknick ein „herzlicher" Leichenschmaus wird... 303
Ein guter Platz für „junge Alte" und „alte Junge"... 305
Anstatt „Gegen das Älter werden" zu kämpfen, für das „Gute Altern sorgen! Das Geropolis Modell... 306
Im Stadium geht´s, vor dem Supermarkt nicht oder die neuen para-olympischen Disziplinen... 307
Schnell ist geil!... 309
Entwicklungstraining für plattgewalzte Wesen... 310
Das Fest kann beginnen... 314

Teil 6: Das dionysische Remmi-Demmi. Der Himmel kommt runter und feiert göttlich auf der Erde... 315

Der Himmel zieht um zur Erde... 316
Entenengel oder Engelenten?... 318
Der Freude- und Genießer- Schatzkoffer... 320
Die Trommelgruppe stärkt den Puls der Erde... 321

Durch die Sinne kommt man zu Genuss und Freude. 322
Beethovens 9. nach Entenquak- Manier umgewandelt. 324
Giga-Bilanz nach 3 Bänden 326
Ente gut, alles gut! Ein Mega-lob an alle, die dabei waren. 329

Seminare, Adressen, Buchveröffentlichungen. **334**

Die 9 Schatzkoffer

Band I:

Schatzkoffer Nr 1 und Schatzkoffertheorie:
Der rote Solidargemeinschafts-Schatzkoffer oder **Social- Equipment:** 58
Einer für alle, alle für einen und Ich für mich! Eine verschworene Gemeinschaft geht gemeinsam durch Dick und Dünn.

Schatzkoffer Nr. 2:
Der braun- schwarze Anti-Grr-Brr-Jamrrr-Schatzkoffer oder **Feeling Self Responsibility Equipment:** 91
Umgang mit Schuldgefühlen, die einen mit der Zeit mürbe machen, als wenn man täglich auf einem Nagelbrett sitzen muss.
Wie komme ich aus dem Hamsterrad von Ansprüchen an mich selbst heraus, alles ideal und perfekt machen zu müssen.

Band II:

Schatzkoffer Nr. 3:
Der regenbogenfarbene SHS-Koffer (Sub-Haut-Schlüpf-Methode) oder **Emotional Performance Equipment:** 144
Emotionale Aktivierung, Experimentieren mit dem Gefühlsausdruck und Stärkung dessen.

Schatzkoffer Nr. 4:
Der türkisfarbene HeLiWiWäSA-Selbstfürsorge-Schatzkoffer oder **Self Protection Equipment:** 199
Zum Schutz vor Überflutung von erschreckenden Erinnerungen und dem Herausfallen aus der Realität.
Aktivierung der Selbst- Beelterungs-Fähigkeit, von Selbstschutz und Selbstfürsorge.

Band III:

Schatzkoffer Nr. 5:
Der hellblaue Schutz-Traumtraining-Schatzkoffer oder **Protective Dreaming Equipment:** 253
Zurechtfinden im Chaos der Wünsche und Traumwelten und
Entwickeln eines aktiven In-die-Zukunft-Träumens, geschütztes Träumen genannt.

Schatzkoffer Nr. 6:
Der königsblaue Trauerumwandlungs-Schatzkoffer oder **Protective Grief and Development of Feeling Equipment:** 277
Erlaubnis, Trauern zu dürfen, Klarheit darüber, weshalb ich weine, wer weint (das kindliche Selbst in mir oder der Erwachsene),
Klarheit des Ausdrucks und eine Benennung finden.

Schatzkoffer Nr. 7:
Der rosa Wi- Li- Schi- und Wi- Li- Gu- Schatzkoffer oder **Trans Eros Equipment:** 289
Klarheit über die Liebe und das neue Zauberwort „Klar- Grenzung",
Klarheit darüber „Wie Liebe schief geht" und „Wie Liebe gut geht".

Schatzkoffer Nr. 8:
Der gelbe En-Tr-Schatzkoffer (Ententraining) oder **Duck Life Training Equipment:** 312
Universaltraining zur Re- Aktivierung aller Lebenskräfte und zur Re-Aktivierung aller verlebendigenden Videos,
die bisher erfahren, verankert und gespeichert wurden.

Schatzkoffer Nr. 9:
Der erdig- grüne dionysische Freude- und Genießer-Schatzkoffer oder **Joy and Exstasis Equipment:** 320
Dionysisch lustvolles Genießen, Freuen, Essen, Trinken, Singen, Tanzen, Musizieren, Schwimmen, Tauchen, Leben und Lachen,
Freude Teilen, miteinander Feiern, Jubeln und Jauchzen bis hin zur Ekstase.

Ein Mega-Herzenslob an alle Sponsoren, Unterstützerinnen und Unterstützer, an alle Freundinnen und Freunde in der Schweiz, Deutschland, Österreich und Griechenland

Dieses Buch hat einen langen Entwicklungsweg durchlaufen. Viele Jahre Lebendigkeit, Traurigkeit, Freude, Sorgen und jede Menge Umwandlung spiegeln sich darin wider. Was in und um uns passierte, wurde ein Teil von Kalliopis Entwicklung, und ihre Entwicklung wiederum brachte uns ein Stück weiter. So sind wir mit ihr „ganzer" geworden. Für eure Unterstützung und für eure Aufmerksamkeiten in schwierigen Zeiten, aber auch für eure Teilnahme an der Freude, den Farben und der Geschichte des Buches möchten wir uns mit einem Mega-Lob bei euch bedanken! Wir wünschen uns, dass dieses Buch Früchte trägt und Wärme und Verständnis in die Kinder- und Erwachsenen-Herzen bringt!

Maus im pinkfarbenen Minirock: Was hätte nur alles passieren können! Aber lest selbst! Ihr werdet staunen!

Maus in blauweiß gestreifter Hose: Ein riesengroßes Mäuse-Dankeschön!

Maus in grüner Hose: Ohne euch wären wir nie zu einer „Ganzen Ente", hm Ganzen Persönlichkeit geworden!

Verein UBS-Angestellte helfen Zürich

Scheidegger-Thommen-Stiftung Basel

Klinik Palas, Schweiz

Dieter Schwarz, Deutschland

Inner-Wheel-Club Basel

H. Leidenforst AG, Basel

Swiss Re Zürich

Hamasil-Stiftung Zürich

Justizdepartement BS/CH Abteilung
Jugend, Familie und Prävention

Gesundheitsförderung Schweiz

Lotteriefonds BS-BL/CH

Stiftung Marie-Anna Basel/CH

Verein Myropädie© Schweiz

Susanne Hügi

Roland Weisskopf

Mariagret Liechti

Doris Studer

Liane Jacobs

Christa Göldi

Katharina Heiniger

Anka Fey-Oeder

Peter Ochsner

Rosemarie Bolt

Fritz Lienhard

Verein Myropädie© Deutschland

Gabi Mack

Elisabeth Beker

Claudia Sommer

Gudrun Wala

Marianne Fatton

Ursula Neff

Die Puppenmacherin

Coss Consulting

Fam. Renner

Helena und Albert Dott

Leo Grebu

Anette Metzner

Barbara Manz

Gisela Nowak

Soumaja, Djamila, Tamir

Fabian Dott

Karin Köllges, Hanna Köllges

Doris Oetzel

Bärbel Nürenberg

Margaretha Bröck

Dagmar Bröck

Georg Müller mit Theresa und Clemens

Margarita Turner-Canacakis

Hallo, ich bin dein Entenbuch!

Du wirst bestimmt überrascht sein, dass das Vorwort von mir selbst geschrieben wurde. Ja, du hast schon richtig gelesen, von mir, dem Buch, das du gerade liest. Es gibt mehrere Gründe, warum ich mich zu diesem Schritt entschlossen habe. Einer davon ist, um meinen Autor ein wenig zu entlasten, da der Arme ganz verstrickt ist in die aufregenden Ereignisse dieses Mega-Abenteuers. Außerdem sollst du sozusagen aus erster Quelle erfahren, wer ich bin und was dich erwartet. Ich bin nämlich kein gewöhnliches Buch, oh nein, ich bin ein ganz besonderes Buch.

Du kannst froh sein, mich jetzt in deinen Händen zu halten. Dass es mich gibt, ist gar nicht so selbstverständlich, wie du vielleicht glaubst. Klar, mittlerweile kann man mich in jedem Buchladen kaufen, aber bis dahin war der Weg mühsam. Es war ein regelrechtes Abenteuer, den Verlag und die Buchhändler davon zu überzeugen, dass ich wichtig bin und dass sie mich unbedingt drucken und verkaufen müssen. Das war aber noch nicht alles. Stell dir vor, man fand in den Buchhandlungen gar keine geeignete Abteilung für mich. Sollte ich eher zu den Kinder- oder Jugendbüchern oder zu den Büchern für Erwachsene, Lehrer, Eltern oder Großeltern gestellt werden? Würde ich besser in die Abteilung für Pädagogik oder für Psychologie passen? Bin ich ein Märchen- oder ein Sachbuch? Es war gar nicht so einfach, das herauszufinden. Ja, auch wir Bücher haben manchmal „Identitätsprobleme", nicht nur ihr Menschen! Und dann noch dieser Titel: „Halbe Enten"! Was das wohl sein mag? Das ist wohl ein bisschen viel Ungewöhnliches auf einmal!

Nun, da ich doch endlich glücklich bei dir gelandet bin, freue ich mich schon auf deine warmen Hände und die neugierig staunenden Blicke aus deinen wachen Augen.
Ich hoffe, dass du zu Hause einen schönen Platz für mich hast, am besten unter deinem Kopfkissen. Das würde mir sehr gefallen. Übrigens gibt es bereits wissenschaftliche Erkenntnisse darüber, was geschieht, wenn man ein Buch unter das Kopfkissen legt und entspannt darauf schläft. Wie, du weißt das nicht? Am Morgen soll der gesamte Inhalt des Buches in deinen Kopf übergesiedelt sein. Du musst dich nur wirklich entspannen und tief schlafen. Du kannst es ja einmal versuchen! Sollte es bei dir ausnahmsweise doch nicht klappen, kannst du mich ja unter deinem Kissen hervorholen und in mir blättern und lesen. Ich bin ein richtiges Mega-Abenteuer-Buch mit unzähligen aufregenden Events! Manchmal brauchst du recht starke Nerven, wenn du dich beim Lesen in die Abenteuer der kleinen Ente verwickelst. Du wirst nämlich gar nicht anders können als mitzufühlen, mitzustreiten, mitzulachen und mitzuzittern. Und mach dir jetzt bloß nicht gleich in die Hose! Es ist selbstverständlich dafür gesorgt, dass du nicht in Gefahr kommen wirst. Ist doch klar!

Ein Problem gibt es allerdings noch, wenn auch kein besonders großes. Mich werden viele Menschen lesen wollen, weißt du. Ich war schon vor meinem Erscheinen berühmt und in aller Munde. Viele warten schon lange auf mich, da mein Autor mich bei jeder Gelegenheit angekündigt hat. Er war fast fünf Jahre lang schwanger mit mir. Dass ich ein ganz besonders tolles Buch bin, pfeifen mittlerweile schon die Spatzen von den Dächern. Deshalb besteht die Gefahr, dass deine ganze Familie in mich hineinschnuppern will. Ja, und was machst du dann? Vielleicht werden deine Eltern und Großeltern mich dir mit dem Hintergedanken schenken, selbst gerne in mir zu lesen. Daher könnte es passieren, dass ich gerade dann, wenn du Lust hast, in mir zu lesen, nicht da bin. Wenn ich dir also einen Rat geben darf: Mach eine Liste!
Alle, die mich bei dir ausleihen wollen, müssen sich dort eintragen. An deiner Stelle würde ich mir gar nicht mehr als drei Stunden Ausgang erlauben. Wenn die mich nämlich einmal haben, werden sie mich bestimmt für längere Zeit nicht mehr aus der Hand geben wollen. Denn eine „ganze Ente" zu werden ist spannend und lohnt sich!

Du könntest deine Familie aber auch einfach furchtbar neugierig machen auf abendliche Lesungen im Wohnzimmer, indem du ganz beiläufig ein paar Sätze loslässt über das, was du liest, so lange, bis ihnen der Mund wässrig wird. Dann organisierst du am Abend eine Lesung, zu der alle kommen können, die Lust haben. Wenn es dann am spannendsten ist, musst du unbedingt aufhören zu lesen, so wie man das bei den Filmserien im Fernsehen immer macht. Deine Zuhörer werden mich dir fast aus den Händen reißen, du wirst es sehen! Dann kannst du ihnen in Aussicht stellen, am nächsten Tag weiter zu lesen. Hihihi!! Ganz schön fies, was? Ich bin also auf jeden Fall ein Buch für die ganze Familie, für jeden Tag, für das ganze Jahr und auch für nächstes Jahr, weil meine Geschichte alle angeht, sowohl Enten- als auch Menschenwesen!
Ja, und dass ich ein dicker, fetter, wunderbarer, herzergreifender und herzerfrischender farbiger Schatz mit vielen Bildern bin, in die du dich vertiefen kannst, zum Lesen, zum Lachen, einfach zum Mitfühlen, brauche ich wohl nicht zu sagen! Du wirst mich dein ganzes Leben lang lesen wollen. Huii! Habe ich jetzt ein bisschen dick aufgetragen? Bescheidenheit war ja noch nie meine Stärke!

Oh je, jetzt habe ich schon so viel geplaudert, und du weißt noch nicht einmal, woher ich komme. Ich bin nämlich ein Weltenbummler und rieche nach vielen Düften dieser Welt. Ich entstand in verschiedenen Ländern, in Deutschland an den Flussniederungen des Rheins, in Essen an der Ruhr, am Fuße der Alpen im bayrischen Regensburg, in St. Gallen in der Schweiz und in Innsbruck mitten in den österreichischen Alpen. Und stell dir vor, sogar in Griechenland in der Nähe des berühmten Zeustempels am Cap Sounion bei Athen. Die meiste Zeit jedoch wurde ich auf einer traumhaften, sagenumwobenen Insel im ägäischen Meer geschrieben, gezeichnet und gestaltet. Sie hat einen besonders wohlklingenden Namen und heißt Ikaria, benannt nach Ikarus. Ikarus war der erste Mensch, der mit eigenen Flügeln fliegen konnte, laut der antiken Sage. Sein Vater hatte sie für ihn gebaut. Kennst du die Geschichte? Neben meinem Autor haben sich noch einige andere Menschen mit mir befasst, und das ist gut so. Ich würde sonst nicht so strotzen vor Vielfalt. So haben die einen gemalt, die anderen gedacht, geschrieben und Korrektur gelesen. Das Aufregendste jedoch ist, dass das meiste, was ihr in mir findet, aus der ständigen Diskussion von vier Frauen mit dem Autor entstanden ist. Sie sind dabei in die Rollen aller beteiligten Tiere, Pflanzen und Dinge geschlüpft. Sie haben sich mitgefreut, mitgeweint, mitgefühlt und mitgeschimpft. Oft haben sie Herzklopfen bekommen und geschwitzt, besonders wenn die Situation unserer Kalliopi ganz aussichtslos und brenzlig schien. Das ist übrigens eine ziemlich ungewöhnliche Art, ein Buch entstehen zu lassen. Mein Autor hat dafür einen speziellen Namen erfunden und nennt sie „Fühl-Schwatz-Schwitz-Schreib-Sing-Methode". Ihr habt sicherlich längst schon bemerkt, dass er als „innovativer Psychologe" gerne neue Namen erfindet.
Ja, und wenn du nun beim Lesen mutig bist und dich einlassen kannst, wirst du bestimmt eine richtige „ganze Ente" werden. Sorry, ich meine natürlich ein „ganzer Mensch". Du findest in mir unzählige, wunderbare und gute Möglichkeiten, dich zu entwickeln. Viele Menschen haben sich bereits mit dieser von meinem Autor entwickelten Methode auf den Weg gemacht, ein „ganzer Mensch" zu werden. Psst... unter uns gesagt: Er hat es sogar selbst bald geschafft! Also Vorhang auf und viel Vergnügen beim Lesen!

Dein Buch

Eennteen Buuuch

Die Stoffente Kalliopi und die Instrumente aus der Geschichte stellen sich vor

Noch bevor ihr richtig zu lesen beginnt, möchten wir euch gerne eine besondere Freude machen. Dieses abenteuerliche Buch steckt voller ungewöhnlicher Events, die ihr bestimmt besser und lebendiger durchleben könnt, wenn ihr das geeignete Zubehör dafür habt. Deshalb möchten wir euch an dieser Stelle ein paar besondere Freuden-Macher und Unterstützer vorstellen, die wir extra für euch und natürlich für das kleine Entlein gefunden haben. So wie man nicht ohne Trommel in den Urwald gehen soll, braucht ihr ja auch etwas, um euch selbst zu erfreuen, wenn ihr alleine oder mit anderen zusammen seid. Das, was wir euch jetzt vorstellen, könnt ihr auf eurem Weg mit Kalliopi bestimmt gut gebrauchen. Wir hatten selbst viel Spaß beim Entwickeln, Finden und Ausprobieren dieser Dinge. Aber es geht natürlich auch ohne!

Es gibt drei wichtige Möglichkeiten, die wir euch hier vorstellen möchten:

1. Die Stoffkobolde:

a. Das Wichtigste ist unsere Heldin, das Entlein Kalliopi:

Sie ist am Anfang so verknautscht wie in dieser Geschichte und steckt in einer weichen Ei-Hülle aus weißem glänzendem Stoff. Während ihr das Abenteuer lest, könnt ihr sie liebevoll aus der Hülle herausnehmen und im Laufe der Expedition langsam entfalten, so dass sie sich langsam zu voller Größe aufrichtet. Sie kann dann auf eigenen Füßen stehen lernen, euch anschauen und ihr könnt sie in die Arme nehmen. So habt ihr am Ende ein „ganzes Entlein", das mit euch zusammen auf diese Expeditionsreise gegangen ist. Auf Grund dieser Erlebnisse wird sie für euch eine gute und wichtige Kameradin sein, mit der ihr in Dialog bleiben könnt, um das Erlebte immer wieder zu erinnern.

b. Dazu kommt noch Mega- Foot, auch Tränchen genannt:

Mega-Foot, bekannt aus dem Buch „Auf der Suche nach den Regenbogentränen", ist der beste und erfahrenste Bergführer, den es überhaupt gibt, wenn es darum geht, „Gefühlsberge" – das heißt aufgestapelte Berge von Trauer zu erklimmen und Gefühlswelten zu erforschen.

2. Vier wunderbare kleine Instrumente mit einem ungewöhnlichen Klangzauber:

Keine Angst, diese muss man nicht spielen lernen. Mit einer kleinen freundlichen Mut machenden Anleitung kann man sehr bald aufregende und beruhigende Klänge zustande bringen ohne vorher einige Semester einer Musikschule absolviert zu haben.

a. Die goldfarbige Klangschale mit silbrigen Tönen namens Helianthos:
Sie ist, der Erzählung in diesem Buch folgend, aus dem Magma der Erde entstanden und dort geformt worden. Der Name „Helianthos" kommt aus dem Altgriechischen und bedeutet „blühendes Licht" von Helios = Sonne und Anthos = Blume. Ihr könnt mit ihren Klängen Phantasiereisen machen und euch entspannen. Und wenn ihr in schweren Zeiten Kraft braucht, könnt ihr durch sie eure Zellen mit viel Energie aufladen.

b. Die Lyra Apollo, ein Zupfinstrument mit „göttlichem Ursprung":
Es hat eine ungewöhnliche Entstehungsgeschichte. Als die ersten Menschen sich Schildkröten-Panzer aufs Ohr setzten, waren sie fasziniert von den Klängen, die sie darin hören konnten. Somit war der Resonanzraum des herrlichsten aller Instrumente gefunden. Apollo, der kreativste und künstlerischste aller Götter der Antike, zog dann Saiten aus Tiergedärmen über den Schildkrötenpanzer. So entstand die Lyra. Wenn man sie zupft, kann man also göttlich sanfte Klang-Erfahrungen machen.

c. Die Trommel Tim– Ba-Non:
Sie klingt wie die Silben ihres Namens. Ihr tiefer Klang erinnert uns an unsere Urmutter Erde und zieht unsere Füße auf den Boden. Ihr antreibender Rhythmus bringt uns in freudige Erregung und Bewegung, auch wenn wir ganz faul sind oder vor lauter Traurigkeit nicht wissen, was wir wollen. Sie wird euer guter Freund werden, wenn ihr auf ihr trommelt, euch dabei bewegt und tanzt. Ihr werdet dann spüren, wie das Lachen und die Freude in euch aufbranden und wie lebendig ihr seid. Auch ihr Name stammt aus der Antike und bedeutet einfach Trommel.

d. Der Big-Bang-Gong:
Ein Gong dieser Art erinnert uns an die Urform des Universums: rund, glänzend und strahlend. Jedes Mal wenn du den Gong in Schwingung bringst, ist es wie damals bei der Entstehung des Universums im Big Bang, denn in jeder Zelle unseres Körpers schwingt dieser Urimpuls nach. Unsere erste Begegnung sollte daher gut vorbereitet sein. Erst suchen wir die richtige Nähe und Distanz zum Gong. Wir sichern unseren Stand, indem wir der Erde, die uns in diesem Moment trägt, unseren Körper anvertrauen. Dann richten wir unere Aufmerksamkeit darauf, wie wir die Schwingung durch unsere Haut aufnehmen. Je mehr wir für die Schwingungen durchlässig werden, umso mehr können wir uns dabei „ganzheitlich" spüren. Schließlich können wir probieren, mit dem Gong zu tönen. Dabei tanken wir Schwingungspower und werden fähig, dem Gong eine Antwort zu geben. Nach einer Zeit des sorgfältigen und achtsamen Übens, fühlen wir uns bald selbst als ganzer schwingender Gong. Seid neugierig auf die „Klang-Freude" beim Hören und Spüren!

3. Die CD Chroma-Ode = der farbige Gesang:
Die CD ist aus der Praxis für die Praxis im Umgang mit dem Buch erstellt, deshalb wird sie erst nach dem Erscheinen des Buches herausgegeben.
Sie enthält viele Lieder, Rhythmen und farbige Stimmexpeditionen, die ihre wahre Faszination erst dann enthüllen, wenn ihr selbst zu probieren beginnt. Es gibt viel Schönes zu hören, Anweisungen wie man mit den Instrumenten faszinierende Klänge hervorbringt, aber auch wie man mit mehreren Instrumenten gemeinsam musizieren und singen kann. Wir wünschen euch von Herzen sinnliche und ungewöhnliche Klang- und Rhythmuserlebnisse!

Mitten hinein ins Theater des Lebens und auf die Bühne der Welt

Die „himmlisch" erdigen Expeditionsschutz- und Gewinnregeln

Erzähler-Begleiter:

Hallo, ich bin der Erzähler-Begleiter und werde dich durch das ganze Abenteuer begleiten. Ich werde dir immer wieder erklären, was gerade los ist, etwas Ordnung in das Chaos auf der Bühne bringen und dein Verständnis für das Geschehen wecken.

Ich freue mich riesig, dass du hier bist, um dieses einzigartige, „himmlisch-erdige" Abenteuer mitzuerleben. Du kannst sogar selbst ein Teil davon werden. Bevor es aber richtig losgeht, möchte ich dich noch auf ein paar wichtige Dinge hinweisen.
Die Geschichte spielt auf einer Bühne. Da, wie ich meine, auch die Welt, in der wir leben, wie eine Bühne ist, spielen wir alle immer wieder die verschiedensten Rollen darin, nur leider oft die für uns unpassenden. Das macht keinen Spaß und kann furchtbar anstrengend sein.

Wenn du mit mir auf diese Reise gehst, um zu erleben, wie sich ein „halbes Entlein" zu einer „ganzen Ente" entwickelt, wirst du mehr darüber erfahren. Dieses Entlein, das den wundersamen Namen Kalliopi trägt, hatte das Pech schon vom Beginn ihres Lebens an auf viele Hindernisse zu stoßen, die ihr das Leben richtig schwer machten. Ich kann mir gut vorstellen, dass viele Leserinnen und Leser sehr berührt sein und von Herzen mit unserer Kalliopi mitfühlen werden. Es ist gar nicht schlecht, wenn man sich von etwas berühren lässt, denn das bedeutet immer, dass das eigene Herz noch ganz lebendig ist. Du wirst merken, dass viele Gefühle dieses Entleins dir gar nicht so unbekannt sind, denn Vieles, was das Entlein erlebt, könnte auch dich oder mich irgendwann einmal im Leben treffen. Für jeden von uns sehen die Stolpersteine des Lebens nur etwas anders aus, weil wir einzigartige Lebewesen mit einzigartigen Lebenswegen sind.

Das Schöne und Besondere an dieser Abenteuergeschichte ist, dass wir miterleben können, wie es das Entlein trotz der enormen Startschwierigkeiten schafft, sich zu entwickeln. So können wir Menschenkinder auf dieser Reise Einiges lernen, um für viele Situationen im Leben gut gewappnet zu sein. Denn es besteht die Gefahr, durch die vielen Schwierigkeiten, die es im Leben gibt, ganz dumpf und gefühllos zu werden. Na ja, du kennst das ja.

Also, wenn du bereit bist, mit mir durch dieses Abenteuer zu gehen, kannst du vieles gewinnen: Gefühle, Gemeinschaft, Verständnis, Ausdruck, Liebe, und vor allem die Sicherheit und das Wissen, dass du auf eigenen Füßen stehen, dein Leben selbst in die Hand nehmen und es ohne Angst gestalten kannst!

Natürlich brauchen wir für eine Expedition Schutzregeln zu unserer Sicherheit. Sie sind dafür da, dass du gut vorbereitet bist und dich mit ausgefahrenen Fühlern, offenen Sinnen und Neugier und ohne Angst und Stress auf den Weg in dieses irdische Mega-Abenteuer machen kannst.

Lies die nun folgenden Punkte aufmerksam durch:

1. Als Erstes brauchen wir deinen **vollen Einsatz**, um als einer der Ersten an die Kasse zu gelangen. Denn das mit der Bühne ist natürlich ernst gemeint! Sonst könntest du ja nicht alles selbst mit Haut und Haar miterleben. An dieser Expedition wirst du nämlich als Mitfühlender und Mitspielender teilnehmen und nicht nur als Zuschauer! Also schleich dich nun schnell nach vorne. Du kannst auch ruhig ein wenig drängeln, um einen guten Platz zu ergattern, so wie man das bei einem heiß ersehnten Fußballmatch macht.
2. Dann gehört **eine große Portion Neugier, Experimentierfreude und Aufmerksamkeit** dazu, um bei so einer außergewöhnlichen Expedition mitzumachen. Wenn du ein wenig unruhig und ängstlich bist, versuche dich selbst zu umarmen. Solltest du betrübt sein, musst du deine Augen, Ohren und deine Nase ganz weit öffnen, damit du ganz bei Sinnen, d.h. ganz wach und aufmerksam bleibst. Übrigens, du musst nicht still sitzen wie in der Schule oder am Esstisch. Hier kannst du richtig mitfühlen, mitschreien, aufstehen, auf die Bühne klettern, mitschimpfen, mitlachen und sogar mitweinen. Dazu wirst du genug Gelegenheit haben.
3. Ich kann dir von ganzem Herzen versichern, dass du nichts erleben wirst, was dir nicht gut tut. Deswegen empfehle ich dir, dich dem Geschehen hier auf der Bühne ohne Angst zu öffnen, denn das Geheimnis des Lebens ist immer **Öffnung und Hingabe, Eindruck und Ausdruck**. In der Welt um uns herum steht uns Vieles zur Verfügung, wir müssen es nur wahrnehmen. Übrigens auch diejenigen, die gelernt haben, tapfer zu sein, immer nur Stärke zu zeigen und cool über den Dingen zu stehen, dürfen das Ereignis auf ihre Weichteile wirken lassen, anstatt nur auf die Knochen! Na ja, ich meine halt, dass du ganz sachte mitfühlen darfst. Es muss ja keiner merken!
4. Jetzt verrate ich dir aber noch eine super Möglichkeit, wie du mit großem Gewinn aus der Expedition herauskommen kannst. Die Erwachsenen nennen das **identifizieren**. Uff, da bleibt einem ja fast die Zunge hängen bei diesem Wort! Warte, ich übersetze es dir, bevor du aufgibst und nicht mehr weiterlesen magst. Also, du kannst ganz vorsichtig und unbemerkt **in die Haut der kleinen Ente Kalliopi schlüpfen und so tun, als wärst du sie**. Mit dieser tollen Möglichkeit kannst du alles ausprobieren. Du kannst mit ihr mitspielen, mitfühlen, mitschreien, mitschimpfen, mitlachen, mitweinen und vieles andere, ohne fürchten zu müssen, dass es jemandem nicht gefällt. Und übrigens, du brauchst keine Angst zu haben, ich verrate es dir jetzt schon: Das Entlein wird seinen Weg gut schaffen, auch wenn die Situationen, in die es gerät, manchmal katastrophal und ausweglos erscheinen. Durch die unsichtbaren Helfer und Mitspieler auf der Bühne wird das Entlein Unterstützung und Sicherheit erfahren. Man könnte auch sagen, um sie herum wimmelt es von Bodyguards!
5. Du kannst darüber hinaus in die Haut **aller Figuren schlüpfen**, die in der Geschichte auftauchen. Du kannst so abwechselnd der Beschützende, Verstehende, Hörende, Handelnde oder Sehende sein. Je nachdem aber auch Baum, Stein, Maus, Schweinchen, eben alles in der Natur, die ja, wie du weißt, das beste und wunderbarste Geschenk der Schöpfung an uns ist. Und dabei kannst du **all die verschiedenen Gefühle, die es gibt, ausprobieren**. Das macht dich sehr stark, weil es darunter auch das wunderbarste aller Gefühle gibt, das Gefühl der Liebe! Diese Liebe, die wir für das Entlein empfinden werden, ist automatisch auch Liebe zu uns selbst. Denn erst, wenn du Liebe zu dir empfindest, so wie du bist, kannst du auch die anderen Menschen lieben. Alles klar?! Diese Liebe, die du für dich und alle anderen in der Tier- und Menschenwelt gewinnen wirst, macht dich reich. Du wirst sicherer und selbstständiger im Leben und bekommst eine Ahnung, wie du dein Leben gestalten möchtest. Man nennt das „den Weitblick gewinnen"!
6. Du wirst diese Expedition in einer **mitfühlenden und mittragenden Gemeinschaft** erleben, zu Hause mit deiner Familie und deinen Freunden und in Verbundenheit mit allen, die dieses Buch lesen. Du wirst viel Verständnis für das Entlein und seine Geschichte, für uns, für die Mitmenschen, für die Natur und für die ganze Welt gewinnen. Und du könntest sogar Antworten auf die grundlegenden Fragen allen Seins, die uns seit den Uranfängen der Menschheit immer wieder beschäftigt haben, entdecken: Wer bin ich? Woher komme ich? Wohin gehe ich?

Halt! Wettbewerb für alle, die gerne selbst ein Buch erstellen möchten!
Ich habe mir überlegt, dass du nach dem Lesen dieser drei Abenteuerbände ein viertes Buch selbst gestalten könntest. Ja, du hast schon richtig verstanden! Du könntest ein eigenes Buch gestalten! **So wirst du selbst zu einer Autorin oder einem Autor!**
Ich werde dich dabei natürlich tatkräftig unterstützen, indem ich dir

1. am Ende eines jeden Bandes eine Anzahl von Fragen und Aufgaben stellen werde. Du kannst dann über deine Erlebnisse, deine Eindrücke, dein Bewegtsein, deinen Ärger, deine Freude, dein Lachen und Weinen berichten.

2. Du könntest dazu etwas malen, dichten oder eine klitzekleine Geschichte schreiben,

3. und dies auch schon zwischendurch beim Lesen, wenn dich das Geschehen oder eine der Übungen besonders berührt.

4. Das selbst Erschaffene kannst du dann in einem Ordner oder einem Album sammeln. So hast du am Ende als Krönung und Belohnung für dein Mitmachen und Mitfühlen, für dein „Ganz-dabei-Sein", ein selbst erstelltes Buch.

Deine Mühe soll natürlich anständig belohnt werden:
Wir haben uns gedacht, dass alle Kinder und Erwachsenen uns ihre Alben schicken können oder einzelne Teile davon, z.B. Gedichte, Bilder, Geschichten.
Eine Jury, bestehend aus Erwachsenen und Kindern, wird dann die drei schönsten Alben prämieren. Aus allen von euch eingesandten Büchern würden wir gerne ein neues Buch zusammenstellen, um es allen Menschen- und Entenkindern dieser Welt vorzustellen. Na, wie findest du diese Idee?
Ich und die Kinder, die ich gefragt habe, halten diese Idee für mega-zündend. Euer „Bücherfeuer" könnte bald überall im Lande lodern und von allen bewundert werden. Vielleicht können Lehrerinnen und Lehrer oder alle, die mit Kindern arbeiten, dieses Bücherfeuer in ihren Klassen entzünden oder anstelle neuer Bücher eine Theateraufführung gestalten und dabei zu ganzen Enten werden. Also, sofort anfangen!

Wir wollen nun Vertrauen in die Gemeinschaft der Leser und Zuschauer gewinnen, indem wir gemeinsam den Schwur der drei Pustetiere sprechen (im nächsten Kapitel erfährst du, wer sie sind):
„Einer für alle, alle für einen und ich für mich!" Merke ihn dir gut! Wir werden ihn noch oft auf unserer Expedition brauchen.
Aufgabe: Gestalte ein schönes Spruchband oder Wappen für dein Buch mit dem Spruch der drei Pustetiere!

So, jetzt bist du gut gerüstet, es kann also nichts mehr schief gehen. Ich wünsche dir von ganzem Herzen einen guten „Enten-Weg".

Herr Larifari: Oh je, das Entlein ist ja tatsächlich nur halb!

Maus in gelber Hose: Oh mein Gott, ich bekomme richtiges Herzweh, wenn ich das arme halbe Entlein sehe.

Frau Farilari: Was es da alles zu lesen gibt! Von solchen Dingen habe ich ja noch nie was gehört!

Maus im grünen Rock: Wie soll denn das gehen? Ein halbes Entlein wird plötzlich wieder ganz? Also, ich versteh die Welt nicht mehr.

Maus mit gestreiften Boxershorts: Komm sofort raus da, du machst ja lauter Löcher rein!!! Außerdem bekommst du Bauchweh von der Tinte.

Maus mit roter Hose: Ich will auch unbedingt da rein! Lasst mich durch!!

Diabolino: Na, ihr neugierige Mäusemeute. Es sieht fast so aus, als verwechselt ihr das Buch mit einem Schweizer Käse. Benehmt euch jetzt anständig und stellt euch wie die anderen hinten in der Warteschlange an. Wo kommen wir denn da hin, wenn sich keiner an die Spielregeln hält!?

Erzähler-Begleiter: He, da muss man ja direkt Angst haben, dass diese eifrigen Nagetiere uns das erste Buch-Event vor der Nase wegfressen! Na, hoffentlich bist du auch so neugierig und lesebegierig wie unsere ungeduldige Mäusemeute hier.

Angemessene oder unsinnige Ausrüstung für die Expedition

Erzähler-Begleiter: Schau, wie sich die Zuschauer auf die Ausrüstungsgegenstände stürzen, sich aufrüsten für diese Expedition, als ob sie in den Krieg ziehen! Natürlich benötigt man für eine Expedition Ausrüstung, aber es muss die richtige sein! Etwa Kaugummis zum Träumen oder Tarnkappen, um sich schnell wegzubeamen, wenn es brenzlig wird? Oder haufenweise Schokolade, damit dir nachher so schlecht ist, dass du die Expedition vorzeitig abbrechen willst? Nein, dann doch eher frischen Proviant und frisches Wasser, stärkende Kräuterdrinks, Nüsse und Spinat.

Aber das allerwichtigste ist das Ziel: Eine ganze Ente werden! Dafür brauchst du vor allem viel Mitgefühl und Herzensliebe für unsere Heldin, das kleine Entlein Kalliopi. Wenn du dich für sie öffnest und ihren Weg begleitest, hast du große Chancen, selbst zu erfahren, ob du ein halbes Entlein geblieben bist und wie du dich entwickeln könntest. Das ist also für dich die absolut ultimative Gelegenheit, ohne Operation, ohne Medikamente, ohne Spritzen, ohne Therapeut und ohne Lehrer eine richtig runde ganze Ente zu werden. Dabei kannst du dir selbst der beste Begleiter sein, indem du mit Selbstachtung und Selbstliebe versuchst, deine lebendigen Gefühle kennen zu lernen. Wenn du dir die Zeit nimmst, in dich hinein zu hören, kriegst du eine Ahnung davon, was du brauchst, um weniger Angst zu haben und dich vor möglichen Gefahren gut schützen zu können. Dann kannst du auch aus dem, was wir für dich zusammengestellt haben, das heraussuchen, was du noch ganz dringend brauchst.

1. Es gibt spezielle Halsbonbons zum Schmieren der Stimmbänder, damit du so richtig schimpfen kannst, ohne heiser zu werden.
2. Um Power zu erhalten, gibt es natürlich jede Menge Proviant: Brot, Früchte und Gemüse zum Essen und evtl. auch zum Bewerfen der Angreifer auf der Bühne. Dafür eignen sich besonders die roten Tomaten.
3. Für Momente äußerster Entkräftung gibt es leckere, pechschwarze Schokolade, die auf der Zunge zerfließt, mega-mäßige Kraft-Kräuter-Drinks, Riesenflaschen mit frischem Quellwasser und schließlich Turbospinat als Kraftbombe für alle Fälle.
4. Zum Schutz vor Angriffen gibt es kugelsichere Westen, Schutzschilder, speziell aufblasbare Kissen für den Po, sollte man unerwartet auf die Pobacken fallen, und sogar Tarnkappen, um sich in Gefahrenmomenten unsichtbar machen zu können, sogar bei Scheinwerferlicht.
5. Zum Angriff gibt es Lachpfeile. Mit diesen Pfeilen kann man seinen Gegner schachmatt setzen, weil er vor lauter Lachen so viel Bauchweh bekommt, dass ihm ganz schlecht wird.
6. Zum Erwecken des Riechorgans, Nase genannt, gibt es hier auch noch edle Kräuter aus dem heimischen Garten: Oregano, Thymian, Basilikum, Lavendel, Salbei.

Erzähler-Begleiter: Nachdem alle ihre Ausrüstung zusammengestellt haben, kommen sie an die Garderobe. Hier können sie sich schöne Kleider für den Theaterbesuch aussuchen. Sie genießen es sichtlich, sich herauszuputzen und schön zu machen. Wir können nur staunen, wie bestimmt und zielsicher alle das, was sie brauchen, mitnehmen. Alle wissen doch offensichtlich ziemlich genau, was ihnen gut tut. Einfach toll ist das!

Einer für alle, alle für einen und ich für mich!

Erzähler-Begleiter: Ach, da kommt ja endlich das Publikum in festlicher Kleidung und gut ausgerüstet in den Zuschauerraum. Alle schwitzen, lachen, schimpfen, diskutieren – ein echtes erwartungsvolles Freudenchaos. Unser besonderes Mäusetrio entführt alle nun auf die Bühne in die Welt der Stars. Ich habe es leider durch den Trubel versäumt, die drei gleich zu Beginn vorzustellen. Es handelt sich hier um eine Mäusefamilie mit drei wahrhaft putzigen Mäusen, nämlich Herrn Larifari, Frau Farilari und Diabolino. Sie sind eine eingeschworene Gemeinschaft, die nach dem Motto **„Einer für alle, alle für einen und ich für mich!"** lebt.
Ja, ja, ich habe ein bisschen von den drei Musketieren geklaut und mich nicht ganz an den Originalspruch gehalten. Du wirst bald verstehen, warum ich das gemacht habe, warte nur ab! Und damit es auch ja keine Verwechslungen gibt, habe ich aus den „Musketieren" **„Pustetiere"** gemacht. Aber sonst sind sie genauso wie die drei Filmgestalten: richtige Draufgänger und absolut mutige Mäuse! Anstatt eines Schwertes haben sie einen spitzen Schwanz und eine wahrhaft spitze Zunge. Zwei der Pustetiere sind ein gewöhnliches Pärchen, wie man es überall auch bei den Menschen antrifft. Er heißt Herr **Larifari** und vertritt die Gattung Alltags-Mann. Er ist ein ziemlicher Wichtigtuer und total von sich überzeugt. Seine Frau **Farilari** ist die brave Gattin, die Vieles nachplappert, typisch alltägliche Bemerkungen macht, aber auch für manche Überraschung gut ist. Der Dritte im Bunde ist **Diabolino**. Ein richtiges **kleines Teufelchen**, das seine Mama und seinen Papa ordentlich auf Trab hält. Dabei sind das gar nicht seine richtigen Eltern – aber, um es mit Diabolinos absolut ultimativem Lieblingssatz auszudrücken: „Das ist eine andere Geschichte." Den Lesern jedenfalls wird er mit seinem lustigen Verhalten viel Spaß bereiten. Also bitte, Applaus für unsere drei würdevollen Pustetiere!

In der Ahnengalerie werden die Superstars vorgestellt

Erzähler-Begleiter: Jetzt werden wir euch die Stars dieser Geschichte kurz vorstellen. Ein paar Lebewesen der Ahnengalerie übernehmen die Rollen seelischer und geistiger Bodyguards, die uns den Weg zeigen und unterstützend zur Seite stehen werden. Gemeinsam mit ihnen werden wir dieses Expeditionsabenteuer gut überstehen.

Herr Larifari: Ruhe da unten im Zuschauerraum, ich habe etwas Wichtiges zu sagen und mag es nicht, wenn ich unterbrochen werde! Und mein Vortrag hier ist auch nichts für schnarchende Träumer, dass das klar ist!

Frau Farilari: Ja, genau. Zeig ihnen, wo es lang geht! Höchste Zeit, dass sie den Ernst der Lage erkennen!

Diabolino: Fuchtle nicht so rum mit deinem spitzen Schwanz, du machst noch die Bilder kaputt.

Herr Larifari (Zeigt mit dem Schwanz auf das **Entlein Kalliopi**, macht einen tiefen Seufzer und sagt mit trauriger Miene): Hier stehen wir vor dem Bild unseres Mega-Stars, dem kleinen hilflosen Entlein, das nur halb zur Welt kam. Es trägt den schönen Namen Kalliopi, benannt nach einer Muse, die im antiken Griechenland lebte. Diese war ein strahlendes Beispiel köstlicher Erzählkunst und konnte wunderbar musizieren und dichten. Aber halt, mehr erzähle ich euch jetzt lieber nicht, sonst erwartet ihr zu viel von unserem Entlein. Kalliopi wird mit Bravour und großer Aufmerksamkeit durch die Wellen und Stürme, die Höhen und Tiefen dieser Expedition gehen, und ihr könnt sie mit eurer mitfühlenden Liebe begleiten. Durch ihre Fähigkeit zur Hingabe spürt sie den Puls der Erde und kann sich auf ihr sicher und getragen fühlen.

Frau Farilari (folgt nun der Spitze des Schwanzes hinüber zur **Entenfamilie**): Ist das nicht niedlich? Mein Herz fühlt sich an wie ein Schmetterling, so leicht und froh.
Hier sehen wir Kalliopis Familie und ihre vielen kleinen Entengeschwister. Ist das nicht eine schöne Familie? Leider muss ich euch den Freudenwind gleich wieder aus den Segeln nehmen. Dunkle Gewitterwolken schweben bereits bedrohlich über dem Familienidyll. Oh, oh, oh, wenn ich nur daran denke, welches Unglück naht!

Diabolino: He, Mama, Papa, schaut mal her! Hier gibt es sogar ein Bild von uns, gleich hier rechts. **Pustetiere**" steht darunter. Was soll das denn heißen?

Herr Larifari: Das ist ganz einfach. Es handelt sich hier um unsere Mäusefamilie, eine eingeschworene Gemeinschaft, die nach dem Motto „ **Einer für alle, alle für einen und ich für mich!**" leben. Ja, ja, wir haben ein bisschen geklaut von den drei Musketieren. Aber da wir keine Musketiere sind, haben wir uns **Pustetiere** genannt. Aber wir sind genauso mutig wie die Musketiere.
Aber dieses Versprechen „**Einer für alle, alle für einen und ich für mich!**" brauchen wir, um das bevorstehende Abenteuer gemeinsam heil zu überstehen. Und damit meine ich auch euch, das Publikum. Deshalb, steht gleich einmal auf und sagt den Schwur gemeinsam laut und deutlich, damit wir wissen, dass wir mit euch rechnen können. Für alle, die den Text nicht behalten können, steht er auf der Eintrittskarte. Also, Karte raus, und los geht´s! (leises Gemurmel) Na ja, das war wohl ein bisschen zu zögerlich und leise. Los, noch einmal, alle zusammen, laut und deutlich: Gemeinsam wird es uns gelingen! Einer für alle, alle für einen und ich für mich!

Alle im Publikum bestätigen lauthals im Chor: Gemeinsam wird es uns gelingen! Einer für alle, alle für einen und ich für mich!

Diabolino: Das hat geklappt! Ohne eingeschworene Solidargemeinschaft wird hier nämlich gar nichts laufen. Das ist so bei den Herzensabenteuern.

Erzähler-Begleiter: Es gibt viel Applaus und viele Umarmungen unter den Zuschauern. Langsam wird es wieder ruhig.

Herr Larifari (ehrfürchtig und ohne das Bild zu berühren): Jetzt lasst uns ein Stück höher klettern hinauf zu den **Engeln** in die Welt der Transzendenz. Ich habe nämlich festgestellt, dass die ganze Welt unter einer neuen Epidemie leidet, die „Engelitis" heißt. Jawohl, ihr habt schon richtig gehört!! Sollen wir euch auch verraten, welches die Symptome sind? Gut! Die, die angesteckt sind, erkennt man daran, dass sie scharenweise und tagelang und oft sogar noch in der Nacht die Arme himmelwärts strecken, in der Hoffnung, endlich erhört zu werden. Von wem, wollt ihr wissen? Von den Engeln natürlich! Wenn dann aber ihre Wünsche nicht erfüllt und ihre unzähligen Gebete nicht erhört werden, sind sie furchtbar enttäuscht. Sie suchen sofort die Schuld bei sich selbst, weil sie nicht brav genug waren. Das fühlt sich natürlich, wie ihr euch bestimmt vorstellen könnt, nicht so gut an. Im Laufe unserer Geschichte werdet ihr erleben, wie wir Lebewesen, die Engel manchmal ganz arg in Schwierigkeiten bringen, weil wir von ihnen erwarten, dass sie alles für uns tun, ohne dass wir selber aktiv werden. Die Engel können aber nichts für uns tun, wenn wir nicht bereit sind, unser Leben in die Hand zu nehmen. Eigentlich ist alles für uns da auf dieser wunderbaren Erde, nur vergessen wir häufig, es in Anspruch zu nehmen.

Wisst ihr, wir sind alle vom lieben Gott so geschaffen worden, dass wir unser Leben mit Hilfe der Geschenke der Natur selbst gestalten und das Göttliche in uns entdecken können. Aber ihr müsst nur an unser Entlein denken. Mit einem ungünstigen Lebensstart erscheint uns manchmal unser Dasein als Erdenkinder sehr mühsam und schmerzhaft, und wir wären viel lieber bei den Engeln, um endlich Ruhe und Frieden zu haben. Ehrlich gesagt, ich habe sicherheitshalber auch schon einen Platz reserviert: erste Reihe, Wolke 21, für alle Fälle, man weiß ja nie. Aber es gibt scheinbar eine unendliche Warteliste von VIP-Leuten. Unsereiner kommt erst dran, wenn ein Platz übrig bleibt. Na ja, Schwamm drüber.

Bei unserer Ente Kalliopi ist es folgendermaßen: Solange sie nur jammert und hilflos ist, können selbst die Engel nichts für sie tun. Erst als sie bereit ist, sich zu entwickeln und ihr Leben selbst in die Hand zu nehmen, können auch die Engel sie mit ihrer unendlichen Liebe und Güte unterstützen. Das ist eines der Lebensgeheimnisse, die Viele allzu leicht vergessen. Doch das Gefühl der Hilflosigkeit kann man verändern, wenn man seine eigenen Fähigkeiten und Talente entdeckt, so dass man mit großer Freude und Zuversicht ein Erdenkind ist, welches mit voller Kraft auf Mutter Erdes Bauch lebt und so die Göttlichkeit in sich selber erfährt. Dann können wir als Erdenkinder unser eigenes Leben als Geschenk betrachten und erfahren, dass es sich zu leben lohnt.

Die andere Geschichte ist die, dass sich in unserem Buch auch die Engel auf sehr wundersame Art und Weise verändern werden. Zum einen freuen sie sich bestimmt, wenn wir uns in Zukunft nicht so hilflos verhalten und sie somit entlasten, zum anderen werden die Engel von der Lebendigkeit der Erdenkinder angesteckt, sodass sie am Ende sogar hinabsteigen auf die Er....

Aha, jetzt bekomme ich ein Zeichen von der Regie: Ich soll nichts weitererzählen!

Frau Farilari: Ja, die Auflösung gibt es erst am Ende des Buches. Ein richtiges Engel-Enten-Happy-End zum Mitfreuen. Aber nun weiter!

Herr Larifari (zeigt auf **die Entwicklungs-Coachies**): Jetzt kommen wir zu einem unserer wichtigsten Bilder, einem lebendigen Turm. Ist das nicht toll? Wenn die Bremer Stadtmusikanten das sehen würden, würden sie ganz schön schwitzen!! Darf ich vorstellen: Die Entwicklungs-Coachies! Sie werden unsere Unterstützer, Beschützer, aber auch unsere Entwicklungshelfer sein und dabei zu echten Freundinnen und Freunden werden. Ein Haufen toller Tiere. Also fangen wir mit dem ersten an ... einen Moment bitte, von der Regie wird mir gerade etwas mitgeteilt. – Was ist los?

Diabolino: Du sollst still sein! Wir haben doch bei der Regiesitzung besprochen, dass die Coachies bei der Zirkusnummer im Werbeteil vorgestellt werden.

Erzähler-Begleiter: Es geht ein Geherze und Gedrücke, ein Händegeschüttele und Zugenicke los, dass einem ganz schwindlig werden könnte.

Herr Larifari: O.k., ist gebongt. Ich bitte um Nachsicht (zeigt auf ein außergewöhnliches Wesen, genannt **Pan-Orpheas**). Nun stelle ich euch einen ganz besonderen Vertreter der Gattung Mensch vor. Pan-Orpheas, heißt er. Woher er kommt, weiß niemand so genau. Es geht das phantastische Gerücht um, dass er in einer Mondnacht inmitten einer Waldlichtung neben einer großen blanken Baumwurzel zur Welt gekommen ist. Übrigens, an genau derselben Stelle ist Frau Apollonia dem wunderbaren Kobold **Tränchen** begegnet, der jetzt noch dazu **Mega-Foot** genannt wird, wegen seiner sicheren großen Füße. Vielleicht begegnet er uns ja noch im Laufe dieses Abenteuers. Schließlich sind die beiden ja **ErdenWurzelGeschwister**.

Mega-Foot: Wer redet hier von mir? Ja, seid nicht so überrascht! Weil ich nicht in der Ahnengalerie zu finden bin, erscheine ich einfach hier an Ort und Stelle. Ich werde wie jetzt hin und wieder auftauchen, um ein wenig von meinem Erfahrungen mit den Menschenkindern zu erzählen. Ich wünsche euch viel gefühlte Herzlichkeit, anstatt das Herz zu würgen und die Gefühle einzusperren. Ja und nicht zu vergessen, ich habe nämlich seit einiger Zeit einen kleinen Assistenten. Er heisst Mikro-Mega-Foot.

Herr Larifari: Danke, Mega-Foot für deinen Besuch! Und mit viel Herzlichkeit fahre ich jetzt fort: Pan-Orpheas Mutter soll eine Nomadin gewesen sein, die mit ihrem Stamm gerade unterwegs war zu neuen Weide- und Rastplätzen. Man erzählt sich, dass im Moment seiner Geburt eine Nachtigall so schön gesungen haben soll, dass alle Waldbewohner ganz ehrfürchtig lauschten. Pan-Orpheas war also von Anfang an ein ganz besonderes Wesen. Obwohl sein Stamm nie mehr dorthin kam, kehrt er jedes Jahr zu seinem Geburtsort zurück. Er kommt, wenn er traurig ist und ihn etwas bedrückt, aber auch immer wenn er froh und zufrieden ist und viel Spaß und Freude am Leben hat. Manchmal ist er so mit seiner Umgebung verwachsen und verwurzelt, wird mit ihr dermaßen eins, dass man ihn fast nicht mehr davon unterscheiden kann. Seinen wundervoll klingenden Namen **Pan-Orpheas** bekam er in einer feierlichen Sternstunde von den Tieren und Pflanzen des Waldes. Er kann nämlich wunderschön und herzerweichend singen. Na, bei so einer Lehrerin wie der Nachtigall ist das ja auch kein Wunder. Auf jeden Fall ist er ein herzensgutes, strahlendes Wesen und ihr könnt euch auf die Begegnung mit ihm freuen.

Frau Farilari (zeigt als nächstes auf **Assipelli**): Ja, jetzt kommen wir zum wohl ungewöhnlichsten Wesen in unserer Galerie, **dem Assipelli**. Seht ihr, hier ganz oben neben Pan-Orpheas. Er ist eines der seltsamsten und gleichzeitig wunderbarsten Geschöpfe in diesem Buch. Es ist gar nicht so leicht, ihn mit wenigen Worten zu beschreiben. Nur so viel: Mit solchen Gestalten wie dieser haben sich in den letzten Jahrtausenden viele Spezialisten befasst, Philosophen, Theologen und andere gescheite Leute. Sie haben Tausende von Büchern geschrieben, um das Geheimnis des Göttlichen zu ergründen. Beim Verstehen und Deuten solcher Schriften ist aber leider Einiges schief gelaufen, sodass manches Geschriebene arg missverstanden worden ist. Besonders dann, wenn Menschen am Werk waren, die sich noch nicht zu ganzen Enten entwickelt hatten. Ihr Vorstellungsvermögen war deshalb sehr begrenzt. Sie hatten viel Angst vor allem Lebendigen und Wandelbaren. Aber euch möchten wir einladen, neugierig zu sein, alle eure Sinne zu öffnen, um das aufzunehmen, was Assipelli sagt. Dann werdet ihr viel für euer Leben lernen. Ihr könnt euch auf jeden Fall riesig auf die Begegnung mit ihm freuen.

Herr Larifari (zeigt auf **das Publikum**): Ja und hier unten ganz rechts, wer könnte da stehen, wenn nicht ihr selbst, **das Publikum**. Ihr könnt nicht verstehen, warum? Na, das ist doch klar wie dicke Tinte: Ihr seid die, die aktiv am Geschehen teilnehmen, sich mitfreuen, die mitweinen und manchmal ins Geschehen auf der Bühne eingreifen, um den Lauf der Geschichte ein bisschen zu verändern. Außerdem läuft nichts ohne euch. Was sollen die großen Stars ohne Publikum machen? Sie würden von niemandem bewundert und kämen sich dort auf der Bühne ziemlich verloren und einsam vor. Deshalb applaudiert euch jetzt einmal selbst! Ja, das ist wichtig! Und vergesst nicht, euch gegenseitig anzuschauen und zuzunicken!

Herr Larifari: Das gefällt euch wohl was? Aber schließlich können wir uns nicht den ganzen Tag selbst applaudieren. Außerdem kommt gerade jetzt das allerwichtigste und aufregendste überhaupt ... (zeigt auf das fast leere Bild)**: Das Bild mit dem Ausrufezeichen!** Wie wird sich wohl das Entlein Kalliopi entwickeln? Wird es ein Happyend geben? Wir wissen es nicht. Aber wir können alle gemeinsam davon träumen, es sozusagen mit herbeiträumen! Na, wie findet ihr das?
Stellt euch vor, wie unser Entlein Kalliopi sich auf ihrem Weg entwickelt, selbstständig wird, auf eigenen Füßen steht und alle ihre Talente entdeckt, also eine richtige wahre und ganze Ente wird. Lasst euch von ihrem Blick erfassen, schaut auf ihr strahlendes Gesicht, das schöne Gefieder, hört das liebevolle Quaken. Sie ist eine ganze Ente zum Anfassen und Verlieben geworden. Ihr Weg des Ganzwerdens wird auch jedem von uns etwas bringen. Wir werden uns glücklich schätzen, Zeugen ihrer Entwicklung sein zu dürfen, mitgefühlt zu haben und mit ihr befreundet zu sein. Ein solches Wesen als Freundin gibt uns ein Gefühl der Sicherheit und ein frohes Dasein. Wir können mit ihr rechnen, weil sie sich für ihre Mitlebewesen engagieren wird. Weil sie sich selbst mag, kann sie auch andere einfach mögen.
Ist das nicht ein schöner Traum? Am Ende dieses Abenteuers steht dann auf diesem Bild eine wunderbare ganze Ente. Wie schön sie ist! Ist sie nicht zu bewundern? Halt, nicht doch!! Wer gleich auf die Bühne springen will, weil er ihr potenzieller Fan-Partner sein will, dem müssen wir noch Ein- halt gebieten. Zuerst müsst ihr das ganze Abenteuer mit dem Entlein miterleben, mithandeln und selbst ganz werden – denn nur Ganz und Ganz passen gut zusammen. Ihr werdet noch mehr davon hören und lesen. Bis dahin Geduld – und entwickelt euch! Dann habt ihr gute Chancen. Applaus bitte!!

Frau Farilari: Ich glaube, du plapperst schon wieder zu viel.

Herr Larifari: Danke schön für eure Aufmerksamkeit. Wir sehen uns dann später wieder.

Diabolino: Und nun: Manege frei für unsere Entwicklungs-Coachies!
Stopp! Stopp! Nachricht vom Regiepult: Es folgt zuerst zum besseren Verständnis der Geschichte eine Spitzentanzeinlage, der **„Halbe-Ententanz der Tiere"**. Wenn ihr das gesehen habt, versteht ihr besser, was wir damit meinen, wenn wir von einem **halben Entlein** sprechen.

Beziehungskisten oder das Halb-Enten-Dasein ist geil!

Erzähler-Begleiter: Du musst denken, was ich denke, und ich muss denken, was du denkst. Du musst essen, was ich esse, und ich muss essen, was du isst. Du musst mit mir ins Kino gehen, und es muss dir gefallen, und ich muss mit dir zum Fußballspiel gehen, und es muss mir gefallen. Du musst die Blumen mögen, die ich mag, und wehe, wenn das nicht stimmt. Dann denke ich, du bist böse auf mich oder du liebst mich nicht wirklich! Warum liebst du mich nicht so, wie ich dich liebe? Ich kann nicht so sein wie du, sei doch bitte so, wie ich dich gerne hätte!
Na ja, ein Durcheinander ohnegleichen! Bestimmt hast du dich beim Lesen dieses Buchtitels schon gewundert. Ein „halbes Entlein", was soll das denn sein, wirst du wohl gedacht haben. Unter uns gesagt, die meisten Erdenkinder sind nur „halbe Enten", auch wenn sie vom Aussehen her ganz zu sein scheinen. Manchmal wäre es einfacher, man könnte das „Halb-Sein" von außen sehen. Aber die halben Entlein haben gelernt, sich gut zu verstecken und zu tarnen. Vielleicht schämen sie sich.
Um sich halb zu fühlen, genügt es oft schon, dass wir statt ein Junge ein Mädchen geworden sind oder umgekehrt. Oder wir sind zu groß oder zu klein geraten, wir haben nicht die passende Haar- oder Hautfarbe, sind nicht schlank, nicht intelligent, nicht fleißig, nicht brav genug, können nicht mit dem Computer umgehen, haben noch nicht alle Filme gesehen, die unsere Schulkameraden schon kennen usw. Oder wir fühlen uns nicht geliebt und gewollt, so wie unser Entlein Kalliopi. Viele von uns haben schon sehr früh Verantwortung für das Wohlergehen von Mama, Papa oder Geschwistern übernommen, und damit sind wir heillos überfordert. Wir haben ständig das Gefühl, nicht gut genug, nicht wertvoll genug und schon gar nicht liebenswert genug zu sein. Da andere uns dieses Gefühl ständig vermitteln, glauben wir am Ende selbst, dass es so ist. Und dann ist das Drama perfekt. Wir mögen und lieben uns selbst kein bisschen mehr, sondern kritisieren ans uns herum, wo es nur geht. Und so laufen wir oft bis ins Erwachsenenalter hinein durch die Welt und fühlen uns schrecklich bedürftig und ungeliebt.

Weil es einfach nicht so toll ist, als halbes Entlein durch die Welt zu laufen, suchen wir uns verständlicherweise ein anderes halbes Entlein, um uns „ganz" zu fühlen. So wie unsere Tanzpaare. Man meint, dass es einem so viel besser geht, und man fühlt sich irgendwie erleichtert. Ist das aber wirklich so? Probier es doch mal mit einem Freund oder einer Freundin eine Zeit lang aus. Dann kannst du sehen, wie ihr euch fühlt. Stellt euch, so wie die Tiere auf dem Bild, zu zweit hin und haltet euch, auf einem Bein stehend, einer am anderen so richtig fest. Gemütlich und angenehm? Nein? Versucht einmal, euch so gemeinsam fortzubewegen. Na, wie ist das? Damit habt ihr auch schon die Antwort, ob es eine gute Lösung ist, den anderen als Krücke zu gebrauchen oder nicht. Meist wird es nach kurzer Zeit ziemlich anstrengend, und ihr werdet richtig schmerzhafte Momente erleben. Das gleiche passiert auch, wenn man an seine eigenen Kinder, an seinen Chef, seine Arbeit oder auch seine Markenklamotten „andockt". Man versucht so, sein „Halb-Sein" mit jemand anderem oder mit etwas anderem zu füllen. Leider müssen wir dich enttäuschen. Das klappt nicht. Das alte Gefühl, dass du nicht gut genug, nicht liebenswert und nicht wertvoll genug bist, bleibt trotzdem in dir erhalten. Der andere kann dir nämlich immer nur so viel geben, wie du selbst bereit bist zu geben. Also nur dann, wenn du dich selbst von Herzen liebst, kann dich auch ein anderer von Herzen lieben, das ist ein wahres Enten-und Menschenlebengesetz.
Du brauchst aber nicht traurig zu werden, wenn du entdeckst, dass du ein halbes Entlein bist und Andockungstendenzen hast. Du wirst zusammen mit unserer Kalliopi entdecken, wie wundervoll es sein kann, aus eigener Kraft ganz zu werden. Dann musst du nicht mehr an andere andocken. Das, was du immer im Außen gesucht hast, kannst du dann in dir selbst finden. Das ist der kostbarste Schatz, den es im Leben gibt. Dann siehst du plötzlich alles mit ganz neuen Augen und brauchst dich nicht mehr krampfhaft an anderen fest zu halten. Also freu dich auf all die neuen Entdeckungen und Erfahrungen!

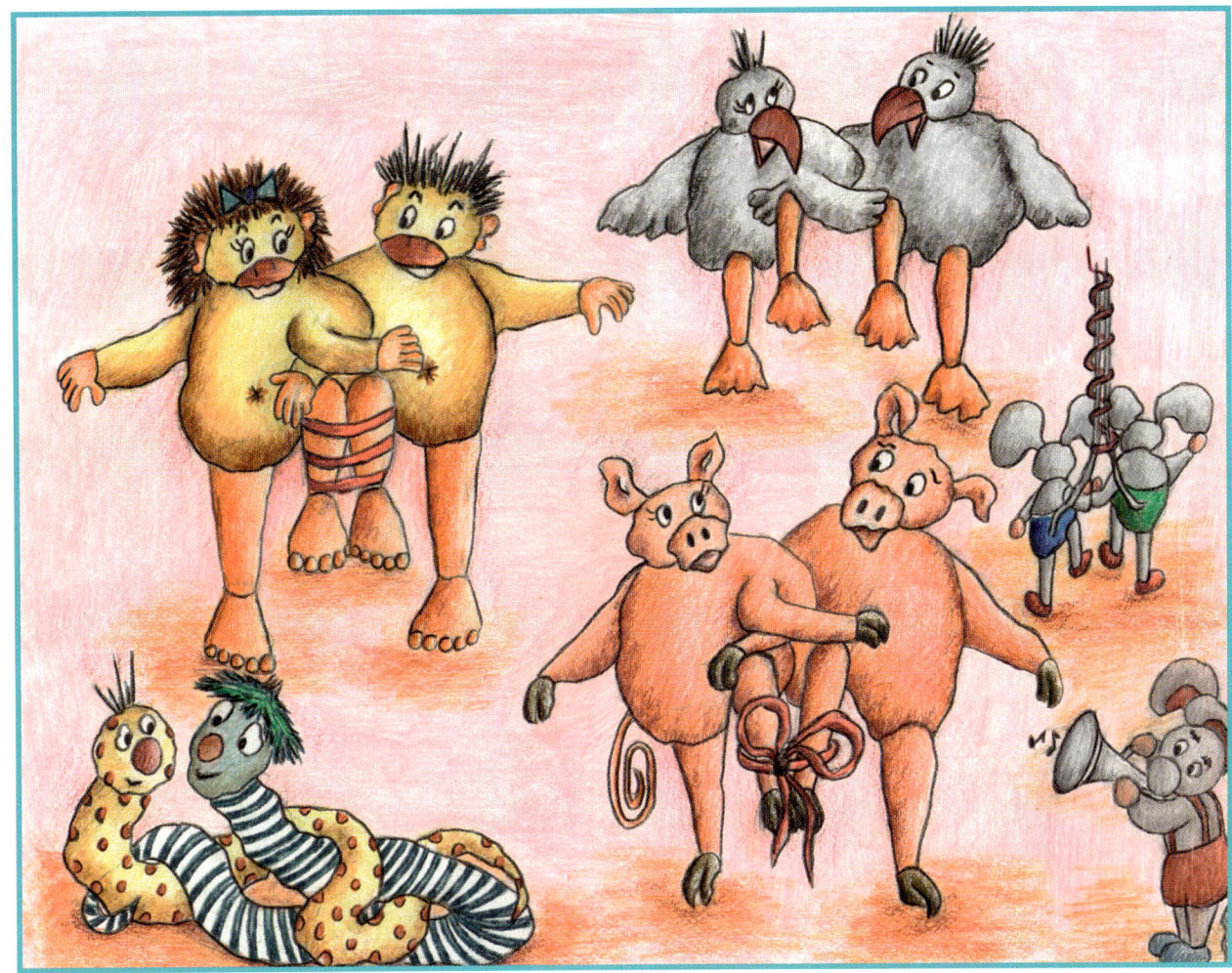

Nichtspezialisten als Entwicklungshelfer

Erzähler-Begleiter: Plötzlich herrscht auf der Bühne hektisches aufgeregtes Treiben. Der Video-Clip mit unseren ungewöhnlichen einmaligen und einzigartigen sieben tollen **Entwicklungs-Coachies** kommt in den Kasten. Diese Hilfstiere unterstützen nämlich die Entwicklung der kleinen Kalliopi nach Leibeskräften und machen das kleine Entlein liebevoll, aber beharrlich, auf ihre Talente und ihre körperlichen und seelischen Ressourcen aufmerksam. Durch ihre ungewöhnliche und humorvolle Art werden wir viel Spaß dabei haben, diese Entwicklung mitzuerleben und zu begleiten. Stell dir nur vor: Unser Entlein lernt von einem Fisch quaken, von einem Esel fliegen und von einer Schnecke laufen! Wo gibt's denn so was?! Doch halt! Mehr verrate ich jetzt noch nicht. Bleib einfach offen und neugierig, damit du ja nichts verpasst. Eines jedoch würde ich dir dringend raten. Schnalle deinen Gürtel enger, sonst fällt dein Bauch vor lauter Lachen auf den Boden.

Zusammen mit unseren Coachies und am Beispiel unseres Entleins Kalliopi können wir lernen, unsere Talente zu entdecken und unsere Fähigkeiten zu entwickeln. Aber jetzt schau schnell zur Bühne! Unser Diabolino wartet schon darauf, dir endlich unsere Mega-Stars vorzustellen. Er ist ganz aufgeregt, weil das jetzt gerade sein erster Auftritt ohne Herrn Larifari und Frau Farilari ist, sozusagen eine Premiere.

Diabolino: So und jetzt kommen wir zu unseren absoluten Mega-Stars, unseren Entwicklungs-Coachies. Ich möchte sie euch kurz vorstellen. Los, los, alle auf die Plätze!

1. Schnecke Slowly **2. Fisch Glucksy** **3. Maulwurf Earthy**  **4. Rabe Mehmet** **5. Schmetterling Papillon**  **6. Eule Kukuwaja**  **7. Esel Donkyfly**

    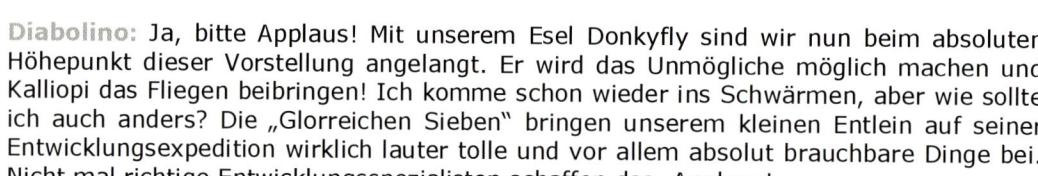

Diabolino: Ich verstehe ja eure fragenden Gesichter, aber die Geschichte wird alles ans Tageslicht bringen: Kalliopi lernt von unserer Schnecke Slowly schnell und sicher watscheln wie eine tolle Ente!! Ihr fragt, wie so etwas möglich sein kann? Tja, wenn man von guten und einfühlsamen Freunden und Miterdenbewohnern auf seine Talente aufmerksam gemacht wird, ist vieles, beinahe alles möglich. Aber was erzähle ich da? – Gleich werdet ihr es selbst erleben können.

Raunendes Publikum: Hört, hört! Das ist doch unmöglich, dass unsere Kalliopi im Dunklen sehen lernt. Wie soll das bitte gehen? Und das von dem total blinden Maulwurf Earthy.

Erzähler-Begleiter: Alle schütteln ungläubig die Köpfe. Aber es kommt ja noch besser. Unser Entlein wird auch noch lernen, sich von der Erdentorte satt zu essen.

Publikum: Erdentorte, was soll das denn sein? Das wird ja immer geheimnisvoller. Ihr macht es ja ganz schön spannend.

Erzähler-Begleiter: Tja, die „Glorreichen Sieben" haben es wirklich nicht leicht. Als unser Diabolino verkündet, dass Kalliopi vom Fisch Glucksy laut quaken und schimpfen lernt und der pechschwarze Mehmet dem Entlein schwimmen beibringen wird, beginnt das Publikum wieder über all diese Unglaublichkeiten zu stöhnen. Wir wissen doch alle, dass ein vernünftiger Rabe das Wasser meidet wie der Teufel das Weihwasser. Dann fliegt der Schmetterling Papillon herein und stiehlt durch seine Flugkünste und seine wunderbare Flügelpracht unserem Mehmet die Show. Ganz zart streift er bei seinem Flug die Gesichter der Zuschauer und flüstert ihnen ins Ohr, dass er Kalliopi das Tauchen beibringen wird. In diesem Moment zeigt sich auch ganz stolz die weise Eule Kukuwaja, die unsere Heldin auf die richtige Nahrung im Wasser aufmerksam machen wird. Also, ehrlich, was meint ihr? Das Ganze klingt ziemlich verrückt, oder? Wie können Schmetterling und Eule jemals ins Wasser gehen, ohne jämmerlich darin zu ertrinken? Das wollt ihr bestimmt gern wissen. Tja, ihr müsst euch wohl noch ein wenig gedulden, da hilft alles nichts. Aber jetzt aufgepasst, schaut mal schnell auf die Bühne, es gibt noch eine Überraschung!!

Diabolino: Ja, bitte Applaus! Mit unserem Esel Donkyfly sind wir nun beim absoluten Höhepunkt dieser Vorstellung angelangt. Er wird das Unmögliche möglich machen und Kalliopi das Fliegen beibringen! Ich komme schon wieder ins Schwärmen, aber wie sollte ich auch anders? Die „Glorreichen Sieben" bringen unserem kleinen Entlein auf seiner Entwicklungsexpedition wirklich lauter tolle und vor allem absolut brauchbare Dinge bei. Nicht mal richtige Entwicklungsspezialisten schaffen das. Applaus!

Maulwurf Earthy: Da wird der Eiffelturm aber rostig vor Neid!

Diabolino: Reißt euch am Riemen! Wenn der Turm zusammenkracht, ist die Show im Eimer!

Frau Farilari: Gigantischschsch, gigantischschsch. Da können wir auf unsere Tier-und Mäusewelt wirklich stolz sein.

Esel Donkyfly: Jetzt nehmt euch aber zusammen, die Kamera läuft schon. Macht keinen Mist, sonst fallen wir wie ein Kartenhaus zusammen und das Publikum lacht sich tot. Au! Tritt mir nicht auf den Bauch, und auf die Nase auch nicht! Ich bin doch nicht der Esel vom Dienst! Benehmt euch jetzt, sonst werdet ihr bald wissen, wie schmerzhaft ein Eselstritt ist!

Maus mit Gleitschirm: Achtung, Wind im Anzug! Halt durch, Donkyfly, sonst verlieren wir das Gleichgewicht!

Fisch Glucksy und Schnecke Slowly: Genug! Ich kann nicht mehr! Ich verliere schon das Gleichgewicht!. Ich kann nicht mehr, ich gebe auf.

Grüne Schlange Schleichi He, nun schaut schon her! Da auf der Wiese da stehen sie, „die Glorreichen Sieben", die euch den berühmtesten, waghalsigsten, gefährlichsten Coachie-Turm vorführen. Schaut nur, der steht, wie eine Eins. Es ist ganz schön anstrengend, die ganze Zeit unermüdlich zu stehen, ohne zu wackeln. Da kann man nur neidisch werden.
Und so viele geniale Wesen auf einmal gibt es nur hier. Achtung, Slowly, nicht zu oft verbeugen, sonst kullern Earthy und auch dein Schneckenhäuschen herunter. Nochmals Applaus!

Robin-Mood-Coachie: Heh Donkyfly! Komm, ich erzähle dir einen Witz, um dich ein bisschen abzulenken. Gleich ist die Filmerei zu Ende. Ist ja ätzend mit diesen Videoclips.

Vogel Pipsi zur grünen Schlange Schleichi: Ist der Turm nicht wunderbar? - He, du da, komm sofort runter, du gehörst doch gar nicht dazu! Der Turm verliert seine Stabilität, und wir blamieren uns noch vor dem Publikum!

Erzähler-Begleiter: Ach, der Robin-Mood-Coachie ist aufgetaucht. Wie immer bei schwierigen, brenzligen Situationen. Aber das wirst du ja noch erfahren. Dieses Abenteuer steckt voller Überraschungen. Das Publikum kann sich wegen totaler Ungläubigkeit nur zögernd zu Applaus und Standing Ovations aufraffen. Aber dann will der Beifall nicht enden.

Diabolino: War das nicht eine beispiellose Höchstleistung! Aber ich sage euch, das war nur ein kleiner Vorgeschmack. Ich darf mich jetzt nach hinten verabschieden und muss sagen, dass ich euch als Publikum toll finde. Es ist einfach wunderbar, in eure ungläubigen Gesichter und staunenden Augen zu sehen. Na, dann Hals- und Beinbruch! Aber bitte diesen Wunsch nicht wirklich ausführen. Er ist unter den Theaterleuten bekannt und bedeutet so viel wie „Viel Glück!"

Erzähler-Begleiter: Nochmals gibt es Applaus, diesmal für unseren Diabolino. Der kleine Vorhang geht zu und der Coachie- Turm fällt in sich zusammen. Uff, das war hart! Dann gehen auch die Lichter aus und es wird dunkel. Die wenigen Minuten des Wartens, bis es endlich losgeht, fühlen sich an wie zehn Stunden Warten auf ein leckeres Eis. Ungeduldiges Stöhnen und Geraschel im Publikum sind zu hören. Jetzt ist es soweit. Starke Scheinwerfer beleuchten die Bühne. Großer Applaus brandet auf!

Die vier faszinierenden Lebenswelten

Assipelli, der das Verborgene und Unsichtbare sieht

Erzähler-Begleiter: Als nun Assipelli zu sprechen beginnt, ist es mucksmäuschenstill. Es ist allen klar, dass er wohl jenes sagenumwobene, rätselhafte Wesen sein muss, von dem so oft erzählt wird. Er ist tatsächlich das ungewöhnlichste Wesen unserer Abenteuerexpedition. Jetzt spitzt mal eure Mäuse-, Schweine-, Schlangen- und Vogelöhrchen! Obwohl er ein natürliches Erdenwesen ist, besitzt er Fähigkeiten, die man vor Jahrtausenden nur Göttinnen und Göttern und allen anderen guten Geistern der Welt zugeschrieben hat. Diese Gestalt von allumfassender Güte vereinigt alle Gegensätze, die im Leben und in der Natur vorkommen in sich, wie beispielsweise Tag und Nacht, Sommer und Winter, Frühling und Herbst, heiß und kalt. Aber auch Qualitäten wie Mütterliches und Väterliches, Männliches und Weibliches, Dunkles und Leuchtendes, Leben und Sterben.
Uns Menschen sind die gegensätzlichen Eigenschaften auch bekannt und vertraut als gut und böse, weich und hart, frech und brav, schön und hässlich. Ja, und unser Assipelli ist das alles in einem. Jetzt wird es richtig spannend!

Erzähler-Begleiter: In der Antike nannte man solche Wesen, die Gegensätzliches wie Männliches und Weibliches in sich vereinen konnten, **Androgyne.** Na ja, das ist ein ziemlich großes Geheimnis, dem wir Menschen noch nicht auf die Spur gekommen sind. Assipelli ist solch ein Wesen. Er wird uns durch seine erfrischende Natürlichkeit immer wieder zum Staunen bringen. Er kann den Atem und den Herzschlag der Erde hören und sogar den Lauf der Welt vorhersehen. **Er kann genau sehen, warum etwas so ist, wie es ist, woher es kommt und wohin es führen wird. Er sieht das Verborgene und Unsichtbare.** Er sieht in all jene Bereiche hinein, für die wir oft blind sind. Wenn Assipelli etwas beschreibt, ist es immer „das, was ist", und nicht das, was wir „meinen", was es sein könnte.

Es ist nämlich gewöhnlich so, als ob wir Menschen eine farbige Brille tragen würden - ja, ja, wenn man verliebt ist, dann ist sie rosarot, das wisst ihr alle schon - durch die wir die anderen Wesen und die Welt anschauen. Dann erscheint eben alles entweder in Rosarot, Blau, Grün oder Gelb, je nachdem, welche Farbe unsere Brillengläser haben. Na, und wir sind dann immer hundertprozentig sicher, dass die Welt so ist, wie wir sie sehen, und nicht, wie die anderen sie sehen, die ja sehr wahrscheinlich andersfarbige Brillengläser tragen.

Maus zum Schweinchen: Das ist ja alles höchst interessant. Meiner Frau könnte es bestimmt nicht schaden, einmal die Farbe von ihren Brillengläsern zu spülen. Obwohl, hm, mir vielleicht auch nicht …

„So ist der Lauf der Welt."

Rotttüpfige Schlange: Ich finde ihn toll. Er sieht so freundlich aus, so einladend. Fast zum verlieb…..ach, was sag ich denn für dummes Zeug. Der wäre ja sowieso viel zu groß für mich!

Maus: Der sieht aber streng aus!! Ich bin aber auch ganz schön neugierig, was das für einer ist!

Die Sache mit den farbigen Brillengläsern

Erzähler-Begleiter: Diese verschiedenen Sichtweisen erzeugen viel Streit unter uns Menschen, in der Familie, mit Freunden, mit dem Lehrer, den Mitschülern oder unseren Nachbarn. Wir sind dann oft traurig und verzweifelt. Es wäre schön, wenn man dann einfach seine Brillengläser tauschen könnte. Viele Missverständnisse könnten so leicht geklärt werden. Leider geht das nicht so einfach, weil unsere Brillengläser je nachdem, was wir in unserer **persönlichen Geschichte** erlebt haben, eben verschieden färben. **Welche Farbe sie bekommen, hängt davon ab, wie wir, oder auch unsere Eltern gelebt haben, aus welcher Region oder Nation wie stammen, zu welcher Religion wir gehören und in welcher Kultur wir aufgewachsen sind.** Also nicht gleich wütend werden oder verzagen, wenn unsere Mitmenschen die Dinge anders sehen als wir. Schließlich sind sie ja andere, ganz einzigartige Wesen, so wie wir auch. Wir müssen nur einen Weg finden, uns zu verständigen. Das ist möglich, keine Sorge! Im Laufe unserer Geschichte wirst du dich ja entwickeln. Assipelli wird dich natürlich fachkundig dabei unterstützen. Und willst du nun wissen, warum Assipelli alles so sehen kann, wie es in Wirklichkeit ist? Weil nämlich seine Brille kristallklare Gläser hat. Deshalb kann er alles glasklar erkennen. Unsere Hoffnung ist es, dass wir auf dieser Expedition auch lernen, so klar zu sehen wie er. Die Klarheit und Wahrhaftigkeit, die wir auf dieser Reise mit seiner Hilfe entwickeln werden, soll dann wie reinigendes Wasser sein, das die Färbung von allen unseren Brillengläsern wegspült. So hoffen wir, dass wir mit Assipellis Hilfe langsam lernen können, die Welt so zu sehen, wie sie wirklich ist. Dann gibt es sicherlich weniger Ärger, weniger Streit und dafür mehr Verständnis, mehr Gespräche und bestimmt mehr echte Liebe zueinander. Vielleicht lernen wir sogar, den Herzschlag und den Atem der Erde zu hören. Das wäre wunderbar und hoffnungsvoll, weil wir dann auch viel mehr Liebe zu uns und unserer Mutter Erde empfinden könnten. Wir würden uns auf ihr viel sicherer und getragener fühlen. Wir könnten also auf dieser Expedition endlich den **Lauf der Welt** verstehen lernen. Damit hätten wir natürlich das Beste gewonnen, was wir je gewinnen können: **Die Erkenntnis nämlich, wer wir sind, woher wir kommen, wohin wir gehen und was wir hier sollen auf dieser schönen Erde.**

Die „Erden-Anschubs"-Übung

Erzähler-Begleiter: Ich möchte euch noch von Assipellis riesengroßer Bedeutung für alles **Evolutive, das heißt, für alles, was sich bis jetzt auf der Erde entwickelt hat,** erzählen. Sein Motto heißt: „**So ist der Lauf der Welt.**" Diesen Satz wirst du ihn sehr oft sagen hören. Eigentlich klingt er ja sehr simpel und einfach, aber das täuscht.
Wir Menschen gehen selbstverständlich davon aus, dass alles im Leben immer gut läuft und vor allem so, wie wir es wünschen und erwarten. Manchmal wollen wir nicht verstehen, dass es nur der Lauf der Welt ist, der unser Leben sichert und der schließlich dafür sorgt, dass alles so ist, wie es ist. Wir können unser Leben gestalten, aber nicht unbedingt im Voraus bestimmen.

Auf der Erde ist es seit ein paar Millionen Jahren so, seit damals alles Leben auf dieser Erde entstand, und im Universum seit über 16 Milliarden Jahren. Das ist gar nicht so selbstverständlich. Wäre damals nur eine winzige Kleinigkeit anders gewesen, hätte ich dieses Buch wahrscheinlich nie geschrieben, weil es mich nie gegeben hätte. Dich natürlich auch nicht!
Also lass uns, wie die Astronauten, die Welt einmal von außen betrachten. Sie können aus der Luke ihres Raumschiffes alles bewundern und kommen aus dem Staunen gar nicht mehr heraus. Weißt du, was da draußen im Weltall alles Wunderbares passiert? Diese herrlich schöne, blaue Kugel Erde dreht sich um sich selbst und mit den anderen Planeten unseres Sonnensystems zusammen um die Sonne, als ob sie jemand angeschubst hätte.
Seit diesem ersten „Schubser" hat sie nie wieder aufgehört, sich zu drehen. Stell dir jetzt einmal vor, sie würde sich nicht mehr drehen. Es gäbe wohl dann keinen steten Wechsel von Tag und Nacht mehr, sondern auf der einen Seite der Erde wäre immer Tag, auf der anderen immer Nacht. Dann würde unser Alltag auf dem Kopf stehen. Du könntest immer nur Winter- oder Sommerurlaub machen, weil es keine Jahreszeiten mehr gäbe. Aber Gott sei Dank dreht sich die Erde beharrlich, ohne dass ihr dabei schwindlig wird, und reist immer weiter weg von dem Ort, wo sie den ersten Schubs bekam. Die Wissenschaftler sagen, dass dies vor ca. 13,6 Milliarden Jahren war. Was damals geschah, nennt man auch Big Bang oder Urknall. Davon habt ihr ganz bestimmt schon gehört. Ja, über diesen Anfangsschubs können wir unendlich froh und dankbar sein, sonst würden wir gar nicht existieren. Deshalb wirkt alles, was jetzt geschieht, bis in die Zukunft hinein, und das wird auch hoffentlich noch ganz lange so sein.
Was meinst du, was passieren würde, wenn dieser Schubs irgendwann zum Stillstand käme? Dann würde doch aus der Erde tatsächlich ein gut gebackenes Omelett werden, und es gäbe so gut wie kein Leben mehr.

Ich verrate dir jetzt ein kleines Geheimnis. Wenn du einmal Angst haben solltest, der Schubs für unsere Erde könnte nicht mehr ausreichen, dann mach einfach folgende Übung:

Wenn du morgens aus dem Bett steigst, stellst du dich erst einmal breitbeinig hin, so dass du auch ganz sicher stehst und nicht beim ersten leisen Windhauch umfallen wirst. Werde dann erst einmal ein bisschen wach und weich, indem du mit den Füßen fest aufstampfst, dann die Fersen anhebst und sie leicht wieder auf den Boden fallen lässt. Dadurch beginnt alles in dir langsam zu vibrieren. Du bemerkst dies sofort, wenn du ein wenig dazu tönst. Wenn alles sanft wachgerüttelt ist, schließe kurz die Augen und stell dir die Erdkugel vor, wie sie irgendwo im Weltraum hängt. Sie schwebt natürlich. So, und jetzt kannst du sie mit einer starken Armbewegung anschubsen. Während du das tust, atmest du kräftig aus. Mach das gleich noch ein zweites Mal, diesmal aber von einem kräftigen Zischlaut begleitet. Und noch ein drittes und letztes Mal, wobei du einen lauten Ton von dir gibst, so dass die Erde merkt, dass du es wirklich ernst meinst.

Wenn wir den Lauf der Welt stoppen wollen, läuft alles schief

Erzähler-Begleiter: So kannst du darauf vertrauen, auch etwas dazu beigetragen zu haben, dass diese wunderbare Erde sich weiter dreht. Die Erde freut sich ganz bestimmt, wenn sie merkt, dass sie Unterstützung von dir bekommt. Gut geschubst ist gut gelebt! Und die Kraft der Vorstellung sollte man nicht unterschätzen, das wirst du noch oft im Laufe dieses Abenteuers erleben.
Manchmal versuchen wir Menschen aber den Lauf der Welt zu stoppen, wenn beispielsweise eine liebe Person stirbt, wenn wir von jemandem verlassen werden, eine Partnerschaft zu Ende geht oder jemand krank wird. Wir versuchen es mit aller Gewalt. Aber das kann man ja bekanntlich nicht. Die Zeit können wir auch nicht zurückdrehen, obwohl wir gerne alles ungeschehen machen würden. **Wir schaffen es auch wirklich, etwas zu stoppen, aber das ist nicht der Lauf der Welt, sondern unsere eigene Lebendigkeit.** In uns sieht es dann genauso „omlettig" aus, wie wir es vorher bei der Erde beschrieben haben. Unser Körper, unser Herz, unsere Gedanken wirbeln ineinander und auseinander und durcheinander, und dann ist der Teufel los. **Wir sind in Gefahr, ernsthaft krank zu werden. Wir verlieren die Nähe zu uns, zu den Menschen um uns, zur Natur, und oft sogar den Sinn des Lebens.**
Also merkst du, dass es sich bei diesem Satz, „Das ist der Lauf der Welt", um etwas Wunderbares und geradezu Göttliches handelt? **Dieses göttliche Gesetz ordnet immerwährend, in der Vergangenheit, in der Gegenwart und in der Zukunft, das Werden und Vergehen von uns Menschen, der Natur, und von allem, was existiert.**
Vielleicht denken die kleinen Mäuse, dass es für sie eine Ausnahme gäbe. Zum Glück trifft das nicht zu, sonst würde ja unser Planet bald ein Mäuseplanet sein. Wir können uns vorstellen, dass das ziemlich langweilig wäre. Du würdest das bestimmt auch nicht wollen, oder? Stellt dir vor, kein Grunzen, kein Vogelgesang, kein Muhen, nichts ... nur Mäusegepiepse. Oh nein, das wäre vielleicht langweilig. Aber wie dem auch sei, unser Assipelli vertritt durch seine immerwährende Wiederholung dieses Satzes das natürliche Gesetz des Lebens, das für den ganzen Kosmos zuständig ist.
Die Tiere haben es schon lange vor den Menschen kapiert, wie man mit diesem göttlichen Gesetz von Werden, Sein und Vergehen lebt. Sie leben im Jetzt, genießen, was ist mit all ihren Sinnen, sogar nachts, wenn es in fremden Vorratsräumen wunderbares Korn zu finden gibt. Wir Menschen haben uns diesem wunderbaren Gesetz leider nicht immer angepasst. Dadurch verpassen wir oft den jeweiligen kostbaren und lebendigen Moment. Statt voll dabei zu sein, wenn wir etwas tun oder erleben - die meisten Kinder können das zum Glück noch - sind wir entweder unzufrieden über das, was wir in der Vergangenheit **nicht gelebt haben**, oder wir haben Angst vor dem, **was kommen wird**. Das hindert uns sehr daran, zu leben, und macht uns unfähig, mit dem natürlichen Ende von allem umzugehen. **Jeder nicht gelebte Moment ist unwiederbringlich verloren.** Das ist ein wahres Erdengesetz! Auf unserer Expedition werden wir noch über die Entstehung der Welt und über das Vergehen und auch über den Tod, sprechen, damit sich helles Sonnenlicht durch unsere Grübelwolken bahnen kann. Wir werden lernen, mit dem permanenten Werden und Vergehen umzugehen, in dem tiefen Wissen, dass dies doch ein Grund sich von Herzen zu freuen! Durch Kalliopi werden wir den unaufhaltsamen Lauf der Welt sehen, spüren und miterleben können. Also kannsr du dich darauf freuen!
Vergiss nicht, dem Planeten täglich den vorhin erwähnten Schubs zu geben, der dich dann durch den Tag begleiten kann, auch oder gerade, wenn dich deine Arbeit oder das, was halt zu tun ist, stresst. Spür die Dankbarkeit dafür, dass sich der Lauf der Welt fortsetzt, und spür das Vertrauen, dass er dich durch den Tag und durch die Nacht trägt. Das ist doch Grund genug, singend durch den Tag zu schlendern und seine Freude zum Ausdruck zu bringen! Sing einfach ein paar Mal: „Ich freue mich, dass ich da bin! Ich freue mich, auf der Erde zu sein! Ich freue mich, dass ich lebe! Yipppie!" Probier es aus! Da werden die anderen Augen machen! Apropos Lebewesen: Weißt du eigentlich, dass es im ganzen Universum außer auf der Erde keinen Ort mehr gibt, auf dem Leben für uns Menschen möglich ist? Jedenfalls haben wir bis jetzt noch keinen gefunden.
Auf jeden Fall können wir dir jetzt schon ins Ohr flüstern, dass wir alle hier einmalige und einzigartige Wesen sind, die es weder in der Vergangenheit schon einmal gegeben hat, noch jetzt und in Zukunft so je wieder geben wird. Also sieh mal unsere Mit-Erdenbewohner an und freue dich, dass wir das Glück und die Ehre haben, **auf diesem einmaligen und einzigartigen Planeten leben zu dürfen** und einmaligen und einzigartigen Lebewesen zu begegnen!

Herr Larifari: Aber jetzt aufgepasst! Kommt mit und springt schnell rüber zur nächsten Seite. Bei einer Expedition ist es wichtig, erst einmal genau festzustellen, wo wir uns gerade befinden und mit wem wir es gerade zu tun haben. Also macht eure Sinnestore auf für die Vorstellung der vier Welten!

Frau Farilari: Mh, mh, da verschlägt es einem ja die Sprache! Das ist ja unglaublich, dass alle Welten auf einmal zu sehen sind! Das ist ja wunderbar! (singt) Wie schön, dass ich geboren bin …

Herr Larifari: Das sieht ja hier alles wie das siebte Weltwunder aus! Ich zerfließe vor Bewunderung.

Assipelli: Herzlich willkommen! Schön, dass ihr alle da seid! Ihr könnt euch nun von Herzen auf die vier Welten freuen in denen wir alle leben. Ich werde sie euch gleich vorstellen. Seht ihr ganz oben die Entenwelt, mit der wir uns im Laufe unseres Lebensabenteuers noch sehr ausführlich befassen werden? Schaut hin und seid neugierig. Nehmt vorerst einmal die Atmosphäre, die dort herrscht ganz in euch auf. In der Entenwelt gibt es einen herrlichen Ententeich, in dem es sehr lebendig zugeht. Dort werden die kleinen Enten geboren, sie wachsen und gedeihen, essen, trinken, spielen miteinander, streiten und freuen sich, sind auch manchmal traurig und genießen ihr Entendasein. Das geht so bis zu ihrem Lebensende. Die Alten sterben, und noch bevor sie sterben, sind die neuen Entlein geboren. Ein ständiges Kommen und Gehen. „So ist der Lauf der Welt". Es kommen Tage und Nächte, warme und kalte Jahreszeiten. Es gibt den lauen Frühlingswind, die brütende Hitze im Sommer, Herbststürme und Winterschlaf. Auch unter den Enten erlebt man Gesundheit, Krankheit, Streit und Liebe. Sehr oft gibt es aber auch plötzliche Ereignisse, die alles verändern und nichts mehr so sein lassen, wie es vorher war. Sowohl im Außen wie im Innen.
Die Gattung der Enten passt sich sehr gut ihrer Umgebung an. So entwickeln sie viele Fähigkeiten und Fertigkeiten, die ihnen helfen, gut im Leben zurechtzukommen. Sie können laut quacken, fliegen, watscheln, schwimmen, tauchen - sie sind also ganz „quack"-lebendige Wesen.

Erzähler-Begleiter: Assipelli hat schon mit seinen wundersamen Erklärungen begonnen. Es geht um die vier Perlen dieser Expedition, nämlich um die sagenumwobenen vier Welten. Es wäre nun von äußerster Wichtigkeit für euch, wenn ihr diesen geistigen Ergüssen folgen könntet, denn manche von euch wissen sicherlich nicht ganz genau, wo **oben** und **unten** und **gaaaaaanz unten** und **gaaaaaaanz oben** ist. Schaut hin! Das ist ja wie Zauberei! Plötzlich sind wir mitten drin in der Enten-, Menschen-, Natur – und Engelwelt. Ist das aufregend!

Assipelli und die Mäuse beleuchten die vier Welten

Die Entenwelt

Erzähler-Begleiter: So gibt es auch bei den Enten einen Lauf der Welt, halt eben einen „Lauf der Entenwelt". Wir werden in dieser Expedition erleben, wie es ist, wenn der Entenalltag plötzlich durch ein Ereignis unterbrochen wird und alles durcheinander gerät, so wie bei unserm kleinen Entlein Kalliopi. Wir begleiten sie, werden Zeugen ihrer Entwicklung und erleben, wie man mit solchen Ereignissen umgehen kann. Wir werden sie dafür bewundern, wie sie sich mit aller Kraft bemüht, wieder ins Leben zurückzufinden. Und sie hat es nun wirklich nicht leicht. Wir Menschen können uns dann ein Beispiel an dieser Ente nehmen, so gut meistert sie ihr Leben. Im Lauf der Geschichte wirst du dir manchmal sogar wünschen, selbst eine Ente zu sein. Mir jedenfalls ging es beim Schreiben so. Dabei konnte ich dann ganz deutlich spüren, dass ich nur eine halbe Ente bin. Also komm mit auf diese Expedition, um so lebendig, kreativ und endlich „ganz" zu werden wie die Enten.

Diabolino: Nein, also ich möchte mein Mäusedasein nicht verlieren oder verleugnen! Wir Mäuse sind genauso super wie die Enten, und wenn es Platz gäbe in diesem Buch, würden wir euch genauso viel Tolles und Lebendiges über unsere Mäusewelt erzählen können. Der Jorgos könnte doch auch mal ein Buch über uns Mäuse schreiben, das wäre „mäusekinderleicht". Wir sollten ihm das mal vorschlagen, was meint ihr?

Herr Larifari: Dass wir eine ganz besondere Gattung sind, das sieht man doch schon an dir, Diabolino!

Erzähler-Begleiter: Diabolino ist sichtlich gerührt und springt Larifari vor lauter Begeisterung für die guten Worte kurz auf den Schoß.

Assipelli: Weißt du Diabolino, bis zum Ende der Expedition wirst du viel Neues entdeckt und verstanden haben. Dann wirst du ganz stolz darauf sein, eine Maus zu sein. Ich will dir ein Geheimnis verraten: **Immer, wenn du etwas Neues lernen willst, musst du neugierig und offen sein und auf das vertrauen, was dann kommt!**

Herr Larifari zu Diabolino: Ja, siehst du, Diabolino? Das meint er, wenn er immer sagt „Das ist der Lauf der Welt".

Diabolino: Leuchtet jetzt bitte ein Stockwerk tiefer! Dort könnt ihr eine besondere Spezies genauer betrachten, nämlich den Menschen. Ja, ja, man könnte lange philosophieren über ihn. Er ist wirklich ein äußerst rätselhaftes Wesen, findet ihr nicht?

Die Menschenwelt

Assipelli: Seht nur dieses schöne Bild! Häuser, Höfe, Nutztiere, spielende Kinder und die Menschen, die darauf zu sehen sind. Die Menschen behaupten von sich, sie seien die Krönung des göttlichen Werks. Das ist natürlich stark übertrieben, oder? Uns ist es völlig unbegreiflich, wie sie zu einer solchen Aussage kommen. Wenn nämlich die Menschen alle anderen Kreaturen von oben herab betrachten, als „Kronenbewohner" sozusagen, besteht doch große Gefahr, dass sie ständig Angst haben müssen, das Gleichgewicht zu verlieren und abzustürzen, wie das halt so ist, wenn man sich ständig in Schwindel erregenden Höhen aufhält. Außerdem können die Menschen ihre eigene Welt irgendwann gar nicht mehr verstehen. Sie sind zu weit weg davon. Das wäre aber wieder eine lange Geschichte. Wir jedenfalls wünschen den Menschen von ganzem Herzen, dass sie einen klaren Blick, ohne rosa Brille, bekommen, damit sie sehen, dass wir alle gleichwertige Erdenwesen sind, Menschen wie Tiere und Pflanzen und was es sonst noch alles gibt auf dieser wunderbaren Erde.
Selbstverständlich gibt es schon viele hervorragende Exemplare der Gattung Mensch, wie beispielsweise ihr, die ihr dieses Buch gerade lest, und viele andere, die fleißig oder faul, traurig oder fröhlich sind. Auch gibt es viele Künstlerinnen, Schüler, Wissenschaftler, Handwerker, Bäuerinnen, Schuhputzer, Straßenkehrer, Schneiderinnen und unzählige andere, bei deren Begegnung man sich glücklich schätzen kann.
Wir wünschen allen Menschen von ganzem Herzen, dass sie die **Liebe zu sich selbst** wiederentdecken. Das gibt dem Menschsein erst den wahren Sinn.
Auf unserer Expedition wird uns der sagenhafte **Pan-Orpheas** als Vertreter der Gattung Mensch das wahre Menschliche vorleben und uns auf einfühlsame Weise begleiten und unterstützen.

Frau Farilari: Ach das wäre so schön, eine richtige Menschenfrau, äh ... ich meine, Mäusefrau zu sein.

Diabolino zu Larifari: Mensch Larifari, du kannst dich schon darauf freuen, was aus deiner Frau noch werden wird. Und du selbst wirst vielleicht auch ein bisschen frecher und mutiger, so wie ich. Das wäre nicht schlecht. Wir könnten viel Spaß zusammen haben.

Die Naturwelt

Assipelli: Gleich am Anfang möchte ich klarstellen, dass ohne die Naturwelt, unsere Mutter Erde, gar nichts läuft. Wie wir euch vorhin schon erzählt haben, gibt es nur auf dieser Erde Lebensmöglichkeiten für uns Menschen, und nur hier können wir uns als Erdenwesen entwickeln. Im unendlichen Rest des Universums ist bisher noch nichts Ähnliches gefunden worden. Ein Grund mehr, sich darüber zu freuen! Sogar der liebe Gott kann sich freuen, weil wir lebendige Menschen ihn bewundern und lieben können, was kein Stern, kein Planet und kein Spiralnebel kann.
Betrachtet nun ganz in Ruhe dieses Bild, auf dem die Naturwelt zu sehen ist. Was empfindet ihr dabei?

Erzähler-Begleiter: Es entsteht eine länger anhaltende Pause. Aus dem Publikum hört man bewunderndes Raunen.

Assipelli: Es ist wirklich alles da, was die Lebewesen dieser Erde brauchen und wovon sie träumen. Stellt euch nur einmal die Jahreszeiten vor. Alles in der Natur ändert sich fortwährend und kehrt immer wieder. Der Winter, die Zeit der Ruhe, der Frühling, die Zeit der Sinne, der Sommer, die Erntezeit, in der alles näher zur Natur findet, und der Herbst, die Zeit des Wandels und des Loslassens. Der Wechsel der Jahreszeiten war schon immer so und das wird auch noch lange Zeit so sein. Wenn wir uns diesem Rhythmus hingeben, sind wir eingebunden in den großen Kreislauf der Natur, der uns das tiefe Versprechen bringt - auf jeden Winter folgt immer ein Frühling, und dies geschieht wie selbstverständlich seit eh und je. Wir müssen nichts dazu tun. Wir können es einfach genießen.
Habt ihr gewusst, dass diese Erde die beste und die fürsorglichste Mutter für uns im ganzen Universum ist? Ohne sie geht gar nichts, denn ohne ihren Schutz und ihre Fürsorge könnten wir niemals überleben. Alle Lebewesen, wir eingeschlossen, können keine zwei Minuten ohne ihren nährenden Atem leben. Sie beschenkt uns Erdenkinder mit allem, was wir zum Leben brauchen, ohne dass wir ihr zu Dank verpflichtet sind.

Frau Farilari: Mir wird schlecht, ich ersticke, wenn ich überlege, dass der Atem der Mutter Erde plötzlich nicht mehr sein könnte.

Herr Larifari: Meine liebe Frau, jetzt beruhige dich erst einmal und atme ruhig weiter wie bisher, sonst machst du hier noch während der Vorstellung schlapp und wir müssen dich hinaustragen.

Assipelli: Es ist wohl überflüssig, zu erwähnen, dass wir auch nicht allzu viele Tage ohne Essen und Trinken auf der Erde überleben könnten. Deswegen möchte ich jetzt liebevoll an euch Erdenkinder appellieren. Drei Dinge sind lebenswichtig für uns:

**Wir müssen wissen, dass wir von Mutter Erde total abhängig sind.
Sie braucht unsere bedingungslose Liebe.
Wir müssen unsere Lebensräume schützen, und damit ist die ganze Erde gemeint.**

Diabolino: Ja, ja, wenn wir unsere Lebensräume nicht schützen, wird es uns Tiere und wohl auch die Menschen in Zukunft bald nicht mehr geben.

Frau Farilari: Nein, also, das wäre ja wirklich jammerschade! Was wäre die Welt ohne uns?

Diabolino: Hast du jemals darüber nachgedacht, Mama, was wir machen würden ohne die Himmelskörper, Sonne und Mond? Darf ich dir bei der Gelegenheit die ganze luftige Sippe vorstellen? Erstens den liebsten Vater aller Lebewesen auf der Erde, der durch sein Erstrahlen dir ermöglicht, mich hier in meiner ganzen Erscheinungspracht als dein Sohn zu sehen. Schau nach oben himmelwärts auf diese glühende Scheibe, das ist Vater Sonne.
Ohne ihn läuft nichts, auch wenn du den dicksten Pelzmantel trägst. Nur er kann dauerhaft Licht machen, und du weißt ja, welche Angst du vor der Dunkelheit hast. In unsrer Mauseloch-Villa brennt deshalb Tag und Nacht eine Fünfhundert-Watt-Birne.
Wenn die Sonne untergeht, kannst du den Vollmond bewundern, unsere silberne Tante. Mit Papa ist es natürlich viel romantischer. Wie dem auch sei, in Winternächten, wenn es so lange stockdunkel ist, freue ich mich über ihr silbernes Licht.

Hymnus an Sonne Helios und Mondin Selene

Die Erde:

Ein Strahlender ist Vater Sonne,
bringt Wärme, Licht und ganz viel Wonne.
Und manchmal auch den Sonnenbrand
auf meine Haut im Wüstenland.
Doch meist lässt Leben er gedeihen,
es sprießen, wachsen, ernten, schneien.
Mal rückt er näher, mal ist er fern,
ja, meistens habe ich ihn gern!

Und nach des Tages Arbeit und Müh'n
kann nun die Mondin übern Himmel zieh'n.
Bringt Ruh, Erholung und den Schlaf.
und mancher, der am Tage traf
den Liebsten und die Liebste fein,
können nun zusammen sein.
Ach Mondin!
Das Dunkle erhellt dein silbrig Licht,
und flüstert leis: „Fürchte dich nicht!"
Der Schlaf deckt sachte mich dann zu
und du wiegst mich im Schoß zur Ruh!

Diabolino: Die Dritte im Bunde ist die Erde, auf der du hier jetzt stehst. Sie ist die gleiche, die dich trägt, seitdem du geboren wurdest. Sie ist unsere Allerliebste. Auf den letzten Seiten hast du ja schon Einiges von ihr gehört.
Also, das ist eine richtige Lichtsippe, auch wenn Tante Mondin das Licht von Vater Sonne nimmt und mit unzähligen Spiegeln zur Erde schickt. Ohne Vater Sohne gäb's keine Ernte, keinen Frühling, keinen Sommer, keinen Strand und keine Kirschen.
Schade, dass die Mondin Selene und der Sonne Helios nicht so nah bei uns sind, um ihnen jeweils einen dicken Kuss geben zu können. Wir können aber etwas Ähnliches probieren: Wir geben einen dicken Kuss hinein in unsere Handflächen. Dann pusten wir beide Küsse himmelwärts. Sicherlich können wir Einiges an Alltagssicherheit von Vater Sonne und Tante Mondin ernten: voll bei Sinnen zu bleiben während des Tages und weniger Angst zu haben in der Nacht, stattdessen aber süße Träume.

Frau Farilari: Seht wie im Mondlicht alles so schön silbrig und romantisch aussieht. Ist das schön! Mir geht richtig das Herz auf. Ich kann es spüren.

Assipelli: Nach diesem wunderbaren Ausflug kann man sich noch viel mehr freuen über solche eigenen und anderen Einmaligkeiten dieser Welt und des Universums und diese auch tagtäglich besser wahrnehmen und erleben. **Ja, und dich und mich gibt es nur ein einziges Mal hier auf der Erde!** Kannst du diesen Satz ein wenig auf dich wirken lassen? Fühlt sich diese Einmaligkeit nicht gut an? Da kann man ja souverän auf beiden Füßen stehen und sich bewundern lassen. Kommt und probiert das doch einmal?

Erzähler-Begleiter: Alle Zuschauer stehen auf und bewundern sich gegenseitig. Überall ist Genuss- und Zufriedenheitsgrunzen zu hören.

Die „Mit der Erde atmen"-Übung

Assipelli: Hast du gewusst, dass es dich bisher noch nie gegeben hat und auch nicht noch einmal geben wird? Niemals mehr! So ist auch unser Diabolino unter den Milliarden Mäusen auf der Welt einzigartig! Und wir haben das große Glück, ihn jetzt gerade unter uns zu haben. Na, Diabolino, was sagst du dazu?

Diabolino: Ich muss sagen, daran habe ich noch nie so wirklich gedacht. Aber wenn ich es recht bedenke, wo gibt es denn so einen wie mich (Stimme wird leiser), der alle Leute piekst und ärgert und immer nur Schabernack treibt? (Stimme wird lauter) Und der so schlau ist wie ich?

Frau Farilari: Na, dann haben wir ja noch mal Glück gehabt! Zwei von deiner Sorte würden wir wohl nicht verkraften, ohne tagtäglich literweise Stressschweiß zu verlieren.

Diabolino: Da kann ich ja stolz auf mich sein und richtige Ehrfurcht vor mir haben. Wenn das kein triftiger Grund ist, mich auf dieser Expedition ernsthaft selbst lieben zu lernen und bei der Gelegenheit auch gleich eine „ganze Ente", pardon, will sagen, eine „ganze Maus" zu werden.

Das Publikum: Ich will das auch. Ich will mich auch selbst lieben lernen. Ich bin auch einzigartig! Ich will auch ein ganzes Schweinchen werden!

Diabolino: Ruhe jetzt! Ihr braucht gar nicht so neidisch zu sein. Ihr dürft alle mitmachen, das ist doch klar!

Assipelli (ganz versonnen): Dieser Augenblick jetzt, in dem ihr alle so lebendig seid und euch freut, der ist auch einmalig! Genauso wie jetzt eben werden wir ihn nie mehr erleben.
Stellt euch vor, wie ihr gerade mitten in diesem unendlichen Universum auf einem Balkon sitzt und die Erde betrachtet, die schon mehrere Milliarden Jahre alt ist. Und all die Sterne und die Sonnen und der Mond da draußen können euch auch sehen. Dort draußen ist es gerade mega-heiß oder klirrend kalt, je nachdem. Wir hätten nie eine Chance, auch nur für wenige Sekunden zu überleben. Dort kann man nicht ohne einen meterdicken Mondanzug atmen, und hier auf der Erde können wir genießen und uns in der Sonne aalen, wohlig räkeln und was halt sonst noch so richtig lust- und genussvoll ist. Aber wie ihr wisst, kann so ein schöner Moment jederzeit unterbrochen werden, weil alles einen Anfang, aber auch ein Ende hat, wie der Atem, der Frühling, ein Film oder der Gesang der Nachtigall. Das Wichtige ist, dass man zwischen Anfang und Ende gut gelebt, sich an dem, was ist, erfreut und die Erde und die Menschen, vor allem aber sich selbst, geliebt hat.

Diabolino: Ja, ja, so ist der Lauf der Welt! Oh, Entschuldigung Assipelli, das ist ja dein Spruch! Ist mir einfach so rausgerutscht.

Assipelli: Macht nichts, Diabolino, wo du Recht hast, hast du Recht. Dein Kommentar kam genau richtig. Aber nun mal im Ernst: Ist das nicht wunderbar, so ein Glück zu haben, Bewohner dieser herrlichen, einzigartigen, einmaligen Erde zu sein?

Diabolino (springt hoch und schreit aus vollem Hals): He, was macht ihr Faultiere da? Lasst uns jubeln, jetzt gleich, den ganzen Tag, die ganze Nacht und immerzu! Wir haben schließlich allen Grund dazu!

Erzähler-Begleiter: Alle Tiere im Publikum jubeln, umarmen einander und haben Tränen in den Augen.

Assipelli: Ich möchte euch nun zu einer kleinen Übung einladen. Sie heißt **„Mit der Erde atmen"**.
Schließt die Augen und stellt euch vor, auf einem kleinen grünen Hügel zu sitzen wie auf dem Bauch von Mutter Erde. Spürt, wie ihr von ihr sicher getragen werdet. Lasst im Geiste euren Blick auf dieser wunderbaren Erde, die wie ein lebendiger Teppich vor euch ausgebreitet liegt, ruhen. So ist es gut! Eure Gedanken helfen euren Augen, und ihr könnt sehen, dass die Erde, weil sie etwas Lebendiges ist, natürlich auch atmet. Ihr glaubt es nicht? Sogar die Wissenschaftler haben in letzter Zeit beobachtet, dass die Erde, wenn sie ein- und ausatmet, nicht mehr ganz rund ist. Sie bekommt dann Beulen oder sieht aus wie ein aufgeblähter Ballon.
Aber zurück zu unserem Bild. Lasst nun euren Blick noch eine Zeit lang auf der Umgebung ruhen und spürt, wie es still wird. Vertraut darauf, dass ihr nach einiger Zeit der Ruhe dieses Ein- und Ausatmen der Erde spüren und vielleicht sogar sehen könnt. Stellt euch vor, alles atmet mit, der Boden, die Bäume, die Vögel, ja sogar der Schmetterling, der gerade eine Blume besucht. Da ihr ja ein Teil dieser Umgebung seid und zu diesem großen Ganzen gehört, ist es ganz leicht für euch, dem großen Atem nachzugehen und einfach mitzuatmen. Wenn ihr Geduld habt und ein paar Mal probiert, kommt es zu einer wunderbaren Empfindung: Ihr werdet euch nach jeder Ein- und Ausatmung wohler fühlen. Nutzt dann die Gelegenheit und macht im Geiste ein Herzensfoto. Bei einem Herzensfoto wird das, was man sieht, und das, was man fühlt, gleichzeitig fotografiert. Klick, schon ist es im Kasten, und gleichzeitig ist beides miteinander verbunden worden. Jetzt könnt ihr diese Erinnerung immer dann, wenn ihr Lust habt, anschauen. Sie ist nämlich ganz fest in eurem Herzen verankert.

Öffnet jetzt wieder die Augen – oder habt ihr womöglich die ganze Zeit geblinzelt? Streckt und dehnt euch, atmet tief ein und aus und kommt wieder langsam hier an.

Herr Larifari: Das hat jetzt aber gut getan!

Assipelli: Jetzt ist die Natur in uns und gleichzeitig um uns herum. Dadurch können wir ein wunderbares Gefühl von Dazugehörigkeit, Verbundenheit und Vertrauen empfinden. Wenn ihr das übt, wird es euch immer besser gelingen. Probiert die Übung auch bei eurem nächsten Spaziergang in der Natur oder bei einem Ausflug ins Grüne aus. Schaut ganz genau hin und ihr werdet die Erde atmen sehen, ganz bestimmt! Wetten, dass ihr in Zukunft dann ganz begeistert Werbung für unsere Mutter Erde machen werdet?
Folgt mir nun auf die nächste Seite hin zur Naturwelt. Unterstützt eure Augen, indem ihr alle eure Sinne öffnet. Es ist alles da, was sich ein Lebewesen nur erträumen und wünschen kann. Die kleinen Blumen freuen sich, dass wir sie anschauen und bewundern. Die Vielfalt der Natur ist da, um gesehen zu werden. Das ist der Grund, warum die Blumen so schön blühen, warum die Felder so weich und duftend und die Hügel so rund und mollig sind. Deshalb sind die Berge ganz groß und stolz und das Meer leuchtet in schönstem Türkis und Blau.
Nun schaut doch alle her! Das ist die Welt, in der wir leben, und das ist auch die Welt, die die kleine Ente Kalliopi mit uns durchwandern wird, um sich zu entwickeln, begleitet von unseren sieben glorreichen Coachies. Wie gesagt, es ist alles da, was wir brauchen, vorausgesetzt, unsere Brillengläser sind klar, so dass wir sie sehen.

Sonne Helios: Sie freuen sich so sehr über mein Licht und meine Wärme, dass sie mich richtig in sich aufsaugen!!

Baum: Es ist alles tipp topp geordnet und an seinem Platz!

Fluss: Dass sich alle über mein Wasser freuen, find ich super!!

Blumen: Seht doch, wie schön wir sind und wie gut wir zu der Wiese passen!!

Frau Faribary: Jetzt aber weiter, ich bin schon richtig neugierig auf die Engel und ihre Welt. Ich bin ganz Ohr, ganz Auge und furchtbar aufgeregt!

Assipelli: Ja du hast recht, wir müssen weiter. Lasst uns jetzt die Engel auf den Wolken besuchen und etwas über ihr Leben und ihre Erfahrungen mit uns Menschen entdecken.

Könnte der gute heile Teil in uns ein Engel sein?

Diabolino: Weil wir jetzt so gut erholt sind und mit beiden Füßen fest auf der Erde stehen, können wir uns ein wenig ausführlicher mit diesen wunderbaren Engelwesen beschäftigen. Meistens verlangen wir zu viel von ihnen. Das können sie unmöglich alles erfüllen. Ich habe da wirklich Mitleid mit den Engeln. Wenn nämlich das mit der Überforderung der Engel so weiter geht, sind sie wirklich in Gefahr, einem klassischen Burn-out zu erliegen, wie die Fachleute so schön sagen. Bumm, fertig, Schluss! Ausgebrannt, kaputt, hoffnungslos überlastet! Aber die Sache mit den Engeln ist zu komplex, als dass ich euch wirklich einen guten Einblick verschaffen könnte. Assipelli, ich glaube, es ist nun doch von Nöten, dass du Klarheit in dieses Durcheinander bringst. Also, wir sind alle ganz Ohr.

Assipelli: Wenn wir in die Vergangenheit zurückgehen, entdecken wir Engel oft als Statuen auf Gräbern und gemalt auf Vasen der Antike. Dort sitzen sie auf den Schultern der Menschen, so, als ob sie ihnen etwas zuflüstern würden. Bei genauem Hinsehen bemerkt man, wie die Gesichter der Menschen dabei sehr glücklich aussehen. Die Philosophen der damaligen Zeit nannten diese wunderbaren Flüsterwesen **Erotideas. Platon, der griechische Philosoph, der etwa 400 Jahre vor Christus lebte, beschrieb diese ungewöhnlichen Menschenbegleiter als sehr starke Wesen, die man mit Liebe, schöpferischen Fähigkeiten, Leidenschaft und Hingabe in Verbindung brachte**. Die Menschen, auf deren Schultern diese Geschöpfe weilten, waren ganz bei sich und zeichneten sich dadurch aus, dass sie sich die Eigenschaften der Erotideas zu Eigen machen konnten. Sie waren so fähig, ihr Leben auf der Erde schöpferisch und mit weniger Angst- und Hilflosigkeitsgefühlen zu gestalten.
Das Flüstern von damals ist leider verklungen. Viele von uns haben ihr Flüsterwesen verloren, oder ihr Flüstern wird von den Klagen, Sorgen und Nöten der Menschen übertönt. Ihr werdet jetzt bestimmt fragen, wie es sein kann, dass wir diese herrlichen, seit Urzeiten uns innewohnenden Wesen verlieren konnten. Das geschah ganz unmerklich und nur deshalb, weil wir diesen **guten, heilen Teil in uns** nicht genug geschätzt und geliebt haben. So ist dieser Anteil regelrecht vor uns geflüchtet und hat sich ins Exil begeben. Doch unsere Seele vermisst diesen Anteil enorm. Und deshalb haben so viele von uns immer wieder unendliche Sehnsucht nach dem Himmel. Dabei merken wir gar nicht, dass wir mit ein wenig Engagement den Himmel auf Erden haben könnten.

Diabolino: Ja, Assipelli. Da muss ich schnell mal dazwischenfunken. Mir fällt da eine Geschichte ein, die passt jetzt gerade wunderbar. Ich erzähle sie euch schnell:
Es war einmal ein Bauer, der fiel in einen Teich. Da er nicht schwimmen konnte, schrie er mit all seiner Kraft nach der immer hilfsbereiten Göttin Athene und bat sie, ihm zu helfen. „Bitte hilf mir, ich ertrinke!! Es kommt schon Wasser in meine Ohren und in meine Nase, ich kann nicht mehr atmen." Er schrie immer lauter, so dass es durch den ganzen Wald dröhnte. Eine herbeigeeilte Bäuerin versuchte zu helfen und sagte zu ihm: „Das ist sehr gut, dass du betest, aber bis Athene kommt, musst du auch ein bisschen deine Arme bewegen und schwimmen. Wenn du dies nicht machst, wird sie bei ihrem Kommen traurig sein, denn du wirst dann wegen deiner Untätigkeit ertrunken sein." (Applaus des Publikums) Vielen Dank fürs Zuhören!

Assipelli: Also Diabolino, wie immer triffst du den Nagel auf den Kopf!! Dieses Bild dürfen wir nie vergessen. Nach dem Motto: **„Hilf dir selbst, dann hilft dir Gott!"** Mit anderen Worten, die Engel würden sich bestimmt freuen, wenn sie die Himmelswelten endlich wieder verlassen und ihren Platz bei uns einnehmen könnten, wo sie ja auch hingehören. Und, wer weiß, vielleicht haben die Schweinchen und die Mäuse auch Engelwesen, von denen wir bis jetzt noch gar nichts wussten. Bei genauerem Hinsehen jedoch könnten wir bestimmt solche Tierengel entdecken.

Aber wie gesagt: **Erst müssen wir uns auf den Weg machen, um den eigenen inneren Engel zu finden. Dazu brauchen wir sehr viel Liebe zu uns selbst und vor allem Zeit für uns. Dann können wir sicher sein, dass der gute Teil in uns wieder auf unserer Schulter sitzend auftaucht.**

Diabolino: Dann würde das ewige Jammern von Mama Farilari und bestimmt auch das der Menschen endlich aufhören. Es ist ja kaum mehr zum Aushalten. Übrigens, ich finde, Mäuseengel sollten auf dem Schwanz der Mäuse sitzen und nicht auf der Schulter, so dass wir unsere Engel beim Flüstern immer schaukeln könnten.

Assipelli: Ist das nicht richtig himmlisch? Schaut alle Engel der Reihe nach an und versucht einmal, mit jedem Engel Kontakt aufzunehmen, bzw. in seine Haut zu schlüpfen und mit ihm zu fühlen. Das ist gar keine schlechte Möglichkeit, um eine Einsicht in das Engeldasein zu gewinnen.
Und so als Engel spürst du nun, wie es ist, wenn Menschen dich um Hilfe bitten, obwohl sie Vieles ohne Weiteres selbst machen könnten. Du weißt ja, dass die Schöpfung oder der liebe Gott die Menschen reichlich mit Fähigkeiten ausgestattet hat, die es ihnen ermöglich, sich selbst zu mögen und sich selbst zu helfen. Ja, und ihr seht nun diese „halben Menschen" und spürt, wie sich Viele weigern, Verantwortung für sich selbst zu übernehmen. Na, wie fühlt sich das für einen Engel an? Traurig, gell? Aber auch ein wenig ärgerlich, oder? Also können wir ruhig Mitgefühl für diese armen Himmelsgeschöpfe empfinden!

Erzähler-Begleiter: Ja, auf den nächsten Bildern könnt ihr die vielfältigen Eigenschaften der Engel sehen. Ihr seht aber auch die unzähligen Hände all der Menschen, die nach oben zeigen und um Hilfe bitten. Die haben bestimmt schon Nackenschmerzen und einen steifen Hals. Hoffentlich verlieren sie mit der Zeit nicht ganz den Kontakt zu unserer Mutter Erde und damit zu der Welt, in der wir leben. Dann haben sie nämlich den Boden unter den Füßen verloren, oder es besteht die Gefahr, dass sie bei jeder Krise gleich ins Bodenlose fallen.

Engel: Dass wir es im Himmel so schwer haben würden, wer hätte das gedacht? Wenn man den ganzen Tag und die ganze Nacht diesen bettelnden Händen und jammernden Gesichtern ausgesetzt ist, ist sogar das Leben im Himmel hart.

Assipelli: Schaut sie euch an, die Engelwelt! Ist das nicht ein schönes Bild zum Entspannen? Die Engel vertreiben sich die Zeit im Himmel, so wie die Menschen auf der Erde. Aber da oben gibt es Ruhe und Frieden und nicht so viele Störungen durch den nervenden Alltagskram wie bei uns hier auf der Erde. Trotzdem, sie sind niemals untätig, die Engel. Was sie tun, werdet ihr im nächsten großen Bild sehen. Auf jeden Fall ist das keine faule Mannschaft, die nur Langeweile hat und Halleluja singt. Im Gegenteil, manchmal sind die Engel durch uns so gestresst, dass manche dunkle Wolke aufziehen muss, um sie vor uns zu schützen.

Engel: Wenn man das Treiben da unten betrachtet und sieht, wie hilflos die Menschen sind und wie sehr sie sich weigern, Verantwortung für sich selbst zu tragen, hat man das Gefühl, der Schöpfer hat sich umsonst bemüht.

Der Engel, der die spielenden Mäuse beobachtet: Wenn man dieses Spiel beobachtet, wird es sogar mir als Engel schlecht! Anstrengung, Kampf, keine Freude am Spiel, kein Genießen. Schade!

Liegender Rot-Kreuz-Engel: Ach, liebe Leute, macht doch bitte keinen Blaulichtengel aus mir! Achtet auf eure Gesundheit, auf eure Lebensgestaltung und auf euren Weg. Wenn ihr auch noch ab und zu in euch hineinhört, kann ich euch bestimmt etwas Gutes ins Ohr flüstern.

Tennis spielender Engel auf den Himmelswolken: Das macht aber Spaß!

Blaue-Hose-Maus: Ich muss unbedingt siegen heute! Bitte, mein Engel, hilf mir!

Rosa-Hose-Maus: Aaaaah! Aaaaah! Huuuuuhhh! (Laute Schreie beim Hin-und –her-Schleudern des Tennisballes)

Rosa-Hose-Maus: Mist, schon wieder daneben! Das ist aber ein schlechtes Spiel heute! Hilft mir denn heute keiner von den Engeln?

Blaue-Hose-Maus: Ich kann nicht mehr. Mir geht die Puste aus. Wenn der doch ausrutschen würde, dann hätte ich gewonnen!

Betende Menschen: Hilfe! Bitte helft mir! Ich kann nicht mehr! Ich will nicht mehr! Ich kann das nicht alleine! Steht mir bei!

Der Arztengel: Nicht jedes Wehwehchen und jedes Symptom kannst du durch mich wegzaubern. Wenn du dich aber dem Schmerz und deiner Krankheit liebevoll zuwendest und etwas für deine Gesundheit tust, kannst du sicher sein, dass ich auch an deiner Seite sein werde.

Ritterengel: Ich kann dir nicht bei deinen „gerechten" Kriegen helfen und deiner Armee beistehen, schließlich haben die Feinde auch ihre Engel.

Heldenengel: Ich will nicht mehr dein Kraftprotzengel sein und alle deine Wünsche erfüllen, indem du noch mehr Häuser und Wolkenkratzer baust. Und deine teuren Luxusautos soll ich auch noch abschleppen?

Nachdenklicher Engel: Jammern, jammern, immer nur jammern! Nehmt endlich eure Arme nach unten, wendet euch liebevoll euch selbst zu und nehmt euch selbst in die Arme. Versucht das einmal. Es ist das Beste, das es gibt!!!

Genießender Engel mit Eis: Was für eine kühle Erfrischung! So kann ich meinen heißen Kopf von all den Sorgen und Nöten wieder abkühlen. Aber ich habe nicht vor, den ganzen Tag wegen euch Eis zu essen. Das verdirbt die Zähne und den Magen!

Polizisten-Engel: Ich kann nicht immer den Polizisten für dich spielen und darauf achten, dass du deinem Körper und deiner Seele nichts Böses antust, dass du weniger trinkst und raucht. Das musst du wirklich selbst in die Hand nehmen!

Handyengel: Ach Gott, was ist das für ein Telefonterror hier. Seitdem es Handys gibt, verlangst du von mir, dass ich jede Sekunde deines Lebens dabei bin und dir aus jeder kleinsten Misere helfen soll. Genug! Treffen wir uns doch lieber an deinem innersten Flüsterort. Dort will ich dir gerne begegnen.

Assipelli: Ich muss euch geradeheraus sagen, dass die Engelwelt und die Engel selbst der am meisten missverstandene und missbrauchte Teil unserer ganzen Welt sind. Vor langer, langer Zeit, waren die Engel einmal der gesunde und heile Teil von uns selbst. Doch durch Unachtsamkeit, fehlendes Verständnis und fehlende Liebe zu uns ist uns dieser Anteil verloren gegangen.

Na ja, also ehrlich gesagt, er ist nicht wirklich verloren gegangen, aber er ist für uns nicht mehr so leicht greifbar. Er hat sich zurückgezogen, weit weg Richtung ... himmelwärts? Manche meinen sogar, die Engel würden ganz oben auf den Wolken sitzen. Irgendwie, auf unerklärliche Weise, können wir spüren, dass uns dieser Anteil fehlt. Wir ersuchen dann bei diesem verlorenen Anteil immer wieder um Hilfe. Und dadurch kommt es eben zu der Überbelastung der Engel. Außerdem kommen wir in Gefahr, abhängig zu werden, und verlieren immer mehr die Fähigkeit, uns selbst zu helfen.

Doch so war und ist das von den Engeln bei Weitem nicht gemeint. Eigentlich wollen sie uns ja dabei unterstützen, unsere eigenen Wege und Lösungen zu finden, indem sie uns als innere Engel zur Seite stehen, die uns immer wieder etwas ins Ohr flüstern. Wir müssen nur lernen, auf ihn zu hören, weil er meistens sehr, sehr leise spricht.

Manche von uns sehnen sich unentwegt nach etwas in uns, das uns Wärme, ein weiches Liebesgefühl und Gespräche gibt mit jemandem, der uns versteht. **Eine Art verstehenden Freund.** Wir scheinen nicht mehr zu wissen, dass es in uns einen solchen Kameraden gibt oder gegeben hat. Nach diesem verlorenen inneren Kameraden suchen wir draußen bei den anderen vergebens. Wir verstehen nicht, warum er weg ist und wo er zu finden ist.

Manche von uns begegnen ihrem inneren Engel erst nach langem Suchen und Warten. Er kommt oft unbemerkt und leise. Plötzlich bemerken wir ein schönes weiches Gefühl, das uns wärmt und Sicherheit gibt, weil wir uns nicht mehr alleine fühlen, und ein ungewöhnliches Verständnis für uns selbst.

Aber natürlich müssen wir Enten- und Menschenkinder schon etwas dafür tun, dass dieser unentbehrliche innere Gefährte an seinen Platz zurückkehrt, zurück in uns als Mitbewohner. Denn so lange wir uns einreden, dass wir nichts wert oder nicht gut genug sind, findet der engelhafte Freund in uns keinen Raum. Vielleicht, weil er ganz anderer Meinung ist und uns doch liebenswert findet. Unsere Hauptaufgabe wäre also, uns zu lieben und zu achten und zu lernen, uns so anzunehmen, wie wir sind. Ja, ja das hört sich einfach an, aber es bedarf eines langen Trainings.

"Das ist der Lauf der Welt!" Ihr könnt also jetzt schon ganz langsam damit beginnen, indem ihr euch selbst liebevoll in den Arm nehmt, indem ihr Verständnis für euch und euer Verhalten zeigt und lernt, euch in euren Lebenszusammenhängen besser zu verstehen. Wenn man sich selbst ganz annimmt, können wahre Wunder geschehen. Deswegen fangt gleich an zu üben!

Engel: Gut, dass sich die Menschen ab und zu darauf besinnen, was ihnen der liebe Gott in ihre Wiege und in ihr Herz hineingelegt hat, eben dass sie endlich einmal Selbstfürsorge üben. So haben wir auch mal ein Wochenende frei.

Die „Ich hab mich lieb"-Übung

Assipelli: Such dir einen ruhigen Platz, wo dich niemand stören kann. Stell dir vor, dass du jetzt deinem inneren Freund gegenüber sitzt. Mach es dir so bequem wie möglich, so dass du dich so richtig von der Erde getragen fühlst. Schau dich im Raum um, damit du weißt, wo du gerade bist. Sag dir dann selber laut und deutlich, was du möchtest, z.B. „Ich öffne mich für meinen guten inneren Freund, meinem Kamerad, den ich irgendwann, ohne es zu merken, weggescheucht habe." Öffne dabei deine Arme, als ob du ihn willkommen heißen würdest. Atme tief ein, um Platz für Neues in dir zu schaffen. Nimm dich dann selbst ganz liebevoll und zärtlich in die Arme. Spüre diese Wärme, die du im Moment brauchst, und die du dir wahrscheinlich selber lange Zeit nicht geben konntest. Bleibe eine Zeit lang in dieser Haltung und spüre nach, welche Gefühle in dir auftauchen.
Wenn du jetzt traurig oder verzweifelt, vielleicht auch unruhig oder ängstlich wirst, was leicht sein kann, sei achtsam und beobachte genau, welcher Teil von dir sich jetzt so fühlt: du oder dieser Freund in dir, der vielleicht noch klein ist. Es spielt gar keine Rolle, wer von euch beiden es ist. Nutze diese Gelegenheit jetzt, die Umarmung euch beiden zu widmen. Sorge schützend und liebend für diesen Freund in dir, den du vielleicht aus deiner Kindheit kennst. Achte darauf, dass der Umarmende der Erwachsene von euch beiden bleibt. Sei weiterhin zärtlich und verständnisvoll zu dir selbst. Sorge immer für eine gute Abgrenzung, d.h. dafür, dass du unterscheiden kannst zwischen dir und dem kleinen jüngeren Teil in dir. Ihr beide seid zwar ein und derselbe, aber für diese Übung doch zwei verschiedene, die sich unterhalten, um damit die alte Freundschaft aufzufrischen.
Nach einem solchen inneren Dialog wirst du dich wundern, wenn dir plötzlich auf der linken Schulter jemand sitzt, der dir ins Ohr flüstert, wie du mit deinen Sorgen und Nöten umgehen kannst. Und du wirst merken, welch ein Gefühl von Geborgenheit sich in dir ausbreiten wird, wohlig warm und weich. Jetzt kannst du dich ruhig wieder auf deinen Lebensweg begeben. Freu dich, diesmal wirst du dich nicht mehr alleine fühlen. Dein innerer Gefährte wird immer dabei sein. Wenn einmal etwas unklar ist, könnt ihr innehalten und euch zusammensetzen, um die neue Situation zu besprechen und neue Strategien zu entwickeln. Verstärke jetzt die Umarmung, bedankt euch beieinander und freut euch auf die nächste Begegnung. Spüre wieder den Boden, den Atem, öffne die Augen und begrüße die Umgebung. Du bist wieder da. Die Welt freut sich auf dich.

So, jetzt habt ihr für euren inneren Engel Platz gemacht, der nur darauf gewartet hat, zurückkehren zu dürfen. Und wenn er sich erst einmal wieder heimisch fühlt, wird er euch sicherlich in allen Lebenslagen begleiten und euch liebevolle und gescheite Dinge ins Ohr flüstern. Sicher werden es auch manchmal spaßige sein. Ihr müsst nämlich wissen, Engel haben Humor. Probiert die Übung ruhig oft aus, ihr habt ja nichts zu verlieren. Ganz im Gegenteil! Wer lernt, sich selbst zu lieben, lernt die anderen zu lieben und wird dafür wiedergeliebt. „So ist der Lauf der Welt!"

Die Moral von der Geschichte lautet also: Nervt die Engel bitte mit euren Wünschen nicht mehr Tag und Nacht, sondern tut etwas für eure Selbstliebe. Ihr wisst nun, wie ihr euren inneren Engel oder Gefährten wieder finden könnt. Euch wird sicher ganz warm und wohlig ums Herz, wenn dieser Gefährte wieder zurückkehrt, um bei euch zu wohnen. Vertraut darauf, dass es immer einen guten Lauf der Welt für alle Erdenkinder gibt. Erzählt davon auch euren Freunden und Freundinnen.
Lasst euch auch überraschen davon, wie sich die Engelwelt in dieser Geschichte entwickeln wird. Sie nimmt nämlich auch aktiv an dieser Expedition teil.

Erzähler-Begleiter: Schwupp, damit sind wir wieder auf der Erde gelandet und haben die Ehre und das Glück die Heimat unserer wunderbaren Kalliopi kennen zu lernen. Ist das nicht ein schönes Bild? Eine solche Umgebung wünscht sich jedes Tier und jedes Menschenwesen zum Leben. Es ist alles da. Man könnte sagen, der Himmel auf Erden. Es fehlt nichts, aber auch gar nichts zum Glücklichsein.
Weißt du, wie dieser Ort heißt? Das ist Rutschi-Popolis, der Heimatort unserer Heldin. Hier beginnt ihr spannendes und aufregendes Lebensabenteuer. Wie du ja schon weißt, sind Enten, und das wird auch bei unserer Kalliopi nicht anders sein, mit ihrer Sensibilität in der Lage, den Puls und den Atem der Erde zu spüren. Dadurch sind sie mit allem, was auf dem Bild zu sehen ist, verbunden. Also wundere dich nicht, wenn sich jetzt die drei kleinen Blumen links im Bild unterhalten. Es sind Assipelli's Worte, die sie stellvertretend für ihn sprechen. Du musst nämlich wissen, wenn man mit der Erde verbunden ist, dann kann man sogar die Sprache der Blumen und Tiere verstehen.

Ach, wie schön ist die Entenwelt- Idylle!

Assipelli: Seht ihr? Das ist der Lauf der Welt - wenn es schön ist. Ihr seht, es ist alles da, ihr könnt es einfach nehmen, wenn ihr euch öffnet.
Dieser Lauf aber ändert sich von Minute zu Minute. Alles was nun geschehen wird, geschieht im Jetzt. Deshalb beginnt unsere Geschichte nicht mit: „Es war einmal..." sondern mit „Es ist......". Und übrigens empfehle ich euch, ab jetzt **ganz genau hinzuschauen**, denn das, was man sieht, ist nicht immer das, was es im ersten Augenblick zu sein scheint. Oft muss man mehr als einmal hinschauen, um genau zu erkennen, worum es wirklich geht. Also dann, los geht´s! Wir wünschen euch eine gute Reise mit unserem Entlein Kalliopi.

Blume Redy: Sieh das schöne Dörflein und die spielenden Kinder, den Brunnen und die kleine Kapelle. Schau nur, da vorne ist ein altes, haariges Haus, oder wie nennt man das? Bestimmt freuen sich die Menschen, dass sie da leben dürfen.

Blume Dufty: Ist das nicht fantastisch? Die Menschen reden doch immer davon, dass sie sich ins Paradies wünschen. Seltsam, wir leben doch mittendrin! Jeden Tag aufs Neue können wir uns an dieser Augenweide erfreuen. Wir Blumen zeigen unsere Freude und Begeisterung, indem wir so wohlig duften und unseren Duft in alle Richtungen verströmen. Hmhmhm!

Blume Largy: Habt ihr gesehen, wie stark der Verkehr heute ist? Es ist bestimmt Wochenende. Was die Menschen alles auf sich nehmen, um zu uns in die Natur zu kommen. Darauf könnte man ja richtig stolz sein. Also, Blütenblätter auf, damit sie uns gut sehen können. Schließlich sind wir da, um von anderen gesehen zu werden. Aber die Menschen, die hierher kommen, scheinen dies nicht zu wissen. Seht mal, sie beachten uns gar nicht, als ob es ganz selbstverständlich wäre, dass so schöne Blumen auf der Wiese wachsen! Schade, dass sie so wenig wach und aufmerksam sind. Wenn sie wüssten, was sie versäumen.

Entenmama Nora: Ich freu mich schon so auf unsere Entlein.

Enterich Babo: Gratuliere! Eine tolle Brut, mein liebes Entenweib!

Blume Dufty: Sieh mal dort die kleinen Entlein im Ententeich. Sie tauchen, quacken und lärmen. Wenn ich nochmals auf die Welt kommen könnte, wäre ich gerne eine Ente. Das wäre bestimmt schön! Und seht mal dort, der Bauer holt mit seinem Traktor die gute Ernte ein.

Blume Redy: Der hat sich auch das ganze Jahr geplagt, nicht wahr? Und hat seine Felder bei Wind, Sonne, Schnee, Hagel und Hitze liebevoll bestellt. Jetzt kann er sich an den Früchten seiner Arbeit freuen. Das ist jetzt seine Belohnung.

Blume Largy: Seht Ihr das Pärchen da vorne? Das sieht ja nach wahrer Liebe aus! Seht nur wie die Ente und der Enterich liebevoll auf ihre Eier schauen. Das wird ein schönes Bild sein, wenn alle Entlein ausgebrütet sind und hinter ihrer Mama Ente herwatscheln. Schon in ein paar Tagen ist es so weit. Ja und da unten im Baum wohnt die Mäusefamilie. Sie sind alle sehr fleißig, sammeln und sammeln den ganzen Tag. Sie stehlen dem Bauer sogar das Korn. Hu, hu, hu!

Blätter-Baum: Sie müssen doch etwas Nahrung haben für den Winter. Die Menschen und die Mäuse sind nicht so wie wir Bäume und Pflanzen. Wir lassen im Herbst unsere Blätter los und ziehen uns für den ganzen Winter zum Schlafen in die Wurzeln zurück.

Frau Farilari: Mir kommen gleich die Tränen. Ist das nicht süß, so eine glückliche Familie? Das habe ich mir auch immer gewünscht.

Herr Larifari: Wie würde unser „Revolutionsmanager", oder wie heißt er, jetzt sagen? „So ist der Lauf der Welt!"

Frau Farilari: Evolutionsmanager, heißt das, du Banause. Manchmal habe ich den Verdacht, du hast nicht mal die Volksschule abgeschlossen.

Enterich Babo: Schön, davon zu träumen, wie es sein wird, wenn alle kleinen Entlein ausgeschlüpft sind!

Assipelli: Das ist ein guter Ver-„Lauf der Geburt!"

Die Mäuse: Es geht los! Alle geschlüpften Entlein sehen quicklebendig aus!

Diabolino: Jetzt müssen wir nur noch warten, bis das letzte Entlein schlüpft.

Frau Farilari: Wie wunderbar, einen Schoß voller Entlein zu haben! Aber wer hier babysitten will, hat viel zu tun!

Band I Teil 3

Wie die Idylle der Entenwelt zerbricht

Die altägliche Entenwelt Idylle

Kleiner Vogel oben links: Schnell, schnell, blättert um! Es ist ungeheuerlich.....Der fährt viel zu schnell! Seht, der Enterich will gerade die Straße überqueren. Ob das wohl gut geht?

Maus mit rosa Kleidchen: Die Autokolonne hört heute gar nicht auf. Der Verkehr ist schon sehr unangenehm und macht unsere Entenwelt kaputt. Es stinkt so fürchterlich hier. Schau doch nur, wie dieses rote Sportauto düst. So eine Schweinerei.. Der spinnt wohl!

Vogel Pipsi: Ich habe so eine Vorahnung, als ob gleich etwas passieren wird.

Grüne Schlange: Ich habe ein schreckliches Bremsgeräusch gehört und laute Schreie. Mein Gott, da muss was passiert sein. Wie viele Waisenkinder es wohl diesmal wieder geben wird?

Gelbe Schlange: Hör auf, du Pessimistin! Du immer mit deinen blöden negativen Vorahnungen!

Ein Sportauto überfährt Entenpapa Babo

> **Engel links:** Um Himmels Willen, das kann ich mir gar nicht ansehen!

> **Assipelli:** Ja, das ist der traurige Lauf der Welt, und jetzt ist das Fühlen dran.

> **Libelle:** Genauso ist es letzten Sommer mit meinem Kind passiert.

> **Geknickte blaue Blume:** Mir wird schlecht.

> **Kleine Maus rechts auf der Straße:** Hilfe! Der Enterich Babo wurde überfahren!

Sonne Helios: Da wird mir ganz kalt. Nein, wie schaurig!

Entengeschwister: Was ist passiert?? Unser Papa ist tot? Nein, das glauben wir nicht! Das kann nicht sein, das ist bestimmt eine Verwechslung. Er war doch eben noch hier!

Entenmama Nora: Neeeeeeeeeeiiiiiiiii iin!!!!!!!

Ei: Hilfe! Was ist mit meinem Papa? Lasst mich raus!

Kalliopi wird vor lauter Entsetzen im Ei vergessen

Erzähler-Begleiter: Die Entenmama Nora ist wie betäubt. Ihr Blick geht ins Leere. Die kleinen neu geschlüpften Entenküken fühlen sich verloren. Aus dem Ei heraus hört man Hilfeschreie.

Ungeborenes Entlein im Ei: Mama, hallo, bitte sag doch was! Du bist so stumm! Was hast du denn? Hol mich hier raus, schnell!

Diabolino: Hallo Kleines, wir holen dich raus! Probiere einmal mit aller Kraft mit den Füßen von innen gegen die Eierschale zu stoßen. Du musst zuerst für dich selbst sorgen, bevor du der Mama helfen kannst. Also, eins, zwei, drei und stoßen!!

Engel: Du meine Güte, jetzt ist das Entlein noch nicht richtig auf der Welt und schon so in Sorge!

Entlein: Ich muss so schnell wie möglich raus hier! Meine Mama tut mir so Leid. Ich muss ihr unbedingt helfen. Sie ist so alleine. Ich will sie nicht verlieren. He, ihr Geschwisterchen! Macht doch was! Bringt unsere Mama wieder zum Lachen! Los, los! Ach, ihr seid ja auch noch so klein und hilflos. Oh je, meine armen kleinen, lieben Geschwisterchen. Holt mich doch aus dem Ei, dann kann ich euch beistehen!

Die Pustetiere werden zu Hebammen und Entenpaten

Erzähler-Begleiter: Hier siehst du die Pustetier-Hebammen Frau Farilari, Herr Larifari und Diabolino.

Herr Larifari: Jetzt könnten wir eine kleine Dynamitladung oder eine Spitzhacke gut gebrauchen.

Frau Farilari: Wir müssen jetzt sofort etwas unternehmen. Lasst euch etwas einfallen, ihr beiden Männer, bevor es zu spät ist und das Entlein stirbt!!

Diabolino: Papa, was redest du, du bist doch nicht auf dem Bau oder an der Front, sondern bei einer Geburtshelferaktion. Mit solchen Methoden könnte das Entlein Schaden erleiden. Schau doch, Papa, der liebe Mäusegott hat uns mit wunderbar spitzen Zähnen beschenkt. Wenn das Entlein von innen auch noch ein bisschen mithilft, wird die Geburt gut gelingen! Und wir haben einen frischen guten neuen Freund gewonnen. Ich freu mich schon darauf.

Ei denkt: Mama, sei doch nicht so traurig, sonst machst du mich auch traurig.

Fels links auf dem Boden: Das erschüttert sogar den härtesten Stein!

Larifari: Das war ja beinahe eine Zangengeburt. Uiuiui! Bin ich jetzt aber erschöpft!

Diabolino: Puhh, wie anstrengend! Armes Entlein ich hatte schon Angst, dass du es nicht schaffst.

Erzähler-Begleiter: Mit vereinten Kräften von außen und innen gelingt es den Pustetieren und der kleinen Ente, das Ei zu öffnen.

Vertrocknete Blume im Hintergrund: Soll das da etwa eine Ente sein? Puh, das so etwas überhaupt geboren werden darf!

Neugeborenes Entlein: Wo ist mein Papa? Wo bist du, Mama? Ich kann euch nicht sehen. Warum ist denn niemand bei mir? Mir ist so kalt.

Neugeborenes Entlein: Ist das aber schwer, zu stehen und sich zu bewegen. Ist denn niemand da, der mir zeigen kann, wie das geht?

Diabolino: Mir blutet das Herz. Wenn sie es schafft zu überleben, dann werde ich OO7 höchstpersönlich!

Erzähler-Begleiter: Wir können eure Enttäuschung und die Trauer über den schlechten Start unseres Entleins regelrecht spüren. Trotzdem ist es wie immer im Leben. Wenn es ganz besonders dunkel ist, tauchen oft ganz unerwartet Lichtblicke am Horizont auf. So wie jetzt unsere drei Pustetiere, die sehr liebevoll die Patenschaft für unser Entlein übernommen haben. Ohne ihre Hilfe säße das arme Entlein wahrscheinlich immer noch in ihrem Ei.

Natürlich ist das Entlein sehr traurig, dass niemand von seiner Familie da ist, um es willkommen zu heißen, was an sich selbstverständlich wäre für ein neugeborenes Entlein. Doch die Entenmama und ihre Kinder sind immer noch ganz schockiert vom Tod des Entenpapas.

Dass unser Entlein am Anfang so zittert und friert, kommt daher, dass es nicht genug Wärme von seiner brütenden Mutter bekommen hat. Durch den Unfall vergaß sie, dass sie noch dieses ungeschlüpfte Kind wärmen musste. Außerdem war sie von so viel Traurigkeit überwältigt, dass ihre Augen vor lauter Tränen dieses übrig gebliebene Ei gar nicht mehr sehen konnten. Ein vergessenes Ei mit einem Entlein drinnen. Und so musste sich dieses kleine zarte Blümlein ganz ohne Familienunterstützung aus der harten Eierschale befreien. Ein Glück, dass ihm die Pustetier- Hebammen geholfen und ihm damit sogar das Leben gerettet haben. Aber es ist doch etwas ganz anderes, wenn die Mama oder der Papa dabei sind. Ja, und ganz schlimm war, dass sich die arme Kalliopi schon im Ei drinnen viel zu viele Sorgen um ihre Familie machen musste. Das ist einfach zu viel für so ein kleines Wesen!

So gehen die drei Pustetiere nun mit viel Engagement daran, dieses kleine Wesen zu unterstützen. Was Engagement heißt? Wenn man mit viel Interesse, Neugier und Liebe jemandem hilft, der es ganz dringend braucht. Bei uns Menschen heißt das **Mitmenschlichkeit**. Es ist etwas, das jedes Wesen, ob Tier oder Mensch, unbedingt braucht, um zu wachsen und lebendig zu bleiben. Ja, ganz besonders wir Menschenkinder brauchen Mitmenschlichkeit und Mitgefühl. Wenn nämlich ein Kind bereits ganz klein einen Erwachsenen spielen muss, kann es nicht mehr natürlich wachsen. Es wächst nur scheinbar, äußerlich, aber innen drin bleibt etwas klitzeklein, verletzlich und ohne Halt. Auch die Gefühle können sich nicht so entfalten, wie es einem Kind entspricht. Das ist auch der Grund, warum dann viele Erdenkinder aufhören zu fühlen oder sich in ihrer Gefühlswelt nicht mehr auskennen oder zwischen Nicht- Fühlen und Gefühlsüberflutung hin und her gerissen werden. Nach außen aber, müssen sie sowohl als Kind, wie auch später als Erwachsene eine gute Figur zeigen und alles im Griff haben. Wisst ihr, wie viel Kraft man dazu braucht? Tausend Luftsprünge könnte man damit machen, hundert Berge erklimmen, viele Meere durchschwimmen, und innerhalb von drei Sekunden ausrechnen, wie viel 248 mal 399 ergibt. So bleibt man innerlich „halb" und nach außen mit unwahrscheinlicher Mühe „ganz", bis einem irgendwann die Puste ausgeht.

Erzähler-Begleiter: Die drei Pustetiere haben mittlerweile unser Entlein in die Mitte genommen und mit ihren Schwänzen ein Zelt gebaut. Sie zeigen wirklich ein tolles Engagement und verpflichten auch das Publikum zur zusätzlichen Unterstützung. Halt! Wir brauchen jetzt noch unseren Gemeinschaftsherzensschatzkoffer (der lange Name kommt von der großen Liebesfähigkeit).

Unser Retter der Stunde ist unser Robin-Mood-Coachie mit grünem Hut und Feder. Er öffnet feierlich wie ein Zirkusmagier den eiligst herbeigebeamten Schatzkoffer für die feierliche Namensverleihung.

Diabolino: Tja, deine Mama ist jetzt nicht da, und du brauchst ganz dringend einen Namen. Wie sollen wir dich bloß nennen, so dass du kein No-name-Entlein bist. Kommt, lasst uns einen schönen Namen für sie finden, bevor sie von irgendwem irgendeinen bekommt, der ganz und gar unpassend ist.

Frau Farilari: Also, wisst ihr, ich habe immer schon gerne die Geschichten der griechischen Antike gelesen. Alle hatten dort so wunderschöne, wohlklingende Namen. Am schönsten fand ich immer die Geschichten über die … ach, wie hießen sie nur? … ja , die Musen. Und da gab es eine, die eine wahre Meisterin der Dichtung und der schönen Künste war. Na, komm hilf mir schon, Diabolino, wie hieß sie nur?

Herr Larifari (zum Publikum): Wir empfehlen euch jetzt mitzumachen. So können wir gleichzeitig eine gute Gemeinschaft werden auf dem Weg in dieses Mega-Abenteuer.

Schweinchen mit Hut, der Robin-Mood-Coachie: Steht bitte alle auf! Der Solidargemeinschafts-Schatzkoffer mit den Gütern der Freundschaft ist bereits hierhergebeamt worden. In ihm steckt der Schwur der ewig und überall verpflichtenden Verbundenheit. Also, rechte Hand aufs Herz und bitte folgende Sätze nachsprechen: „**Einer für alle, alle für einen und ich für mich!**" Mit diesem Schwur wird es uns und Kalliopi am Ende sicher gelingen, eine ganze Ente zu werden!

Herr Larifari: Also, wenn ihr alle einverstanden seid, schreiten wir jetzt zur Namensverleihung. (Zum Entlein gewandt:) Liebes Entlein, wir verleihen dir jetzt feierlich den Musenamen Kalliopi! Und alle Tiere, das Publikum und die Natur sind deine Zeugen. Möge dieser Name dir Achtung und Lebendigkeit verleihen und niemand dich je mehr anders nennen!

Diabolino: Davon hab' ich keine Ahnung! Ich bin doch noch gar nicht so alt wie die Antike. Abgesehen davon kenne ich nur eine Muse, die heißt Mousse-au-chocolat und schmeckt wunderbar. Schmatz!

Frau Farilari: Ach, du Kulturbanause. Du denkst nur ans Schokolade Essen. Ah ja, jetzt fällt es mir wieder ein. Kalliopi hieß sie. Wäre das nicht ein schöner Name für unser Entlein? So wohlklingend! Was meint ihr?

Pustetiere (Im Chor): Liebe Kalliopi, wir wünschen dir einen guten Start, auch wenn es am Anfang nicht so gelaufen ist wie gewünscht. (zum Publikum): Seid ihr Zeugen?

Frau Farilari: Ohne Gemeinschaft, in der man füreinander sorgt, ist das Leben gar nicht schön und fast unmöglich.

Publikum (Standing ovations): Wir sind Zeugen! Du bist Kalliopi und du kannst mit uns allen rechnen! Hoch lebe unser Robin-Mood-Coachie und die ganze versammelte Mäusegattung!

Erzähler-Begleiter: Die Pustetiere und das gesamte Publikum spenden tosenden Applaus, während Kalliopi, etwas benommen vom ungewöhnlichen Event, aber glücklich, in der Mitte hockt.

Der Solidargemeinschafts-Schatzkoffer und die Schatzkoffertheorie

Erzähler-Begleiter: Während unseres Weges in dieser Geschichte haben wir hier zum ersten Mal eine versteckte Ungerechtigkeit aufgedeckt. Vielleicht ist dir aufgefallen, dass es in diesem Buch auch darum geht, Ungerechtigkeiten aufzuzeigen und Gerechtigkeit wiederherzustellen. Dafür haben wir diesen wunderbaren Typ, den „Robin-Mood-Coachie", als freiwilligen und rettenden Helfer, der uns auf offene oder versteckte Ungerechtigkeiten aufmerksam macht. Dieser ungewöhnliche Coachie ist eine Art Gerechtigkeitsbutler in unserem Entenabenteuer, dessen Name sich eben an den des legendären englischen Gerechtigkeitshelden anlehnt.

Er hat für uns und für euch etwas vorbereitet, das wir im Alltag immer brauchen können als eine Art „schnelle erste Hilfe", das heißt, alles dringend Notwendige ist in ein Köfferchen gepackt. Da er für bewährte Sachen ist, hat er natürlich als Nachahmungs- Modell den uns allen bekannten und bewährten „Erste-Hilfe-Koffer" genommen. Beim Erblicken des Inhalts dieses Koffers hatte er nämlich prompt mit seinem „Herzens-Näschen" eine neue Ungerechtigkeit entdeckt: Er fand in diesem üblichen „Erste-Hilfe"-Köfferchen alles Mögliche, das für die angemessene Versorgung **äußerlicher** Verletzungen des Körpers dringend notwendig ist, zu seinem Erstaunen aber **nichts für die Seele,** z.B. etwas für Herzensweh, für das Deprimiert-Sein, für melancholische Gedanken, für viele Kränkungen, für allerlei Ängste und für Unzähliges mehr, das lebenshindernd wirkt.

Prompt hatte unser „Robin-Mood-Coachie" einige gute, brauchbare Ideen für mehrere Situationen im Leben. Er entwickelte ein spezielles Allround-Koffermodell, das alle möglichen Alltags- und Jahreskrisen, wenn „Not am Mann" ... äh, ich meine „Not an Ente", ist, berücksichtigt. Zum Beispiel, wenn es um Beziehungs- und Liebeskrisen geht, na ja diesen alltäglichen Beziehungskisten, um Trennung, um Wut, die nicht ausgedrückt wird, oder wenn Trauergefühle dauernd vermieden werden, was zur Depression zu werden droht, wenn der Schutz vor unangemessenen schmerzlichen Gefühlen fehlt oder wenn die Einbindung in die Gemeinschaft mit anderen verloren zu gehen scheint.

Des Weiteren gibt es noch besondere Koffer, die es ermöglichen, Schutzhandlungen vorzunehmen, wenn auf vielen Ebenen Gefahr droht, wie Albträume und Halluzinationen. Das bewährte Traumtraining zum Beispiel macht solche Phantasiegebilde entbehrlich, oder das HeLiWiWäSA, mit dem wir die Selbstliebe üben werden. Ihr dürft während unserer Expedition mit den „Schatzkoffern" rechnen. Diese Koffer befähigen zur Selbst-Kompetenz auf vielen Ebenen: Verbesserung im Umgang mit Krisen, Blitzaktionen bei Notsituationen, vorbeugendes Handeln für das sichere Durchgehen schwieriger Ereignisse, neues Lernen, um neuen unbekannten Situationen zu begegnen, und altes, nicht mehr taugendes, alltägliches Verhalten, das lebenshindernd ist, zu verändern und neue Wege zu gehen.

Seid neugierig auf die Koffer, weil unser neuer Freund und Helfer „Robin-Mood-Coachie" in solchen Situationen plötzlich und unangemeldet mit seiner gesamten Schatzkofferauswahl auf die Bühne stürmen wird. Die Koffer bringen eine gute Unterstützung für all diejenigen, die handeln und sich entwickeln wollen.

Erzähler-Begleiter: Trotz Schwur und Namen findet Kalliopi keinen Halt, sondern stolpert von einem Unglück ins nächste. Kalliopi scheint nicht die geeignete Beweglichkeit für das Stehen und Watscheln zu besitzen, wie es sich eigentlich für eine echte und ganze Ente gehört. Das arme Entlein! Wenn man dieses Watschel-Drama sieht, traut man sich nicht mehr hinzuschauen.

> **Diabolino betrachtet das Kullern der Kalliopi:** Du musst deinem Popo mehr vertrauen! Drück ihn nur immer fest auf den Boden!

> **Schweinchen links aus dem Publikum:** Du meine Güte, was soll das bloß werden?

> **Kalliopi:** Sehr komisch, dass ich das nicht kann. Alle meine Geschwister können watscheln, warum ich nicht?

> **Frau Farilari:** Du wirst sehen, mit der Zeit wirst du immer sicherer werden.

Erzähler-Begleiter: Also, wenn man einen solchen schlechten Start hatte wie unsere Kalliopi, eben nicht erwünscht zu sein, fühlt man sich nicht für das Leben gerüstet, nicht getragen und nicht geliebt. Das macht Angst. Dann kann man noch nicht einmal auf eigenen Füßen stehen und selbstständig gehen. Na, du wirst es ja nun live miterleben, was es heißt, ein Turboentlein zu sein.
Nun wir werden Kalliopi auch weiterhin mit viel Herzensgefühl auf ihrem Weg begleiten und uns mit ihr identifizieren (ihr erinnert euch, das heißt: in ihre Haut schlüpfen), um ihre Entwicklungsschritte mitgehen und miterleben zu können. Aber sei vorsichtig, damit du nicht in die gleichen Krisen fällst wie sie, sondern hilfst, durch Rufe, Blicke und Berührungen ihr inneres Feuer vor dem Erlöschen zu bewahren. Du kannst sie also mit aller Kraft auf ihrem Weg unterstützen. Im Moment kugelt sie durch die Welt. Mal sehen, wohin.

Kalliopi wird von Opa und Oma „fallen" gelassen

Opa: Wer kullert denn da den Hügel herunter? Hast du dir weh getan? Lass mal sehen, was du für eine bist!

Opa: Wie siehst du denn aus? Schlapp und unförmig, da ist ja gar keine Kraft in dir!

Engel mit rosa T-Shirt: Das ist aber ein schlechter Start. Jetzt hat sogar der Opa festgestellt, dass sie eine halbe Ente ist. Jetzt hat sie ihren Stempel. Patsch! Fertig!

Engel mit grünem T-Shirt: Was machen wir jetzt bloß, liebe Engelkollegin?

Opa: Also, so was habe ich noch nie gesehen. Du bist ja gar keine richtige Ente. Und wenn doch, dann eine sehr komische. Du bist ja gar nicht richtig ganz. Da fehlt doch etwas! Du bist nur eine halbe Ente! (Opa lässt sie einfach fallen)

Vogel links: Ooooooch, das hat aber weh getan

Schweinchen links: Klatsch! Putz! Peng! Jetzt haben wir den Salat. Armes Entlein!

Kalliopi: Ich bin halb? Was bedeutet das? Was bin ich denn? Alle schauen mich so komisch an. Keiner mag mich. Jetzt habe ich keinen Papa und keinen Opa mehr.

Vogel links: Ob es jemals möglich sein wird, dass sie eine richtige Ente wird?

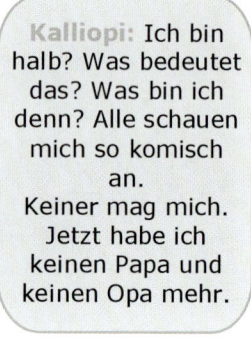

60

Diabolino im Hintergrund: Wenn das so weiter geht, sehe ich schwarz.

Oma: Pfui, was ist das für eine Missgeburt! So etwas können wir wirklich nicht gebrauchen.

Kalliopi: Ich bin eine komische Ente, ich bin eine halbe Ente. Was sagen die da? Niemand mag mich! Wer oder was bin ich eigentlich??? Bin ich überhaupt eine Ente?

Schweinchen: Armes Entchen. Auch das noch! Jetzt ist das Unglück aber perfekt.

Vogel in der Mitte unten (macht die Augen zu): Das kann ich nicht mit ansehen. Ich halte das nicht aus.

Oma: So etwas Schlappes und Weiches habe ich ja noch nie gesehen. Du bist ja gar keine richtige Ente. Und wenn doch, dann nicht mal eine halbe!

Erzähler-Begleiter: Ziemlich schlecht ergeht es unserem Entlein Kalliopi in ihrer Familie. Gut, dass die Pustetiere und das Publikum und natürlich du Leserin oder Leser sie nach besten Kräften unterstützt! Diese Unterstützung braucht sie dringend, da jetzt Kalliopis Papa Babo zu Grabe getragen wird.

Was macht man mit Tränen? Im Verlieren gewinnen!

Erzähler-Begleiter: Tja, der Entenpapa Babo ist tot und wir möchten nicht den Fehler machen, wie das in unserer Kultur so üblich ist, das Gespräch darüber zu vermeiden. Das geht auch nicht, denn Kalliopis Papa ist unwiderruflich tot. Wenn so etwas geschieht, kann man nicht mehr wegschauen und darüber schweigen. Weißt du, der Tod bringt alles durcheinander. Er lässt das mit Mühe aufgebaute Kartenhaus einfach zusammenfallen. Oder aber er ist wie ein Elefant in dem kleinen, sorgfältig und vorsichtig eingerichteten Porzellanladen des Lebens. Wir möchten uns im Voraus entschuldigen, dass der arme Elefant herhalten muss. Was kann der arme Elefant dafür, wenn alles in diesem engen Raum, den wir unser Leben nennen, nicht nur eng eingerichtet, sondern auch eng durchdacht ist? So ist es mit dem Tod, er passt nicht in unsere Pläne, Vorstellungen und Wünsche.

Erinnere dich an die Ausführungen von Assipelli über den Lauf der Welt, der in ein permanentes Werden und Vergehen eingebunden ist. Wenn jemand geboren wird, wissen wir nicht, was die Zukunft bringt und was mit ihm sein wird. Wird er Karriere machen, heiraten, Kinder bekommen, glücklich leben, wird er einen Unfall haben, wird er krank werden oder zum Flüchtling? Keiner kann es wissen! Vielleicht wird er sich für andere aufopfern ... Das alles weiß man nicht. Man hofft nur, dass alles gut läuft. Das Einzige, was klar ist, ist, dass dieser Mensch mit hundertprozentiger Sicherheit zu einer bestimmten Zeit sterben wird. Daran gibt es nichts zu rütteln und auch nichts zurückzudrehen. Das ist der Lauf der Welt, und den kann niemand aufhalten, nicht einmal wir Menschen. Abgesehen davon – wenn ein Stern stirbt, stoppt auch niemand das Universum, nur um den Sternenstaub einzufangen!

Du wirst jetzt natürlich zu Recht sagen, das ist gut und schön, aber was ist, wenn man jemanden aus der Familie oder aus der nächsten Umgebung verliert? Sollen wir das einfach akzeptieren und schlucken in dem Wissen, „das ist der Lauf der Welt"? Heißt das, ich muss tapfer und stark sein und die Haltung bewahren?

Nein, nein, ganz im Gegenteil! Wenn das jemand macht, bedeutet das einen Verlust von Gefühlen, die eigentlich zum Ausdruck gebracht werden wollen. Der Ausdruck dieses Schmerzes bedeutet ja auch Ausdruck von Liebe gegenüber uns selbst und gegenüber denjenigen, die uns verlassen haben.

Bei all der Bedrücktheit und Schwere nämlich, wissen wir auch aus eigener Erfahrung, dass jeder Verlust auch einen Gewinn bedeuten kann. Ich sehe schon die Fragezeichen in euren Gesichtern und eure Empörung. Der Lauf der Welt läuft nicht einfach nur so. Um mit diesem Lauf gehen zu können, hat uns die Schöpfung bestens ausgestattet. Die Evolution hat dafür gesorgt, dass unser Organismus und sogar wir als ganze Menschen mit etwas sehr Lebendigem auf Schmerz und Verlust reagieren. Na, na jetzt können wir schon an euren erstaunten und neugierigen Blicken spüren, dass ihr den Namen des Medikaments wissen wollt, das man braucht, um Lebendigkeit zu gewinnen. Es gibt keines. Aber es gibt unsere angeborene Fähigkeit zu trauern.

Trotzdem erscheint es fast ungehörig, dass man bei einem Verlust, anstatt nur zu verlieren, auch etwas gewinnen kann. Ich kann deine Zweifel gut verstehen, weil es mir genauso erging, und ich staune heute noch manchmal darüber, wie so etwas möglich ist. Ich werde dir natürlich gerne verraten, wie ich es erfahren und gelernt habe.

Ich habe mich in den letzten Jahren, als ich selbst solche Verluste erlebte, in der Welt umgeschaut und habe viele Menschen getroffen, die in ähnlichen Situationen waren. Ich habe mit eigenen Augen gesehen und mit eigenem Herzen erlebt, wie sie es geschafft haben, nach solch einem Verlust wieder ganz zu werden und ihre Gefühle, ihre Lebendigkeit, ihre Kreativität und Lebensfreude zurückzugewinnen. Wäre das nicht der Fall, würden alle, die zurück bleiben, immer nur verlieren, sozusagen im Herzen pleite gehen. Ich habe dann mit der Zeit ein Modell entwickelt, um Menschen in Verlustsituationen zu unterstützen und ihnen zu zeigen wie sie es anstellen können, um in gefährlichen Momenten ihres Lebens neue Lebenskraft, Gefühle und Lebendigkeit gewinnen zu können, statt vor lauter Verlust depressiv zu werden. In diesem Buch hast du Gelegenheit, dieses Modell kennen zu lernen. So brauchst du in Zukunft keine Angst mehr zu haben, solche Gefühlspleiten zu erleben.

Jetzt aber will ich dich einladen, bei der Beerdigung vom Entenpapa Babo dabei zu sein und Kalliopi ein Stück zu begleiten.

Achte auf die Anwesenden, was sie tun und was sie nicht tun, auf ihre Gesichter, auf Äußerungen und auch auf die Atmosphäre, die dort wie eine schwarze Wolke über dem Geschehen hängt. Wenn du das alles gut in Erinnerung behältst, dem Geschehen nachspürst und mit deinen Sinnen eine Art Video drehst, das du in dir speicherst, wirst du in Zukunft wissen, wie du es **nicht** machen sollst.

Entenpapa Babos Beerdigung

Geschwisterchen mit roten Haaren, links neben der Mama: Was passiert hier eigentlich? Ich verstehe gar nichts. Warum sind denn alle so stumm? Keiner erklärt mir etwas. Und wo ist mein Papa?

Entenmama Nora: Ich kann mir jetzt keine Tränen erlauben, ich muss für die Kinder stark sein. Nur keine Schwäche zeigen! Mit dir, Babo, ist ein Teil von mir mitgestorben. Am liebsten möchte ich mit dir zusammen begraben werden.

Kleiner Entenjunge- rechts neben der Entenmama Nora: Papa, du fehlst mir so! Aber ich will dir keine Schande machen. Ich werde versuchen deinen Platz einzunehmen. Kein Problem, ich mach das schon. Hauptsache, der Mama geht es bald wieder besser! Jetzt bin ich der einzige Mann im Haus.

Oma: Mir war es nicht vergönnt, meinen tollen Schwiegersohn länger zu haben, aber meine Tochter ist, Gott sei Dank, eine tapfere Ente. Sie muss ja auch für die vielen Kinder sorgen. Das schafft sie schon. Am besten fängt sie gleich wieder mit der Arbeit an. Das bringt sie auf andere Gedanken, und schließlich brauchen die Kinder was zu essen.

Assipelli: Tja, so ist der Lauf der Welt, auch wenn es uns nicht so gut geht. Die einen kommen, die anderen gehen. So, wie gelebt wird, wird auch getrauert. Wir wünschen, dass die neugeborenen Entlein und die gesamte Familie die Kraft der Trauer in sich spüren können, um ihr Raum und Ausdruck zu geben. Nur das wird sie lebendig halten. Wir dürfen als Zuschauer natürlich auch mitfühlen und können dabei auch Gefühle gewinnen, die uns lebendig machen.

Dorf-Ententante mit roten Schuhen (mit Genugtuung): Das ist eine vernünftige Beerdigung! So viele Leute sind gekommen. Eine angesehene Familie, die Familie Entenhuber! Die kann sich sehen lassen! Tja, da hilft alles nichts, das Leben geht weiter. Nora muss es schaffen. Sie hat keine Wahl.

Diabolino: Das ist aber eine Beerdigung! Da stehen sie alle ganz depressiv und sehen toter aus als der Tote selber.

Geschwisterchen vor dem Opa stehend: Das ist ja schrecklich, die Mama ist wie versteinert und erfroren, sie zeigt keine Gefühle! Hoffentlich verlieren wir sie nicht auch noch! Dann sind wir richtige Waisenkinder, ganz ohne Mama und Papa!

Frau Farilari (zu ihrem Mann): Dass du mir immer gut auf dich aufpasst! Ich will keine junge Witwe werden!

Turbokinder sorgen für die Mama

Engel: Was sollen wir nur tun? Die Situation ist ganz verfahren.

Herr Larifari: Oh, du armes Entlein! Was können wir nur für dich tun, damit du wieder richtig fühlen lernst?

Kalliopi: Ich kann nicht richtig fühlen. Wo bin ich, was ist geschehen? Was ist mit meinem Papa? Ich kann mich kaum bewegen und bin wie versteinert, so wie ein großer Felsbrocken. Und außerdem – die mögen mich ja alle nicht! Ich gehöre sowieso nicht dazu. Wo ist denn nur meine Mama? Ich habe Angst. Was, wenn ich sie auch noch verliere? Ich muss ihr unbedingt helfen.

Entenkind neben der Mama: Besser ich weine nicht, sonst wird ja meine Mama noch trauriger.

Diabolino: Seht ihr, die Entenmama ist ganz gefasst und wirkt wie erstarrt. Sie zeigt ihre lebendige und berechtigte Trauer nicht, und weil sie nicht weint, haben die Kinder noch viel mehr Angst. Im Moment sind sie deshalb noch trauriger wegen der Mama als wegen dem toten Papa. Das mit ansehen zu müssen tut aber sehr weh!

Entenkind mit einem Teller voll Würmer: Was ist denn, Mama? Komm, iss etwas! Du hast schon lange nichts mehr gegessen. Hier habe ich dir Wurzeln und frische lebende Würmer aus dem See mitgebracht. Die magst du doch so gerne. Bitte, lach doch wieder!

Diabolino: Die Entenmama ist wirklich schlecht dran. Sie kapiert noch immer nicht ganz, was wirklich geschehen ist. Und die armen Kinder! Merkwürdig, Kalliopi verhält sich genauso wie ihre Mama.

Kalliopi: Ich fühle mich ganz starr und kalt und habe furchtbare Angst. Jetzt nur nicht anfangen zu weinen, sonst kann ich bestimmt nie mehr aufhören. Wie soll ich nur meine Mama trösten?

Erzähler-Begleiter: Jetzt beginnt Kalliopi doch tatsächlich, für ihre Mama und ihre Geschwister zu sorgen, obwohl sie selbst total verunsichert ist. Die Sache ist umso gefährlicher, da Kalliopi erfahren musste, dass sie vieles, was für ein Entlein selbstverständlich ist, gar nicht kann. Ihre nahen Angehörigen bestätigten ihr das auch noch mit dem kränkenden Satz: „Das ist ja gar keine richtige Ente!" und ließen sie dann buchstäblich fallen. Dadurch wird sie noch mehr verunsichert und kann nicht glauben, dass sie es jemals schaffen kann, wie die anderen Entlein in ihrer Umgebung zu sein. Was dann kommt, ist tiefste innere Einsamkeit, Angst, Deprimiertheit, die das Lebendige in ihr noch mehr bremsen. Diese Gefühle sind so stark, dass man Angst haben muss, um ihren eh schon kleinen inneren Lebensfunken.

Du wirst dich wundern, wenn ich dir berichte, was ich bei mir selbst und bei anderen Menschenkindern erlebt und beobachtet habe. Es ist unglaublich, wie ein solch kleines, so genanntes halbes Wesen, oft hilflos und ohne Hoffnung, Bestätigung und Anerkennung, beginnt, sich auch noch Sorgen um alle anderen zu machen, z.B. dass die Mama nach diesem Unfall depressiv werden könnte – womit sie ja leider Recht hat –, dass die Geschwister keine Gefühlsäußerungen zeigen und nur versteckt weinen.

Also, um es ganz deutlich zu sagen: **Obwohl Kalliopi kaum etwas an Liebe und Geborgenheit erfahren hat und selbst unendlich traurig ist, sorgt sie sich bereits um den Schmerz der anderen.** Damit vergisst sie sich selbst und verliert sich in den Gefühlen der anderen. Vielleicht kennst du das ja selbst aus deiner eigenen Geschichte. **Man macht einen starken und tapferen Eindruck, aber innerlich ist man leer, ungeschützt und hat keine Festigkeit. Man zerfließt regelrecht, hat ein unglaublich gutes Gespür für die anderen, für sich selbst dagegen nur mehr wenig oder gar keine Gefühle.**

Das passiert leider sehr häufig, und nur wer mit dem Herzen sieht, kann spüren, was in diesen Kindern wirklich vor sich geht. Diese kleinen Wesen werden so zu "**Turbokindern**", wie wir sie nennen. Man könnte sie mit einem Baum vergleichen, der gewaltsam zu Größe gedehnt wird. Eine Art Baum mit Gummistamm. Normalerweise wachsen Bäume langsam, wie du weißt. Sie brauchen Zeit, um sich zu entwickeln, gute Wurzeln und einen festen Stamm zu bilden. Dann erst nämlich sind sie gewappnet für alle Stürme, die das Leben mit sich bringt. Sie brauchen auch viel Schutz, Sorgfalt und Pflege. Nun stell dir vor, die Umgebung verlangt von dem Baum, er müsse schnellstens groß werden. Er darf sich die Zeit, die er zum Wachsen braucht, nicht nehmen, keine „Baumkindheit" erleben. Kannst du dir vorstellen, wie es diesem armen Baum ergehen würde? Der Stamm wäre bestimmt viel zu dünn und gäbe dem Baum keinen Halt, so dass man bei jedem kleinen Windhauch Angst haben müsste, er würde einknicken. Dieser Baum müsste sich immer mit viel Kraft aufrecht halten. Das wäre sehr, sehr anstrengend.

Bei Turbokindern ist das ganz genauso! Das Turbokindphänomen treffen wir sehr häufig, in vielen Familien, zu jeder Zeit und in jeder Lebenssituation an. Leider wissen weder die Kinder noch die Erwachsenen wirklich davon, denn von solchen Dingen hören wir weder in unseren Familien, noch in der Schule, obwohl man dieses Wissen wirklich gut brauchen könnte.

Der erfolgreichste Weg, ein Turbokind zu werden, ist, früh genug Rollen zu übernehmen, für die an sich die Erwachsenen zuständig sind. Das passiert natürlich hauptsächlich dann, wenn die Erwachsenen diese Rollen nicht einnehmen wollen oder nicht dazu in der Lage sind. Also wenn z. B. die Mama sich immer jammernd und hilflos verhält, vermittelt sie dem Kind, ohne es zu wollen, ein Gefühl von Nicht-erwachsen-Sein. So fangen die Kleinen an, für die „Großen" innere unsichtbare Verantwortung zu übernehmen. Genauso ist es, wenn die Erwachsenen „tapfer sein" spielen und vor lauter Aufopferungsbereitschaft sich selbst vergessen und ihre Lebendigkeit verlieren.

Diabolino: Eigentlich stimmt das total, was du uns da erzählst. Ich kann das bestätigen. Ich tu auch immer furchtbar erwachsen, wenn meine Mama nur jammert und sich ins hinterste Mauseloch verkriecht. Einer muss ja tun, was nötig ist!

Frau Farilari: Also, Diabolino, was erzählst du da alles. Obwohl, ein bisschen Recht hast du ja schon. Ich jammere wirklich für mein Leben gern. Dass ich dich damit so belaste, habe ich nicht gewusst. Das tut mir sehr leid.

Diabolino: Da heißt es dann: Ist das nicht der nette brave Junge von den Hubers? Nimm dir ein Beispiel an dem. Der ist so adrett und anständig.

Frau Farilari: Von dir kann man das ja nicht gerade behaupten!

Erzähler-Begleiter: Natürlich hat dieses „brav sein" Konsequenzen. Wir kommen immer und überall zu kurz, weil wir dafür bekannt sind, dass wir wenig brauchen.

Diabolino (äfft die Erwachsenen nach): Mit dem muss man sich gar nicht so viel abgeben wie mit anderen Kindern, der braucht keine Streicheleinheiten und Komplimente, der ist ja so brav!

Herr Larifari zu Frau Farilari: Lass ihn jetzt! Steig bloß nicht darauf ein, sonst gibt es wieder einen saftigen großen Familienkrach!

Erzähler-Begleiter: Nehmen wir noch einmal den Vergleich mit einem Bäumchen, das künstlich in die Länge gezogen wird und deshalb einen viel zu dünnen Stamm hat, der wenig Halt bietet. **Es ist aber nicht nur so, dass das Kind keinen Halt hat, sondern es kann innerlich mit seiner Seele, seinen Gedanken und seinen Gefühlen auch nicht mitwachsen, weil die übernommenen Rollen und Aufgaben viel zu viel Raum einnehmen.** Also bleibt dieser Teil, der von diesen Rollen überfordert und erdrückt wird, ganz einfach klein und unerwachsen. Und das oft bis ins hohe Erwachsenenalter hinein. Wir nennen diesen Teil von uns „**vergessenes oder ungeliebtes Selbst**".

Diabolino: Und dann haben wir den Salat! So laufen in dieser Welt ganz viele scheinbar „Große" und „Erwachsene" herum, die aber in Wirklichkeit noch etwas ganz „Kleines" und „Unerwachsenes" in sich tragen. Darum sieht es bei Paaren, die sich streiten, manchmal so aus, als ob sich zwei kleine Kinder im Sandkasten streiten. Hohoho! Das als kleines Mäuschen zu beobachten ist manchmal schon sehr amüsant.
Und das sind doch die, die später dann mit Vorliebe im sozialen Bereich arbeiten! Hab ich Recht, Chef? Aber das ist wieder eine andere Geschichte.

Erzähler-Begleiter: Ja, die Geschichte geht immer weiter, und vielleicht erkennen sich ja sogar einige von euch im Publikum in meinen Ausführungen wieder. Nun, diese besagten Turbokinder bleiben fast immer auch im Erwachsenalter in ihrem „Turbodasein" stecken und merken es gar nicht. Meist werden sie zu Fürsorgemanagern ihrer Umgebung oder zu Vorzeigemüttern, die immer und überall zur Stelle sind, oder zu fürsorglichen, vorbildlichen Ehefrauen, die sich nie beklagen, oder aber zu Helden und Rettern inner- und außerhalb der Familie. In Freundeskreisen sind sie sehr hilfsbereit allzeit zur Stelle und vor allem als gute Zuhörer bekannt.

Erzähler-Begleiter: Und warum erzähle ich dir das alles? Gute Frage! Weil man nämlich sagen kann, dass Turbokinder typische halbe Enten sind. Nur wissen sie es nicht. Doch nicht gleich erschrecken! Du musst wissen, es ist gar nicht so schlimm, ein halbes Entlein zu sein. Erst, wenn du weißt, dass du eine „halbe" Ente bist, kannst du dich nämlich auf den Weg machen, um eine „ganze" Ente zu werden. Aber wer weiß das heute schon? Fast niemand! Und das macht mir wirklich ernsthaft Sorgen. Das ist auch einer der Gründe, warum ich beschlossen habe, dieses Buch zu schreiben.

Diabolino: Jetzt müsst ihr aber richtig aufmerksam zuhören. Wir sind nämlich schon mitten drin in den wunderbaren Gefilden der „Ententheorie" unseres Erzähler-Begleiters. Hier kann man viel lernen. Psst, bitte jetzt keine Chips-Tüten mehr öffnen! (hinter vorgehaltener Hand zum Grunzi links) Hoffentlich kapieren das meine Eltern auch!

Publikum: Super! (applaudiert kräftig)

Erzähler-Begleiter: Auf jeden Fall entsteht aus dem Halbe-Ente-Dasein oft ein nach allen Richtungen strahlender Stolperstein für unser Leben. Wir büßen an Lebendigkeit ein, haben keine Lebensfreude und Lebenslust mehr und zweifeln, ob unser Dasein überhaupt einen Sinn hat. Weißt du, was das am Ende ergibt? Lauter depressive Menschen. Kurz: Eine ganze Kultur wird depressiv, so wie wir es bereits haben. **Nicht umsonst muss ich mit Schrecken feststellen, und Statistiken bestätigen es, dass die Depression bereits die Volkskrankheit Nummer eins ist.**
Wenn du nun aber den Kopf in den Sand stecken willst und meinst, es hätte alles eh keinen Sinn, und du bei dir auch noch den dringenden Verdacht hast, selbst ein halbes Entlein zu sein, muss ich dich leider enttäuschen. Dazu sind unsere Ausführungen nicht gedacht. Denn wir beide wollen es ja nicht beim „Halb Sein" belassen und so will ich dir einen „**Enten-Ganz-Werde-Kurs**" anbieten. Sei froh – durch deinen Besuch in diesem Theater bist du schon mittendrin im „**Enten-Ganz-Werde-Training**."

Erzähler-Begleiter: **Alle halben Enten brauchen als erstes Liebe, vor allem Selbstliebe, und ganz besonders Selbstfürsorge!** Dazu musst du aber erst einmal das kleine Entlein in dir, das nicht mitwachsen konnte, spüren lernen. Denn was man nicht spürt, kann man nicht wahrnehmen, und man vergisst es wieder. Als Nächstes musst du dich dem jungen, noch nicht erwachsenen Teil in dir vorsichtig nähern und schauen, wie es ihm geht nach so langer Zeit, in der du ihn nicht beachtet hast. Dann musst du ihm deutlich machen, dass du nun bereit bist, ihm Aufmerksamkeit zu schenken. Der nächste Schritt ist, dem kleinen Entlein Vertrauen zu vermitteln. Das geht am besten, indem du dich selbst in den Arm nimmst. **So kannst du es mit aller Herzensliebe adoptieren.** Ich versichere dir, dass du mit der Zeit immer besser mit ihm umgehen kannst. Du wirst merken, dass du plötzlich mehr Vertrauen, Selbstsicherheit und Selbstverständnis für dich hast.
Nach dieser feierlichen Adoption steht dir der Weg, eine ganze Ente zu werden, endgültig offen und die Gefahr, dass du an andere andocken willst, ist schon ein gutes Stück kleiner geworden.

Diabolino: Und deine Kinder, wenn du schon welche hast, haben automatisch auch etwas davon. Sie werden ganz erleichtert durchatmen und denken: Endlich sorgt die Alte für sich! Jetzt kann ich mich entspannen und mal wieder spielen gehen.

Erzähler-Begleiter: Na, Diabolino, da triffst du wieder mal den Nagel auf den Kopf. Da die Kinder über die besten atmosphärischen Sensoren überhaupt verfügen, eben sehr sensibel sind, spüren sie natürlich sofort, ob du eine halbe oder ganze Ente bist. Wenn du nämlich eine ganze Ente bist, können sie ihr Turbokinderdasein auf der Stelle beenden und auf ihre Rolle als Fürsorgemanager pfeifen. Die Kinder haben dann endlich die Erlaubnis, wirklich Kind sein zu dürfen. Das ist sogar bis ins hohe Alter so. Das heißt, wenn ich seit frühester Kindheit für meine Eltern sorge und schaue, dass alles klappt, werde ich noch als Sechzigjähriger glücklich sein, wenn ich merke, dass meine Mutter ihr Leben selbst in die Hand nimmt. Dann gibt es plötzlich zwei getrennte Wesen, von denen ein jedes für sich selbst sorgen und Liebe für sich empfinden kann. Das sind dann schon zwei dreiviertel Enten unterwegs zur ganzen Ente.

Erzähler-Begleiter: Na, wie wäre es, wenn wir dies alle gemeinsam auf dieser Expedition probieren würden? Wir haben doch nichts zu verlieren. Im Gegenteil, ich will dir Mut machen und zeigen, dass man immer Erfolg hat, wenn man es versucht. Mag sein, dass es am Anfang oft nur stunden- oder tageweise klappt. Ist man jedoch einmal auf den Geschmack gekommen, will man von der ganzen Torte schmecken. Allerdings kann man dann nicht mehr „hilflos sein" spielen und behaupten, man wisse nicht, wie es geht, sich selbst zu helfen und sich selbst zu lieben.
Also, um es nochmals auf den Punkt zu bringen: Wenn einer dem anderen helfen will, ohne dass er sich selbst helfen kann, beißt sich die Katze in den Schwanz. Dann haben wir folgendes Phänomen: Jeder sorgt für den anderen, nur keiner für sich selbst. Dabei heißt unser Motto doch ganz anders. Erinnert ihr euch? „Einer für alle, alle für einen und ich für mich!"
Das gängige Verhalten ist nämlich für alle Beteiligten sehr kräftezehrend und endet meist in endlos helfenden Rollen. Turbokinder haben oft enorme Schwierigkeiten, aus dieser Falle herauszufinden, was bis zum Burn-out führen kann, das sich schon fast als Volkskrankheit Nummer zwei bezeichnen lässt.
Na ja, das war aber nun ein langes Lehrstück für dich. Doch wenn du dieses Wissen ganz in dich aufnimmst, dann haben es deine Kinder und Enkelkinder leichter. Die Märchen und Geschichten aus unserer Zeit würden dann so beginnen: **Es war einmal eine Welt voller halber Enten ... die sich schleunigst auf den Weg machten, um ganz zu werden.**

Diabolino: Das hat aber gesessen! Endlich mal etwas, das man gerne mit Ernst und Tiefe aufnimmt. Das ist übrigens auch als Appell zu verstehen an die heutige Spaßgesellschaft. Ernst und Tiefgang sind etwas unglaublich Schönes und tun so gut, dass wir gar nicht darauf verzichten können.

Frau Farilari: Puh, das war eine Lektion fürs Leben. Vielen Dank! Jetzt habe ich das endlich kapiert. Wie schön wäre es, wenn mein Larifari ein ganzer Enterich wäre. Was wir alles zusammen machen könnten!

Herr Larifari: Wie schön wäre es, wenn meine Farilari eine ganze Ente wäre! Ich könnte sie richtig lieben, weil sie endlich für sich selber sorgen würde!

Diabolino: Nun macht euch mal keine Sorgen! So wie ihr hier mit Haut und Haaren dabei seid, werdet ihr bestimmt zu einem zufriedenen fetten, molligen ganzen Mäusepaar!

Pleite auf der ganzen Linie

Assipelli: Mal sehen, ob noch etwas da ist von ihrer Entennatur. Aber wahrscheinlich wird es kommen, wie es kommen muss!

Diabolino: Also, ich muss gestehen, dass ich viel aufgeregter bin als unsere Kalliopi und mich äußerst beunruhigt fühle!

Herr Larifari und Frau Farilari in einem knallroten Gummiboot: Na, mal schauen, was jetzt passiert. Wasser ist ja das Element der Enten, das wird bestimmt klappen.

Schwimmen-des Geschwister-chen mit Sonnenbrille: He, Schwesterchen, komm rein! Los, worauf wartest du?

Rettende Ententante: Kind, was ist denn nur mit dir los? Du wärst ja beinahe ertrunken! Bleib lieber draußen. Schwimmen kannst du nicht. Du bist doch gar keine richtige ganze Ente.
(Alle lachen über das misslungene Schwimm-abenteuer)

Kalliopi: So eine Blamage! Ich schäme mich ja so, weil ich das nicht kann. So kann ich ja nie Vertrauen zu mir haben. Ich bin so schrecklich unglücklich.

Assipelli: Dieses Mal ist sie ja noch glimpflich davon gekommen. Ihr Schwimminstinkt braucht aber dringend einen kräftigen Impuls. Sie muss mit dem Lernen ganz von vorne beginnen.

Erzähler-Begleiten: Die Entenmama sitzt mit zusammengefallenen Federn da. Ihr Blick geht ins Leere. Sie ist da und trotzdem ist sie nicht da. Man hat Mühe zu merken, ob sie atmet. Sie ist wie betäubt, fast leblos.

Kalliopi: Ich habe Angst um die Mama. Sie ist gar nicht mehr so wie früher. Ich glaube sie ist traurig, weil ich so bin, wie ich bin. Ich fühle mich schuldig. Ich bin nicht so, wie sie es sich wünscht. Deshalb bin ich auch so wütend auf mich. Ich bin schlecht. Ich müsste anders sein, dann ginge es ihr bestimmt besser. Aber was soll ich machen? Ich möchte alles tun, damit es ihr gut geht. Aber ich weiß doch nicht wie!

Kalliopi (nach einigen Minuten): Mama, hörst du mich? Was ist nur mit dir los? Ich liebe dich Mama, warum sagst du nichts? Was ist mit Papa passiert? Ich bin durcheinander. Aber ich werde immer bei dir sein und für dich da sein, das verspreche ich dir …

Erzähler-Begleiter: Unsere kleine Kalliopi glaubt, sie sei schuld an der Traurigkeit der Mama und meint in ihrer Kindlichkeit, sie hätte die Möglichkeit, etwas dagegen zu tun. Am liebsten würde sie der Mama den Schmerz abnehmen. Weil sie es aber nicht schafft, dass es der Mama besser geht, fühlt sie sich schuldig. Deshalb ist ihr innerster Herzenswunsch, genauso zu fühlen wie die Mama, sodass die Mama mit diesem Gefühl nicht allein ist. Aus Solidarität mit ihr sozusagen. Dann braucht sie keine Schuldgefühle zu haben. Das sind die Gedankengänge eines Turbokindes, und viele von uns werden sich sicherlich daran erinnern, wie es ihnen selber ergangen ist.
Kinder, die das Chaos, den Verlust und die unendliche Trauer der Mutter nicht wiedergutmachen können, drängen sich selbst in eine Ohnmacht hinein und werden handlungsunfähig. Meist werden sie von Schuldgefühlen regelrecht überflutet. Weil sie nicht in der Lage sind, die Kontrolle über die Gefühle der Eltern zu übernehmen und diese glücklich zu machen, schieben sie die Schuld auf sich selbst und fühlen sich dann tatsächlich schuldig für alles, was sie denken, fühlen und tun! **Das erzeugt ein fürchterliches Gefühl von Ohnmacht, denn diese Kinder merken, dass sich ihre Allmachtphantasien fürs Helfen nicht erfüllen. Dabei verfallen sie unweigerlich ins Grübeln, Brüten und Jammern. So sind sie beschäftigt, spüren sich nicht mehr und können die Ohnmachtgefühle besser aushalten.** Sie gewinnen dabei auch eine Menge an Gefühlen, leider aber sehr unangenehme: Selbsthass, Gespaltenheit und Verlust des Kontaktes zu sich selbst, Stress, schmerzhafte Körperempfindungen und ein Gefühl von Ertrinken in einer Art depressivem Sumpf, aus dem man schwer herauskommt. Eine normale Gefühlsentwicklung wird dadurch verhindert.

Wolke: Wir schwarzen Wolken werden bald weichen. Es kommen bestimmt noch schönere Tage.

Assipelli: Sie lässt kein gutes Haar mehr an sich. Jetzt kann man nur noch auf ihren inneren Lebensfunken vertrauen. Es ist alles offen.

Diabolino: Mein Gott, wenn sie so weitermacht, wird sie bald verrückt werden.

Herr Larifari: Gut, dass ich nicht das Pech hatte, eine solche Kindheit zu haben.

Kalliopi (links): Jetzt will ich wirklich wissen, was ich denn eigentlich bin. Ich bin eine totale halbe Ente: kann nicht watscheln, nicht rennen, nicht laut quacken und nicht mal richtig schimpfen. Ich kann weder laut lachen noch schwimmen. Ich kann nicht tauchen und nicht fliegen. Ich kann so Vieles nicht. Also, ich bin alles andere als das tolle Entenkind, von dem meine Mama geträumt hat.

Frau Farilari (zu Herr Larifari verschieben): Sei froh, dass du eine gute Kinderstube hattest. Aber darüber sprechen wir noch auf dieser Reise. Wer weiß, was bei dir noch alles im Verborgenen liegt.

Kalliopi (Mitte): Für die Schule tauge ich auch nicht. Ich bin dumm. Ich bin doof. Niemand will mit mir spielen. Alle lachen mich aus und machen sich nur über mich lustig!

Kalliopi (rechts): Keiner mag mich. Keiner liebt mich. Aber ich bin auch gar nicht liebenswert, weil ich kein gutes Entlein bin. Ich habe nichts anderes verdient. Ich mag mich auch nicht besonders, und für meine Familie bin ich sowieso nur eine Belastung. Ich kann nicht mehr, und ich mag auch nicht mehr. Ich stelle mich ab. Ich werde mit niemandem mehr sprechen, es ist eh sinnlos. Ihr könnt mich alle gern haben.

Das Halbe-Enten-Klagelied

Diabolino: Ja, Kalliopi, das stimmt schon, dass du vieles nicht kannst, und das macht mich auch traurig. Aber ich habe das Gefühl, und das kann ich schon an deinen wachsenden Federn sehen, dass es nicht so bleiben wird. Was nicht ist, wird noch, ganz bestimmt. Du brauchst nicht so schlecht von dir sprechen. Jetzt sag ich dir mal was, und hör gut zu, es ist wichtig für dich!
Es gibt da einen Freund, der heißt Diabolino, und der bewundert dich. Du weißt ja, mich haben meine Eltern auch verlassen, zwar ohne dass sie es wollten, aber trotzdem. Und ich bin auch unendlich traurig darüber. Und früher, wenn die beiden sich stritten, habe ich oft die Rolle des Fürsorgemanagers übernommen. Ich kenne das gut. Nicht umsonst nennt man mich Diabolino. Ich kann innerhalb von Sekunden und in jeder Situation alles bereits im Voraus erkennen und erspüren. Das ist auch bei meinen Adoptiveltern so. Bei denen muss ich dann manchmal trotzen oder ein wenig den Clown spielen, damit sie wieder lachen. Oft muss ich aber auch einfach das brave Kindlein spielen, weil es ihnen gerade nicht so besonders gut geht. Nur dass du es weißt: Ich bin nicht aus edler Herkunft und bei mir ist auch nicht alles so perfekt, wie du vielleicht gedacht hast. Deshalb kann ich dich ja auch von ganzem Herzen verstehen. Aber was soll's! Immerhin hat unsereins die Schule fürs Leben absolviert. Und ich hoffe ja auch, auf dieser Expedition eine große, mollige und ganze Maus zu werden, so wie du eine ganze Ente werden wirst.

Erzähler-Begleiter: Du konntest nun mit eigenen Augen und Ohren verfolgen, wie sich die Lage unserer Kalliopi zugespitzt hat. Einiges kennst du sicherlich aus eigener Erfahrung und weißt wie es sich anfühlt, wenn man kein gutes Haar mehr an sich lässt.
Bei Kalliopi konnten wir gut sehen, wie das ist, wenn man zwei schlechte Starts ins Leben hat. Zum einen „nicht erwünscht" und zum anderen ein „Turbokind" zu sein. So fühlt sich unser Entlein nicht gerüstet für das Leben, nicht getragen und furchtbar ungeliebt, kraftlos und ausgepowert. Die Rolle der Fürsorgerin lassen Kalliopi in ein endgültiges Gefühlschaos trudeln, in dem sich so viele Gefühle vermischen, die eigenen und die der anderen: Kalliopi übernimmt die Trauer ihrer Mutter. Sie ist traurig, dass die Mama traurig ist. Und sie ist für sich selbst traurig. Sie kann diese Gefühle aber nicht benennen und schon gar nicht auseinander halten. Wohin gehört was? Das ist für so ein kleines Wesen wie unsere Kalliopi zu viel. So fällt sie in das tiefe schwarze Loch der Depression, der Selbstvorwürfe, der Hilflosigkeit, der Verzweiflung und der Sinnkrise.
Doch du musst wissen, dass das, was Kalliopi gerade durchmacht, **keine lebendige Trauer** ist, die sie ins Leben zurückfinden lässt. **Diese Trauer ist eine in sich zusammengefallene Trauer, die keinen Ausdruck findet und sich nicht zeigen kann.** Das sind die welkenden Blumen der Trauer, die als schwere Melancholie in Erscheinung treten. **Erst wenn die Trauer zum Blühen kommt, wird sie zu einer gesunden Trauer, die ganz lebendig macht.** Aber die Rollenübernahme als Turbokind, die plagenden Schuld- und Ohnmachtsgefühle verhindern das Aufblühen der Trauerblume. Man zieht sich zurück, dreht den Lebensstrom ab und schaltet auf cool, **Cool-in** genannt. Daraus entsteht eine Art von Depression, der wir zur Unterscheidung und zum besseren Verständnis den Namen **Bio–Trans–Pression** gegeben haben, das heißt, das Leben auf mehreren Ebenen zu unterdrücken.

Frau Farilari zu ihrem Gatten: Siehst du, so ist es auch mit mir, ich bin nicht depressiv. Ich bin eher eine Bio-Dingsda und du bist bestimmt eine Cool-in-Maus.

Diabolino: Und wenn ich an die Trauer denke, die ich durch euch als hilflose Adoptiveltern sehr früh erlebt habe, und noch dazu an meine eigene Trauer über meine plötzlich verschwundenen Eltern, dann sehe ich eine große Trauersumpflandschaft in mir, die ich im Laufe dieser Expedition zu durchwandern habe. Aber ich vertraue auf meinen inneren Lebensfunken, wie es auch Kalliopi tut. Und außerdem habe ich durch euch genug Unterstützung. Ihr werdet ja bestimmt in Zukunft gut für euch sorgen und ich auch für mich. Ich brauche dann keine Turbomaus mehr zu sein.
Aber ich kann es genau spüren, dass diese ganze versteckte Trauer in meinen Innersten eine Art Dauerbrennergefühl hinterlassen hat. Ich glaube, in einschlägigen Fachkreisen nennt man das **Burn-out.** Hab ich recht?

Frau Farilari: Mein lieber Diabolino, du redest ja wie ein richtiger Psychologe. Woher weißt du das alles? Ich bin richtig stolz auf dich.

Erzähler-Begleiter: Diabolino, du bist ja wirklich ein „fühlender Gescheiter!" Das mit dem Lebensfunken hast du schon richtig erkannt. Er kann in dunklen Momenten noch lichte Gedanken sichtbar werden lassen, um Entscheidungen für das Leben treffen zu können. Eine solche Entscheidung könnte zum Beispiel sein, sich von einem turbulenten und grenzenlosen Gefühlschaos abzugrenzen, so wie du das soeben mit deinen Adoptiveltern gemacht hast. Wie das genau geht? Das werdet ihr im Laufe der Reise erleben. Über das Zauberwort **Klar-Grenzung** werden wir nämlich noch sprechen.

Das Halbe-Enten-Klagelied

*Bin viel zu klein und schwach dazu,
kann weder watscheln hier noch steh'n.
ein Nichts bin ich, fallen gelassen,
Von allen andern überseh'n.*

*Bin Turbokind, strampel' mich ab,
sorg' um Geschwister mich und Ma,
fühl' mich verantwortlich für alles,
bin immer nur für andre da.*

*Doch wenn's mir schlecht geht, weh, o weh,
bin noch mehr Nichts, wie ich das seh'.
Was ist das für ein Leben? – Schlimm,
am besten weggeh'n, nirgendwohin.*

*Doch Hoffnung grünt, ich spür's tief drin.
Es kommt ein neuer frischer Tag!
Das hat doch alles einen Sinn,
ich spüre doch, dass ich mich mag!*

Das Entlein macht sich auf den Weg

Erzähler-Begleiter: Unserer Kalliopi bleibt nichts anderes übrig als die Flucht in die weite Welt, Richtung „Nirgendwo". Assipelli würde sagen „das ist der Lauf der Welt". Sie macht sich auf den Weg und erreicht nach einiger Zeit die Anhöhe des Hügels hinter ihrem Heimatdorf. Sie stoppt und setzt sich an einen Platz, von dem sie einen guten Überblick über das ganze Städtchen und dessen Umgebung hat. Es ist spät nachmittags, am Himmel ziehen schwarze Wolken auf, und bald wird die Sonne untergehen. Sie schaut auf den Entenbach, die kleinen Straßen, den Marktplatz, die Kirche.

Kalliopi (in ihre Erinnerung vertieft): Ich sehe mein Städtchen, die Kirche, die Glocken, die Uhr, die Felder, den Spielplatz, den Marktplatz, die Schweinchen im Stall, die schönen Bäume. Wie schön hätte es hier für mich sein können. Aber ich war eingeschlossen in meinem Ei, und plötzlich waren da erschreckende, laute Bremsgeräusche, Hilfeschreie. Das waren wirklich entsetzliche Minuten. Meine Geschwister waren schon ausgeschlüpft, und mich hat meine Mama vor lauter Schmerz um meinen Papa Babo einfach vergessen. Dann wurde es ganz kalt im Ei und ich wusste nicht, wie ich herauskommen sollte.

Gott sei Dank kamen die Pustetiere und haben mir geholfen und mir sogar meinen schönen Musenamen gegeben. Aber ich hätte meinen Namen schon lieber von meiner Mama bekommen. Und was dann kam, war auch ziemlich schrecklich. Ich konnte nichts, was ein normales Entlein kann, weder watscheln noch fliegen noch schwimmen noch tauchen noch quacken. Alle haben mich ausgelacht und beschimpft, sogar in der Schule. Ich war die Dümmste von allen. Ich mag gar nicht mehr daran denken. Ich bin und bleibe ein halbes Entlein ohne Wenn und Aber.

Heimat, du hast mir Leben gegeben. Aber dieses Leben kann hier nicht entwickelt werden. Hier darf ich keinen Augenblick länger bleiben. Ich will mich auf den Weg machen, um endlich leben zu dürfen. Vielleicht komme ich einmal zurück. Wer weiß, ob ich es schaffen werde? Ich hoffe es. Wenn es mir nicht so gut geht, werde ich mich an die schöne Natur und den wunderbaren Duft dieses Ortes hier erinnern, an den Frühling, die Sonne, den Mond, die Blumen, die singenden Vögel und die quakenden Frösche. Auch an das kleine, gurgelnde Bächlein, an die Bienen, die den Honig sammeln, und an die fleißigen Ameisen. Aber jetzt mache ich mich auf den Weg. Möge es meiner Familie und euch allen gut gehen.

Der Baum auf der linken Seite in der Mitte: Das kleine Entlein ist so einsam und weint ganz allein. Mögen Kinder niemals einen solchen Start erleben!

Publikum: Ich glaube fest daran, dass es unsere Kalliopi schaffen wird und wir sie eines Tages für alles, was sie gelernt hat, bewundern werden. Sie wird uns allen fehlen. Ich wünsche ihr von ganzem Herzen einen guten Weg.

Erzähler-Begleiter: Kalliopi weint herzenstief. Sie ist unendlich traurig über den Abschied.

74

Erzähler-Begleiter: Kalliopi schaut auf den Weg vor ihr. Sie hat Angst vor dem Weg, der sich in der Ferne verliert, dreht sich noch einmal um und schaut auf ihre Heimat.

Engel mit rosa Pulli: Hoffentlich trifft sie die richtige Entscheidung.

Die Weide mit den sich sträubende Haaren: Mir stellen sich die Haare zu Berge, bitte geh nicht weg, Kalliopi!

Assipelli: Ich vertraue ganz fest darauf, dass der innere Lebensfunke in ihre Entscheidung hineinleuchtet.

Kleiner Vogel vor ihr: Kalliopi, jetzt ist der richtige Moment, du hast nichts zu verlieren. Zögere nicht!

Singender Vogel am Wegesrand: Sieh mal, so was Lustiges habe ich hier im Wald noch nie gesehen. Was ist denn das für eine Gattung Wesen. Das torkelt so lustig, wie die Clowns im Zirkus.

Kalliopi: Das, was hier ist, kenne ich. Das, was vor mir liegt, kenne ich nicht. Aber vielleicht wird was daraus. Ich muss es probieren!

Frau Farilari: Ich würde mich mit der Entscheidung auch schwer tun.

Diabolino (applaudiert): Kalliopi, eins, zwei, drei, fertig ... los! Ich wünsche dir alles Gute auf deinem Weg.

Erzähler-Begleiter: Kalliopi macht sich auf den Weg, und sie staunt über all die neuen Eindrücke, die bei jedem gegangenen Meter auf sie einströmen. Sie hatte sich bis jetzt ja noch nie getraut, über den Rand des Ententeichs zu blicken. Wir werden unsere Kalliopi mit viel Herzensgefühl auf ihrem Weg nach Nirgendwo begleiten und uns mit ihr identifizieren. Und wir –erinnere dich -wir müssen nicht mit in ihren Trauersumpf springen, sondern wir werden ihr durch Rufe, Blicke und Berührungen helfen, den inneren Lebensfunken zu schützen und zu bewahren. Wir werden sie mit aller Kraft unterstützen. Wir wünschen ihr alle von Herzen einen guten lebendigen Weg. Stell dir die Freude vor, wenn wir ihr am Ende als „ganzer Ente" wiederbegegnen werden.

Wie geht es wohl weiter?

Band I Teil 4

Kalliopi macht sich auf den Weg in das große weite leere Nirgendwo

Kalliopi ist allein

Erzähler-Begleiter: So schnell, wie Kalliopi ihre Heimat verlassen hat, so schnell ist auch die Nacht gekommen. Den Weg ins Nirgendwo hinein zu gehen ist nicht leicht, besonders, wenn es Nacht ist und stockdunkel. Der Wald ist dicht und der Boden sumpfig weich. Gut, dass Frau Mondin Selene Kalliopi liebevoll den Weg leuchtet, als möchte sie ihr sagen: „Vertraue auf das Licht, auch wenn es noch so dunkel ist".

Mondin Selene: He, wohin mit dir? Es ist schon Nacht. Du brauchst doch eine Schlafstätte oder einen sicheren Platz. Du kennst die Wege hier nicht. Sei vorsichtig! Es ist gefährlich hier für dich! Der Sumpf freut sich, dich zu schlucken. Also bleib schön bei Sinnen! Ich mache mir wirklich Sorgen um dich.

Kalliopi: Bitte, bitte liebe Mondin, leuchte mir den Weg! Ich habe so schreckliche Angst allein hier im Wald. Mir zittern die Füße so sehr, dass ich kaum noch gehen kann.

Erzähler-Begleiter: Gut, dass es unsere Mondin gibt, sonst wäre unser Entlein gleich hier zu Beginn ihrer Wanderung schon verloren gegangen. Trotzdem läuft unsere Kalliopi noch viele, viele Stunden durch die Finsternis, bis der ziellose Weg in einer Waldschlucht endet, wo sie zitternd vor Angst und völlig erschöpft unter einer Baumwurzel eine Mulde findet, in die sie wie ein totes Tierchen hineinfällt.

Kalliopi: So, jetzt bin ich endgültig verloren! Hier kann mich niemand mehr finden. Die Viecher des Waldes werden mich auffressen, und niemand kann mich mehr retten.

Diabolino: He Kalliopi, jetzt aber schnell! Du kannst hier nicht bleiben! Du musst sofort weiter, bis du einen sicheren Platz gefunden hast.

Kalliopi: Ich will nicht mehr, ich kann nicht mehr, ich gebe auf! Ich sehe schon, wie mich tausend Augen feindlich beobachten. Alle wollen mir Böses tun, weil ich ein schlechtes Entlein bin. Ich fühle mich so verlassen. Das schaffe ich niemals!

Schweinchen: Kalliopi, du wirst sehen, du schaffst es!

Aus dem Zuschauerparkett – Schlange, Vogel, Schweinchen: Nein, Kalliopi, niemand darf dir weh tun!

Kalliopi: Bitte tut mir nichts, ich habe Angst! Lasst mich in Ruhe, ich habe doch nichts getan. Ich weiß, ich bin ein schlechtes Entlein, ich bin zu nichts nütze und niemand mag mich. Aber ich fühle mich so alleine und verlassen. Wo ist meine arme Mama? Sie braucht meine Hilfe. Wo ist mein Papa?

Alle Monster und gruseligen Gestalten sagen: Er ist tot.

Kalliopi: Aber ich will nicht, dass er tot ist. Ich brauche ihn doch. Ich bin schuld, dass er tot ist. Meine Mama konnte nicht genug auf ihn aufpassen, weil sie noch auf meinem Ei saß und mich brütete. Wenn das nicht gewesen wäre, wäre sie mit Papa zusammen gewesen, und dann wäre nichts passiert. Ich weiß genau, dass mein Papa meinetwegen gestorben ist. Ich bin ein Entlein ohne Papa und kann nicht leben. Ich werde es niemals schaffen, das weiß ich genau! Es darf mir gar nicht gut gehen. Bestimmt bin ich zum Leiden geboren.

Vogel: Kalliopi, du musst weiter! Es hat keinen Sinn, jetzt aufzugeben!

Herr Larifari und Frau Farilari: Ich kann es nicht mehr hören. So schlecht kann kein Mensch oder, besser gesagt, keine Ente sein. Sie jammert die ganze Zeit, ist so hilflos, dass einem das kalte Grausen kommt. Wenn sie diese Nacht und diesen Wald überlebt, wird sie es bestimmt schaffen, aber bis dahin sind noch viele, viele dunkle Nachtstunden zu überstehen.

Erzähler-Begleiter: Es ist eine sternenlose Nacht. Unser armes Entlein ist in höchster Gefahr. Wenn jetzt nichts geschieht, kann es schon zu spät sein. Müdigkeit und Angst paaren sich. Die Angst siegt, und im Schatten des Mondlichts sieht oder, besser gesagt, halluziniert Kalliopi, sodass die Gestalten der ganzen Umgebung, jede Pflanze und jede Blume und alles, was in der Umgebung zu sehen ist, sich in Monster und Schreckgestalten verwandeln, die sie sehr bedrohen. Jetzt hat sie die Brille des Schreckens angezogen. Das braucht uns nicht zu wundern, da viele Kinder zu früh Schuldgefühle entwickeln und dadurch noch mehr in Schwierigkeiten geraten. Erst wenn wir von dieser kindlichen Eigenschaft wissen, sind wir auch in der Lage zu helfen. Und das tun ja auch hier ihre Begleiter und das Publikum.

Assipelli: Was wir gerade mit Kalliopi erleben, ist an sich eine Situation, die jeder von uns kennt und die auch jeden von uns treffen kann. Es ist Nacht, man kann nichts sehen, man kennt die Gegend nicht, man hört ungewohnte Geräusche, es riecht anders, und alles fühlt sich ganz anders als gewohnt an. Das lässt jeden von uns frösteln und vor Angst zittern. Unter solchen Umständen geht man wie auf rohen Eiern und hat alle Sinne wie Distelstacheln ausgefahren, so dass man sich jederzeit wehren kann. Unsere Kalliopi erlebt das zum ersten Mal. Sie fühlt sich sehr unsicher und orientierungslos, denn sie weiß nicht, was das alles zu bedeuten hat. Erinnert ihr euch an die welkenden Blüten der Traurigkeit, von denen wir euch erzählt haben? Diese geben den Menschen ein Gefühl von Gelähmt- und Stumpf- und somit Nicht-bei-Sinnen-Sein. Und dann kommen Halluzinationen und Albträume, die uns wie ein Sturm überfallen. Das kann sehr bedrohlich wirken und ernsthaft Angst machen. Aber an sich sind das, was wir da sehen, alles innere Bilder, die durch unsere unangenehmen Erfahrungen entstehen. Aber für Kalliopi sind das äußere, reale, schreckliche Monsterbilder. Ja, springt auf! Ruft! Macht ihr Mut auf ihrem Weg, damit sie diese Bilder verscheuchen kann!

Frau Farilari: Aha, so ist das, jetzt weiß ich, warum unser Diabolino nachts immer schreit und mit den Armen herumhantiert, als ob er kämpfen würde.

Diabolino: Mama, das tut mir wirklich Leid! Ich dachte immer, dass ich nur tagsüber anstrengend bin.

Wie man Halluzinationen überflüssig macht

Erzähler-Begleiter: Die Albträume sind so massiv, dass sogar die Mondin Selene und die drei Engel erschrecken und am liebsten weglaufen wollen.

Engel im Himmel (schaut nur mit einem Auge, damit es ihm nicht zu viel wird): Ich weiß nicht, was ich tun soll! Mir wird schlecht, wenn ich das sehe!

Erzähler-Begleiter: Die Schuldgefühle und Selbstvorwürfe hypnotisieren Kalliopi, so dass sie ihnen nicht entgehen kann. Eine Rettung erscheint unmöglich. Doch Kalliopis innerer Lebensfunke erlaubt, dass Assipelli die bedrohliche Gestalt, der sie hilflos ausgesetzt ist, mit der lärmenden abschreckenden Unterstützung des Publikums wegjagt.

Assipelli: Kalliopi, es ist wichtig, endlich etwas Gutes für sich zuzulassen, bevor es zu spät ist! (zu den Zuschauern) Heh, ihr da unten, macht mal endlich etwas! Vertreibt mit euren Schilden, Masken und Lanzen, mit Husten, Schimpfen und Lärmen, die Monster!

Assipelli: Liebe Kalliopi! Vor deinen Schreckgespenstern kann dich eigentlich kein anderer retten als du selbst. So ist der Lauf der Welt! Aber wir machen jetzt eine Ausnahme für dich. Wir tauchen in die innere Welt deiner Bilder ein und jagen mit dir die Monster weg. Jetzt bist du wieder bei Sinnen. Das ist deine Rettung!

Erzähler-Begleiter: Und hier noch ein kleiner theoretischer Rettungsring für euch Leser und Zuschauer. Halluzinationen, müsst ihr wissen, sind Gestalten, die aus eurer „Grrr-, Brrr- und Jammrrr-Werkstatt" stammen. Ihr könnt euch das so vorstellen: Ihr seid zu Hause in eurem Zimmer, und plötzlich schiebt sich vor euch eine Leinwand, wie in einem Heimkino, mit Bildern von früher, von Erlebnissen, die vielleicht nicht so toll waren. Wir sagen auch Erinnerungen dazu. Ihr könnt dann plötzlich nicht mehr sehen, was hinter der Leinwand ist, dort, wo ihr wirklich gerade seid und wer vielleicht sonst noch da ist, weil die Leinwand euch die Sicht versperrt und die Erinnerungsbilder so stark sind, dass ihr wie gefangen seid von ihnen. Die Aufgabe für euch wäre nun, dieses Leinwandbild in euch aufzunehmen in dem Bewusstsein, dass das etwas ist, was euch traurig macht. Die Gefühle, die aus diesen Erinnerungsbildern entstehen, müsst ihr spüren, sortieren, klären, verstehen und dann liebevoll in euch aufnehmen, sodass sie gut aufgehoben und bewahrt sind. Sie wollen nämlich von dir gesehen und beachtet werden. Dann kannst du dich beruhigt von diesem Leinwandbild verabschieden, indem du dich mit deinen Sinnen nur auf das konzentrierst, was da ist, sichtbar, greifbar, riechbar, z.B. die Umgebung, dein Zimmer, die Bäume draußen, deine Bücher oder das Spielzeug, mit dem du gerade spielst, oder was auch immer sich gerade in deiner Nähe befindet. Richte deine ganze Höraufmerksamkeit auf die Geräusche, die es gibt, versuche zu riechen und das anzufassen, was da ist. Stell dich aufrecht hin und lege deine beiden Handflächen auf deine Haare (falls du noch welche hast), die Ellbogen sind dabei seitlich nach außen gestreckt. Übrigens, das ist eine uralte Körperhaltung und kann dich vor Gedanken und Tränen des Jammerns schützen. Verbleibe ein paar Atemzüge lang so. Ein kräftiger Sprung auf den Boden, mit breiten Füßen gelandet, bringt dich wieder ganz zurück in die Wirklichkeit. Unterstütze die Landung mit dem Satz "H ier bin ich!". So kannst du Halluzinationen entbehrlich und überflüssig machen. Übe ein bisschen, und du wirst sehen, wie gut es klappen wird. So kann man nämlich das kleinere jüngere Selbst schützen und erlebt sich als ganzes Wesen, das sich getragen, geliebt, einmalig und sicher fühlt.

Die Erde ist Bodyguard und Nahrungs-Schatzkeller in einem

Erzähler-Begleiter: Na, das hat ja gut geklappt mit vereinten Kräften. Ohne Assipelli und ohne euch Zuschauer wäre Kalliopi wohl von den Monstern aufgefressen worden. Aber so konnte sie wieder zu sich kommen und bei Sinnen sein.
Und nun – ist das nicht ein schönes Bild, Kalliopi eingekuschelt und friedlich schlafend in der Lotusblüte zu sehen?
Ohne es zu wissen, hat sie sich instinktiv ein schützendes Blumenhimmelbett gesucht. Sie liegt dort eingehüllt von deren Duft, Wärme, Weichheit und Liebe wie auf einer schwimmenden Insel, rundherum geschützt vor den hochschlagenden Wellen ihrer Albträume.
Herr Larifari und Assipelli fühlen sich bestätigt. Das ist der Lauf der Welt. Und dieses Mal scheint es ein guter Lauf zu werden.

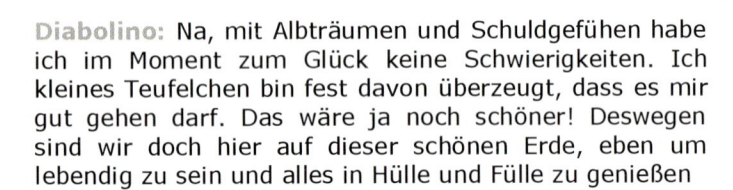

Diabolino: Na, mit Albträumen und Schuldgefühlen habe ich im Moment zum Glück keine Schwierigkeiten. Ich kleines Teufelchen bin fest davon überzeugt, dass es mir gut gehen darf. Das wäre ja noch schöner! Deswegen sind wir doch hier auf dieser schönen Erde, eben um lebendig zu sein und alles in Hülle und Fülle zu genießen

Frau Farilari: Das ist aber schön gesagt. Also heißt das dann, wenn es in mir stockfinstere Nacht ist und ich mich trotzdem für das Leben entscheide, kann daraus auch was Schönes entstehen?

Diabolino: Ja Mama, jetzt hast du es sogar verstanden. Dann ist es nämlich aus und vorbei mit der Jammerei, denn jammern heißt, keine Entscheidung zu treffen, sondern sich vom Sumpf schlucken zu lassen. Wenn du dich jedoch entscheidest, für dich zu sorgen und in dir Raum für die Freude zuzulassen, dann kann alles, was vorher so gefährlich ausgesehen hat, ein anderes Aussehen und eine andere Qualität bekommen.

Erzähler-Begleiter: Ja, Diabolino, du hast genügend Raum in dir, um es dir gut gehen zu lassen. Denn dass es einem gut geht, das kommt nicht von ungefähr. Es kann nicht einfach so geschehen. Es braucht unsere Entscheidung dazu, unser Wollen, unsere Hingabe und Öffnung für das Leben. So kann aus der eben noch gefährlichen Nacht eine Blütennacht werden und man diese Blüte auch am Tage bewundern darf. Also, obwohl es in und um uns dunkel ist, darf es blühen. Was in der Nacht blüht, kann auch das Sonnenlicht des Tages erreichen, und eine Nachtblüte ist genauso schön wie eine Tagblüte.

Assipelli: Ihr müsst wissen, dass alles im Leben fließt; man kann auch sagen: Das einzig Beständige im Leben ist der Wandel. Das Leben ist von einem permanenten Auf und Ab gekennzeichnet. Man wechselt von angenehmen zu unangenehmen Momenten, von Angsttränen zu Freudentränen – die Stimmungen wechseln wie die Jahreszeiten.
So erlebt es auch unsere Kalliopi. Von Angst und Dunkelheit verfolgt, entdeckt sie plötzlich, in welch besonderer Umgebung sie sich befindet, und dass sie diese auch für sich nutzen kann. Das ist der Moment, in dem sich der innere Lebensfunke unseres Entleins wieder aufladen kann, da sie sich nach und nach öffnet. Sie bemerkt, dass sie sich durch die Natur um sie herum nähren kann. So findet sie auch ihr Bett in der Lotusblüte und kann sich ihr vertrauensvoll hingeben. Wir können auch sagen, dass sie sich in diesem Moment für ihr inneres und äußeres Wohlergehen entscheidet. Die Entscheidung lautet also: „Es darf mir gut gehen".
Und das ist schon eine besondere Leistung, denn ihr müsst wissen, dass Turboenten und Turbokinder durch ihre lange, leidvolle Erfahrung der festen Überzeugung sind, es dürfe ihnen nicht gut gehen (eben weil es der Mama nicht gut geht, weil der Papa auch nicht leben durfte, und vieles mehr). Da wäre es natürlich unverschämt, wenn es unserer Kalliopi einfach gut gehen würde, meint sie. Das stimmt natürlich nicht, aber die Kleine ist ganz fest davon überzeugt. Tja, und solche Überzeugungen führen dann immer wieder zu Schwierigkeiten im Leben.
Nur wenn man sich innerlich sagen kann, „es darf mir gut gehen", entsteht automatisch ein Raum in uns, der für das Gute empfänglich ist. Und das fühlt sich dann wie fließendes, glühendes Lebensmagma an, dessen innere strahlende Wärme von Lebendigkeit und Freude erzählt.

Assipelli: So ist es. Dann können die Natur mit ihrer Lotusblume und die Nacht mit ihrer Feuchtigkeit sich uns schenken. Die Engel können warme Freudentränen kullern lassen, die die Lotusblume benetzen und zum Erblühen bringen. Die Mondin kann einen klaren Strahl in das momentane Dunkel der Seele schicken, so dass die Seele plötzlich richtig sehen kann und weniger Angst hat. Und der Tag und die Sonne freuen sich, diesen Ort, an dem es in der Nacht so dunkel war und an dem schließlich etwas ganz Lebendiges stattfand, zu beleuchten. Eines muss ganz klar sein: Wenn wir uns nicht dafür entscheiden, dass es uns gut gehen darf, nehmen wir unsere Umgebung und die Mutter Erde nicht als Unterstützung, und dann können die Engel leider nichts für uns tun. Also, wenn wir uns nicht dafür entscheiden, in die Umwandlung, in die Transformation zu gehen, können die Engel sogar ihre schillernden und glitzernden Freudentränen verlieren, für immer! Das wäre unendlich schade für die Engel … und für uns.

Assipelli: Das ist der Lauf der Welt! Das ist das Fließen der Welt! Ist das schön!

Pan-Orpheas singt das Erden-Mondin-Schlaflied

Erzähler-Begleiter: Kalliopis Albträume werden durch das Licht der Mondin Selene in fühlbare herrliche Sommernachtsträume verwandelt. Kalliopi ist es, als schliefe sie geborgen in den warmen Armen der Mondin.
Plötzlich ertönt aus den Tiefen des dunklen Waldes ein bezaubernder Klang. Kalliopi sinkt noch tiefer in die Arme der Mondin, so beruhigend und wohlig wirkt die Melodie auf sie. Sogar bei den Zuschauern löst sie ein wohliges Stöhnen aus. Man kann es deutlich hören. Es ist ein Gesang, der nicht von einem Vogel kommt, sondern von einem menschlichen Wesen. Es wird ganz still im Wald. Sogar das Bächlein bemüht sich, so wenig wie möglich zu plätschern. Alles lauscht wie gebannt. Der Wald wird zu einem Riesenhörohr.

Frau Farilari: Einmal so etwas erleben und dann sterben! Ach nein! Einmal ist doch zu wenig. Besser öfters so etwas erleben und dann erst sterben!

Erzähler-Begleiter: Seitdem sich unsere Kalliopi dafür entschieden hat, dass es ihr gut gehen darf, macht die ganze Umgebung eifrig mit und unterstützt sie nach Herzenskräften. Die Wipfel der Bäume nehmen das leise sanfte Lied auf, mit der Zeit auch der ganze Wald, bis hin zu den kleinsten Tieren und Pflanzen.

Pan-Orpheas:

Die Erde trägt dich, spürst du es,
sie nährt mit ihrem Atemhauch,
dich, mich und alle Lebewesen,
die Ängstlichen besonders auch.

Sweet dreams, sweet dreams, hypnos glykos,
träum sanft und süß, schlaf tief und gut,
dorme bien, dorme tranquilla.
Ich sing dir zu: Fass wieder Mut!

So singt die Stimme, tröstend süß,
du bist niemals allein auf Erden,
du bist bedingungslos geliebt,
selbstständig wirst du mit uns werden.

Sweet dreams ...

Spür mit der Haut dein Blumenbett,
riech' ihren Blütenduft so zart,
hör Wasser gurgeln lieblich sanft,
beschützt, geschaukelt und bewahrt!

Sweet dreams ...

In Mutter Erdes Schoß bist du
willkommen einfach so! Hallo!
Die Angst kann gehen, brauchst sie nicht,
vertrau und mach die Augen zu.

Sweet dreams ...

Schlaf, schlaf, du bist der Erde Kind!
Hypnos glykos! Dorme bien! klingt's weit.
Sweet dreams, sweet dreams!, säuselt der Wind,
die Welt schenkt dir Geborgenheit.

Erzähler-Begleiter: Kalliopi hat soeben im Schlaf Bekanntschaft gemacht mit dem sagenumwobenen singenden Pan-Orpheas. Erinnert ihr euch? Er kam in einer besonderen Mondnacht zur Welt, und weil er immer so wunderschön gesungen hat, haben ihn die Tiere des Waldes aus Dankbarkeit für diese bezaubernden Klänge jeden Tag mit Bienennektar gefüttert. Diesen bekam er bereits zum Frühstück in einer Rosenblüte serviert. So wurde seine Stimme immer schöner und sinnlicher, immer kräftiger, voller, aber auch weicher. Erst später merkten die Tiere des Waldes, dass, wenn man den Namen Pan-Orpheas oft ausruft, man ganz wie von selbst, ohne Mühe schön singen lernt. So hört man nun des Öfteren im Wald eine zauberhafte Sinfonie erklingen, welche aus dem Singsang all der Tiere entsteht, die den Namen Pan-Orpheas vor sich her singen.

Mit Pan-Orpheas ist somit ein neuer, moderner, singender Orpheus des Waldes geboren worden, der Liebeslieder für die Erde, die Tiere und die Menschen singt. Die Tiere und die Menschen hören es, und ihr Herzensschatz – das sind die vielfältigen lebendigen Gefühle – tritt in Erscheinung.

Er empfindet eine unermessliche Liebe für die Menschen, die Natur und alle Tiere. Wir werden ihn ja auf unserer Expedition erleben und stark berührt sein von der Art und Weise, wie er uns begleitet. Seine Worte werden Labsal für unsere Seele sein. Wir und unser Entlein werden bestimmt sehr, sehr froh sein, dass es ihn gibt.

Na ja, auf jeden Fall ist in ihm vieles aus der Natur vereint, ja sogar viele der Eigenschaften von Mega-Foot, als Tränchen bekannt aus dem Buch „Auf der Suche nach den Regenbogentränen, das ja, wie ihr bereits wisst, an derselben Stelle gefunden wurde, wo Pan-Orpheas geboren ist. Mega-Foot, müsst ihr wissen, ist der beste und erfahrenste Bergführer, den es überhaupt gibt, wenn es darum geht, „Gefühlsberge" – das heißt aufgestapelte Berge von Trauer zu erklimmen und Gefühlswelten zu erforschen. Ihr könnt sicher sein, dass er immer dann auftaucht, wenn es brenzlig wird, und natürlich, wenn es etwas zu Feiern gibt.

Erscheinen die beiden „Erdenwurzelgeschwister" Mega-Foot und Pan-Orpheas zusammen, könnt ihr euch darauf gefasst machen, dass sich ein Mega-Event ankündigt!

Assipelli und Pan-Orpheas treten in Erscheinung

Erzähler-Begleiter: Nach den guten Erfahrungen des „Es-darf-mir-gut-gehen" hat Kalliopi gut geschlafen.
Es ist schön, dies zu sehen. Doch unsere drei Pustetierhelden und Assipelli sehen auch, dass Kalliopi noch oft plötzlich und unerwartet von seelischen Schmerzen und unangenehmen Bildern geplagt sein wird. Da ist der Verlust des Entenpapas Babo, das Nicht-zu-Ende-bebrütet-Sein, die viel zu frühe Sorge um die Familie und das Nicht-geliebt-worden-Sein. Das sind tiefe seelische Wunden, die noch lange Zeit an Kalliopis seelischer Tür anklopfen werden. Die psychologisch gebildeten Erwachsenen nennen das Traumata. So wird dieses Auf und Ab zu Kalliopis Leben dazugehören.

Assipelli: Oh, da ist er ja endlich! Jetzt ist unser Bühnenensemble komplett. Kommt mal alle hierher! Ich habe eine Überraschung für euch.

Diabolino: Psst! Ich glaube, ich weiß, wer das ist. Jetzt möchte ich mal ausprobieren, ob das wirklich stimmt, was man sich erzählt. Es ist nämlich so: Wenn man seinen Namen ruft, soll man plötzlich ganz toll singen können, auch wenn man total unmusikalisch ist. Ob das bei meiner Kratzstimme auch klappt? Das glaube ich kaum! (Er probiert es trotzdem)
Pan-Orpheas, Pan-Orpheas, Pan-Orpheas, Pan-Orpheas ...

Kalliopi: Da bin ich aber neugierig. Ooooch! Der sieht aber lieb aus!

Herr Larifari und Frau Farilari: He, was ist denn das da? Ist das ein grüner Vogel oder was?

Frau Farilari: Ich werde mich ihm gleich vorstellen. Und ab jetzt werde ich ihn den ganzen Tag rufen. Wer weiß, vielleicht werde ich doch noch eine Sängerin und sogar zum Superstar! Das habe ich mir doch schon immer gewünscht.

Herr Larifari: Psst! Kannst du nicht still sein? Du bist laut wie ein Esel. Psst! Wir wollen hören, was er sagt.

Assipelli: Hallo, Pan-Orpheas, möchtest du nicht runterkommen? Du kommst genau zur richtigen Stunde.

Erzähler-Begleiter: Leichtfüßig springt Pan-Orpheas vom Baum herunter.

Diabolino (ganz aufgeregt): Habt ihr gehört? Es funktioniert! Hört mal alle her! Ich kann singen, und ich möchte gar nicht mehr aufhören, so schön ist das! Pan-Orpheas, Pan-Orpheas, Pan-Orpheas. Juhuu, das ist fast wie Jodeln. Dabei habe ich nach den Aussagen meiner Mutter nicht mal beim Weinen einen sauberen Ton rausgekriegt.

Herr Larifari: Du und singen, da muss ich doch fast lachen. Deine Stimme zittert ja noch mehr als dein Herz.

Assipelli: Also, wir haben nun die Ehre, einen ziemlich außergewöhnlichen Vertreter der Gattung Mensch zu begrüßen. Warum außergewöhnlich? Na, ihr müsst wissen, dass er direkt aus dem Schoß der Erde kommt. Außerdem ist Pan-Orpheas mit dem Nektar aller Blüten und Pflanzen des Waldes genährt worden. Deshalb ist seine Ausstrahlung so natürlich und sind seine Wort wie reiner Wildblütenhonig. Er ist hier, um unser Freund und Begleiter zu werden.

Kalliopi: Oh, der gefällt mir aber ganz besonders gut. Ich weiß jetzt schon, dass wir gute Freunde werden.

Pustemäusetrio: Jetzt sind wir bestimmt bald das beste Theaterensemble hier in der Gegend, um nicht zu sagen das beste der ganzen Welt.

Erzähler-Begleiter: Es kommen jede Menge Begeisterungskommentare aus dem Publikum!

Erzähler-Begleiter: Nun sitzt Kalliopi hier allein, und man sieht, wie sie Seelenqualen erleidet. Immer wieder wird sie ganz plötzlich und unerwartet von ihnen überfallen. Sie hat unermessliche Sehnsucht nach zu Hause, nach ihren Geschwistern, nach ihrer Oma und ihren Tanten, Sehnsucht nach dem Ententeich, in dem sie so gerne hätte schwimmen wollen. Dabei war sie es ja, die gar nicht schwimmen konnte und beinahe ertrunken wäre. Immer wieder spürt sie eine fast unerträgliche Sehnsucht nach der Mama und eine abgrundtiefe Trauer über den Tod ihres Papa, den sie nie gesehen hat.

Ich möchte gleich an dieser Stelle hier im ersten Band die Leser auf die Tendenz in unserer Gesellschaft aufmerksam machen, in schwierigen Situationen Gefühle zu verstecken, zurückzuhalten, herunterzuschlucken und somit ausdruckslos zu bleiben und keine Antwort auf belastende Ereignisse zu geben. So sammelt sich mit der Zeit Einiges an nicht Ausgedrücktem an, das von selbst langsam und unbemerkt zu unangenehmen und ungewollten Reaktionen führt. Hier haben wir es mit der am häufigsten angewandten, trotzdem aber nicht für alle Wesen bekannten Methode zu tun, die fast die Meisten der Gattung Mensch tagtäglich plagt: Die Methode des Grrrr, Brrr und Jammrrr.

Traxi: Ach, hör du bloß auf mit deinen bösen Vorahnungen.

Sonne Helios: Hört euch die Kalliopi an. Wir sollten uns jetzt dringend um sie kümmern. Habt ihr bemerkt, dass es ihr gar nicht gut geht?

Blume Trixi sagt zu ihrer Freundin Traxi: He, ich beobachte unser kleines Entlein schon die ganze Zeit. Mir wird ganz bange dabei. Ich ahne nichts Gutes. Sie ist unruhig und sehr unkonzentriert. Ich werde das Gefühl nicht los, dass bald etwas Schlimmes geschehen wird.

Frau Farilari: Mein Anvertrauter, ich habe dir immer gesagt, dass ich daran zweifle, ob es unser Entlein schaffen wird.

Kalliopi: Ich will nach Hause! Ich bin so allein. Wenn doch nur meine Geschwister da wären und meine Mama. Und ich will auch, dass mein Papa da ist. Er hat mich noch nie gesehen. Aber er ist ja tot. Ich glaube, meine Eltern lieben mich gar nicht. Sonst wären sie ja hier, oder? Ich hätte ihnen so gerne Pan-Orpheas vorgestellt, weil er mir so gut gefällt. Sie würden sich bestimmt alle freuen, ihn kennen zu lernen. Es wird so dunkel jetzt. Mir ist kalt. Mama, ich will auf deinen Schoß!

Robin-Mood-Coachie: Hier bin ich, ihr Jammerchor. Nehmt euch aus dem Schatzkoffer alles, was euch gefällt, und macht es wie Kalliopi. Dann haben wir endlich ein echtes einmaliges Grrr- Brrr- und Jammrr- Symphoniekonzert. Beglückt euch damit, so lange der Vorrat reicht. Es ist genug für alle da für die ganze Zeit bis zur Fertigstellung des Buches. Wenn ihr überhaupt bis dahin überlebt. Ich freue mich. Bei diesem Spektakel live dabei zu sein. Am Ende bekommt jeder einen goldenen Jammerlappen.

Assipelli: Ja, so ist der Lauf der Welt, wenn man nicht von den anderen gelernt hat, seine berechtigten Gefühle zu äußern, und Alles im Inneren zurückhält. Dann gibt es Momente im Leben, in denen man nicht weiß, was man tun soll. Hier kann man entweder in sich zusammenfallen, aufgeben, explodieren oder Amok laufen. Und das alles geschieht, ohne dass man es kontrollieren kann. Hier hilft es nur, auf den inneren Funken zu vertrauen. Den kann man nie auslöschen, außer man ist tot. Selbst dann kann manchmal dieser Lebensfunke auf die anderen überspringen und in ihnen weiterleben. So haben manche große und kleine Menschen durch Schreiben, Erzählen, Malen oder Musizieren uns ihren inneren Lebensfunken hinterlassen. Ist das nicht ein schöner Gedanke?

Ich vertraue auf ihren inneren Lebensfunken, aber auch auf den Lebensfunken in der Natur um uns, den wir alle, ob Bäume, Pflanzen, Tier oder Mensch in uns tragen. Alles ist wie ein Spinnennetz miteinander verbunden. Wenn die Verbundenheit mit allem gut ist, trägt es die Lebewesen, auch wenn wir es schwer haben im Leben, so wie jetzt unsere Kalliopi.

Erzähler-Begleiter: Jetzt ist die Gelegenheit günstig, die Plagegeister unseres „Grazien-Trios" mit den Namen Grrr, Brrr und Jammrrr (Grübeln, Brüten und Jammern) aus der eigenen seelischen Jammerwerkstatt zu holen. Gleich gesagt: Bei diesen Grazien ist eine schlimmer als die andere. Wir können sie hier bei Kalliopi in Aktion erleben, nämlich, als die liebe Kalliopi von Gefühlen, Gedanken und Empfindungen überfallen wird, die sie fürchterlich quälen: **„Ich bin kein richtiges Entlein! Ich kann nichts, was ein Entlein können sollte. Alle schämen sich meinetwegen! Ich mache meine Mama traurig, weil ich weggegangen bin! Ich bin schuld daran, dass sie traurig ist. Ich bin schlecht, weil ich unseren Ententeich verlassen habe. Ich bin schlecht, weil ich mich nicht um meine Geschwister kümmere Ich bin nicht früh genug aus dem Ei geschlüpft, um Papa zu retten. Ich mag mich selber nicht!"**. So dreht sie sich selbst durch den eigenen „seelischen Fleischwolf", und niemand kann ihr helfen.

Der Anti-Grrr-Brrr-Jamrrr-Schatzkoffer

Erzähler-Begleiter: Nehmen wir daher gleich die erste dieser Grazien genauer unter die Lupe. Sie heißt **Grrr**, mit einem stark rrrrollenden **R**. Und das heißt **Grübeln**. Wenn wir Grübeln, denken wir schlecht von uns selbst, reden uns ein, dass wir nichts können, sondern immer alles schief geht, was wir beginnen. Wir werten alles ab, was wir tun. Und wenn etwas gelingt, stellen wir gleich höhere, manchmal unerreichbare Ansprüche an uns selbst. Unsere Gedanken drehen sich immer im Kreis der Schuldgefühle und Selbstvorwürfe wie in einem Hamsterrad. Es ist für unseren Organismus sehr belastend, diesem sinnlosen, zermürbenden Denken ausgeliefert zu sein. Wir werden karftlos und depressiv. Nichts geht weiter. Null Bock aufs Leben! Aber wenn wir dies erkennen, können wir die Schuldgefühle und Selbstvorwürfe entlarven und dem Grübeln zur Dauerarbeitslosigkeit verhelfen!

Die nächste unserer Grazien heißt **Brrr** wie **Brüten**. Das Konzept dieser Methode ist genauso unangenehm und behindert jeden Fortschritt der eigenen Entwicklung. Wir treten auf der Stelle, obwohl wir an der Tür hinaus in die Freiheit stehen. Aber anstatt los zu gehen in die Welt hinaus, heraus aus dem inneren Keller, bleibt man in der trügerischer Sicherheit des Gewohnten hocken. Doch dort überfallen uns plötzlich unangenehme innere Bilder und Erinnerungen, die uns ängstigen. Diese Bilder wachsen zu riesigen Monstern heran, je länger wir brüten. Die aufkommende lähmende Angst setzt unsere Sinne Schachmatt, so dass wir den Kontakt zur Außenwelt immer mehr verlieren. Dass andere uns für Sonderlinge halten und uns meiden, ist dann kein Wunder. Doch wenn wir das Brüten beenden und neue Schritte wagen, können wir die Schätze dieser Welt entdecken und Freunde finden.

Lass uns nun auch die dritte Grazie anschauen, damit wir auch sie, sollte sie ähnlich gefährdend sein wie ihre zwei Kolleginnen, arbeitslos machen. Sie trägt den Namen, **Jammrrr** und ist nichts anderes als das endlose **Jammern** eines Babys oder Kindes, das den nicht erfüllten Wunsch (z. B. noch eine Schokolade zu bekommen oder noch einmal spielen gehen zu dürfen, obwohl die Schulaufgaben ungeduldig warten) durchsetzen möchte. Habt ihr je beobachten können, wie ein Erwachsener jammert? Ihr werdet mir sicherlich zustimmen, dass dies nicht gut aussieht. Das Jammern dürfen wir aber nicht mit Trauer verwechseln. **Trauern heißt, beim Loslassen echte Gefühle zu zeigen und zu äußern, Jammern heißt hingegen, am unerfüllten Wunsch hängen bleiben, nicht Abschied nehmen wollen und schließlich auch nicht können.**

Durch ein solches nie endendes Jammern machen wir uns zu hilflosen kleinen Kindern, die unfähig sind, in schwierigen und unangenehmen Situationen zu handeln. Wir wirken nicht erwachsen, handeln unreif und verlieren dabei zunehmend unser Selbstvertrauen und unsere Selbstsicherheit. Wir sind dann unfähig, unser Leben in die Hand zu nehmen und zu gestalten. Hilflosigkeit, Abhängigkeit und ein nicht erwachsenes Verhalten erschweren uns auch das Leben mit den anderen Menschen.

Uns werden diese drei Grazien sicherlich oft auf unserem Weg begegnen. Sollten uns dabei aber Unannehmlichkeiten entstehen, können wir jedes Mal Unterstützung erwarten durch den Robin-Mood-Coachie mit seinem „**Krisen-Schatzkoffer für allerlei Situationen und Fälle**" oder, zum besseren Verständnis, „**Emergency Equipment**".

Frau Farilari: Ich bin sehr neugierig, was in den anderen Koffern stecken wird. Nach der Klärung von Grrr, Brrr und Jammrr geht es mir viel besser. Jetzt verstehe ich, was Jammern und was Trauern ist. Ganz im Vertrauen: Mein Sohn sagt zu Recht immer „Du Mama Jammertante".

Diabolino: Mama, jetzt kapiere ich endlich dein unerträgliches unendliches Jammern. Uff!

Frau Farilari: Na ja, das habe ich mir wiederum bei meiner geliebten Mama erfolgreich abgeguckt.

Kalliopi will zu den Engeln

Erzähler-Begleiter: Aber Kalliopi hat gar nichts von den Erklärungen mitbekommen. Ihr Blick geht ins Leere. Sie steht plötzlich auf und rennt los wie ein Wirbelsturm, den man nicht halten kann. Was hat sie nur vor?
In ihr ist ein neuer Wunsch herangereift. Anstatt im Grrr, Brrr und Jammrrr zu versinken, möchte sie jetzt lieber von der Erde abheben und zu den Engeln fliegen, um ihre Schmerzen und die Schwere des Erdenlebens endlich loszuwerden. Sie denkt jetzt wie ihre Entengroßmutter, die bei der Beerdigung von Papa Babo sagte „Jetzt, da mein Sohn tot ist, will ich zu den Engeln. Dort hat man keine Schmerzen mehr!" Und die Zurufe wie: „Sei doch vernünftig!", „Das Leben geht weiter!", „Komm, lach mal wieder!" helfen einem in diesem unerträglichen Leben auch nicht weiter. Daher will sie einfach alles hinter sich lassen und nimmt Anlauf. Und die Gesichter der anderen verraten, dass das nichts Gutes zu werden verspricht.

Maus unter dem Fliegenpilz: Ich habe doch geahnt, dass sie es nicht schafft, ihr Leben in die Hand zu nehmen. Jetzt ist es aus, vorbei, futsch!

Herr Larifari: Ich winke ihr schon die ganze Zeit mit der Stopp-Flagge, aber sie schaut nicht her. Sie rennt wie von einer Tarantel gestochen. Bleib hier, Kalliopi! Mach jetzt keinen Blödsinn!

Endlich geliebt, gesehen, verstanden und akzeptiert

Engel auf der Wolke: Kalliopi, Stopp! Kehr zurück! Du gehörst nicht in die Engelwelt, du gehörst auf die Erde! Du bist lebendig, und du machst schon so gute Fortschritte.

Assipelli: Jetzt kommt es auf ihren Lebensfunken an. Er müsste eigentlich im letzten Moment noch wirken. Aber es hängt immer von der jeweiligen Situation und ihrer allgemeinen Verfassung ab. Das ist der Lauf der Welt, der oft Überraschungen mitbringt, die wir nicht lenken können. **Aber wenn sie bei Sinnen ist, wird sie noch im letzten Augenblick klar sehen und stoppen!**

Schweinchen Pfurzi: Ich wette mit dir, sie will in den Himmel zu den Engeln und zu ihrem Papa.

Schweinchen Schwummsi: Das stimmt schon, aber vor lauter Himmelssehnsucht merkt sie nicht, dass vor ihr ein riesiger Abgrund liegt, in den sie hineinstürzen wird.

Pan-Orpheas: Es gibt keine Zeit mehr, zu überlegen. Ich muss jetzt eingreifen. Dafür sind wir Mitmenschen ja schließlich da. Wenn man vor lauter Verzweiflung blind ist, sind wir Menschen aus der Umgebung dafür zuständig, Grenzen zu setzen und Unterstützung anzubieten. Ich kann das nicht akzeptieren, was Kalliopi da macht. Ich vertraue dem Lebensfunken der Kalliopi, aber in diesem Moment ist er höchst gefährdet, weil viel zu viele nicht umgewandelte Gefühle sie überflutet haben. Sie ist jetzt nicht bei Sinnen. Wir müssen ihr helfen mit unserem Lebensfunken. Wir alle in dieser Umgebung und auch die Zuschauer müssen ihn nun wirken lassen, um so den Lebensfunken der Kalliopi zu retten. Also los jetzt – Raketenantrieb zünden! Es muss zu einer Blitzaktion kommen. Der Abgrund ist schon zu sehen. Sie will eindeutig zu den Engeln.

Erzähler-Begleiter: Und schon ist Pan-Orpheas zur Stelle. Er startet von Null auf Hundert und packt sie gerade noch rechtzeitig vor dem Abgrund an den Beinen. Uuuuuufffff! Puuuuhh! Das war aber knapp. Kalliopi zittert wie Espenlaub. Auch Pan-Orpheas ist zutiefst bewegt und erschüttert. Aber dank der Aufmerksamkeit der fühlenden Herzen der Umgebung wird der Krisenmoment von der Gemeinschaft gut gemeistert. **Der Mensch ist für den Menschen da.** Oder wie sagen es die drei Mäuse-Pustetiere? „Einer für alle, alle für einen und ich für mich!" Hier hat sich dieses Versprechen absolut lebensrettend bewährt.

Erzähler-Begleiter: Nun sind alle um Kalliopi versammelt. Sie sitzt wieder auf der blühenden Wiese, und alle sind heilfroh, dass im letzten Moment das Furchtbare abgewendet wurde. In den Gesichtern der Zuschauer steht noch das blanke Entsetzen. Alle waren vor Schreck aufgesprungen. Nun hört man laute Erleichterungsseufzer, die die Spannung in ihren Herzen lösen. Kalliopi fühlt sich von den Blicken und von den Berührungen der ganzen Umgebung getragen. An Kalliopis Wangen rollen im Sonnenlicht schimmernde Tränen herab. Auch sie fühlt sich erlöst von der Spannung der Grrrr-Brrr-Jamrrr-Grazien. Endlich fühlt sie sich geliebt, gesehen, verstanden und akzeptiert. Es ist das erste Mal seit ihrer Geburt, dass so viel Gefühlswärme für sie da ist. Sie fühlt sich glücklich und ganz tief berührt. Erleichtert schaut sie in die Runde und sieht, wie all die herzlichen Blicke sie bestätigen und irgendwie auch tragen.

Am Anfang eines Lebens braucht dies jeder, denn „wenn man nicht gesehen wird, ist man eben auch nicht da". Und dies hat sie von Anfang an erleiden müssen. Endlich kann Kalliopi all dies den anderen erzählen und dabei einfach ihre Gefühle zeigen.

Mega-Foot: Hallo, da bin ich! Wenn es so viele Tränen gibt, dann möchte ich euch doch gerne noch etwas von der Vielfalt der Tränen erzählen. Also die Menschenkinder, die ich kennen gelernt habe, waren zuerst ja sehr skeptisch und manchmal auch ängstlich. Dann aber haben sie die Kraft der Regenbogentränen entdeckt, und ihnen sind wundersame Namen für sie eingefallen: Freuden- und Trauertränen, Wiesen- und Feuertränen und, und, und. Ach, was für einen Herz erwärmenden Anblick unsere Kalliopi mit ihren Tränen bietet!

Kalliopi: Ich möchte mich bei euch allen bedanken. Ich freue mich so, dass ihr da seid. Jetzt weiß ich, dass es euch gibt, immer und überall. Jetzt fühle ich mich sicher. Ich weiß, dass ich doch gut für das Leben ausgestattet bin, und auf dieser Expedition möchte ich es zu einer ganzen Ente bringen. Ich habe gelernt, dass man den Lauf des Lebens nicht stoppen darf, indem man sich gegen das Lebendige richtet.

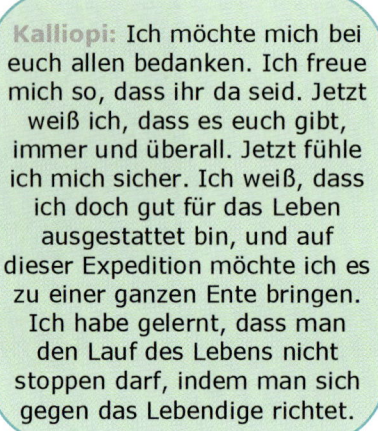

Erzähler-Begleiter: Endlich kann Kalliopi all das Schöne um sich herum wahrnehmen. Die Tränen haben ihren Blick gereinigt, so dass sie sich jetzt an dieser Welt erfreuen kann. Sie spürt ein neues nie gekanntes Vertrauen in ihre Umgebung, in die Natur und die Lebewesen, die sie begleiten.
Wir möchten euch darauf aufmerksam machen, dass es sich bei diesem Bühnenbild nicht um ein spezielles, extra für euch inszeniertes Bild handelt, sondern um eine aus dem Leben gegriffene Begebenheit. Dazu muss man sich allerdings ganz dem Leben hingeben, die Augen öffnen und bei Sinnen sein. Dann ist die Welt ein Paradies. Es ist alles da, was man zum Leben braucht. Aber was sollen wir euch erzählen. Schaut einfach selbst und seht euch satt!

Kalliopi: Ich weiß, dass es den Tag, die Nacht, die Sonne, den Mond, die Erde und euch alle gibt. Das ist ein guter Boden, auf den ich vertrauen kann. Es gibt nichts Besseres als „das lebendige Leben"! Es ist mein höchstes Gut! Ich freue mich so sehr! Ich will die Welt umarmen! Ich fühle meine „Regenbogentränen"! Das ist das beste Geschenk für das Leben!

Pan-Orpheas:

Das ist der geeignete Moment,
das Erdenheimatlied zu singen:

**Auf der Erde ist's doch besser,
der Himmel ist zu hoch, weit fort.
hier unten gibt's viel zu entdecken,
die Erde ist dein Heim, dein Hort.**

**Bäume umarmen, rau und glatt,
mit Blumen sprechen, traue dich,
mit Vögeln zwitschern um die Wette.
Lebewesen wie du und ich.**

**Geschwister sind wir auf der Erde,
Mond, Sonne ziehen ihre Bahn,
geliebt, mit Freude aneinander,
mit Achtung selbst schau du dich an.**

**Riechen und Schmecken, Hören, Seh'n,
Früchte von Mutter Erde's Bauch,
nimm mit hinein in deine Träume,
so wird dein Schlaf erquickend auch.**

Was macht man beim Verlieren? Pan-Orpheas stellt die Trauerformen vor

Assipelli: Nun freue ich mich, euch nochmals ausführlich über den Lauf der Welt berichten zu können. Vieles davon werdet ihr aus eurem eigenen Leben kennen, anderes wiederum wird neu und spannend für euch sein. Ihr könnt auf eurer Lebensexpedition davon profitieren, wenn ihr die Dinge kennt und beherzigt, die ich euch nun noch erklären will. Denn nur so könnt ihr euer Leben auch wirklich lebendig gestalten.

Ihr wisst ja, der Lauf der Welt darf nicht gestoppt werden, sonst kann die Welt auseinander fallen. Leider ist jedoch der Lauf unseres Lebens oft von Ereignissen geprägt, aufgrund derer wir lieber stoppen möchten. Dann können wir den permanenten Kreislauf von Werden und Vergehen nur schwer aushalten und akzeptieren. **Wir wehren uns ganz heftig gegen das Vergehen, vor allem dann, wenn wir wollen, dass alles so bleibt, wie es ist, oder wir schockiert sind von dem Verlust, den wir erleiden mussten. Wir können uns nicht vorstellen, dass das Leben weitergeht und wieder schöne Momente für uns bereit hält oder vielleicht sogar noch schönere, als wir bisher erlebt haben. Wir versuchen oft mit aller Gewalt, den Lauf der Welt zu stoppen.** Wie zum Beispiel in Kalliopis Situation, die ihren Papa verloren hat. Sie hätte gerne den Lauf ihres Lebens aufgehalten oder besser noch zurückgedreht, um alles Geschehene ungeschehen zu machen. Und wisst ihr, viele wollen das, um den Schmerz des Verlustes nicht zu fühlen. Sie versuchen dann, nach außen cool und tapfer zu erscheinen. Ein versteinertes Herz und eine erstarrte Lebendigkeit sind die Folge. Sie halten jeden Ausdruck von Gefühlen, wie Weinen, Klagen, Wütend- oder Traurig-Sein und damit alles Lebendige zurück. Es sieht alles ganz locker und lässig aus. Im Inneren aber ist es wie am Nordpol – eiskalt! Wir in unserer Theatertruppe haben dafür ein passendes Wort gefunden. Wir nennen das „**Cool-in**". Viele von uns versuchen sich immer wieder in solche Haltungen zu retten und merken dabei gar nicht, was mit uns geschieht. Es kann nämlich vor lauter Erkaltung und Versteifung nichts mehr fließen und lebendig sein.

Wieder andere von uns begegnen solchen einschneidenden Veränderungen mit Überflutungstendenzen. Sie weinen ganze Tränenmeere, worin sie ertrinken können. Es fühlt sich so an, als ob ein Staudamm brechen würde. Man weint dann nicht nur mit den Augen, sondern aus allen Poren. Könnt ihr verstehen, warum die anderen in eurer Umgebung das nicht mögen? Weil sie selbst vom Ertrinken in diesem Tränenmeer bedroht sind. Denn die Sache mit dem Weinen ist nicht so einfach, wie viele meinen. **Klares erwachsenes Weinen ist etwas anderes als kindliches Jammern.** Weinen kann also sehr unterschiedliche Qualitäten haben, aber darüber werdet ihr in unserer weiteren Expedition noch mehr erfahren.

Pan-Orpheas: Ja, Assipelli, gut, dass du alle Weisheit der Evolution in dir gespeichert hast. So können wir uns am Springbrunnen deiner Weisheit laben, wenn wir dir zuhören. Na, Diabolino, dazu hast du doch bestimmt wieder einen guten Spruch parat, oder?

Diabolino: Ohne Trauer keine Power! Na, was hältst du davon? Ja, ja, ich spreche aus Erfahrung.

Pan-Orpheas: Das hast du wieder mal richtig begriffen, Diabolino! Das passt so gut zu dem Beispiel, das ich euch erzählen möchte. Trauer ist wie das Benzin für ein Sportcabrio edelster Marke. Ohne diesen Stoff läuft nichts! Stell dir einen schönen Frühlingsnachmittag vor, die Sonne scheint, das Sportauto wartet in der Garage. Eine gute Gelegenheit, herumzukutschieren und sich zu zeigen. Da fühlt man sich als ganze Ente. Da kann man zeigen, welch toller Kerl man ist, wie wohlhabend und geschmackvoll, anders eben als die anderen. Heute ist ein Premierentag, das erste Mal Fahren ohne Verdeck. Also, los geht's! Hineinsteigen, sich lässig hinsetzen, Krawatte zurechtrücken, Motor anlassen! Ein paar Mal probieren. Das kann doch nicht wahr sein! Das Ding springt nicht an! Aufregung, Toben, sich auf den Sitz werfen, wie ein Ballon, der die Luft verloren hat, depressiv werden, schimpfen, fluchen, jammern. Es hilft alles nichts!

Diabolino: Na ja, vor lauter Stolz und Show abziehen hat der arme Kerl vergessen, zu tanken, oder? Es stimmt, ohne Benzin keine Power. Heute wird nix mit Herumkutschieren! Und deshalb gibt's ohne Gefühle keine Lebendigkeit.

Pan-Orpheas: Dann wird der Fahrer sehr traurig, er kann sein bestes Teil nicht herzeigen. Also, dieses Beispiel zeigt, dass nicht mal ein Auto ohne den Stoff, der es in Bewegung bringt, funktioniert.

Der Stoff, von dem ich euch erzählen möchte, ist die Trauer, die uns die Möglichkeit gibt, bei Enttäuschungspannen, die wir Menschen erleiden, bei Verlust, Trennung oder Veränderung der Lebenssituation, zumindest so reagieren zu können wie der Fahrer des Sportautos, eben mit einigermaßen viel Getöse. Dieses aber tun die meisten von uns leider nicht. Wir ziehen es vor, keine Gefühle direkt und ungeschminkt zu zeigen, weil man das nicht darf, da die anderen sie nicht sehen wollen. So sind wir gezwungen, Gefühle so zu zeigen, wie es nebenan in den fünf Bildern zu sehen ist.

Diabolino: Wenn man die Bilder betrachtet, könnte man eigentlich lachen, wenn wir nicht wüssten, dass es um einschneidende Verluste geht.

Pan-Orpheas: Ja, diese Verhaltensweisen hier zeigen, wie man seine lebendigen Gefühle erstarren, erkalten lassen kann. Ich zeige euch extra, wie das Trauern schief geht. Wir beschreiten meist automatisch den falschen Weg, weil wir es nie anders kennen gelernt haben. Die meisten Menschen verhalten sich so und wundern sich, dass sie nach einer einschneidenden Veränderung in ihrem Leben nicht mehr richtig auf die Füße kommen.

Übrigens, wenn man weiß, wie das Trauern schief geht, kann man sich entscheiden, ob man es weiterhin so machen möchte oder nicht.

Diabolinos traurig komische Geschichte

Bild 1
Diabolino: Die sieht ja aus wie Kalliopi! Sie ist richtig versteinert. Au, das sieht aber hart aus, so unbeweglich wie eine Marmorstatue! Und so farblos, nichts bewegt sich!

Pan-Orpheas: Unsere Freundin auf dem Bild hat vor lauter Angst vor Gefühlen sehr früh von anderen gelernt, diese nicht zu zeigen, auch wenn es einen triftigen Grund dazu gibt. So braucht sie niemanden mit ihrem Schmerz, ihrer Schwäche und ihren Tränen zu belasten. Durch die Versteinerung erspart sie sich das Ganze. Wohl fühlt sie sich dabei bestimmt nicht! Aber man kann sich ja entscheiden!

Bild 2
Beim diesem Bild ist sogar die Sonne ängstlich, weil das Entlein seine Tränen für lange Zeit versteckt und nach innen geweint hat, sodass ihr Körper sich mit der Zeit wie ein Kübel bis zum Rand mit Tränen gefüllt hat. Von solchen Menschen sagt man, sie hätten nahe am Wasser gebaut. Und wenn sie anfangen zu weinen, können sie gar nicht mehr aufhören, bis es fast zu einer Überflutung kommt. Ihre Mitmenschen und sie selbst bekommen dann verständlicherweise Angst davor.

Bild 3
Bei diesem Bild kann man das unaufhörliche Jammern schon von Weitem hören und sehen, sodass der ganze Körper Kalliopis und sogar die Blume nebenan angesteckt werden. Die Ente bricht fast zusammen. Sie jammert wie ein kleines hilfloses Baby und tut nichts, um laut, deutlich und unübersehbar ihre berechtigte Trauer zu äußern.

Bild 4
Natürlich gibt es noch eine bessere Methode, die anderen gar nichts merken zu lassen. Man hat die Lektion so gut gelernt, sodass man keine Miene verzieht, keinen Tränentropfen, keine unsichere Bewegung und insbesondere keine Gefühle in Erscheinung treten lässt. So etwas schaffen nicht einmal zehn Kühlschränke zusammen. Aber ein Lebewesen braucht nur innerlich zu erkalten, um nicht mehr fühlen zu müssen.

Bild 5
Auf dem letzten Bild könnt ihr eine Person sehen, die eine gute Figur macht, sich eben sportlich und „skateboarderisch" gibt, aber mit Hut und Brille, damit man die roten, verweinten Augen nicht sehen kann. Nach außen hin wird alles schön abgedeckt, sodass niemand einem etwas anmerkt. Die anderen bekommen keine Chance zu fragen, mitzufühlen, ein tröstliches Wort zu sagen. Somit haben wir die modernste Erscheinung eines nicht fühlenden Wesens, und das ist eben der coole Typ.

Diabolino: Mein Gott, die verschwenden aber viel Energie, um etwas nicht zu zeigen, das, wie Assipelli gesagt hat, uns von der Evolution oder dem lieben Gott geschenkt wurde. Ach, was sage ich, ich kenn das ja von mir. Diese fünf Typen habe ich oft genug gespielt. Mama Farilari kann ein trauriges Lied davon singen!

Frau Farilari: Ich bin ganz bewegt, dass du schon jetzt, obwohl die Expedition gerade erst angefangen hat, so viel Selbsterkenntnis gewonnen hast, mein Kind.

Diabolino: Schaut die Bilder noch einmal genau an! Diese Verhaltensweisen haben wir alle durch Nachahmung gelernt. Entscheiden müssen wir selbst, es weiterhin so zu machen oder eben nicht. Wenn ihr euch dafür entscheidet, dann habt ihr mit Sicherheit bald die nächsten schwarzen Wolken über dem Haus und die Depression vor der Tür.

Pan-Orpheas: Das hast du jetzt gut gesagt. Unsere Freundin im Bild können wir trösten und ihr in Aussicht stellen, dass es im zweiten und dritten Teil des Buches viel Gelegenheit geben wird, das Umgehen mit den Gefühlen und der Trauer zu lernen, sodass wir auf alle diese fünf Methoden getrost verzichten können.

Erzähler-Begleiter: Übrigens, von Diabolinos Geschichte haben wir euch ja noch gar nichts erzählt. Das ist schade. Er ist ja, wie ihr schon gemerkt habt, ein wirklich tolles Mausekerlchen. Wenn ihr mehr über ihn wisst, könnt ihr ihn wahrscheinlich in vielen Situationen noch sympathischer finden. Also, verlieren wir keine Minute mehr!

Diabolino stammt aus einer Mäusefamilie, die im Keller einer Bäckerei, nahe dem Meer, wohnte. Aus Abenteuerlust ging die ganze Familie oft am Kai des Hafens spazieren, um die riesigen Schiffe, die von überall auf der Welt hier ankamen, zu bestaunen. So war es auch an jenem Tag, als das Unglück geschah. Wie es das Schicksal wollte, kletterten seine Mama und sein Papa über die Schiffstaue auf ein Schiff, von dem sie wussten, dass darin Korn von Übersee gelagert war. Das war ihre Leibspeise. Sie blieben lange im Bauch des Schiffes und fraßen sich ihre Bäuchlein so voll, dass sie sich nicht mehr bewegen konnten und einschliefen. Unser kleiner Mäusesohn wartete an der Hafenmole, bis ihm die Äuglein schwer wurden und er auch einschlief. Als er im Morgengrauen wach wurde, war das furchtbare Unglück geschehen. Das Schiff war weg und hatte seine schlafenden Eltern für immer in ferne, fremde Kontinente mitgenommen. Keine Maus weiß wirklich, wohin. So blieb das winzige Mäuslein allein und war unendlich traurig. Da er jedoch ein recht eigenwilliger, lebendiger Kerl war, führte er bald schon eine Wände besprühende Graffiti-Mäusebande an. Und er hatte Glück! Das Pärchen Herr Larifari und Frau Farilari fand ihn eines Tages und adoptierte ihn prompt. Vor einer Karriere als Straßenkind gerettet, wohnt er seither bei den Lari-Faris. Weil sie selber keine Kinder bekommen konnten, waren sie jetzt sehr glücklich, dass ihre Familie endlich ganz geworden war. Den Namen **Diabolino** bekam er, weil er so lebendig, kaum zu bändigen und manchmal ein richtiges kleines Teufelchen ist. So wie halt alle lebendigen Kinder sind!

Es geht gleich weiter

Band I Teil 5

Wie Kalliopi im Schneckentempo lernt, ihren eigenen Füßen zu vertrauen

Wie Kalliopi im Schneckentempo lernt, ihren eigenen Füßen zu vertrauen

Pan-Orpheas (zu Assipelli): Jetzt weiß ich, was du meinst mit deinem Lieblingsspruch, den du immer wiederholst: „Das ist der Lauf der Welt." Ist das nicht schön zu sehen, wie Kalliopi mit sicheren Schritten in ihre Zukunft hinein läuft?

Der Rabe kleinae links: Mir fällt ein Stein vom Herzen. Das Ganze hat doch noch einen guten Ausgang. He, Kalliopi, die allerbesten Wünsche für dich!

Das Pustemäusetrio bejubelt die Parade hinein ins **Irgendwo.**

Unbekannte Mäusemeute auf dem Rücken der Schnecke

Maus 1: Das ist ja ein komisches Tier. Das sieht ja aus wie eine besoffene Henne.

Maus 2: Nein, das ist doch ein Hase, der mit den Hinterfüßen zuerst aufhüpft.

Maus 3: Hört auf, das sieht doch fast wie eine Ente aus, aber von watscheln keine Spur.

Schnecke Slowly: Na so was! Dass ich eine Ente überhole! Habe wohl heute meine Turbobeschleunigung eingeschaltet. Na, hoffentlich blitzt mich nicht der Schneckenradar! Aber jetzt muss ich mir das doch einmal genauer anschauen. He, hallo, was machst du da? Soll das watscheln sein, was du da machst? Bist du überhaupt eine Ente, oder was?

Die strahlende Blume links: Dass ich auf meine letzten Tage so etwas erlebe! Schau dir das mal an, eine Ente wird von einer Schnecke überholt. Spielen die heute verkehrte Welt?

Kalliopi´s Gehversuche unter der Aufsicht der Schnecke Slowly

Blume neben Assipelli: Mir tut schon allein vom Zuschauen alles weh. Die fällt ja permanent auf ihren Allerwertesten.

Sonne Helios: Oh, da stürze ich aber auch gleich ab, wenn ich dem kleinen Entlein zuschaue. Das arme Viechlein!

Ein Spatz auf dem Dach vom Schneckenhaus: Und das soll eine Ente sein? Das sieht eher aus wie ein australisches Kukupengo.

Die beiden anderen Blumen: Das muss man wirklich gesehen haben. Du meine Güte, das darf doch nicht wahr sein! Was ist das denn für ein Modell?

Käferchen strampelnd auf den Rücken: Ohne dreimal „ü" – „üben, üben, üben" – wird es wohl nix werden mit dem Watscheln!

Schnecke Slowly: Jetzt halt bitte mal an mit deinem Gewatschel. Was ist denn mit dir los?

Blume: Heute habe ich ein gutes Gefühl für unser Entlein.

Mäuschen vor der Schnecke: Mich laust der Affe. So was Komisches! Ob ihr das nicht weh tut? Keinen einzigen Schrei gibt sie von sich, dabei fällt sie bei jedem Schritt auf den Hintern.

Schnecke Slowly: Also, komm rüber auf die nächste Seite zu unserem Übungsplatz!

Kalliopi: (zögerlich leise) Jaaaa!

Assipelli: Ja, so ist der Lauf der Welt. Wenn man eine halbe Ente ist, wird man ausgelacht. Man kann fast nichts, verliert das Vertrauen in sich selbst und in die Umgebung, und am schlimmsten ist: Man meint, man wäre hilflos und sogar dumm. Das geht so weit, dass man sich selbst nicht mag und aus dem Jammern gar nicht mehr herauskommt. Und das ist dann für die Umwelt wirklich anstrengend, denn permanentes Jammern mag sich niemand lange anhören.

Kalliopi (sich die Haare raufend, lässt eine Kaskade von Jammersätzen los): Ich kann das nicht! Ich schaffe es nicht! Ich bin nicht o.k.! Ich armes kleines Wesen! Mir ist nichts gegönnt. Mein Papa ist tot. Meine Mama und meine Geschwister würden mich brauchen, aber ich bin ja zu nichts nütze.

Schnecke Slowly: Ich wette mit dir, wenn du es gerne möchtest und wir beide ganz fleißig üben, kannst du bestimmt lernen, richtig zu watscheln. Dann kannst du sogar hundertmal schneller sein als ich – wetten? Weißt du, liebes Entlein, jede Schnecke, die dich überholt, wird vor lauter Selbstüberschätzung ja mega-wahnsinnig werden. Also, um diese Blamage dir und den anderen zu ersparen, lass uns doch einfach zusammen üben! Einverstanden?

Das Enten-Watscheltraining

Schnecke Slowly: Also, jetzt lass uns mal anfangen mit einem richtigen Watscheltraining für das große Big-Foot-Rennen, wie es die Welt noch nicht gesehen hat. Bevor es losgeht, tritt erst einmal fest auf den Boden, stampfe, hüpfe, wie es dir Spaß macht! Die Mutter Erde freut sich immer, wenn wir Erdentiere und Erdenmenschen so richtig mit Fuß und Zehen Kontakt zu ihr aufnehmen. Das ist ein Liebesbeweis für sie, und wir spüren dabei auch, dass wir ihr vertrauen können und nicht abstürzen werden.
Jetzt nimm deine zarten Entenfüßchen und zähle nach, ob auch alle deine Entenzehen da sind. Heiße sie herzlich willkommen, indem du jede einzelne von ihnen liebevoll berührst, streichelst und klopfst, so dass sie alle ganz warm werden. Du wirst sehen, bei so viel Streicheln und so vielen Liebkosungen werden sogar deine Zehen ganz rot, weil sie sich so sehr freuen.

Diabolino: Oh ja! Die lieben Füße werden immer vergessen, wenn es um Zärtlichkeit geht. Dabei tragen sie uns doch tagtäglich so viele Stunden lang, ohne sich zu beklagen. Aber wenn ihr so liebevoll zu euren Füßen seid, müsst ihr auch ein bisschen aufpassen. Von manchen Füßen geht so ein fürchterlicher Gestank aus, dass man fast in Ohnmacht fällt. Und dies ist so, weil die Zehen immer nur eingesperrt und aneinandergepresst sind, sodass sie gar keine Luft bekommen.

Blume: Uff ja, ich kenne das, da braucht man dann Gasmasken. Mir wird es schon bei der Vorstellung ganz schwummrig, das riecht dann nämlich wie echter Stinkkäse. Uhhhhh! Wummms! (**Blume knickt um**)

Diabolino: Du arme Blume. Du musst aber auch noch deine Standfestigkeit üben. Auf jeden Fall, Kalliopi, machst du das ganz richtig so, bravo! Die Füße und Zehen müssen richtig gespreizt werden, so dass sie gut durchlüften können. Kommt mal her, ihr Mäuslein! Helft alle mal kräftig mit! Wir werden jetzt ihre Füße mit Gras kitzeln und dann mit Baumblättern streicheln.

Kalliopi: Huuuuh! Hahahahaha! Hihihihi! Das tut aber gut! Ich habe gar nicht gewusst, dass ich an meinen Füßen so furchtbar kitzlig bin.

Schnecke Slowly: Jetzt versuche mal deine Füße so zu massieren und zu kneten, als ob es Brotfladen wären. Ja, und dann kannst du mit deinen Händen richtige Brotfladen formen, die so rund sind, wie der Po beim Faul-Herumsitzen. (**Kalliopi strengt sich sichtlich an**) Du bist ja besser als der beste Brotbäcker. Deine Füße werden bestimmt aufgehen und so groß werden wie Hefeklöße. Auf jeden Fall werden sie schon lebendiger, spürst du es?

Erzähler-Begleiter: Kalliopi strahlt über das ganze Gesicht, so, als hätte sie gerade eben neue Füße geschenkt bekommen. Sie bemerkt, wie ihr alle zuschauen und sie bewundern, als ob sie eine neue Goldader entdeckt hätte, die ein paar allerdings noch ungeübte Entenwatschelfüße hervorgebracht hat.

Diabolino: Also, wenn ich mir deine Füße jetzt so anschaue, sind es schon fast Entenfüße, aber immer noch keine richtigen Watschelfüße. Die brauchen noch dringend das dreimal „Ü" – üben, üben, üben.

Schnecke Slowly: Ganz richtig, Diabolino. Also, Kalliopi, jetzt stell dir vor, dass zwischen deinen Zehen ganz frische, süße Kirschen klemmen und der freche Diabolino daher kommt und sie dir wegfressen will. Das kann man sich doch gut vorstellen, oder? Was würdest du jetzt machen, um die Kirschen für dich zu retten?

Erzähler-Begleiter: Kalliopi, der bei dem Wort Kirschen schon das Wasser im Munde zusammenläuft, krallt die Füße mit aller Kraft zusammen, sodass man schon in der Fantasie die Kirschenfrüchte platzen und den Saft der Früchte den Boden tränken sieht.

Schnecke Slowly: Das hast du super gemacht! Das war aber kräftig!

Diabolino: Schade um die schönen Kirschen!

Schnecke Slowly: Ja gut, probier es noch ein paar Mal! Versuche jetzt, Schritte zu machen. Dabei versuchst du bei jedem Schritt, die Kirschen zu packen und dann wieder loszulassen, so als ob der Boden voller Kirschen wäre und du bei jedem Schritt die Kirschen für dich bewahren möchtest. Also, bei jedem Schritt zusammenpressen und loslassen. Uppp! Blubb! Uppp! Blubb.
Schnecke Slowly zu den Mäusen: Na, wie steht es da unten?

Mäusepaar: Wunderbar, es läuft gut!

Diabolino: Die gute Nachricht ist, dass vor lauter Kirschsaft der Gestank verflogen ist. Die schlechte Nachricht ist, dass es statt Kirschen jetzt nur noch Kerne und Saft gibt. Und ich habe nicht mal was davon, weil die Gräser und die Erde sofort den Saft trinken. Und mir bleibt nur ein trockener Mund. Aber jetzt aufgepasst, gleich kommt die schwierigste, aber auch die allerbeste Übung. Versuche jetzt, die vor Zärtlichkeit ganz weichen Zehen einzeln wie den Rotor eines Hubschraubers zu bewegen, aber nicht zu schnell, sonst werden sie womöglich noch durch die Fliehkraft nach außen geschleudert und gehen dabei verloren, verwickeln sich in ein heilloses „Zehengewurschtel" oder gehen auf Kollisionskurs mit den anderen Zehen.

Schnecke Slowly: Gut gemacht! Als nächstes probierst du nun, nur auf deinen Fersen zu laufen, so, als würdest du sonst deine Zehen auf dem heißen Boden verbrennen. Los, komm her zu mir! Gut so! Jetzt wieder zurück zu deinem Platz. Hast du mal eine Ente mit O-Beinen gesehen? Wir können das gleich mal versuchen, indem du nur auf den Außenkanten deiner Füße gehst. Probier das aus und stell dir dabei vor, dass du richtige O-Beine hättest.
Natürlich gibt es auch Enten mit X-Beinen. Also geh jetzt den gleichen Weg zu mir, indem du X-Beine machst.

Mäusepaar im Chor: Wie das aussieht – zum Totlachen komisch!

Erzähler-Begleiter: Kalliopi lässt sich anstecken und kann vor lauter Lachen fast nicht mehr stehen.

Schnecke Slowly: Also, wie ist das nun? Wie fühlt sich das an? Gut, nicht wahr? Deine Füße sind schon ganz beweglich und lebendig.

Kalliopi: Ja, Ja, meine Füße sind wirklich schon ganz kribbelig lebendig. Das ist ja toll. Das habe ich noch nie so gespürt. Früher dachte ich, sie wären aus Holz!

Schnecke Slowly: Jetzt könntest du mal laut und deutlich sagen: „Ich bin eine Ente mit Füßen, mit richtigen echten Watschelfüßen." Vielleicht kannst du mal auf der Stelle abwechselnd links und rechts auf den Boden treten und sagen „Ich bin eine große Fußente".

Mäusepaar: Uiiii! Gigantisch!

Schnecke Slowly: Und jetzt stell dir vor, du bist ein Dinosaurier, der an einem Strand spazieren geht und dabei große, fette Dinosaurierspuren hinterlässt. Versuche dabei, so laut zu tönen, wie es dieses Urtier gemacht hätte. Was sagst du dazu? Du weißt nicht, wie Dinosaurier sich anhören? Mach deinen Mund auf und stelle dir vor, wie sich deine Lungen von dem üblen Geruch eines Stinktieres säubern, der bis in deine Lungen eingedrungen ist.

Erzähler-Begleiter: Kalliopi probiert, krächzt bis die Grashalme vor Angst zittern. Das sieht ja schrecklich aus und hört sich ziemlich echt an. Die Mäusemeute läuft nach allen Richtungen auseinander, um sich zu retten. Sie haben wirklich Angst bekommen.

Schnecke Slowly: Das hast du sehr gut gemacht. Ja, ja, du bist jetzt eine „schwer wiegende Ente". Aber weißt du, zu einem richtigen Entenwatscheln gehört neben der Schwere auch die Leichtigkeit. Hast du schon mal eine Gazelle springen sehen?

Kalliopi: Nein, habe ich nicht. Da ich schon als ganz winziges Entlein von zu Hause fort musste, konnte ich nicht mal im Fernsehen eine Gazelle sehen. Ich habe keine Ahnung, wie sie aussieht oder wie sie sich bewegt.

Diabolino (springt zur Mitte): Eine Gazelle geht nicht, sie springt. Sie hat nämlich ganz schmale Füße, die die Erde sehr lieben, und jedes Mal, wenn sie springen will, bekommt sie von ihr einen leichten, liebevollen Schubs. Sie fühlt sich dann, als ob sie fliegen könnte. Schau mal, ich mache es dir vor.

Erzähler-Begleiter: Diabolino nimmt Anlauf, macht sich richtig lang, spitzt die Ohren wie Gazellenhörner, rollt den Schwanz ein, fast wie ein Schneckenhaus, und springt über die Gräser. Dabei dreht er sich, so als ob er einen langsamen Walzer tanzen würde. Sehr anmutig sieht das aus.

Schnecke Slowly: Toll, das ist eine echte Wiener-Walzer-Bewegung. Wo hast du das gelernt? Hast du in Wiener Brotbäckereien gearbeitet und das Korn für die Kuchen vorgekaut?

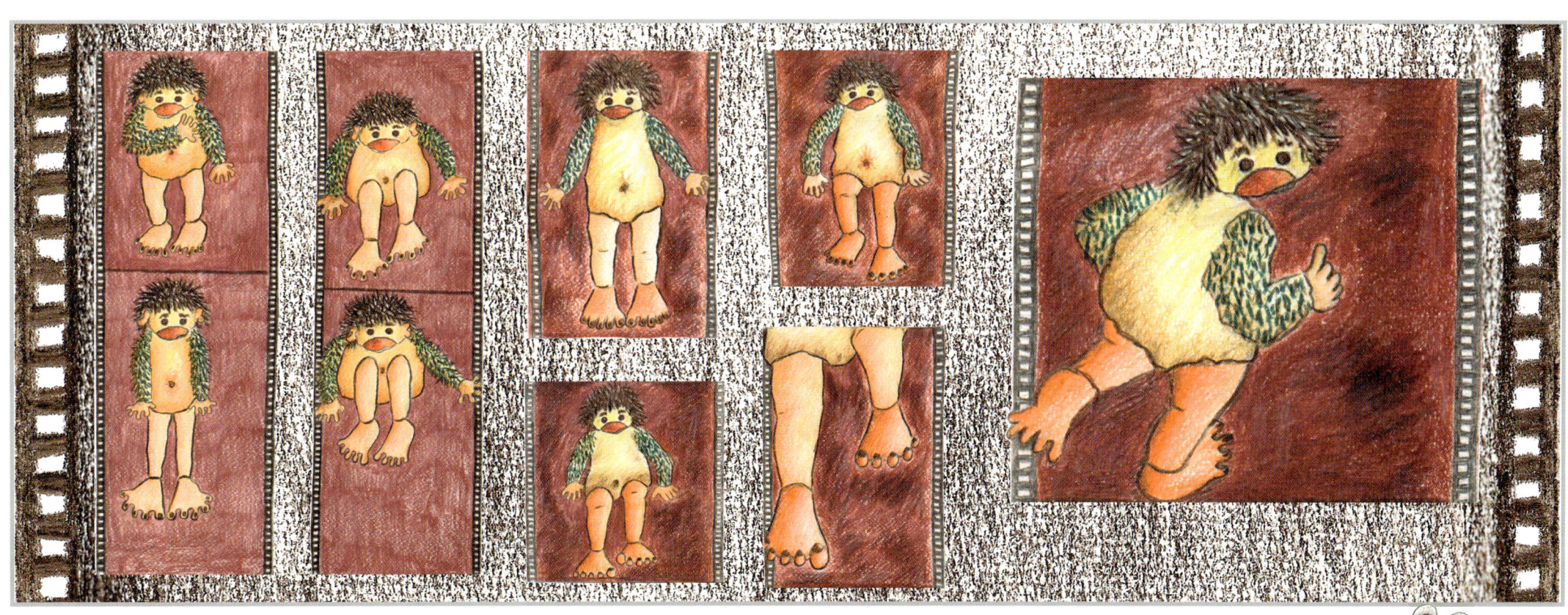

Erzähler-Begleiter: Kalliopi macht es nach. Leichtfüßig und sicher springt und landet sie.

Schnecke Slowly: Super, ich bin ganz stolz auf dich! Wenn das meine Kinder könnten, würde ich ihnen sofort mein Schneckenhaus mit Kamin schenken. So, jetzt setz dich hin, atme ein paar Mal tief durch und entspann dich. Schau dir jetzt deine Füße an, wie sie lebendig und durch den Kirschsaft sogar endlich mal gut gewaschen sind. So, und jetzt stell dich selbst mal deinen Füßen vor.

Kalliopi: Guten Tag, ich bin Kalliopi (sie starrt dabei auf ihre Füße und Zehen).

Maus: Du bist Kalliopi!

Schnecke Slowly: Jetzt stell dir vor, deine Zehen und Füße hätten eine Stimme. Was würden sie zu dir sagen? (Einige Sekunden Schweigen) Natürlich kannst du nichts hören, weil du ihnen erst mal deine Stimme leihen musst. Da unten gibt es keinen Mund und keinen Hals, das wäre denen viel zu stinkig. Also, was sagen die Füße mit deiner Stimme?

Kalliopi (besser gesagt ihre Füße): Wir sind die dicken, breiten, stolzen watscheligen Füße der wunderbaren Ente Kalliopi.

Herr Larifari, Frau Farilari, Diabolino und Maus (applaudieren und schreien): Bravo, bravo, bravissimo!

Schnecke Slowly (jubilierend): Das hat ja hervorragend geklappt! Jetzt gib deinen Füßen die Hand.

Erzähler-Begleiter: Kalliopi streichelt ihre Füße ganz liebevoll und zärtlich, so sehr freut sie sich.

Erzähler-Begleiter: Jetzt erhebt sich das Entlein, watschelt ganz stark und kräftig und tönt dabei so laut, dass das inzwischen quasselnde Publikum aufhorcht und seinen Blick wieder auf Kalliopi richtet.

Schnecke Slowly: Oh Kalliopi, das sieht aber gut aus. Man merkt schon deine Hingabe. Jetzt darfst du mal ein bisschen durchschnaufen. So, und jetzt probier es noch mal, nur dieses Mal nicht so sanft, sondern noch energischer auf den Boden stampfend, sodass du dir mit deinen Watschelfüßen auch bei den Zuschauern Gehör verschaffen kannst.
(Zum Publikum) Also, ihr da unten, Ihr dürft jetzt ruhig ein bisschen Krach machen und quasseln. Und du, Kalliopi, probierst einmal aus, wie du auf dich aufmerksam machen kannst, sodass die Zuschauer deine Fortschritte bewundern können.

Mega-Foot: Hallo, ich erscheine hier schnell einmal wie ein begeisterter Fan, der seinem Star hinterher jagt. Ich bin auch wahrhaftig überwältigt von Kalliopis Hingabe beim Watscheltraining – und ihre Ausdauer erst, einfach erste Sahne! Und ich muss es ja wissen. Man nennt mich ja nicht umsonst Mega-Foot! Ich weiß ja genau, wie wichtig es ist, mit beiden Füßen auf der Erde zu stehen, sie zu spüren, sich von ihr tragen zu lassen! Da fällt mir doch gleich auch der Trauer- und Freudefuß ein. Wenn wir nur einen von beiden haben, egal welchen, stehen wir ganz schön wackelig da und können uns meist nur mit Krücken fortbewegen. So ein richtiges Watscheln kommt dann erst gar nicht zustande. Ach, ich bin schon ganz aufgeregt wegen meines Auftritts gleich. Ich bin doch der Schirmherr des Rennens und darf Kalliopi im Ziel empfangen.

Assipelli: Übrigens, für alle Wesen dieser Welt ist es wichtig, dass sie von klein auf von ihren Eltern oder jemandem, der sich um sie sorgt, **gesehen** werden. Besonders die Menschen brauchen liebevolle Blicke mehr als alles andere, damit sie sich zu „ganzen Menschen" entwickeln können.

Publikum: Seht nur, dort! Das ist ja toll, wie die watscheln kann. So kräftig und so schnell, unglaublich ist das, sagenhaft, einfach spitze! Bravo, bravo, bravo, Kalliopi.

Schnecke Slowly (zu Kalliopi): Ich habe noch keine Ente deiner Gattung gesehen, die so toll und vielfältig watscheln kann – schwer wiegend, leichtfüßig, laut tönend und beständig.
Du kannst auf dich vertrauen, es ist alles in dir. Du brauchst es bloß, so wie jetzt gerade, zu suchen und zu finden. Ich habe dir nur gezeigt, wo du es suchen kannst; gefunden hast du es selber. Wenn ich du wäre, würde ich mich jetzt ganz fest und innig in die Arme nehmen, meine eigenen Hände und, wenn du es schaffst, die eigenen Füße küssen. Also eine Liebeserklärung an dich selber machen.
So, und jetzt bist du bereit für das große Big-Foot-Rennen. Mal sehen, ob du nun schneller bist als ich!

Erzähler-Begleiter: Es sieht so aus, als ob Kalliopi jedes Mal mit dem ganzen Körper in einem wunderbar weichen Schoß landen würde. Ihr Gesicht verrät absolutes Wohlgefühl, Vertrauen und Sicherheit. Kalliopi wird mit Applaus gefeiert. Assipelli spricht über das Getragen- und Gut-geerdet- Sein. Er erklärt Kalliopi und dem Publikum, dass die Verbindung zur Mutter Erde die Grundvoraussetzung für einen „guten Lauf" des Lebens ist. Denn wer nicht geerdet ist, trennt sich vom Leben. Der kann sich dem Leben nicht hingeben und kann somit weder von seinem persönlichen Leid loslassen noch die Kraft der Mutter Erde erleben und für sich nutzen. Na, und außerdem kann jemand, der nicht geerdet ist, auch nicht laut quacken, nicht protestieren und sich nicht gut abgrenzen. Deswegen, so Assipellis Statement, lohnt es sich immer, sich ganz und gar mit der Kraft der Mutter Erde zu verbinden. Und dies ist vor allem bei den zarten Seelen wie der unseren Kalliopi so wichtig, denn diese konnten und wollten vor lauter Schmerz, den sie erlebt haben, nicht einmal richtig auf der Erde landen. Sie haben noch nicht von den Sternen Abschied genommen und leben in permanenter Sehnsucht nach ihnen. Aber das ist wieder eine andere lange, lange Geschichte, würde unser Diabolino sagen.

Kalliopi ist die Nr. 1

Erzähler-Begleiter: Die Mäusebande und die Pustetiere markieren eine Rennbahn mit Start und Ziel. Kalliopi, die Schnecke und einige Mäuse starten unter wilden Anfeuerungsrufen des Publikums. Wie bei einem Formel-eins-Rennen düst Kalliopi als erste mit einem Superfinish durch das Ziel. Der tosende Applaus ist wohl verdient. Und der Sieger bekommt natürlich einen Kuss als Belohnung. Und in diesem Fall wird er sehr nass sein. Die Mäusemeute hat schon ganz geschwollene Hände vom Klatschen. Die Schnecke ist ganz begeistert und freut sich so, als hätte sie selbst gewonnen, obwohl sie beim Rennen Letzte geworden ist. Aber schließlich sind Schnecken langsamer als Enten, das weiß doch jeder, auch die Schnecke!

Engel mit grünen Pulli: Ach, wäre das schön, Boden unter den Füßen zu spüren und einmal so richtig rennen zu können, statt immer hier auf diesen watteweichen Wolken zu schweben!

Sonne Helios: Whow, ist das cool!

Schnecke Slowly (noch ganz außer Atem): Super, Kalliopi! Du bist spitze! Ich könnte fliegen vor Freude, als ob ich selber ein Entlein wäre! Ich wünsche dir von ganzem Herzen einen guten Weg ins Leben. Jetzt muss ich aber noch schnell zum Einkaufen, sonst macht der Garten, in dem ich mein Gemüse immer hole, gleich zu.

Mega-Foot: Das ist ja der reine Wahnsinn, wie du gelaufen bist! Lass dich umarmen!

Diabolino: Bei so einem Finish wird sogar der Schumi richtig neidisch!

Pan-Orpheas (zu Assipelli): Der Lebensfunken, von dem du immer sprichst, ist jetzt zu einem riesigen Feuer geworden. Es ist ja so schön, das mit anzuschauen! Mir geht das Herz auf.

Erzähler-Begleiter: Alle singen gemeinsam im Rhythmus immer schneller werdend – Kal-li-o-pi, Kal-li-o-pi, Kal-li-o-pi – ...wie bei der Olympiade.

Maus mit grüner Hose: So viel Jubel, man kann ja kaum seine eigene Stimme hören!

Blume: Ich habe immer gewusst, dass sie das schafft!

Sonne Helios: Dass es so etwas gibt auf Erden!

Sonne Helios zur Mondin Selene: He, was machst du denn mitten am Tag hier?

Mondin Selene: Ach, das wollte ich mir nun wirklich nicht entgehen lassen. Vergiss nicht, ich habe Kalliopi in tiefster dunkler Nacht den Weg geleuchtet. Umso mehr freue ich mich nun, ihr inneres Licht scheinen zu sehen.

Mega-Foot: Diese Ente Kalliopi hat diesem Rennen und meinem Namen alle Ehre gemacht. Dafür werde ich mich bei Gelegenheit revanchieren! Das heißt, ich werde da sein, wenn sie ihre berechtigten Trauergefühle für ihren Papa Babo zum Ausdruck bringt.

Assipelli: "So ist der Lauf der ... Ente!"

Das Enten-Jubellied:

Selbstvertrauen und Selbstliebe und „Ich bin die Nummer Eins!" unverständlich war'n die Worte, Kannt' ich bisher von diesen keins.

Doch nun, ich hab' geübt, geschwitzt, jetzt steh´ ich feste auf zwei Bein´. Ich mag mich endlich, wie ich bin: Es ist toll, eine Ente zu sein!

Ich kann nun klasse für mich sorgen, hab's ohne Fachleute geschafft. brauch keine Krücken mehr zu borgen, ich hab´ mich selber aufgerafft.

Ich spüre Würde, Wertschätzung seh' euch doch an wie ihr euch freut. Ich fühl' mich wohl in eurer Mitte. ihr habt mich liebevoll betreut.

Assipelli: Seht ihr, wie wir den Lauf der Welt beeinflussen können? Wir können zwar die einschneidenden Ereignisse nicht abwenden oder aufhalten, aber wir können selbst gestalten, wie wir mit diesen Veränderungen umgehen, indem wir uns dem natürlichen Lauf der Welt hingeben, anstatt uns dem Leben zu entziehen. Kalliopi hat einen großen Schritt in diese Richtung geschafft. Sie hat viel dafür getan, und sie darf sich über ihren Erfolg freuen. Schon sieht das Leben für sie anders aus, denn jetzt kann sie watscheln. Das erschließt ihr eine ganz neue Freiheit und neue Sichtweisen.

Das Schöne und Besondere daran aber ist, dass sie das Watscheln von einer Nicht-Spezialistin gelernt hat. Ausgerechnet von einer Schnecke, die selbst gar nicht watscheln kann. Seht ihr, dass wir nicht unbedingt Spezialisten brauchen, sondern einfach jemanden, der uns aufmerksam macht auf unsere noch nicht entwickelten Fähigkeiten, auf all das, was in uns schlummert und nur darauf wartet, endlich geweckt zu werden?

Ja, das sind die wahren Freunde, die uns auf unsere Talente liebevoll, aber eindringlich aufmerksam machen. Wisst ihr, eigentlich haben wir alles von unserem Schöpfer oder der Evolution geschenkt bekommen, um mit dem Lauf der Welt, mit dem Werden und Vergehen klar zu kommen. Aber wir brauchen von Beginn des Lebens an Vorbilder und Modelle, die uns sicher auf unserem Lebensweg begleiten. Wir müssen jedoch immer darauf achten, dass wir uns von den anderen nicht Dinge abschauen, die nicht echt und lebendig sind und nicht wirklich zu uns passen, zum Beispiel, dass wir aussehen wollen wie Filmschauspieler oder meinen, wir müssten uns wie sie benehmen. Auf jeden Fall ist alles schon in uns angelegt, es muss nur entwickelt werden.

Frau Farilari: So viele Kameras und Paparazzi habe ich in meinem Leben noch nicht gesehen. Larifari, mach kein dummes Gesicht jetzt, dein Bild erscheint bestimmt in der Zeitung.

Diabolino: Um es mit den Worten meiner Großmutter auszudrücken: „Warum denn in die Ferne schweifen, wenn das Gute doch so nah: nämlich ich selbst!" Nicht schlecht, was? So, jetzt aber genug des Siegestaumels. Kommt alle mit hinüber auf die Wiese und lasst uns etwas für unsere Seele und unseren Leib tun.

Publikum: Jubel, Jubel ohne Ende tönt es bei der Siegerehrenrund´! Jubel, Jubel für die Ente, wird sichtbar ganz in dieser Stund!

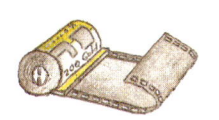

Pan-Orpheas: Wie schön, dass Kalliopi jetzt durch die Anerkennung von außen verstehen kann, dass sie für sich selber die Nummer eins sein darf. Das stärkt sie für ihren zukünftigen Weg.

Sich als Erdenkind fühlen

Erzähler-Begleiter: Wir haben natürlich das Beste für den Schluss aufbewahrt. Und zwar möchten wir dich, bevor du diese Buchbühne verlässt, ganz nah an deinen Lebensfunken, an deine Lebendigkeit heranführen, sodass du ihn bewahren, schützen und nähren kannst, solange du lebst. Wer könnte dazu geeigneter sein als unser Pan-Orpheas? Er kann uns tief zu unseren Kraftwurzeln führen, dorthin, wo die Lebensenergie entsteht. Er ist der Natur so nah, dass man ihn fast mit der Natur verwechseln kann. Mit seiner Natürlichkeit und seinem Gesang berührt er uns bis tief in unsere Herzen hinein. Sein Singen bringt unseren inneren Lebenskern ins Schwingen, berührt unsere Gefühle und hilft uns dabei, unsere eigene Lebensmelodie zu entdecken. Also, Pan-Orpheas, du kleiner Orpheus des Waldes, wir freuen uns, wenn du uns in die tiefen Bereiche unseres Körpers und unserer Seele hinein begleitest.

Die Anwesenden drücken über Rufen und Stöhnen ihre große Freude aus. Pan-Orpheas kommt ruhigen Schrittes heran. Sein wohlwollender Blick gibt uns das Gefühl, gerne gesehen zu werden. Durch die langsamen Bewegungen seiner Hände hat man fast das Gefühl, von ihm gestreichelt zu werden. Alle genießen seine Nähe.

Pan-Orpheas: Ich freue mich, dass ihr nun bereit seid, diese wunderbare Erfahrung mit mir zu teilen. Wir werden jetzt eine Entspannungsreise für Körper, Seele und Geist machen, gleichzeitig aber auch die Erde nochmals ganz neu erleben.

Oft wünschen wir uns ja diese Verbundenheit mit ihr von ganzem Herzen, aber wir wissen nicht, wie wir es anstellen sollen, diese Verbindung herzustellen. Dabei ist sie uns doch jeden Tag so nah. Wir stehen auf ihr, wir gehen auf ihr und wir werden von ihr getragen. Wir können aber auch auf ihr liegen, laufen und springen, weil wir Vertrauen haben, dass uns ihr Bauch immer trägt. Auch wenn wir versuchen würden, von ihr wegzulaufen, würde das nicht gehen. Nicht einmal, wenn wir megahohe Luftsprünge machen! Die Landung auf ihr ist uns gewiss. Vielleicht ist es für manche ärgerlich, dass wir ohne die Erde nicht auskommen. Doch wirklich ärgerlich wäre, wenn wir nicht wie immer auf ihrem Bauch landen, sondern irgendwo herumschweben würden, oder der Wind uns davontragen könnte wie Luftballons. Dann würden viele von uns ziemlich komisch in die Welt schauen.

Aber eben dazu gibt es die Anziehungskraft der Mutter Erde auf uns. Ihr könnt euch das wie bei den Babys vorstellen, die sich von der Mama angezogen fühlen und glücklich und zufrieden sind, wenn sie in ihrem Schoß verweilen dürfen. Genauso ist es auch mit der Erde und uns Erdenkindern. Die Anziehungskraft ist konstant, sie ist immer da.

Dass diese Mutter für uns sorgt und uns mit ihrer Nahrung und ihrem Wasser nährt, ist allein schon Grund genug, uns den ganzen Tag zu freuen. Ohne ihren Atemhauch könnten wir keine zwei Minuten überleben und keine Sekunde ohne den Schutz der Atmosphäre einige Kilometer über unseren Köpfen. Seht ihr, ohne diese Liebe, die auch Anziehungskraft heißt, könnten wir auf der Erde gar nicht leben.

Leider leben wir meistens so, als wüssten wir nichts davon oder als ginge uns das überhaupt nichts an. So laufen wir oft Tag und Nacht orientierungslos herum, fühlen uns unsicher und ängstlich, wie entwurzelt. Und in schweren Krisenzeiten verlieren wir sogar die Lust am Leben. Wir merken nicht, wie wir uns ständig anspannen, verkrampfen, versteinern und dabei gefühllos werden.

Diese Verspannungen werden irgendwann chronisch. Dann fühlt sich unser Körper an wie Stein, der von chronischen Schmerzen geplagt wird. Oder aber unsere Muskeln ermüden so stark, dass sie anfangen zu zerfließen und wir Angst haben müssen, im bodenlosen Nichts verloren zu gehen.

Na ja, und wenn sich der Körper so anfühlt, hat das mit genussvollem und freudigem Leben nichts mehr zu tun, und man merkt deutlich, dass etwas schief läuft.

Diabolino: Jetzt habe ich es endlich kapiert! Die Anziehungskraft der Erde ist nichts anderes als der wichtigste Ausdruck ihrer Liebe zu uns. Mama, sei froh, dass es so ist, sonst müsstest du mich immer tragen!

Pan-Orpheas: Jetzt lasst uns aber erst mal einen Ausflug in angenehme Gefilde machen. Wenn wir gleich mit der Übung beginnen, können wir ein wenig experimentieren und dabei versuchen, die bedingungslose Liebe, die in der Anziehungskraft der Mutter Erde steckt, zu entdecken, zu erfahren um sie schätzen zu lernen. So können wir ein tiefes Vertrauen aufbauen. Aus diesem Vertrauen heraus sind wir erst in der Lage, uns ganz hinzugeben und alle Anspannung loszulassen. Das Gefühl von Aufgefangen- und Willkommen-Sein in ihrem Schoß bekommen wir dann sozusagen als Geschenk. Eine größere Sicherheit gibt es nirgends auf der Erde, und niemand und nichts kann uns diese jemals schenken! Also ich, als kleiner Erdenbewohner, kann euch nur sagen, dass es sich lohnt, das auszuprobieren. Es schützt uns in anstrengenden Phasen des Lebens, in denen wir mega-gestresst sind, Angst vor dem Leben empfinden, von unangenehmen Phantasien geplagt werden und vieles andere. Die Liebe der Mutter Erde können wir ruhig als Geschenk annehmen: sich getragen fühlen, keine Angst haben, nichts tun müssen. Und vergiss nicht: Du bist einmalig und einzigartig auf der Welt, eben weil du so bist wie du bist. Dich hat es in der Vergangenheit noch nie gegeben und wird es auch in Zukunft so nie wieder geben. Und alle, die dich kennen, können stolz darauf sein, dich zu kennen und mit dir zusammen zu sein. Ich sehe, dass viele von euch bei meinen Ausführungen zustimmend nicken.

Erzähler-Begleiter: Das Grundkonzept der Entspannung stützt sich auf die Hingabe an die Anziehungskraft der Erde, nach dem Motto „Zurück zum Mutterschoß!" So ist die Anziehungskraft der Erde eine Art Liebesenergie und eine immerwährende Stärkung des Vertrauens, besonders des Urvertrauens. Grunzis großes Vertrauen in die Mutter Erde erkennt man an seinen hohen Sprüngen.

Grunzi zu seinem Freund Pfurzi: Ich kann den Puls der Mutter Erde spüren. Das ist schön! Und seht ihr? Sonne und Mond üben fleißig mit und fallen bald auf eure Köpfe.

Pan-Orpheas: Lasst uns jetzt mit dem Experiment beginnen. **Wir stellen uns breitbeinig hin und spüren unseren Körper, indem wir unsere Aufmerksamkeit auf das Einatmen und dann auf das Ausatmen richten. Mit der Zeit merken wir, wie sich Spannung und Entspannung dabei fortwährend abwechseln. Beim Kommen des Atems kann man die Anspannung spüren, und beim Loslassen des Atems die Entspannung. Probiert es mal aus! Gebt euch ganz diesem Rhythmus von Ein- und Ausatmen hin. Ihr müsst gar nichts tun, nur atmen, euch dabei beobachten und nachspüren. Also: ein – aus – ein – aus. Genau, so ist es gut; ihr macht das wunderbar! Könnt ihr spüren, wie der Atem durch die Nase oder den Mund in euren Körper fließt und ihn auf diesem Weg auch wieder verlässt? Wie fühlt sich das an?**
Und jetzt wollen wir einmal etwas ganz anderes versuchen. Wir machen ein Experiment., bei dem ihr euch selbst kennenlernt. Wir atmen ein, halten die Luft in unserem Körper fest und lassen sie nicht mehr los. Versucht es mal!

Frau Farilari: Hilfe, ich ersticke, ich kann nicht mehr. Wie soll das weitergehen? Ich verspanne mich ja noch mehr.

Herr Larifari (schubst sie mit den Ellenbogen in die Rippen): Lass doch los, sonst erstickst du! Du bist schon ganz blau im Gesicht.

Frau Farilari: Aber er hat doch gesagt, wir sollen nicht loslassen.

Herr Larifari: Schon, aber du kannst doch nicht so lange festhalten, bis du tot umfällst.

Pan-Orpheas: Na ja, Frau Farilari und bestimmt auch du hast bei der Übung gleich bemerkt, wie es sich anfühlt, wenn man an etwas festhält, was nicht festzuhalten ist. Die Mutter Erde gibt uns den Atem, und dann will sie ihn auch wieder zurück haben. Sie weiß nämlich, dass, wenn wir ihn zu lange in uns festhalten, wir uns innerlich vergiften und dann mindestens einen Ohnmachtsanfall am Tag haben. So unterliegt auch das Atmen dem **geheimnisvollen Gesetz von Geben und Nehmen**. Das heißt: Auf das liebevolle Zurückgeben unseres Atems muss ein dankbares Annehmen folgen und umgekehrt. Nur so kann der Atem wieder gereinigt werden und als neue frische Luft zu uns zurückkehren. Wir haben also gleich drei, nein vier Geschenke bekommen. Zum einen wird man durch das Einatmen aus der Not gerettet, nicht genug Luft zu haben, zum zweiten benutzen wir die eingeatmete Luft dazu, uns durch die Ausatmung auszudrücken. Das dritte Geschenk bekommen wir, indem wir loslassen, uns in dieser kurzen Pause dazwischen entspannen. Das vierte Geschenk, und davon wissen die Wenigsten, ist: Wenn man gut loslässt, bekommt man außer der Entspannung und dem Loslassen auch ein frisches, müheloses Einatmen. Das ist gar nicht so kompliziert, wie es klingt. Stell dir einfach eine Kerzenflamme vor, die du mit Freude versuchst auszublasen. Mach dabei einen starken Zischlaut und lass plötzlich los, wenn die Flamme aus ist. Spüre, dass der Atem ganz von selbst zu dir zurückkommt, wenn du den Bauch loslässt. Übrigens, diese vier Erlebnisse beim Atmen nennt man in der Entenwelt ein „**Quattro**-Geschenk", weil es vier Geschenke in einem sind. Aber nicht weitererzählen, denn nur wer das Buch ganz liest, kann das verstehen, so wie ihr jetzt. Probier es noch einige Male, indem du ganz vertrauensvoll den Atem fließen lässt. Wenn du dich dem natürlichen Rhythmus hingibst, musst du gar nichts tun. Aber ich bin sicher, dass alle eure Zellen das bereits verstanden haben.
Ganz genauso ist es mit dem Vertrauen in den Mutterschoß Erde. Was meint ihr, was geschehen würde, hättet ihr kein Vertrauen in sie? Wenn ihr beispielsweise sagen würdet: „Nein, ich gebe dir meine Füße nicht, weil ich nicht weiß, was du mit denen machst."
Also, mit so wenig Urvertrauen würden wir alle nur auf Zehenspitzen gehen oder uns mit den Armen an einem Baumast festhalten, weil wir den Kontakt zum Boden scheuen, mal davon abgesehen, dass der Baum ja eigentlich auch zur Erde gehört. Stellt euch nun vor, wie ihr mit beiden Armen an einem Baum hängt und nicht mal bis zehn zählen könnt. Schon beginnen eure Arme fürchterlich zu schmerzen. Habt ihr dann kein Vertrauen ins Landen, steht es wirklich nicht gut um euch. Wenn wir nämlich zwischen Halteschmerz und Landeangst gefangen sind, gleicht unser Leben einer Sackgasse. Dann kann es leicht zum Zusammenbruch kommen und von Hingabe und Vertrauen ist nichts mehr da. Das klingt vielleicht verrückt, aber für viele von uns ist dieser Zustand durchaus real und ganz alltäglich.

Grunzi: Was machen wir nur? Mein rechtes Ohr hört nicht, vielleicht weil es so verspannt ist!

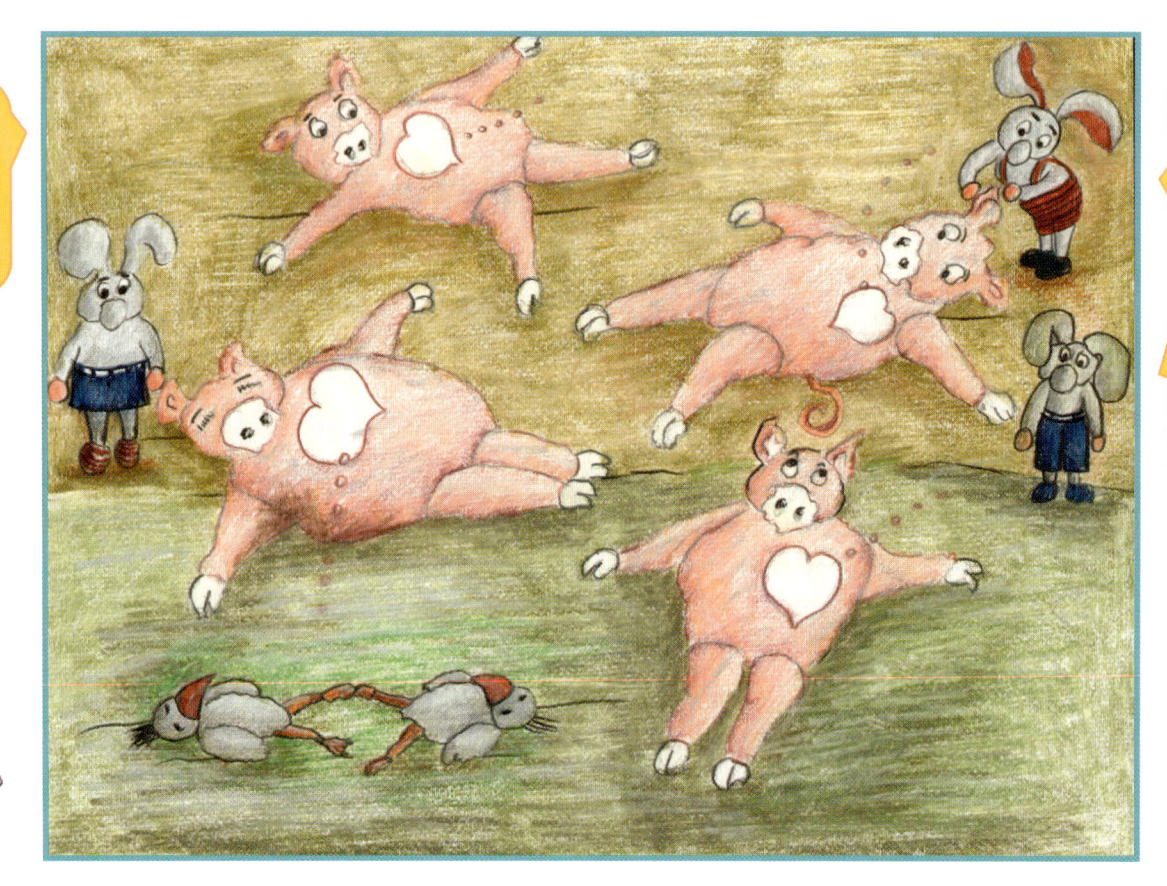

Diabolino: Jetzt liegt alles vor lauter Liebe flach!

Herr Larifari: Jetzt nur nicht anfangen zu schnarchen, sonst werden alle wach!

Pan-Orpheas: Jetzt lasst uns aber nochmals experimentieren!
Stell dir die Mutter Erde in ihrer einzigartigen Schönheit vor. Sie hat dich von Beginn deines Lebens an bis jetzt immer getragen und dich niemals enttäuscht. Für sie spielte es keine Rolle, ob du brav oder böse, gesund oder krank, fleißig oder faul, schuldig oder unschuldig warst. Sie war einfach immer mit ihrer bedingungslosen Liebe für dich da.

Stell dir vor, auf einer wunderschönen, grünen Wiese dahinzuschlendern. Du entdeckst ein Blumenfeld und landest ganz sachte und vorsichtig in ihrem Erden-Feldblumen-Schoß. Ja, ja, dieses Wort ist ein bisschen zu lang geraten, aber es passt doch so gut zur unendlichen Größe des Schoßes von Mutter Erde. Zuerst berührst du den Boden mit den Händen, dann mit dem Po, den Füßen, dann mit dem Rücken, dem Kopf und den Armen, bis dein ganzer Körper gelandet ist. Jetzt kannst du dich freuen, ganz und gar auf dem Bauch von Mutter Erde angekommen zu sein. Hier darfst du dich geliebt, getragen und verstanden fühlen, mit dem tiefen Wissen, dass du einzigartig bist. Es gibt nämlich kein zweites Erdenwesen wie dich, und damit bist du ihr unverwechselbares einzigartiges Kind. Ein wunderbares Gefühl, nicht wahr?

Diabolino: Stimmt genau, ich bin ein absolut einzigartiger Diabolino und es gibt bestimmt keine zweite Maus wie mich.

Frau Farilari: Da bin ich aber froh, mein Lieber. Wenn es dich zweimal gäbe – das würde ich nicht überleben!

Pan-Orpheas: Ja, ja, Diabolino, für Mamas ist es gar nicht immer leicht, so selbständige und selbstbewusste Kinder zu haben, wie du es bist, das hast du bestimmt schon begriffen.

Gut, ihr habt also bemerkt, dass es bei beiden Experimenten um bedingungslose Liebe geht. Von keinem anderen Wesen auf der Welt außer von Mutter Erde können wir jemals solch eine bedingungslose Liebe geschenkt bekommen. Deswegen fühle ich mich in ihrer Näher immer so pudelwohl und gut aufgehoben. Ja, ich weiß, ich komme immer richtig ins Schwärmen, wenn ich davon erzähle. Und was du tun kannst? Du kannst dich dafür entscheiden, dich der Erde anzuvertrauen und dich bedingungslos von ihr tragen zu lassen. Übrigens, das nennt man dann Hingabe, ein Gefühl, das bei uns Menschen leider viel zu selten anzutreffen ist. Vielleicht, weil es nicht sonderlich modern ist, wer weiß? Aber auf die Landung freuen kannst du dich erst, wenn du vertrauensvoll loslassen kannst. Darüber freut sich dann jeder Muskel, jeder Knochen, jede Pore und ganz besonders dein Bauch und dein Herz. Wenn sich alle deine Körperteile freuen, bist du lebendig, entspannt und lebensfroh. Wie du übst, spielt keine Rolle, Hauptsache, du vertraut dieser Liebe, die wir Anziehungskraft oder Schwerkraft nennen.

Frau Farilari (legt sich auf die Baumwurzel): Ach Pan-Orpheas, das ist alles so schön. Da möchte ich nur noch geliebt werden und landen und atmen und in ihrem Schoß schlafen ... Es ist einfach fabelhaft, all das zu wissen, was du uns erzählt hast.

Herr Larifari (schaut Pan-Orpheas mit liebevollen strahlenden Augen an und breitet seine Arme ganz weit aus): Lieber Pan-Orpheas, ich entdecke immer mehr, dass du der größte und liebevollste Ökologe auf der ganzen Welt bist. Das nenn ich Herzensökologie, was du uns lehrst! Und wir freuen uns alle sehr, dass es dich gibt.

Erzähler-Begleiter: Da braucht man keine Worte. Auf jeden Fall kann man dies „Entspannung hoch zehn" nennen. Sozusagen Entspannungsekstase pur.

Palme links: Wenn ich könnte, würde ich mich auch auf den Boden legen und mich zu den Eskimos rüberphantasieren. Manchmal ist's mir einfach zu heiß hier.

Palme rechts: Also, dass man in der Fantasie bis zu uns heraus auf die Wiese kommen kann, das habe ich wirklich nicht gewusst. Erstaunlich, was diese Lebewesen alles können!

Kleines rotes Blümlein: Seht nur, wie schön ihr Körper auf dem Boden liegt, so als ob sie eins wäre mit der Erde.

Aller guten Dinge sind drei: Getragen sein, sicher sein, geliebt sein!

Pan-Orpheas: Na, habe ich euch mit meinem Entspannungstraining zu viel versprochen? Man wird wirklich ein ganz neuer Mensch, ähh ... eine ganz neue Ente ... ich meine... Schweinchen, Vogel und halt alle hier anwesenden Gattungen!

Vogel Papsi (links im Bild): Hier geht es um pure Lebendigkeit und ums Ganz-Sein. Schaut nur mich an, ich bin ein richtiger ganzer Vogel! Unsere Kalliopi und wir alle sind einmalige Lebewesen auf dieser Welt. So etwas wie sie hat es noch nie gegeben und wird es auch in Zukunft niemals wieder geben, und so etwas wie dich als Leser und mich als Vogel gibt es sowieso nirgends auf der Welt. Deshalb wünschen wir ihr von ganzem Herzen, dass sie es schafft. Ich wette mit euch, dass sie es schaffen wird, sonst reiße ich mir noch meine letzten Haarfedern aus dem Kopf.

Pan-Orpheas: Ja, ganz genau! Jeder ist in seiner Art einmalig. Es hat noch nie so einen Pipsi, Papsi oder Frau Farilari gegeben. Deswegen sind wir glücklich, dass es euch gibt und, dass wir zusammensitzen dürfen. Na, was sagst du, Grunzi?

Diabolino: Ja, das sehe ich auch so, denn so ein freches Mäuschen wie mich kann es sowieso nicht zweimal geben! Wir könnten ja jetzt alle gemeinsam singen:

Vogel Pipsi (rechts im Bild): Kalliopi, das hat aber gut getan. Deine Arme und dein Körper fühlen sich ganz locker und entspannt an. Ich habe dich sehr bewundert und hätte mich am liebsten gleich neben dich hingelegt. Aber wenn so ein alter Vogel wie ich sich auf den Boden hinlegt, könnte das ja leicht missverstanden werden. Die meinen dann, ich will sterben oder was weiß ich. Als ich noch jung war, das war schön, kann ich dir sagen. Da waren immer unzählige junge Vögel da, die mich bewunderten. Ich war wirklich ein schöner Vogel. Aber, ehrlich gesagt, nicht so schön wie du, Kalliopi.

Grunzi zu Pan-Orpheas: Das habe ich mir gerade eben auch so gedacht. Ich bin ganz stolz auf mich und auf uns und werde es heute am Abend gleich meiner Frau Grunzina erzählen, damit sie weiß, was sie an mir hat. Ja, mich gibt es wirklich nur einmal.

Frau Farilari: Ja, du bist das schönste Entlein, das ich jemals gesehen habe. Was für ein Glück ein junger Enterich einmal haben wird, wenn er dir begegnet. Das sehe ich jetzt schon kommen. Aber bis dahin wirst du bestimmt noch lebendiger und „entiger" werden. Unsereiner bekommt nicht so viel wie du, Entenmädchen. Ich Mäuseweib bin froh, wenn mich mein Larifari noch ab und zu mal bewundert. Na ja, ich mache das Beste daraus. Siehst du meinen Rock und meine roten Schuhe? Habe ich für ihn angezogen, er mag das so gern, wenn ich mich hübsch mache.

*Ich geb' mich hin der Erde weit,
werd' offen, warm und weich,
spür' meinem Atem nährend nach
und bin entspannt sogleich.*

*Spür'n Lebensrhythmus in der Brust,
unendlich weit dehnt sich die Zeit.
Spür meinen Leib, gebettet hier
auf Mutter Erdes Kleid.*

*Anziehungskraft ist Liebeskraft
der Erde für uns Wesen hier.
Kein Wind uns wegbläst, welche Freud.
Einmalig bin ich, sagt sie mir!*

Erzähler-Begleiter: Sie singen stundenlang den neuen Schlager. Man sieht, dass ihre Hälse immer länger werden und sich ihre Körper immer mehr aufrichten. Stolz wie Pfaue stehen sie am Ende da und singen aus voller Kehle und ganzem Herzen. Das sieht vielleicht aufregend aus!

Kalliopi nimmt Abschied

Frau Farilari: Ach liebe Kalliopi, du weißt ja, ich habe keine eigenen Kinder. Diabolino ist ja unser Adoptivsohn. Aber so eine Tochter wie dich hätte ich sofort haben wollen. Ich empfinde so viel Liebe für dich!

Kalliopi: Ach, weißt du, ich kenne so etwas gar nicht, denn ich habe es nie gehabt. Jetzt, wo du so sprichst, kommen mir gleich wieder die Tränen. Ich bin immer noch sehr traurig darüber, dass meine Mutter nicht bei mir ist, und am allertraurigsten bin ich darüber, dass sie so traurig wegen Papas Tod ist. Ich glaube, es geht ihr gar nicht gut. Wenn ich ihr nur helfen könnte! Ich habe so viel Sehnsucht nach ihr.

Frau Farilari: Mach dir doch nicht so viele Gedanken, deine Mutter ist doch eine erwachsene Frau.

Kalliopi: Das ist sie leider nicht. Ich habe so oft erlebt und gefühlt, dass sie klein und hilflos ist. Und dann habe ich um mich Angst bekommen, weil niemand da war, der mich schützte.

Pan-Orpheas: Weißt du, Kalliopi, es ist gut, wenn du an deine Mama denkst und von ihr erzählst. Man merkt, wie lieb du sie hast. Ich wünsche dir von ganzem Herzen, dass du genauso wie bisher deinen inneren Lebensfunken bewahren kannst und dich weiter auf den Weg machst. Du musst eines wissen: Wenn du auf diesem Weg für dich sorgst, dabei lernst, dir zu vertrauen und dich zu einem ganzen Entlein zu entwickeln, dann ist für alles gesorgt. Viel eher, als wenn du deprimiert und sorgenvoll an deine Mama denkst. Wenn du es schaffst – und davon bin ich überzeugt – wird deine Mama unendlich viel Freude und Stolz empfinden, weil sie spürt, dass du dein Leben, das sie dir geschenkt hat, in deine eigenen Hände genommen hast. Auf den Tag eures Wiedersehens kannst du dich jetzt schon freuen, und der wird bestimmt kommen. Also, Kalliopi, mach dich auf den Weg. Und das einzige, das du nicht vergessen darfst, bist du selbst. Ich vertraue fest darauf, dass du das kannst.

Herr Larifari: Kalliopi, ich möchte mich bei dir bedanken, dass du auf dem Weg bis hierher so lebendig geworden bist. Ich muss gestehen, dass ich sehr daran zweifelte, ob du es schaffen würdest. Oft war ich sehr deprimiert über deine inneren Dunkelheiten. Aber durch dich, Kalliopi, habe ich auch neuen Mut für mein eigenes Leben gewonnen. Eines verspreche ich dir, dass ich und Frau Farilari uns auch auf den Weg machen, zwei richtig ganze, selbstständige Mäuse zu werden. Dafür werden wir jetzt ganz bestimmt sorgen. Also danke, dass es dich gibt, und auf Wiedersehen im nächsten Band.

Erzähler-Begleiter: Obwohl es ihr gar nicht leicht fällt, nimmt Kalliopi Abschied von ihren Freunden und Begleitern. Denn ohne **Abschiednehmen** kann man eben nun mal keine „ganze Ente" werden. Die ganz Aufmerksamen unter euch haben sich vielleicht schon gefragt, warum es denn eigentlich Abschied „nehmen" heißt, obwohl man doch etwas „hergeben" muss, das man besonders lieb gewonnen hat. Gut beobachtet! Genau darin liegt nämlich das große Geheimnis. Wenn man richtig Abschied nimmt, gewinnt man dabei, so wie die kleine Kalliopi jetzt. Sie erhält Ausruck, Gefühle, Umarmungen und wohlwollende Blicke, Ermutigungen und Komplimente für ihren Mut und ihre Bereitschaft, sich auf den Weg zu machen. Sie zeigt wiederum ihre Liebe und Freude in Form von Tränen und wird dabei von allen gesehen, gehört, verstanden und akzeptiert. So kann sie auch sich selbst in ihrem Schmerz annehmen, kann klar und ganz bei Sinnen all die widersprüchlichen Gefühle rund um das Abschiednehmen erleben und sich schließlich erleichtert und gestärkt auf die Reise machen.

Assipelli: Das ist der Lauf der Welt.

Band I Teil 6

Wie Abschied geschieht und der Vorhang fällt

Erinnerungsmeditation mit Pan-Orpheas

Pan-Orpheas: Also, liebe Freunde und Freundinnen auf der Bühne und liebes Publikum! **Jetzt werden wir sehen, was von der bisherigen Expedition übrig geblieben ist.** Ganz bestimmt seid ihr bereits Expeditionsspezialisten geworden. Ich bin übrigens sehr angenehm überrascht davon, dass ihr euch nicht alle möglichen Klatschgeschichten erzählt habt, sondern euch wirklich hineingegeben und das Ganze mit Interesse und klopfendem Herzen verfolgt habt. **Kompliment euch allen!** Also, jetzt raus aus dem Frack und dem Sakko, Fliege weg, enge Gürtel locker gemacht und die Schuhe ausgezogen! Ich hoffe inständig, dass ihr vorher eure Füße gewaschen habt. Sonst muss ich französisches Parfüm in die Klimaanlage sprühen, um das Ganze zu ertragen.
Los geht's mit der Erinnerungsmeditation. Ihr werdet überrascht sein, wie gut das tut.
Auf Eines würde ich euch noch gerne hinweisen. Erinnern und schlafen ist nicht immer dasselbe. Aus Sicherheitsgründen würde ich euch deshalb empfehlen, euch alle zwei Minuten selbst zu zwicken, damit ihr auch ganz bestimmt wach bleibt. Sanft zwicken, das versteht sich natürlich von selbst. Ihr habt jetzt wohl hoffentlich gelernt, gut zu euch zu sein.

In der Erinnerungsmeditation, zu der wir euch jetzt einladen, werdet ihr alle Stationen unserer Expedition nochmals erleben. Ihr habt zwar bestimmt noch alles in lebhafter Erinnerung, da ihr ja mit Haut und Haaren dabei wart, aber so wird alles nochmals aufgefrischt. Ihr könnt euch bereits für euer Buch, das ihr selbst gestalten werdet, rüsten. Wenn ihr euch gut konzentriert und wachsam seid, werdet ihr in dieser Meditation alles wie in einem Heimkino erleben, um es dann sofort parat zu haben und euer Buch beginnen zu können. Dann könnt ihr beim Wettbewerb mitmachen. Also, es geht los!

1. Stell dir nun vor, wie die Geschichte der kleinen Kalliopi begonnen hat. Was gibt es alles zu sehen, und wie geht es dir dabei? Betrachte die Natur, die Tiere, die Spieler auf der Bühne, die Mitzuschauer. Achte auf jede Regung im Körper, in deinem Herzen und in deinen Gedanken. Geh eine Station nach der anderen nochmals durch und betrachte alles wie mit offenen Sinnen. Wie ergeht es dir jetzt, wenn du nochmals alles wie in einem Heimkino betrachtest? Ihr müsst wissen, dass man in der Erinnerung die Dinge immer mit etwas mehr Distanz betrachten kann und dadurch oft aufmerksamer wird auf das, was in einem geschieht. Man erlangt eine andere Nähe zu sich selbst.

2. Überlege weiter: Was habe ich alles an und in mir entdecken können? Wie erging es mir körperlich und seelisch? Was habe ich bei den anderen Zuschauern beobachtet oder bei denen, die mit mir das Buch gelesen haben? Ist mir etwas besonders aufgefallen? Hatte ich manchmal auch Lust, auf die Bühne zu springen um den Protagonisten in diesem spannenden Abenteuer zu helfen, oder wollte ich selbst eingreifen in die Geschichte? Wie war es für mich, dass wir alle gemeinsam durch diese Expedition gegangen sind?

3. Beobachte dich: an welchen Stellen wirst du traurig, an welchen wütend und an welchen musst du vielleicht sogar herzhaft lachen? Wann bist du zitternden Herzens Kalliopis Weg gefolgt? Wann hast du an sie geglaubt? Wann hattest du sie schon aufgegeben, und wie hast du dich dabei gefühlt? Wann bist du selbst unruhig und unsicher geworden, als du in Kalliopis Haut geschlüpft bist? Wie hat es sich für dich angefühlt, auf der Bühne zu sein und mitzuspielen?

4. Nimm dir die Zeit, die du brauchst! Schau den inneren Film genau an, verweile in den verschiedenen Momenten, so lange du willst. Du kannst den Film auch jederzeit stoppen, wenn du das möchtest. Na, und wenn dein innerer Film zu Ende ist, setzt dich auf den Boden, um erneut die Anziehungskraft der Erde zu spüren. Fang nun damit an, alles, was du erlebt hast, was dich beschäftigt, was du an dir entdeckt hast, alle Fragen dieser Erinnerungsmeditation und alles, was du mit dem halben Entlein zu tun hast aufzuschreiben, zu erzählen, zu malen oder zu dichten. Lass alles, was in dir ist, zum Fließen kommen und drücke es aus.

5. Du wirst sehen, wie viel sich dort sammelt und wie du bereits sehr schnell den Beginn deines selbst erstellten Buches gestaltet hast. Wenn du fertig bist, nimmst du dir ein bisschen Zeit, um ruhig zu werden, umarme dich aus Dankbarkeit und sprich deinem kleinen Entlein in dir ein paar liebe Worte zu. Denk daran, dass dein halbes Entlein bei der gesamten Expedition immer mit dabei war.

6. Atme dann wieder ein paar Mal tief ein und aus und genieße dieses Gefühl, von dir selber gut versorgt und genährt zu sein.

Nun könntest du folgendes tun: Schreibe ein Märchen über dich und das kleine Entlein, das du in dir trägst. Was hat dieses Entlein zur halben Ente werden lassen? Was ist mit ihm geschehen? Wie hat es gelebt, wodurch hat es sich an welchen Stellen entwickelt oder eben nicht entwickeln können? Das Schreiben kann für dich einen großen Gewinn bedeuten, da du dadurch vieles in dir klären, dich selber besser verstehen lernst und du dir alles Erlebte durch das Erinnern, Fühlen und Schreiben richtig zu Eigen machen kannst. Ja, und das Erkennen von Lebenszusammenhängen schafft immer Sicherheit, das weißt du bestimmt schon lange.

Stell dir vor, du kannst dann dein Buchwerk und Märchen sogar deinen Freunden, Nachbarn, deiner Oma und deinem Opa zeigen, wenn du das willst. Na, und die Erwachsenen unter uns hätten endlich einmal die einzigartige Möglichkeit, ohne Stress ihre versteckten und nicht entdeckten Fähigkeiten zu entwickeln, z. B. malen oder schreiben oder singen .So kann man durch diese Aufgabe auch wieder hineinfinden in die eigene Kreativität, ohne gleich ein berühmter Dichter oder Maler werden zu müssen. Das ist übrigens die absolut ultimativ beste Gelegenheit, eine ganze Ente zu werden. Vergesst nicht, wenn ein Kind eine halbe Ente ist, hat es immer die Hoffnung, doch noch eine ganze Ente werden zu können. Wenn man aber schon ein Erwachsener ist, schwindet diese Hoffnung durch die Erfahrungen mehr und mehr. Deswegen solltet auch ihr Erwachsenen diese Aufforderung, kreativ zu werden, nutzen.
Am besten ist, ihr macht einen Familienwettbewerb, um euch gegenseitig anzuspornen. Ihr werdet große Augen machen, wenn ihr merkt, dass die Kleinsten in der Familie bereits die schönsten und besten Ergebnisse bringen. Ihr wisst ja, dass es Preise zu gewinnen gibt, wenn du uns dieses Album schickst. Also, Hals- und Beinbruch! Hoffentlich bekommen wir dein Märchen bald zu lesen, wir sind schon ganz neugierig.

Einladung zum Erinnern und Sammeln der entdeckten Schätze

Erzähler-Begleiter: Schreibt die acht wichtigsten Dinge mit Bleistift auf ein Stück Papier, dann könnt ihr immer wieder etwas hinzufügen oder verändern.

Diabolino (mit dem Stock auf die Tafel zeigend): So, ihr müde Bande. Jetzt rückt mal mit der Wahrheit heraus: Wie ist es euch ergangen? Erzählt mir bitte keinen Quatsch. Du, Grunzi in der Mitte, du siehst ja ganz grün aus! Erzähl mir bloß nicht, du hattest keine Angst.

Die acht wichtigsten Dinge, die wir von hier mit ins Leben nehmen.

Vogel rechts an der Tafel: Mir ist das Ganze durch Mark und Feder gefahren. Ich befürchte, das wird noch schlimmer.

Diabolino: Oh, sag das nicht laut, sonst machst du dir noch in die Hosen, und dann wissen die Zuschauer genau, dass der Gestank von der Bühne hier oben kommt.

Frau Farilari: Ganz oft habe ich mich gar nicht hinzuschauen getraut und habe am ganzen Körper gezittert. Ich muss zugeben, ich habe es Kalliopi nicht wirklich zugetraut, dass sie es schaffen wird.

Herr Larifari: Mir ist es noch nie so gut gegangen. Ich fühle mich richtig stark und lebendig und könnte jetzt alle Himalajaberge der Reihe nach erklimmen.

Schlange rechts im Bild: Ich fühle mich jetzt stark genug für die Abenteuer, die da anscheinend in den nächsten zwei Bänden noch auf uns zukommen werden.

Erzähler-Begleiter: Wenn du dich jetzt locker und entspannt hinsetzt und dich an den hinter dir liegenden Weg erinnerst, kannst du dir neugierig und liebevoll folgende Fragen stellen:

1. Wie geht es mir jetzt im Vergleich zum Anfang dieser „Expedition zur Entenganzwerdung"?
2. Was hat mir gut getan beim Lesen und Miterleben?
3. Was hat mir Angst gemacht?
4. Was nehme ich mit in mein Leben hinein?
5. Was möchte ich auf keinen Fall mitnehmen? Du könntest dir beispielsweise auch die Frage stellen: „Wie schaffe ich es, unglücklich zu werden?"
6. Was hast du in dir entdeckt, das noch nicht umgewandelt und entwickelt ist?
7. Was vom noch nicht Umgewandelten möchtest du bewahren, um es bei der Fortsetzung der Expedition oder im weiteren Leben umzuwandeln?
8. Was kannst du in dir noch entwickeln, welche „Entenfähigkeiten" möchtest du üben?
9. Stell dir einmal vor, was du alles Können wirst, wenn du eine „ganze Ente" geworden bist!
10. Nimm jetzt das Buch in deine Arme und bedanke dich bei ihm für die bisherige Begleitung durch dieses aufregende Lese- und Lebensabenteuer. Dann lege das Buch beiseite und nimm dich selbst in den Arm. Sag dir selbst: „Schön, dass es dich gibt!", und versprich dem versteckten, ängstlichen Teil in dir: „Ich bleibe bei dir und unterstütze dich, so gut ich kann! Gemeinsam wird uns die weitere Lebensexpedition bestimmt gelingen!"

Gratuliere, du hast es geschafft! Wir vertrauen darauf, dass euch beiden die weitere Expedition gut gelingen wird!

Jetzt willst du bestimmt wissen, wozu das alles gut sein soll und du dir diese Mühe, aber auch diesen Spaß, überhaupt antun sollst.

Wir versuchen dir zu erklären, wozu Erinnern und Bilanz ziehen im Leben nützlich sein können.

1. Wenn du Bilanz ziehst, weißt du,
was du gelernt und verstanden hast
wo du es gelernt hast
was du für dich auf keinen Fall annehmen willst
wann und mit wem du welche Erfahrungen gemacht hast
was du an Gefühlen gewinnen und für dich bewahren kannst
was du gut für dich brauchen kannst

2. Du spürst,
wie sich diese Erfahrung als Ganzes anfühlt
wie es dir dabei ergangen ist

3. Dadurch fühlst du dich **beruhigt und sicher**, weil du eine Ahnung hast, was du von deinem Leben erwarten kannst. Außerdem erlangst du auch Sicherheit für das Jetzt und Hier, weil du genau weißt, was du verloren und was du gewonnen hast.

4. Erinnern
bedeutet, mit wachen Sinnen an einem für dich sicheren und geschützten Ort das Gelebte noch einmal aus der Distanz anzuschauen,
gibt dir die Möglichkeit, jederzeit im eigenen inneren Privatkino, in deinem eigenen Leib, im geeigneten Moment Platz zu nehmen und all das zu bewundern, was dir in deinem Leben schon gelungen ist
heißt, auf einen Hügel zu steigen, um dein Leben mit ein wenig Abstand und etwas nüchterner zu überblicken. Man sieht dann besser, was man übersehen hat, als man mittendrin steckte.
Stell dir vor, du kannst im Nachhinein sogar noch gefahrlos ein paar Dinge verändern, wenn du das möchtest.

Weißt du, Verständnis und Klarheit für das äußere Geschehen bringt wie von selbst auch Verständnis und Klarheit für das, was in dir geschieht. Je klarer du siehst und erinnerst, desto schneller und gezielter hast du Zugriff auf deine Datenbank, ohne immer gleich die ganze Platte spielen zu müssen, bis du endlich dorthin kommst, wo du hin willst.
Aus dieser „Hügelposition" heraus kannst du übrigens auch sehr genau sehen, was gerade aktuell in deinem Leben abläuft. So kannst du dich sicher und getragen fühlen, auf deine Erinnerungen aufbauen und gute Perspektiven für dein Leben entwickeln.
Du kannst dich über das bereits „Gelebte" freuen, ganz offen sein für den „Triumph des Augenblicks" und neugierig sein auf das „Zukünftige", das da noch auf dich zukommt.

Also genieße es, eine Bilanz zu ziehen! Du wirst dabei sehr viel gewinnen!

> Diese drei wichtigen Weisheiten spüre ich schon in meinen sieben Beinen und auch in meinen kleinen Fühlerchen.

> So eine Bilanz ist gut.... so kann man sich nochmal erinnern und es bleibt im Herzen, im Kopf, im Bauch und in meinen sieben Beinen gespeichert..

Schweinchen Trixi (vom Balkon links): War das nicht wunderbar? Ich zerfließe. Aber eines verstehe ich nicht: Warum dürfen keine Schweinchen den Vorhang auf- und zuziehen? Sind wir nicht so intelligent wie die Mäuse oder was?

Maus (auf dem Balkon): Geh, hör auf mit dem Geplapper und applaudiere.

Maus mit schwarzer Fliege: Nimm doch die Rose, die die gelbe Schlange dir entgegenhält! Ich liebe Rosen! Ist es nicht schön, das Künstlerleben?

Maus mit roter Schleife: Mach schnell, es regnet Blumen. Je öfter wir den Vorhang auf- und zuziehen, umso länger applaudieren die Zuschauer.

Oh, hat mir das alles gut gefallen.......Ich bin gespannt wie es weitergeht

Die Zuschauer kommentieren die unvergesslichen Erlebnisse

Verkaufsmaus an der Kasse (schreit): Eintrittskarten für die Vorstellung vom Band zwei jetzt im Angebot, solange der Vorrat reicht. Beeilt euch! Sonst bleibt ihr draußen!

Herr Larifari: Kriegen die denn nie genug, diese neugierigen Schlangen?

Jugendliche Mausdame (tanzend und singend im Zuschauerraum): Ich fühle mich wie Kalliopi, ich werde schöner und runder. Ich gründe eine Kalliopi-Fangemeinde und werde sie als Gast einladen.

Schweinchendame (neben Maus im Frack): Alles hat einen Anfang und ein Ende, oder wie es so schön im Lied heißt, nur die Wurst hat zwei … Außerdem sind wir nicht in einer TV - Serie, wir sind im Theater des Lebens und bleiben auch hier. Es geht ja gleich weiter, oder? Wir können ja inzwischen was essen und trinken, damit wir gestärkt ins neue Abenteuer marschieren.

Vogel (läuft wie ein aufgescheuchtes Huhn herum): Los, kommt alle mit! Ich weiß, wo und wie es weitergeht. Folgt mir!

Diabolino: Na, wenn die so begeistert von diesem Event erzählen, haben wir für das zweite noch mehr Kunden. Wenn die nur nicht zu neugierig und ungeduldig werden. Seht mal, die arme Kassenwartmaus, sie erstickt fast im Eintrittsgeld.

Gelbe Schlange Pünktchen (im Vordergrund): Das kann ich nicht aushalten, diese Unsicherheit. Bitte, wer ist denn hier zuständig? Ich muss unbedingt wissen, wie es weitergeht. Geht es überhaupt weiter? Wir fordern: Es muss weitergehen! - und wir sind viele!

Mausdame in schwarz: Was, jetzt ist schon aus? Das ist aber schnell gegangen. Oh nein, sag bloß nicht, es geht nicht gleich weiter. Wie bei den Teleserien, immer wenn es am spannendsten ist, hört es auf. Da fühlt man sich ja wie abgeschnitten.

Assipelli: Das war der Lauf der Welt erster Band. Der Lauf der Welt wird fortgesetzt im zweiten Band. Einen herzlichen Dank an das Schreib-Mal-Team! Applaus bitte!

Diabolino (hat das letzte Wort): Beeilt euch! Wenn ihr keine Eintrittskarte von Band zwei mehr ergattert, besteht akute Gefahr für euch, weiterhin halbe Enten zu bleiben.
Los, los, die Kasse ist vorne links! Drängelt euch schnell nach vorne und haltet große Geldscheine bereit. Mit „Geiz und geil" wird es hier nichts werden! Für solche gibt es nur Stehplätze in der hintersten Reihe! Also, bewegt euch!

Das ist ja alles gut ausgegangen.
Jetzt bin ich mal gespannt, welches
neue Abenteuer auf uns zukommt.
Ich geh schon mal vor!!!!

Die Welt ist voll von halben Enten II

Blume Mimikri: Was quasselt ihr da unten? Wir können nur hoffen, dass es unserer Kalliopi gelingt, diese Lebensexpedition zu einem glücklichen Ende zu bringen. Erst wenn sie eine ganze Ente geworden ist, werden sich unsere Wünsche erfüllen. Also drücken wir ihr die Daumen mit all unserer zarten Blumenkraft.

Blume Dürri: Wann wird es endlich auch bei uns so grün werden wie auf der Wiese nebenan?

Blume Fast Redy: Ich würde auch gerne so rot werden wie die Blumen da drüben. Rot ist doch „in" dieses Jahr, oder??

Wie das halbe Entlein Kalliopi sich auf das ungewöhnliche Lebensabenteuer einlässt

Diabolino: Hört auf, ihr Doofmäuse, hier vor lauter Ungeduld Raubbau zu betreiben. Das ist nicht besonders höflich, und vornehm schon gar nicht! Und du, freches Mäuslein, pass bloß auf! Wenn du noch weiter ins Schlüsselloch hineinkriechst, ist dein Schwänzchen ab. Ich lasse dich nicht los. Benehmt euch jetzt bitte wie anständige zivilisierte Mäuse! Vorhang auf und Bühne frei für die Abenteuer von Band II.

Schielende Maus (zur nagenden Maus): Jetzt verstehe ich, warum du so schwer bist. Du bestehst ja aus lauter Schwermetallen, die du immer in dich reinfutterst.

Nagende Maus: Ob das Buch überhaupt etwas taugt? Na ich weiß nicht. Sogar das Papier ist fades Ökopapier und riecht nach gar nichts. Es fehlt einfach die Chemiewürze, die uns Mäuse die letzte Zeit immer so high macht!

Grünschuhmaus: Ruhe hier! Man kann ja nicht mal in Ruhe an einem Buch naschen und genießen!

Kalliopis Lebensabenteuer geht weiter

Erzähler-Begleiter: Also: Ente gut, alles gut ... so habe ich beim ersten Band gesagt. Na, und was hast du gesagt? „Das habe ich gerade noch geschafft! Es ist noch einmal glimpflich ausgegangen!"
Ja, erinnere dich, manchmal waren wir auch als Zuschauer berechtigterweise ganz schön verzweifelt und fühlten uns so, als säßen wir selbst in der Tinte. Manchmal wollten wir am liebsten davonlaufen und dann wieder, sag doch ehrlich, auf die Bühne springen, um ein bisschen nachzuhelfen. So haben wir gemeinsam wahre Gefühls-Berg- und Talfahrten erlebt. Wie dem auch sei, eines können wir bestimmt alle ganz sicher bestätigen: Kalliopi ist mehr, als wir uns vorgestellt haben. Diesem Phänomen, dass jemand viel mehr ist, als er scheint, begegnen wir übrigens sehr häufig. Sogar bei der Gattung Mensch kommt so etwas vor.

Es ist doch wunderbar zu wissen, dass wir alle verborgene Fähigkeiten besitzen, die uns jederzeit zur Verfügung stehen. Wir müssen nur in uns danach suchen. Aber ohne diese wunderbaren Schöpfungswesen, die uns im Leben begegnen, wie beispielsweise die Schnecke Slowly, wäre es schwierig, diese inneren Schätze zu entdecken und zu entwickeln. Bestimmt habt ihr Slowly noch in ganz frischer Erinnerung. Obwohl sie keine Ahnung hatte, wie man watschelt, hat sie doch mit Herzensintelligenz und mit ihren scharfen, klaren Augen unserer Kalliopi geholfen, diese Hürde zu überwinden und sie beim Watschelnlernen tatkräftig unterstützt. Hast du gemerkt? – Es ging gar nicht so sehr um Muskelkraft, sondern eher darum, einmal alle Fuß- und Zehenmuskeln zart zu spüren und Vertrauen zu haben in die eigene innere Kraft. Da kann ein so freundlicher, liebevoller und geduldiger Begleiter manchmal wahre Entwicklungswunder bewirken.

Auf jeden Fall können wir froh sein, dass bis jetzt alles unerwartet gut gelaufen ist. Aber seid weiterhin aufmerksam und versucht, ganz bei Sinnen zu bleiben. Es kommt noch vieles, sehr vieles auf uns zu, das uns ernsthaft auf die Probe stellen wird. Dazu brauchen wir das Vertrauen darauf, dass es in uns noch vieles gibt, das bei dieser zweiten Expedition erst so richtig zum Erblühen kommen wird. Du weißt doch sicher: Manchmal hat man Angst davor, Angst zu haben. Das heißt, wir stellen uns Situationen vor, in denen wir Angst hatten, und glauben, es wird immer so sein. Wir haben dann Angst vor der Angst, die wir letztes Mal erlebten, und können uns gar nicht mehr vertrauensvoll auf neue Abenteuer einlassen.

Das ist sehr schade. Dadurch verpassen wir viele Möglichkeiten, uns zu entwickeln und verborgene Schätze zu entdecken. Außerdem können wir doch alle fest auf unseren inneren Lebensfunken vertrauen, ohne den wir uns gar nicht entschieden hätten, durch dieses aufregende und ungewöhnliche Lebensabenteuer zu gehen. Auch die liebevoll funkelnden Augen derjenigen, die uns sehen, ob das nun die Bäume, die Sterne, die Tiere, die Pflanzen oder die Menschen sind, dürfen wir dabei nicht vergessen. Und da wir, wie wir ja bereits erfahren haben, uns selbst unsere nächsten Vertrauten und Begleiter sind, versuchen wir jetzt mal eine etwas ungewöhnliche, aber sehr heilsame Übung.
Wir umarmen uns jetzt selbst einmal richtig liebevoll. Unsere wunderbare Kalliopi macht den Anfang und wir machen es ihr nach. Es ist wirklich etwas Besonderes, wenn wir uns einmal bei uns selbst bedanken, dafür, dass wir so aufmerksam und bei Sinnen diesen Weg bis hierher gegangen sind. Sicherlich werden wir auch weiterhin viel Kraft und Energie gewinnen, wenn wir die funkelnden Augen all unserer treuen Begleiter sehen, deren „Herzenslicht" uns auf diesem Weg leuchtet und unser Herz immerwährend mit Wärme erfüllt.

Freuen wir uns auf das Abenteuer, das uns Gewinn bringen wird für all unsere Sinne, für unser Herz und für die Gemeinschaft. Wir können darauf vertrauen, dass wir dieses Mal wieder ein Stück lebendiger werden, indem wir unsere Gefühle ausdrücken und die Zusammenhänge unseres Lebens besser verstehen lernen.
Es gibt in diesem Band viele neue Besucher und Mitspieler aus dem Schlangen-, Bienen-, Wespen-, Frosch- und Wurmreich. Vor lauter Neugier und ängstlicher Aufregung können sie das Zähneklappern und Herzflattern kaum mehr beherrschen. Na ja, sie haben bei den Entspannungstrainings vom ersten Band nicht mitgemacht. Sonst wüssten sie, sich zu entspannen.
Hallo ihr neuen Besucher, ihr könnt gerne in den Pausen mit unseren Schweinchen, die ja besonders erfolgreich entspannt haben, ein wenig üben. Aber aufgepasst, ihr sollt entspannen lernen und nicht grunzen oder schnarchen, und vor allem nicht einpennen!

Also: The show is going on! Vorhang auf! Das Lebensabenteuer der kleinen Ente Kalliopi geht weiter.

Wurm Glatzi, Wespe 1 und Wespe 2 und Frosch Grünquaki (im Chor): Wir haben so viel Tolles und Aufregendes von Band I gehört und wollen jetzt auch mal sehen, was hier los ist!

1. Wurm Glatzi

2. Wespe 1 und Wespe 2

3. Frosch Grünquaki

Wurm Glatzi: Als ich gehört habe, was hier für ein Mega-Event stattfindet, bin ich fast verrückt geworden wegen all dem, was ich im ersten Band bereits verpasst habe. Ich könnte mir so richtig in den Wurmpo beißen!

Wespe 1 und Wespe 2: Wir sind neugierig, ob sich Kalliopi vor uns fürchtet. Viele Kinder haben nämlich Angst vor uns und laufen davon, wenn wir dahergeflogen kommen. Ist doch komisch, oder? Dabei beißen wir wirklich nur die, die uns mit ihrem wilden Herumgefuchtel fast erschlagen.
Du meine Güte, wir sind ja so gespannt und aufgeregt. Weißt du, was uns hier besonders gefällt? Es ist diese Theateratmosphäre. Wir fühlen uns fast wie beim Wiener Opernball. Wir haben sogar unsere Flügel extra rot gefärbt, gefällt es dir? Schön, nicht wahr?!

Frosch Grünquaki: Mir läuft vor lauter Ungeduld auch schon das Wasser im Maul zusammen.

Larifari und Farilari: Wir haben uns für den Turndress entschieden, da wir gehört haben, dass im zweiten Band viel Sport getrieben wird. Schick, was?

Willkommen zum zweiten Abenteuer!
Wenn das erste gelungen ist, hat man beim zweiten weniger Angst. Hand auf den Bauch und Füße auf den Boden, es kann losgehen!

Hereinspaziert mit breiten Entenfüßen und richtigem Hüftschwung! Hier kannst du laut und deutlich deine Meinung sagen, auch wenn du dich bisher nicht getraut hast, schwimmen lernen, sogar wenn du extrem wasserscheu bist, wütend sein auch wenn du eigentlich zu den ganz Braven gehörst, und fliegen lernen, auch wenn du kein Vogel bist. Aber psst, nicht weitererzählen! Es gibt sonst zu wenig Platz hier im Theater.

Diabolino: Schaut alle her zu uns! Wir haben es überlebt bis jetzt und gar nicht schlecht, oder?

Schweinchen: Jaja, überlebt schon, aber nur mit Üben, Üben, Üben und nochmals Üben!

Ein rätselhafter Minnegesang

Erzähler-Begleiter: Ach, hier steht Pan-Orpheas. Mit seiner Lyra sieht er aus wie ein mittelalterlicher Minnesänger. Er wird uns zu den wichtigsten Abenteuerstationen von Band II führen. Mal hören, was er uns zu erzählen hat. Spitz die Ohren, damit du ihn nicht missverstehst, denn das Fußvolk und die Bewohner höherer Etagen oder Paläste könnten sich durch seine ironische und humorvolle Art gekränkt fühlen. Und du könntest durch seine geheimnisvollen Ankündigungen im Nebel deiner Fantasie verloren gehen. Du kannst sicher sein, dass er mit seinen spitzen Worten direkt den Kern trifft. Und wenn ein „Au!" zu hören ist, hat er sein Ziel erreicht: Den Anstoß zur Lebendigkeit! Möge ein Mega-„Au"-Chor daraus entstehen!

Minnesänger Pan-Orpheas singt sein Lied:

Armes Entlein, halb geboren,
zieht auf den Weg ins Nirgendwo.
Der Weg ist lang und gefährlich,
voll Trauer, Angst und selten froh.

Das Herzlein zittert, Beine und Kinn.
Wo soll das Entlein denn nur hin?
Ins Irgendwo?

Es lernt vom Fisch quacken ganz laut,
denn von der Gefühlen wusst' es nichts.
In Maulwurfsnacht, in Erdentiefe
entdeckt´s die Kraft des Sonnenlichts.

Findet die Wut, statt still zu sein,
wird nicht mehr rot und dick vor Scham,
wird wütend laut und löwenstark,
denn brav und sittsam sein macht lahm.

Gefühle haben ist viel cooler,
verschlossen sind sonst Tor und Tür,
gefangen hinter Schloss und Riegel –
durch Tore sieben dringt kein Gespür.

Nun-
Feurige Lebenskraft ist da,
im Erdenschoß und tief in ihr.
Sie kuschelt sich auf Mama's Busen
Getragen, warm, im Jetzt und Hier!

Schöpft gold'ne Töne aus dem Magma,
verbrennt die Entenfedern nicht,
probiert die Früchte dieser Erde,
schleckt Erdentorte! Ein Gedicht!

Das Wasser scheut's, hat Angst davor,
doch Rabe öffnet ihr das Tor,
denn Enten können's von Natur,
schwimmen ganz schnell, Hingabe pur.

Und Tauchen geht dann auch ganz leicht.
Im Wasser tief, im Wasser seicht,
um Leckereien zu besorgen,
der Enten Lieblingsspeise auch,
von Papillon Vertrauen borgen,
der Eule Rat füllt ihr den Bauch.

Vom Schwimmen dann zum Fliegen kommen.
Der Weg ist weit! Wer hätt' gedacht',
dass Eselsohren ihr verkünden,
dass Federnschwingen Freude macht!

Helfen wollen ist nicht gut,
wenn man sich selber gar nicht mag,
liegt doch dem Entlein so im Blut,
plagt sich für andre Tag um Tag.

Hilft Spätzlein hier und Spätzlein dort,
verausgabt sich, bis nichts mehr geht,
hält aus am überhitzten Ort,
hat sich schon lang nicht mehr gepflegt!

Beim Burn-out brennt´s innen ganz heiß,
beim Cool-in wird man klirrend weiß.
Doch Frieren darf genau wie Schwelen,
man heute niemand mehr empfehlen.

Helfersyndrom, Aufopferung,
Verzehren ohne Hand und Fuß
Ist lebenshindernd und zerstörend,
ärgert sich Gott, mit liebem Gruß!

Dann fließen Tränen, warm und weich.
Das Herzlein schwer wird wieder leicht.
Wenn klar wird, DAFÜR fließen sie,
wird´s Herz ganz weit, voll Fantasie!

Trägt die Gedanken in die Welt,
Gefühle zart und schwer und bunt.
Gemeinsam hier mit ihren Freunden
Wird's Entlein weich, lebendig, rund.

Mancher will ‚easy' an sein Ziel,
liest wie die Tierwelt Harry Potter,
hat Wünsche groß, hat Wünsche viel,
mit Zauberei geht's doch viel flotter!

Gerät in Zauberkrise dann,
achtet das Erdenleben nicht,
ruft gleich der Engel Beistand an,
die Arbeit, Müh' sieht er als Pflicht.

Im Himmel gäb's nur noch Burn-out,
wenn niemand selbstständig mehr wär',
rund um die Uhr wär'n sie im Einsatz,
würden der Bittgesuch' nicht Herr!

Nicht jenseitssüchtig sollt ihr sein –
Ihr wisst ja nicht, was euch erwartet!
Das Diesseits spürt, entdeckt, genießt!
Das Jenseits ist anders geartet.

Die Welt auf der wir täglich gehen,
ist unsre, hier gehör'n wir hin,
voll Sinnen uns an ihr zu freuen,
gibt unserm Dasein wahren Sinn.

Doch mit Gefühl soll's bitte sein,
sagt's Entlein weise, klar und laut,
mit Trauer, Wut, Freude und Lachen,
Lebendigkeit wird aufgebaut.

So wächst das Entlein stetig an,
wird rund, wen wundert's, ganz und schön,
steht sicher, fest auf Entenlatschen.
Die Wandlung kann ein jeder seh´n.

Lasst euch mitreißen und bewegen,
entdeckt des Herzens Farbenpracht,
des Denkens leuchtende Momente
wie Sternenglanz in klarer Nacht.

Und wer gern dichtet, setz' dich hin,
und wer's nicht mag, probier's doch mal!
Ich hab's probiert und hab gestaunt,
dass ich gar selbst ein Dichter bin.

Achtung der nächste Coachie kommt bestimmt!

Glucksy, der Fisch

Erzähler-Begleiter: Du wirst staunen, wenn ich dir jetzt den nächsten wichtigen Begleiter unserer Kalliopi vorstelle. Schon wieder ist es ein „Nicht-Spezialist". Die Schnecke, die Angst hatte, Turbo zu sein, ist uns ja immer noch lebendig in Erinnerung. Weißt du noch, wie sie auf ihrem Weg Kalliopi überholte und darüber so erschrocken war, dass sie anfing, an sich selbst zu zweifeln? Das fast langsamste Tier der Erde überholt eine Ente, die eigentlich von Natur aus so schnell watscheln kann, dass sie dabei direkt abheben und ins Fliegen kommen könnte. Wo hat es das schon einmal gegeben? Welch ein Glück, dass die Schnecke Slowly Halt machte, Kalliopi aufmerksam auf ihren Körper machte und sie so sensibel anleitete, ihre echten, breiten Entenfüße sinnvoll zu gebrauchen. So lernte sie mit Schneckenanleitung am Ende doch noch das Watscheln in „Schumi-"- Geschwindigkeit!

Diabolino: Also, ich bin richtig neugierig darauf, was du zu dem zweiten Coachie sagen wirst, der etwas fast Unmögliches bei unserer Kalliopi bewirken wird. Kannst du dir vorstellen, dass ein Fisch - übrigens bei der Gelegenheit darf ich gleich vorstellen: Das ist Glucksy, unser Coachie Nummer zwei. Er bringt Kalliopi etwas bei, das er selbst gar nicht kann - also, dass ein Fisch der kleinen Ente laut qua.... Einen Moment bitte, ich bekomme gerade ein Zeichen von der Regie. Was, ich darf jetzt noch nicht mehr verraten? Schade! Jaja, ich weiß, du sollst es selbst erleben, aber ich war gerade so schön in Fahrt. Das ist gemein! Immer muss ich gerade dann aufhören!

Assipelli: Tut mir Leid, lieber Diabolino, aber wir würden den Lesern den ganzen Spaß verderben, das verstehst du doch, oder? Aber du hast wieder einmal auf etwas ganz Wichtiges aufmerksam gemacht, nämlich dass wir nicht immer Spezialisten brauchen. Für viele Situationen im Leben, ich würde sagen für die meisten, sind sie nicht unbedingt erforderlich. Klar, ohne Spezialisten wären wir manchmal regelrecht aufgeschmissen, und viele Menschen, die sich bemüht haben, Spezialgebiete der Wissenschaft zu erforschen, oder sich beruflich spezialisiert haben, können wir nicht einfach so entbehren. Wenn es aber darum geht, eigene Fähigkeiten zu entdecken und zu entwickeln, können wir ihnen ruhig ein wenig Urlaub gönnen. Es ist viel besser, unseren eigenen inneren Fähigkeiten, Möglichkeiten und Talenten zu vertrauen, die wir mit Hilfe und Unterstützung von aufmerksamen und sensiblen Nicht-Spezialisten bis zum Selbst-Spezialistentum entwickeln können.
Übrigens, Nicht-Spezialisten sind ziemlich lockere und coole Leute, weil sie nicht perfekt und vollkommen zu sein brauchen. Deshalb ist es ein richtiges Vergnügen, mit ihnen durch Üben, Üben, Üben die eigenen Fähigkeiten zu entdecken und zu entwickeln. Das kann dann mit ein wenig gesundem Stress und mit viel Spaß und Freude gut gelingen.
Diabolino könnte sicherlich ein Lied davon singen, nicht wahr, Diabolino? Er hat sich so oft bei uns über die „Kindererziehungsspezialisten" Mama und Papa aufgeregt und darüber gejammert, wie schlimm das ist, wenn jemand alles besser weiß, weil er sich als Spezialist fühlt. Dabei haben die meisten Erwachsenen doch längst vergessen, was ihnen als Kinder beim Lernen wirklich hilfreich war.

Diabolino: Ach ja ... Assipelli. Wenn ich jetzt vor so einem großen Publikum ein Lied singen würde, würde es sicherlich eine sehr traurige Melodie haben. Meine Maus-Eltern haben sich leider nicht ganz genug entbehrlich gemacht. So habe ich nicht gerade sehr viel Selbstvertrauen und Sicherheit fürs Leben lernen können. Mama hatte immer gleich Mitleid mit mir, weil ich ihr Adoptivkind bin, und wollte mich deshalb nicht überfordern. Sie hat immer versucht, mich zu schützen und zu schonen. Trotzdem sind meine beiden Eltern echt spitze. Ein anderes Mal erzähle ich euch mehr. Ich muss jetzt Schluss machen, sonst fängt Mama Farilari wieder an, mir die Leviten zu lesen und zum x-ten Mal zu wiederholen, was ich für ein undankbares Kind bin. Na ja, die lieben alten Eltern, es ist nicht immer leicht mit ihnen, aber man muss sie doch auch ab und zu mal verstehen. Aber das ist wieder eine andere Geschichte!
Also, meine verehrten Anwesenden, ich möchte nun eure Aufmerksamkeit auf die Ereignisse auf der Bühne lenken. Jetzt könnt ihr ent-lich wieder mal etwas für euch selbst tun. Ihr, verehrte Anwesende aller Tiergattungen, könnt die Gelegenheit beim Schopf packen und mit Unterstützung dieses frischen, nassen Coachies selber so richtig laut schim… , oh je, beinahe hätte ich denselben Fehler schon wieder gemacht und euch alles zu früh verraten. Na dann, Vorhang auf und Bühne frei! Es geht los!

Ein Fisch, der vom Quaken weiß, es aber selbst nicht kann

Kalliopi gerät durch ein bekanntes Flugtier in Bedrängnis

Erzähler-Begleiter: Seht nur, was für eine wunderbare Umgebung! Ein kleiner, grün glänzender Waldsee, in der Ferne verschneite Berggipfel. Ein richtiges Erdenparadies ist das hier. Da wird man ja ganz stolz darauf, dass man auf diesem wunderbaren Planeten wohnen darf. Schaut nur, die herrliche Natur, die Farben, die singenden Vögel, die Tiere, der Wald, die Blumen. Alles riecht so wunderbar hier! Ach, ich komme schon wieder ins Schwärmen. Als chronischer Städter gerät man bei jedem freien Wiesenmeter, den man sieht, in Versuchung, sofort sein Lager aufzuschlagen!

Diabolino: Das ist aber nur erlaubt, wenn du nicht gleich anfängst zu schnarchen. Die Waldtiere, die Bäume und Pflanzen müssen sich sonst die Ohren zuhalten.

Erzähler-Begleiter: Jaja, Diabolino, du kannst mir ja hin und wieder einen sanften Schubs geben. Dann höre ich sofort wieder auf zu schnarchen. Seht nur, überall, wo Kalliopi fröhlich lachend auftaucht, verändert und entwickelt sich die Welt ständig neu, oder besser gesagt, die Welt läuft wieder an, und das ist gut so. Ihr kennt das bestimmt, wenn rundherum alles in Traurigkeit und Melancholie versinkt. Es ist dann so, als ob der Lauf der Welt gestoppt würde. Wenn wir von schwarzer Traurigkeit umringt sind und nicht bereit sind, zu den eigenen, lebendigen Gefühlen zu stehen, versuchen wir nämlich oft mit allen Mitteln, den Lauf der Welt zu stoppen, um damit alles Geschehene rückgängig zu machen. Wir glauben dann wirklich, das könnte klappen, nur leider ist es nicht so.

Diabolino: Ach ja, uff! Das ist dann aber ganz schön anstrengend. Das kostet uns unsere ganze Kraft und fühlt sich gar nicht gut an. Man fühlt sich wie ein Ballon, aus dem man die Luft heraus gelassen hat, nämlich schlapp und schrumpelig. Und dann kommen die Ängste, die bittere, den Hals würgende und die Brust fast erdrückende Traurigkeit. Wenn man dann endgültig leer und ausgepumpt ist, merkt man erst, dass die ganze Anstrengung umsonst war. Der Lauf der Welt ist niemals und von niemandem zu stoppen. Wir haben dies ja schon von unserem wunderbaren Evolutions- Manager Assipelli gehört. Also geben wir dem Lauf der Welt wieder mal einen kräftigen Schubs, damit das Ganze hier in Bewegung kommt.

Kalliopi: Ah, was sehe ich da? Endlich ein kleiner See! Da muss ich ganz schnell hin! Ich bin ja so neugierig!

Die Wespe Byte (lauernd): Sie tritt ja mächtig auf den Boden mit Ihren breiten Watschelfüßen und scheint sich ziemlich sicher zu fühlen. So was Freches und Mutiges! Na, wenn sie mit ihren breiten Entenfüßen auch so über unser Revier trampelt, wird sie gleich etwas zu spüren bekommen!

Brennnesselpflanzen: Ja, ich auch. Hallo, ihr Schwestern und Nachbarinnen! Gebt gut Acht, dass sich unsere liebe Kalliopi im Vorbeigehen nicht das Federkleid verbrennt. Zieht schnell eure heißen Köpfe ein!

Gelbe Margerite: Oh, wer weiß, was da jetzt wieder auf uns zukommt! Da kommt es angewatschelt, das Entenviech, dort auf der Anhöhe. Ich kann es schon sehen!

Fisch-Coachie Glucksy: Guck mal, da kommt eine kleine Ente! Sie sieht sehr fröhlich aus und so beschwingt.

Wurm Glatzi: Hab ich es mir doch gedacht, dass es sich lohnt, hierher zu kommen. Ein Mega-Event ist im Anzug. Ich rieche es schon.

Fischlein (springt aus dem Wasser): Huch, ist es heute aber warm! Nanu, wer kommt denn da zu Besuch?

Das Fischlein in der Mitte vom Waldsee: Na, ihr werdet noch staunen, was man von einem Fisch alles lernen kann.

Gelbes Fischlein (im Tümpel): Ist das aber eine schöne Ente! Gerne würde ich mit ihr schwimmen, ein wenig herumtollen und dabei ihr Quaken hören!

137

Erzähler-Begleiter: Kalliopi kommt ganz nahe zum See. Eine Wespe, die ihr wunderbar nach frischer Ente riechendes Gefieder erkunden will, fliegt um sie herum und brummt dabei wie ein Mini-Jumbo-Flieger. Kalliopi erschreckt sich, fuchtelt wie wild mit ihren Flügeln herum, taumelt auf unsicheren Füßen und stolpert über Bodenunebenheiten. Sie rennt im Kreis, verliert die Orientierung und fällt mitten hinein in einen riesigen Ameisenhaufen.

Die Ameisen sind erst einmal überrascht über diesen „schwer wiegenden" Angriff. Oh du bedauernswertes kleines Entlein! Der Konflikt ist schon vorprogrammiert. Ein schöner Tag wird das heute bestimmt nicht werden. Kalliopi ist immerhin einige Kilo schwer, also kein Leichtgewicht. Die Ameisen wehren sich und starten zu Hunderten einen Angriff auf das arme Entlein. Schließlich können sie ja nicht wissen, dass es sich dabei um unsere wunderbare Kalliopi handelt. So wird sie unbarmherzig gebissen, bepieselt und malträtiert. Es brennt wirklich höllisch und tut unerträglich weh. Außerdem stinkt es auch noch ganz fürchterlich.

Die Ameisen waren schon sehr überrascht über dieses riesige gelbe Untier, das sie da ohne Voranmeldung überfallen hat. Völlig verwirrt sind sie aber, als sie merken, dass Kalliopi auf ihre Angriffe gar nicht reagiert. Es scheint, als würde sie davon gar nichts spüren, und komischerweise läuft sie auch nicht davon. Seltsam ist das. Kalliopi sitzt mitten im Ameisenhaufen und ist wie erstarrt vor Angst. Deshalb kann sie gar nichts tun, sich nicht einmal bewegen. Jetzt bekommen es die armen Ameisen mit der Angst tun zu und beginnen fürchterlich zu zittern. Sie glauben nämlich, dieser Koloss sei unbesiegbar und ungeheuer stark, weil er so gar nicht auf ihre Angriffe reagiert.

Unser Entlein gibt immer noch keinen Pieps-Quack-Schmerzlaut von sich. Man hört auch keinen Protest, einfach gar nichts. Sie lässt alles stumm und tapfer über sich ergehen. Sogar die Fische werden langsam unruhig und springen zischend aus dem Wasser, grad so, als ob sie das kleine Entlein schützen wollten. Oder wollen sie die Ameisen ängstigen, damit sie ablassen von der armen Kalliopi?

Wespe Byte: Jetzt werd ich dem Entlein mal einen gehörigen Schrecken einjagen!

Wespe Byte: Die macht ja keinen Mucks!

Grünes Fischlein: Unerhört! Unmöglich! Warum hilft denn keiner? Dieses Wespentier verfolgt die kleine Ente. Eine Gemeinheit ist das. Sie hat der Wespe ja nichts getan! Sie ist doch nur auf dem Weg gelaufen. Warum tut denn keiner was?!

Dienerin der Ameisenprinzessin: Psst! Seid leise! Unsere Prinzessin darf nicht wach werden. Sie reift gerade zur Königin heran. Wenn sie zu früh wach wird, ist sie ewig müde und faul und wird uns nicht regieren wollen.

Frosch Grünquaki (mit tiefer Stimme): Ich sag es ja immer, mein lieber Diabolino. Die Kinder müssen eine gute Stube haben, sonst wird nichts aus ihnen. Hast du gesehen, wie diese Ente einfach so in der Gegend herumtrampelt. So unaufmerksam, als ob sie ganz alleine auf der Erde wäre!

Zopfengel: Wie konnte der liebe Gott nur so bissige Viecher erschaffen und dann noch so viele auf einmal.

Fisch Glucksy: Ich bin total betroffen, kann ihr aber kein bisschen helfen. Ich sitze hier im Wasser fest. Ich habe mir schon gedacht, dass diese Ameisen nichts taugen, wenn es um ein friedliches Zusammenleben geht. Ach, du tust mir so leid, kleines Entlein!

Mausie: Wie kann man nur so tollpatschig sein und auf den Ameisenhaufen treten?

Vogel Pipsi: Das arme Entlein! Mir schmerzt mein Herz.

Gelbe Schlange Pünktchen: Diese widerlichen Geschöpfe muss man einzeln zwischen den Rippen zerquetschen oder als leckerer Happen verspeisen!

Das Märchen von den sieben Toren mit den sieben Schlössern

Pan-Orpheas: Hier möchte ich euch kurz erzählen, wie es dazu kam, dass so viele Erdenwesen und sogar unsere liebe Kalliopi es so schwer haben, wenn es darum geht, lebendige Gefühle zu äußern.

Von Beginn unseres Lebens an sind wir Menschen reich mit Gefühlen beschenkt. Sie sind der Lebensatem, den wir von unseren Eltern, Großeltern, Urgroßeltern und diese wiederum von der weisen Evolution oder vom Schöpfer geschenkt bekommen haben. Das ist natürlich gut so, denn erst durch die Gefühle spüren wir Lebendigkeit in uns. Aber so, wie es scheint, hat die Freude über diese Gefühlsgeschenke nicht lange angedauert. Irgendwann haben manche unserer Vorfahren verlernt, diese lebendigen Gefühle zu äußern. Gründe dafür gab es viele, z.B. weil es früh „verboten" wurde, Gefühle zu zeigen, oder weil die heftigen ungeordneten Gefühle der Eltern die Kinder ängstigten.

Na ja, ab und zu sind Lebewesen wie wir zu Recht sehr verärgert und zeigen dann plötzlich alle Gefühle auf einmal. Manche Eltern oder andere Erwachsene mögen das gar nicht, und wenn wir dies merken, tun wir es nicht mehr, aus Angst, getadelt oder nicht mehr geliebt zu werden. Und so geht das weiter. Jeder, der sich nicht traut, seine Gefühle zu zeigen, oder es bereits verlernt hat, verlangt dies dann auch von allen anderen. So haben wir gelernt, unsere Gefühle zu verstecken, tief drinnen in unserem Bauch. Ja sogar unsere Wut darüber, dass das so ist, halten wir dort gefangen. Wenn unsere Gefühle dann durch Trauer oder Enttäuschung aufgewühlt werden, bleiben sie im Bauch gefangen, und das tut richtig weh. Oft wissen wir gar nicht mehr genau, warum wir Schmerzen haben und weshalb es uns zwickt und zwackt, piekst und plagt. Unser Körper wird dann zu einem richtigen Gefühlsgefängnis, zu einem regelrechten Hochsicherheitstrakt, in dem „gefährliche" Wesen eingesperrt sind. Gefährlich sind sie für uns geworden, weil wir sie nicht mehr kennen und nicht mehr einschätzen können. Wir haben selber Angst davor bekommen. Diese Wesen aber sind unsere lebendigen Gefühle. Sie sitzen in uns fest und können sehr schwer raus, weil der Weg in die Freiheit siebenfach gesichert ist. So erzählt es zumindest folgende Geschichte:

Es waren einmal viele lebendige Wesenheiten, die man Gefühle nannte. Bedauerlicherweise hatten sie das Pech, vollkommen unschuldig und ohne dass man ihnen einen fairen Prozess gemacht hätte, eingesperrt zu werden. Es waren ziemlich fadenscheinige Vergehen, die man ihnen vorwarf: Sie seien zu laut oder zu nass, würden sich nicht benehmen und sich ohne zu fragen zu ganz ungünstigen Zeiten bemerkbar machen. Lauter solch „nichtige" Vergehen warf man ihnen vor. Deshalb wurden sie hinter sieben Schlösser und Riegel gesperrt. Versuchten sie aber zu flüchten, wurden sie von sieben starken Toren daran gehindert. So saßen sie da, gefangen tief im Bauchinneren und träumten sehnsüchtig von den Tagen, als sie noch ungehindert und so oft es ihnen passte durch die sieben Tore ein und aus spazieren, laufen, rennen oder springen konnten, an denen sie noch laut, fröhlich und lebendig sein durften und viel Freude hatten. Trotz täglicher Anstrengungen gab es kein Entrinnen, mächtige Hindernisse machten es unmöglich. Sobald nur eines der Gefühle den Versuch unternahm, zu entkommen, machte es jedes Mal schmerzhafte Bekanntschaft mit den sieben Schlössern und sieben Toren.

Zuallererst zieht sich der Bauch zusammen, damit es schon gar keine Kraft zum Losstarten und Schwungkriegen fürs Hinauslaufen gibt. Ist dieses verschlossene Tor trotzdem einmal überwunden, wird sogleich die Brust zusammengequetscht, so als ob eine große Steinplatte drauf liegen würde. Das stoppt den Weg des Atems und der Stimme nach außen brutal ab. Die ganz Widerständigen, die auch diese Hürde nehmen können und es bis zum Hals schaffen, erleben dort eine böse Überraschung in Form einer chemischen Waffe. Der Hals schwillt zu, und ein Kloß im Luftröhrenbereich erschwert das Aus- und Einatmen und erstickt jeden Stimmklang schon im Keim. Dazu senkt sich auch noch der Gaumen von oben herab und verschließt die Mundöffnung nach außen.

Es gibt danach eigentlich nur noch zwei letzte Hindernisse, und alle, die es bis hierher geschafft haben, bestärken sich durch gutes Zureden. „Los, nur noch ein paar Schritte! Man kann schon Licht sehen und eine frische Brise spüren." Ja, nur noch ein paar Schritte, und es wäre wirklich geschafft, wenn nicht – wumms – ein Steingitter von oben kommend auf den harten, felsigen Boden krachen würde. Es sind die Zähne, die soeben, fest aufeinander beißend, den Ausgang versperrt haben. Als Schlupfloch und letzter Hoffnungsschimmer könnte eine Zahnlücke dienen, durch die sich die Flüchtlinge im letzten Augenblick und außer Atem hindurchzwängen. Geschafft! Jetzt endlich hinaus in die Freiheit! Man kann sie schon riechen, die frische Luft. Oh nein! Was ist das schon wieder? Ein schwerer dicker fleischfarbiger Vorhang schiebt sich unerwartet von unten und oben gleichzeitig vor die ersehnte Öffnung und schließt den letzten Ausgang hermetisch ab. Fest zusammengepresste Lippen bereiten dem Traum von der Freiheit ein jähes Ende. Dunkelheit überall! Aus ist es, aus und vorbei! Wer sich jetzt noch mit letzter Kraft hindurchzwängen kann, sich also regelrecht rauspustet aus der Mundhöhle, muss schon längere Zeit im Fitnessstudio trainiert haben, denn ohne richtige Muckis und Kondition ist das unmöglich zu schaffen.

Dann endlich frei! Da ist es, das Licht des Tages. Aber oh weh, schnell geduckt, sonst gibt's Matsch! Eine geöffnete Hand donnert Richtung Lippen und klatscht – patsch – wie eine Fliegenklatsche mitten auf den Mund. Aua! – das hat aber wehgetan. Atem und Stimme werden unbarmherzig zwischen Lippen und Hand eingeklemmt und fast zermalmt. Es dauert nur wenige Sekunden, aber es fühlt sich an wie eine Ewigkeit. Dann entfernt sich die flache Hand, und jetzt wäre die Freiheit da. Die zwei tapferen Flüchtlinge aber fallen kraftlos und völlig erschöpft auf den Boden. Es war zu anstrengend, sich den ganzen Weg bis hierher durchzukämpfen. Sie liegen nur mehr fast regungslos da, mit flachem Atem und leiser, ausdrucksloser Stimme.

Auf dem Weg durch die sieben Schlösser nach außen wurde den Gefühlen das ganze Feuer, die ganze lebendige Energie geraubt. Dafür besteht jetzt aber auch keine Gefahr mehr, zu laut, zu frech oder zu lebendig zu sein. Brave, leise, folgsame und unlebendige Sonnenscheinchen, innen schon ziemlich ausgebrannt, sind die Norm. Das Lebendige wird oft als sehr bedrohlich erlebt und deshalb abgelehnt. Es gibt keinen Platz für lebendige Gefühle. Und dann besteht die Gefahr, dass wir die eingesperrte und unausgedrückte Wut gegen uns selbst richten. Das geht meistens nicht gut aus.

Jetzt können wir vielleicht etwas besser verstehen, warum unsere Kalliopi und vielleicht auch die Zuschauer so viel Angst vor Gefühlen haben! Bis diese ihren berechtigten Ausdruck finden, sind sie oft schon halbtot und das fühlt sich nicht besonders gut an. Aber alle können sich darauf freuen, auf den nächsten Seiten ein herrliches, lebendiges, echtes Wuttraining zum Mitmachen zu finden.

Wie bringt man eine Ente zum Quacken?

Erzähler-Begleiter: Kalliopi sitzt jammernd am Ufer und versucht, ihre Wehwehchen mit Wasser und einem Ringelblumenblatt zu behandeln, um die Schmerzen ein wenig zu lindern.

Kalliopi: Was soll ich nur machen? Wenn ich mich jetzt bewege, mache ich noch mehr Ameisen kaputt oder tu ihnen schrecklich weh. Kann mir denn keiner helfen? Ich weiß nicht, was ich tun soll.

Diabolino: He, du, kleines Entlein! Warum machst du denn deinen Mund nicht auf und schimpfst mal so richtig laut und von Herzen? Das darf man, wenn es einem weh tut. Wehre dich und schüttle dich! Hier geht es schließlich um deine eigene Haut. Nach so einem bissigen Angriff sieht deine Haut bestimmt nicht mehr so schön aus wie vorher. Na, aber so, wie du es versuchst, mit ein bisschen Tapferkeit, wird es bestimmt auch gehen. Du hast es dir ja selber eingebrockt. Du hättest einfach besser aufpassen müssen. Halt, was sag ich bloß? Wehren muss man sich können, anstatt sich stumm beißen zu lassen. Was bist du bloß für eine halbe Ente!
Ach, habe ich mich wieder von meinen Gefühlsstürmen hinreißen lassen. Es tut mir Leid, das wollte ich nicht. Du armes Ding, jetzt beschimpfe ich dich auch noch.

Erzähler-Begleiter: Das Entlein sitzt immer noch schweigend da. Die Angst sitzt ihr tief in den Entenknochen. In Glucksys Augen ist eine Träne zu sehen. Mit seinem Schwanz streift er liebevoll Kalliopis Fuß.

Fisch Glucksy (kommt nahe ans Ufer geschwommen): Nana, was ist denn mit dir los? Wie ich deine Artgenossen kenne, können die doch alle ziemlich laut quacken und sich bei solchen Angriffen wehren. Kannst du denn nicht schreien, die Biester mit den Armen verscheuchen oder dich schnellstens aus dem Staub machen? Na ja, die Ameisen haben sich auch mächtig erschrocken, als du auf sie gefallen bist. Aber du darfst dich doch wehren, du musst dich wehren! Du sitzt aber nur da wie angewurzelt und bewegst dich nicht. Hast du denn keine Schmerzen? He, du, sag doch was! Du armes Würstchen! Es sieht so aus, als hättest du den Schock deines Lebens bekommen.

Fisch Glucksy: Ja, ja, das kenne ich schon, so wie es dir jetzt geht. Das passiert mit vielen Kindern auf der Welt. Vor lauter brav sein und es allen recht machen wollen verlieren sie sogar ihre Stimme, oder sie schreien alles nur nach innen, und das tut dem Bauch dann sehr weh.

Engel: Hier oben gibt es nur selten einen Grund, zu schimpfen oder wütend zu sein. Deshalb, kleine Kalliopi, können wir dir leider nicht helfen und dir auch nicht zeigen, was du tun musst. Hier oben gibt es auch keinen Grund zum Trauern, obwohl wir für dich, liebe Kalliopi, schon öfters Tränen vergossen haben, so sehr haben wir mitgefühlt. Schade ist nur, dass uns hier keiner sieht, wenn wir weinen. Wir sind viel zu weit weg von euch Erdenwesen, sodass ihr da unten gar nichts mitbekommt von dem, was hier oben alles los ist. Eigentlich schade. Ihr könntet von uns viel über euch lernen. Wir haben nämlich mehr mit euch zu tun, als ihr glaubt. Na ja, vielleicht dürfen wir ja irgendwann wieder einmal in eurer Nähe sein. Hoffentlich bald!

Maus: Au! Au!

Frosch Grünquaki: Au! Au! Au!

Fisch Glucksy: Jetzt pass mal auf, liebe Kalliopi. Wir werden jetzt ein Experiment machen. Willst du das? Ok, aus deinem Schweigen höre ich, dass du willst. Das geht so: Ich beiße dir jetzt in die Zehen hinein, es ist nicht böse gemeint, ich würde dir nie wehtun. Wenn es dir dann aber doch wehtut, quackst du laut „au", oder du platschst fest mit deinen Flügeln auf das Wasser. Dann kannst du sicher sein, dass ich sofort aufhören werde zu beißen. Also nicht vergessen: Du musst früh genug schimpfen, und das ganz laut. Ich habe nämlich scharfe und starke Fischzähne. Wenn du nicht schimpfst, sind deine Zehen ab. Futsch! Kann ich darauf vertrauen, dass du sofort ein lautes „Quack-Au!" mit all deiner Atem- und Stimmkraft herausbrüllen wirst? Ich will nämlich kein Entenquäler und ebenso wenig ein „Entenzehenfresser" sein. Schimpf mit mir mal ganz laut zur Probe: Aufhören, sofort aufhören, auauauaua! Kannst du das?

Publikum: Das sieht nicht so schlecht aus, hoffentlich klappt das ohne Blutvergießen!

Erzähler-Begleiter: Aber Kalliopi bringt nur ein kaum hörbares „Au!" hervor. Glucksy schaut sich um und überlegt, was er jetzt machen soll. Da kommt ihm Diabolino zu Hilfe. Gemeinsam hecken sie einen Wut-Trainingsplan für Kalliopi aus, aber nicht nur für sie, sondern für alle auf der Bühne und im Publikum.

Das G r r r r o o o o a a r r r-Wuttraining mit dem SHS-Schatzkoffer

Erzähler-Begleiter: So tritt der Fisch-Coachie Glucksy als Wuttrainer für alle anwesenden Tiere auf. Glucksy dirigiert und gluckst, dass das Wasser nur so spritzt, Diabolino übersetzt ins Trockene und macht seine witzigen, bissigen Bemerkungen dazu.

Diabolino: Also, liebe Kalliopi,

1. Stell erst einmal deine Füße fest auf den Boden, spring hoch und lande mit einem kräftigen Sprung auf der Wiese. Dabei machst du ganz laute Töne. Ja, so ist es super! Noch etwas lauter, bitte!

2. Dann atme ganz tief in deinen Bauch ein und lass deine Brust ganz stolz anschwellen. Jetzt versuche mit der ganzen Luft, die du gesammelt hast, aus dem Bauch heraus kräftig in die Brust hinein zu muhen. So lange, wie du Luft hast. Das dröhnt und brummt dann schön in den Ohren, und manchmal kitzelt es sogar. Uii, das mag ich so gerne!

3. Breite dann deine Arme ganz weit aus und atme gaaaanz tief ein. Beim Ausatmen nimmst du deine Arme dann wieder runter. Versuche dabei, wie ein echter gefährlicher Grizzlybär zu brüllen. Grrrrooooaarrrr!

4. Nun kannst du mit geöffnetem Mund nochmals tief einatmen und dabei spüren, wie dein Atem über den Mund, den Rachen und die Brust bis zum Bauch fließt.

5. Beim nächsten Ausatmen stößt du direkt aus der Brust heraus richtige Tarzanlaute aus, wobei du mit den flachen Händen kräftig auf deine Brust schlagen kannst. Gut so! Dann versuche dir vorzustellen, du würdest dich von innen her an deine Brust anlehnen. Atme dabei die ganze Luft beladen mit dem Schmerz des Wespenstiches und der Ameisenbisse kräftig aus. Mach wieder Töne dazu. Das tut gut und ist gleich doppelt so wirksam.

6. Und ganz wichtig ist noch, dass du deine Nasenflügel beim Ausatmen ganz breit machst wie ein Jumbo-Jet. So kann die Luft leichter hinaus.

7. Zum Schluss atmest du noch einmal tief ein, breitest deine Arme aus und stehst mit beiden Beinen fest auf der Erde. Stell dir jetzt vor, du würdest versuchen, mit deinem Atem die Wolken wegzupusten. Ja, so ist es gut! Und auch dabei solltest du ganz laut tönen.
Wunderbar hast du das gemacht, ich bin begeistert. Hast du gesehen, sogar die Wolken haben Angst vor dir bekommen und sich schnellstens verzogen.

So, und jetzt lasst uns alle gemeinsam trainieren, bis es uns ganz heiß wird. Dann wissen wir, dass es auch wirklich klappt.

Erzähler-Begleiter: Im Bild sieht man, wie die Wolken sich aus Angst vor der Entenwut verziehen. Sie wollen sich einfach davor schützen. Es ist aber noch lange nicht das, was wir an unterschiedlicher Power brauchen, damit das Wuttraining gelingt. Auch die Dosierung stimmt noch nicht, obwohl doch alles so anschaulich ist. Ich sehe schon, dass Diabolino Hilfe holt. Er steckt nämlich schon den Finger in den Mund und pustet darauf, sodass es ohrenbetäubend zischend wie eine Dampflok klingt und man Löcher ins Trommelfell bekommt. Innerhalb von wenigen Sekunden stürzt der Mann der Stunde auf die Bühne. Erst sieht man eine Feder, dann einen grünen Hut und dann den Robin-Mood-Coachie persönlich, mit Koffer natürlich! Mal sehen, was er diesmal herauszaubert! Jetzt geht es darum, fleißig mitzutrainieren. Schließlich habt ihr ja Eintritt bezahlt, und anstatt nur zu sitzen, könnt ihr jetzt ein Power-Geschenk erwerben.

Robin-Mood-Coachie: Ich möchte keine lange Einführung über die Bedeutung der Wut machen, was uns einen enormen Zeitverlust bringen würde, sondern mit ein paar Sätzen meinen löwenscharfen Senf dazu geben.
Also, ohne Wut läuft nichts! Man bekommt keine Power, keine Durchsetzungskraft, kein Verständnis durch die anderen, keine Klarheit, aber auch keine sanften Gefühle. Kriege, terroristisches Gehabe, Amokläufe, Bluthochdruck, Herzkrankheiten und schließlich Missverständnisse und missratene Kontakte unter den Menschen haben als Hintergrund eine nicht entwickelte Wutfähigkeit und einen falschen Umgang mit ihr.
Wenn man hingegen die Wut gut übt, gewinnt man viele Freunde, es gibt einen guten Kontakt zu den Mitmenschen, man hat weniger Stress und wird gut verstanden. Man braucht keine beruhigenden Tabletten oder Zigaretten. Also kurz, man ist insgesamt viel entspannter und bleibt die meiste Zeit des Lebens sanft. Um uns diesem Ziel anzunähern, ist es jetzt umso notwendiger, endlich zu üben! Sonst verlieren wir uns in der Theorie.
Und damit wir diese Methode in unserem Gehirn auf der Datenbank speichern können, brauchen wir ihren Namen, kurz die **SHS-Methode**, auf gut deutsch: **Sub-Haut-Schlüpf-Methode.**

Robin-Mood-Coachie: Ihr sollt jetzt nicht gleich eine Gänsehaut bekommen oder euch zu Kratzen anfangen vor lauter „Unter-die-Haut-fremder-Leute-Schlüpfen." Ihr braucht euch auch nicht zu schämen, da ihr nicht in Menschenhäute schlüpfen sollt, sondern in tierische. Die Wissenschaftler, besonders die Soziologen und Psychologen darunter, nennen es „nonverbales animalisches Identifikations-Training".

Also, stellt euch jetzt alle hin, breitet euch nach allen Richtungen aus, öffnet die Augen und Nasenlöcher und atmet tief bis zu den Schuhen die ganze Luft der Umgebung ein. Jetzt atmet ein paar Mal kräftig aus und ein, damit die Atmungskanäle vom Alltagsstaub gesäubert werden.

Schlüpft in die Haut eines stattlichen mähnigen Löwen, der mit erschütterndem Gebrüll seinen Konkurrenten die Reviergrenzen deutlich macht.

Spürt in eurem Bauch eure berechtigten Revieransprüche und transportiert dieses Gefühl über die Brust und den Hals durch die fletschenden Zähne nach draußen. Je lauter, umso besser. Dann atmet wieder ein und haltet die Luft fest, denkt an das Unrecht, das euch geschieht, dreht den Kopf nach allen Richtungen und werft eure Blicke wie Pfeile auf den vorgestellten Rivalen und brüllt ihn an wie eine wild gewordene Rüttelmaschine, bis er weggepustet worden ist. Die Ausatmung darf dabei ein bisschen nass sein. Aber achtet bitte darauf, nicht heiser zu werden. Der Hals muss offen und locker bleiben.

Diabolino: Das ist die Lösung und meine Rettung! Ich bin in der letzten Zeit so dünn geworden, weil die Feldmäuse mir alle Kastanien und Nüsse immer vor der Nase weggefressen haben. Mama behauptet zwar, das läge daran, dass ich zu spät aufstehe. Morgen früh jedenfalls stehe ich, wenn es denn so wichtig ist, schon um fünf vor zehn oben auf dem Feld unter der großen Eiche und brülle aus allen Löchern, bis die Feldmäuse flüchten und nie mehr wiederkommen.

Robin-Mood-Coachie: So einen intelligenten Schüler wie dich, der alles so schnell kapiert, habe ich noch nicht getroffen. Du bist eine echte Supermaus. Ich kann dir versichern, dass diese tägliche Löwenbrüllerei gute Nebenwirkungen haben wird, nämlich dich mit so viel Lebensenergie zu belohnen, dass du es in Zukunft nicht mehr nötig hast, zwölf lange Stunden zu schlafen.

So, jetzt geht´s zum nächsten Tier. Stellt euch vor, es ist Nacht und wir befinden uns in der gefährlichen Wüste. Wir versuchen uns mit einer jungen Tigerin zu identifizieren, die gerade drei kleine Tigerlein geboren hat. Sie wird von unzähligen Hyänen in der Freude des Geburtsereignisses aufgeschreckt, die der Geruch des geflossenen Blutes angelockt hat. Sie laufen um sie herum und ziehen ihre Kreise immer enger. Das furchtbare Ende scheint nahe. Die süßen Tigerlein werden keine halbe Stunde gelebt haben, wenn sie nicht bald etwas Ernsthaftes unternimmt. Stellt euch vor, wie diese neugeborenen Tiger aufgefressen werden, und brüllt mit der ganzen Kraft einer ihre Kinder verteidigenden Mutter. Fletscht die Zähne und macht laute, gefährliche Tigerlaute, bis eure Fantasiehyänen verschwinden! Zeigt eure Wut auch mit dem Körper, damit die Hyänen es auch wirklich ernst nehmen.

Es genügen fünf Minuten Üben. Ihr macht es sehr gut, alle! Da soll einer kommen und meinen, ihr traut euch nicht. Dem werden wir etwas vorbrüllen!

Ihr könnt euch jetzt noch weitere Tiere vorstellen und sie als schützende Kameraden in Anspruch nehmen, entsprechend der jeweiligen Situation, in der ihr euch befindet.

Z.B. könnt ihr unter die Haut eines Elefanten schlüpfen, der trampelnd auf dem Boden steht und seinen Rüssel schwingt wie eine Peitsche und mit trompetenhaften Rufen die illegalen Elfenbeinräuber vertreibt.

Oder ihr könnt versuchen, euch wie eine Schlange zu fühlen, da man sich mit Elastizität den Hindernissen anpasst und jeden frechen unrechtmäßigen Konkurrenten mit der Angst vor einem giftigen Biss vom Leibe hält.

Achten musst du auch darauf, deine innere Kraft und Sanftheit zu nähren. Daher versuche, in die Rolle einer Nachtigall zu schlüpfen, die zufrieden in der Dämmerung trällert und ihren Gesang allen anderen lautstark kundtut, indem sie beginnt, den glücklichen Tag, den sie erlebt hat, zu besingen.

Als nächstes könntest du mit anderen zusammen als Wolfsrudel in die dunkle Nacht hinein jaulen und allen Tieren damit Achtung verschaffen. Manchmal haben Menschen enorme Angst vor ihnen, obwohl die Wölfe ihnen nie etwas antun würden. Schade, dass die Menschen es nicht wissen. Die einzige Gefahr besteht, wenn du wie ein Schaf oder eine Ziege riechst oder dich dementsprechend bewegst. Diese Gefahr kann man mit einem Duschbad leicht abwaschen!

Miteinander gut umzugehen ist nicht immer so leicht. Wenn ihr euch mit den Tauben identifiziert, könntet ihr durch Gurrr-Laute leicht einen tierischen Kontakt zu den Nachbarn erreichen. Wenn es, aus welchen Gründen auch immer, keine Nachbarn gibt, könntest du dich auf den kindlichen Teil von dir konzentrieren. Damit könntest du lernen, einen besseren Kontakt mit dir selbst zu haben und dich ein wenig mehr zu mögen.

Um nicht den ganzen Tag mit einem depressiven Gesicht herumzulatschen, identifiziere dich mit dem australischen Kukabara, der mit seinem schallenden Lachen den ganzen Wald unterhalten kann und die traurigen Spaziergänger auf andere Gefühle aufmerksam macht.

Ruhe muss auch mal sein! Und noch bevor du im Ruheraum eines Ayurvedischen Wellnesscenters landest, schlüpfe in die Haut eines echten Dschungel-Faultiers, das sich bei jedem kleinsten Ast total hinlegen und entspannen kann, bei dieser schläfrigen langsamen Bewegung seinen Körper genießt und sich in ihm den ganzen Tag und die ganze Nacht sauwohl fühlt. Man hat bei den Olympischen Spielen bisher verpasst, das Faultier einzuladen, um ihm eine Medaille für Mega-Langsamkeit und Faulheit zu verleihen.

Gar nicht schlecht wäre es, wenn du unter die Federn einer Ente schlüpfst, die beim Schlaf beginnt, glückliche Quacktöne von sich zu geben. Das ist eine sehr gute Methode, da man sich nicht nur wohl fühlt, sondern auch dabei wohl hört!

Mit dir könntest du versuchen, dich als ganze Person zu fühlen. Das kannst du mit deinem Atem machen, der alle Körperteile besucht, sie streichelt, insbesondere das Herz, wobei man dafür sorgt, dass man die ganze Zeit gut bei Sinnen bleibt, sodass du ganz sicher weißt, dass es dir gut geht.

Wichtig ist, dass du dich nicht einseitig nur mit deinem Lieblingstier identifizierst, z. B. mit einem Elefanten oder einer Ameise. Das wäre ein typisch einseitiges Training.

Wichtig ist, dass du bei jeder Übung der Sub-Haut-Schlüpf-Methode von einer Wärme, von einem inneren Zittern und schließlich von einer Lebendigkeit und Zufriedenheit erfüllt wirst. Aber übertreibe nicht! Gönne dir zwischendurch Herzenspausen.

Sollten bei diesem vielseitigem leiblich-seelisch-geistigen Training irgendwann und aus irgendeinem Grund sich Tränen Austritt verschaffen, dann freue dich! Es könnten Freudetränen, Wuttränen, Liebestränen, Feuertränen und sogar Trauertränen sein, die dich ganz weich werden lassen. Wähne dich als glücklichen Erdbewohner, der die Gabe besitzt, solche nassen Farben erfahren zu dürfen.

Gezieltes Wüten

Erzähler-Begleiter: So nähert sich die ganze Bande schimpfend und schnaubend dem Ameisenhaufen. Kalliopi tritt vor, richtet ihren Blick auf den Ameisenhaufen, zeigt sogar mit den Fingern auf sie und beginnt zu schimpfen, was das Zeug hält. Die Umstehenden sind im ersten Moment sprachlos, unterstützen sie aber dann tatkräftig und brüllen lauthals aus allen Röhren. Die Ameisen heben die Hände nach oben, gerade so, als würden sie sich ergeben. Die Fische springen aus dem Wasser, glucksen aus allen Kiemen und applaudieren kräftig mit den Schwanzflossen. Ein wahrhaft gelungenes Wuttraining. Glucksy und alle anderen sind zufrieden.

Ameise: Mein Gott, hat die aber eine starke Stimme. Da fühlt man sich ja wie weggepustet.

Ihre Freundin: Jetzt weiß ich endlich, warum das Gras immer kleiner wird, wenn ich wütend durch die Gegend stapfe. Dabei habe ich den Kopf immer nach unten gesenkt und schimpfe und puste ganz fürchterlich vor mich hin. Armes Gräslein! Aus Angst vor mir hast du dich jedes Mal ganz klein gemacht. Jetzt verstehe ich das erst.

Ein alter Ameisen-Vater: Super habt ihr das gemacht. Jetzt wissen wir, was uns erwartet, wenn Kalliopi losstartet. Sogar ein alter Ameisen-Mann konnte endlich mal die Sau rauslassen. Oh, sorry, mögen alle lieben Schweinchen im Publikum mir diesen Ausrutscher verzeihen. Ich wollte sagen, es tut gut, endlich einmal all die alte und frische Riesen-Ameisenwut zu zeigen. Das fühlt sich toll an, so warm, frech und lebendig. Hee ... hee, sogar meine Stimme ist tiefer und voller geworden. Hört ihr das auch? Von nur einem Training, das ist ja der Oberhit! Jetzt wird mich mein liebes Ameisenweib endlich auch einmal ernst nehmen!
Was sehen meine Augen? Da ist wieder im richtigen Moment unser liebster Mega-Foot aufgetaucht. Er will uns sicherlich unterstützen bei der Entwicklung unserer Lebendigkeit. So ein „Gefühlsfachmann" ist uns immer willkommen. Schön, dass du wieder da bist, Mega-Foot!

Fisch Glucksy: Siehst du, es klappt! Die Ameisen haben große Achtung vor dir und sogar Verständnis für deine berechtigte Wut. Sie wissen auch, dass du jetzt eigentlich übst und es nicht böse mit ihnen meinst. Außerdem sieht man, dass dir das gut tut und du dabei viel sicherer und lebendiger wirst. Es macht richtig Spaß, dir zuzuschauen.

Frau Farilari: Ach, seht mal, wie komisch die aussehen, diese wütenden Ameisen, wie zusammengeklebte Kuckuckseier!

Herr Larifari: So Kalliopi, jetzt kommt dein Auftritt. Du gehst jetzt stampfenden Schrittes zum Ameisenhaufen, stellst dich breitbeinig davor hin und machst bei jedem Aufstampfen einen lauten kräftigen Ton. Dann brüllst du sie mal so richtig an, diese pieselnden Ameisen, die dir so wehgetan haben, und sagst ihnen die Meinung. Na los, du kannst das! Du musst aber schon dahin schauen, wo die Ameisen sind. So wie du stehst, scheint es so, als würdest du die Bäume anschreien. Die mögen das gar nicht gerne und lassen dann womöglich vor lauter Angst ihre ganzen Blätter fallen, weil sie meinen, du seist auf sie so wütend. Lass sie aus dem Spiel, die haben nichts zu tun mit der ganzen Sache. Also, du und der Baum, ihr habt mehr davon, wenn du deine Wut dahin richtest, wo sie hingehört, nämlich zu den Ameisen.

Mega-Foot (total beeindruckt): Das schlägt dem Fass den Boden aus! Was für eine superstarke, superzärtliche Trauer-Power schlägt mir da entgegen. Da werden Angelina und Nikolas, die Helden aus dem Buch „Auf der Suche nach den Regenbogentränen", aber Augen machen, wenn sie euch so erleben. Ich bin jedenfalls total beeindruckt von euch und natürlich superstolz, dass sich mein Wissen um die Kraft und Vielfarbigkeit der Tränen bis in die Tierwelt herumgesprochen hat.
Ich konnte nicht anders, als hier zu erscheinen, weil ich merke, wie eure powervolle Lebendigkeit zunimmt. Eine kolossale Entwicklung ist das, die mich neugierig auf die nächsten Abenteuer macht!

Erzähler-Begleiter: Das Entlein quackt wie verrückt alles an, was ihm in die Quere kommt. Es gerät in eine regelrechte Quack-Ekstase und findet sichtlich Gefallen daran. Es schimpft und trampelt, dass die Wände wackeln und die Bühne erzittert.
Als Kalliopi müde wird, setzt sie sich an das Ufer und ruht sich ein wenig aus, um es aber sogleich noch einmal zu probieren. Jedes Mal wird sie mit begeisterten Zurufen von allen anwesenden Spielern und Zuschauern angefeuert und mit stehenden Ovationen belohnt.

Diabolino: Super, das Publikum ist auch voll dabei. Ja, tiieef einatmen, und los geht's. Pustet mit all eurer Kraft eure ganze Wut aus dem Bauch heraus. Vergesst nicht, dabei kräftig mit den Armen zu fuchteln und mit dem Zeigefinger auf euer Wutziel zu zeigen. Der Atem soll dabei immer tief aus eurem Bauch heraus nach außen stoßen. Wunderbar, wie ihr das macht! Das hätte ich euch gar nicht zugetraut.

Mega-Foot: Genau richtig, Diabolino! Wut darf nicht ausgedrückt werden, ohne das Ziel genau vor Augen zu haben. Sonst kommt die Wut wieder zurück und trifft dich selbst. Gut gezielt, bringt sie Klarheit in die äußeren und inneren Bilder. Zielgerichtete berechtigte Wut schafft gute Grenzen und damit auch einen guten und klaren Kontakt zu anderen. Die andere Seite weiß dann genau, worum es geht, und wird aufmerksam auf die Gefühle des anderen. So fühlt man sich ernst genommenm, und die Gefahr einer zerstörerischen Aggression ist gebannt.

Assipelli: Da kann ich ja ganz beruhigt sein. Für den Lauf der Welt ist im Moment bestens gesorgt. Alle drücken sich gut aus und sind quietsch- und quacklebendig.

Pan-Orpheas: An dieser Stelle möchte ich Mega-Foots Gefühlsfaden weiter spinnen und euch etwas ans Herz legen, liebe Zuschauer und Leser. Wütet immer zielgerichtet, sonst kann es passieren, dass ihr selbst eure eigene Wut abbekommt, oder es trifft womöglich einen Unschuldigen, jemanden, der gar nichts kann für eure Wut. Das geschieht leider sehr häufig. Oft genug vagabundiert die Wut, die nicht auf ihr wahres Ziel gerichtet geäußert wird, für lange Zeit einfach so durch die Gegend. Im dritten Band werden wir euch von den „unberechenbaren Wuttrabanten" erzählen.
Und noch etwas! Blindes Vor-sich hin-Wüten, so ganz ohne Ziel, ist reine Zeitverschwendung und bringt gar nichts. Heute sind diese kleinen, wunderbaren Ameisen euer Experimentier-Probe-Ziel gewesen. Sie haben sich netterweise zur Verfügung gestellt, da sie sowieso schon einiges gewohnt sind. Daher kann sie so leicht nichts mehr erschüttern.
Spürt ihr, dass aus der Wut schon ein richtiges Erdbeben geworden ist? Fühlt ihr die Power und Lebendigkeit in eurem ganzen Körper? Ich behaupte sogar, dass „gutes Wüten" richtig gesund hält, ihr braucht nur unsere Kalliopi anzuschauen. Sie sieht jetzt plötzlich so frisch und strahlend aus.
Außerdem möchte ich euch sagen, dass es sicherlich viel weniger Kriege auf der Welt gäbe, wenn wir unsere „gute Wut" untereinander üben und zeigen würden.

Frosch (hinten): Mir ist schon ganz warm geworden, obwohl ich doch sonst immer friere!

Maus (in blauer Kleidung): Endlich ist mein Hals frei. Dort sitzt sonst immer so ein dicker Kloß!

Schweinchen (im Frack): Wow, ich hab plötzlich so richtig viel Puste!

Marienkäfer: Dieses Training ist mega-belebend! Ich würde am liebsten singen!

Pan-Orpheas: Ja, genau das tun wir jetzt! Und zwar einen **Hymnus an die Gefühle:**

Fühlen, fühlen, wer kann das?
Lebendig soll man doch nicht sein.
Fühlen, fühlen, wer will das?
Es geht doch drum, ganz cool zu sein!

Weiß man nichts weiter von Gefühlen,
hat für sie keinesfalls Gespür,
läuft Amok man, versinkt in Kummer,
öffnet dem Selbstmitleid die Tür.

Depression heißt's, ein jeder kennt's,
das große schale Nicht-Gefühl.
Ermattet uns, raubt jede Kraft,
macht und „Eis-Nordpol-kühl.

Lernen muss man, Fühlen zu lieben,
Hingabe und Lebendigsein,
kein Ausflippen, kein Amoklauf
wird dann der letzte Ausweg sein.

Lebendig traurig sein und wütend,
lebendig lieben und Protest,
lebendig klagen wie Orpheus,
erfüllt das Gefühls-Freuden-Fest.

Das Urfeuer des Big Bang und die Ursuppe als Ursprung von Wut- und Feuerausdruck

Fisch Glucksy: So Kalliopi, jetzt gibt es zur Stärkung etwas Wasser. Und außerdem ist Wasser doch dein Element! Du kannst schwimmen fast wie ein Fisch, aber du kannst auch auf der Erde leben und watscheln, und sogar in der Luft fliegen. Du gehörst wirklich einer ganz außergewöhnlichen Gattung an. Ihr Enten seid schon ganz besondere Lebewesen mit vielen Fähigkeiten und Talenten. Du kannst froh sein, eine Ente zu sein, beneidenswert. Ich bewundere dich richtig!

Pan-Orpheas: Wisst ihr eigentlich, dass das Wasser neben dem Feuer sozusagen das Ur-Element ist, aus dem wir alle kommen? Dieses Element ist aus dem Big Bang, dem Feuer und der Ursuppe entstanden und alles Leben mit ihm. Wir sind sozusagen aus dem Feuer und dem Wasser geborene Erdenkinder, und das Universum ist unser Urgroßvater und unsere Urgroßmutter zugleich. Jeder von uns ist einmalig und einzigartig in diesem Universum und die Unterschiede unter den vielen verschiedenen Gattungen machen das Ganze so richtig aufregend und spannend. Die Gemeinschaft schützt und fördert uns, auch wenn wir bis jetzt das Leben und die Natur noch nicht so richtig „verstanden" haben. Wir müssten uns endlich zu einer Art lebensförderndem „All-Lebewesen-Globalismus" zusammenschließen. Dann wäre alles Lebendige unantastbar, und jedem Wesen würde bei der Geburt die Würde des Einmaligen und Einzigartigen zuerkannt.

Kalliopi: Hee ... – das hätte ich nicht gedacht. Das schmeckt ja köstlich, und so würzig, als wären alle Pflanzen der Welt im gleichen Kochtopf zubereitet. Hmmm ... tut das gut! Wie schön, so was haben bestimmt auch meine Mama und mein Papa getrunken. Oh, ich liebe dieses Wasser, jeder Tropfen ist so kostbar und schmeckt einfach wunderbar. Jetzt weiß ich, was du meinst, Glucksy. Ich danke dir, du hast mir gerade geholfen, mein zweites so wichtiges Lebenselement ganz neu zu entdecken. Ich habe auch schon einen super Namen für dieses Wasser. Ich werde es „Enten-Ursuppe" nennen. Ist doch ein schöner Name, oder?

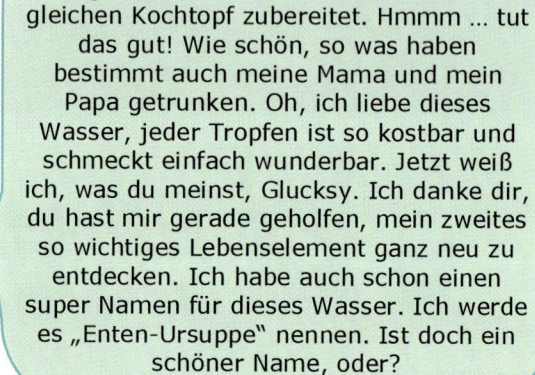

Assipelli: Dabei dürfen wir natürlich nicht vergessen, dass wir immer Teilnehmende am Lauf der Welt sind und dass der Lauf der Welt weder unseretwegen noch für jemand anderen gestoppt werden darf. Außerdem hat niemand so viel Power. Würde man die Welt stoppen, würden unsere Lebensräume verloren gehen und wir mit ihnen. Wäre schade, oder? Wo unsere Welt doch so einmalig schön ist! Kein Gott würde diese Welt zerstören wollen, weil sie nämlich ein einmaliges göttliches Werk ist. Also können wir froh sein, dass es diesen Ort im Universum gibt und wir hier unser geschenktes Leben verbringen dürfen. Wenn wir die Erde lieben, lieben wir automatisch auch uns selbst. Ohne die Mutter Erde könnten wir keine zehn Sekunden überleben. Deshalb ist es wichtig und notwendig, dass wir gut auf sie Acht geben.
All die lebensfördernden Naturgesetze um uns und in uns sind doch dazu da, uns zu schützen und uns zu lehren, wie wir uns selbst und gegenseitig lieben können, wie wir unser Leben selbstständig und mit Lust und Freude gestalten können. Nicht zuletzt lehren uns die Naturgesetze, den Sinn des Lebens und unseres Daseins zu verstehen. Dies zu würdigen und dem natürlichen Rhythmus zu folgen, ist unsere Aufgabe auf der Erde. Es wäre gut, ab und zu daran zu denken, dass sie uns als Lebensgrundlage dient und uns mit allem versorgt, was wir brauchen und was uns gut tut.

Schweinchen (als Geschichtsschreiber): Stimmt, daran haben wir bis jetzt noch gar nicht gedacht. Die Enten sind ja, wie die Gelehrten sagen, „multidimensionale Lebewesen". Und wisst ihr, was das Beste ist? Sie binden sich als Paar nur für eine begrenzte Zeit. So gibt es nicht immer Streit daheim, viel weniger Scheidungen, und es besteht auch nicht die Gefahr, dass man voneinander abhängig wird. Sie leben ganz friedlich miteinander und unterstützen sich dabei liebevoll. Wunderbar ist auch, dass die neugeborenen Entlein bereits kurze Zeit, nachdem sie geschlüpft sind, schon richtig gut schwimmen können. Sie können sich sofort mit Quacken bemerkbar machen und auch schon recht bald selbstständig nach Würmchen, Blättern und Wurzeln tauchen.

Fisch Glucksy: Kalliopi, du einmaliges Entlein, hier probiere mal einen Schluck von diesem Wasser, in dem ich zu Hause bin. Es trägt mich, gibt mir zu essen, zu trinken und versorgt mich mit allem, was ich brauche. Ich fühle mich sehr geborgen darin. Bald wirst du das auch spüren und erleben können.

Erzähler-Begleiter: Nach dem intensiven Gefühlstraining und den philosophischen Gesprächen über die Ursuppe und die Ur-Wut-Kraft sind alle müde, schlafen ein und schnarchen.

Sonne Helios: Jetzt kann ich mich auch ganz beruhigt hinlegen und ein wenig ausruhen.
Dieses Erdenkind Kalliopi ist schon faszinierend. Immer wieder hält sie uns alle in Atem und zieht die Blicke auf sich. So viele begleiten sie und sind mit ganzem Herzen dabei.

Kalliopi: Ah, bin ich müde und zufrieden! Jetzt verstehe ich, dass ich immer eine Mutter habe, zu jeder Zeit. Die Erde ist die Mutter von uns allen. Sie ist die Mutter meiner Mutter meiner Großmutter, meiner Urgroßmutter. Auf ihr können wir uns sicher und getragen fühlen. Ja, jetzt kann ich es richtig spüren. Ich glaube, jetzt kann ich probieren, ein wenig zu schlafen, und muss nicht gleich Angst vor schlimmen Träumen haben wie sonst immer. Danke Mutter Erde, ich lege mich jetzt hier unter den Baum und vertraue mich dir an. Danke für diesen Tag heute und für die vielen vergangenen.

Der Baum: Schön, dass alle bei mir Schutz gefunden haben. Ich fühle mich auch sicher auf dieser Erde. Meine Wurzeln sind tief und fest im Boden zu Hause, und von oben her werde ich gestärkt und genährt durch das Licht der Sonne, das meine Blätter grün werden lässt und meine Früchte zum Reifen bringt.

Fisch Glucksy: Na, da war ich ja gar kein so schlechter Pädagoge! Als Nicht-Spezialist könnte ich bestimmt vielen Kindern beim Leben lernen helfen.

Wespe 2: Hihihi, das hat bestimmt sehr wehgetan. Hihihi …

Diabolino: Na, das ist wieder mal ein Super-Event gewesen heute. Unsere Kalliopi macht sich gut. Sie wird es schaffen. Ich wünsche es ihr mit meinem ganzen großen Mäuseherz.

Wespe 1: Vsssss … War das heute aufregend! Dieses Entlein ist einsame Spitze, echt super! Ich habe richtigen Respekt vor ihr, obwohl ich sie in den Po gebissen habe.

Erzähler-Begleiter: Kalliopi hat wieder eine Feuerprobe bestanden und ist dabei ein ganzes Stück erwachsener und sicherer geworden. Sie hat Gutes und Wichtiges für ihr Leben gelernt. Aber auch wenn viele Sympathien und freundliche Wünsche der anderen sie begleiten, muss sie immer wieder von Neuem Entscheidungen treffen. Jeder neuen Situation muss sie sich mit Vertrauen und Selbstachtsamkeit hingeben und klar und deutlich handeln, damit sie am Ende zufrieden zu sich selbst sagen kann: „Ich hab's geschafft, ich vertraue mir und ich mag mich! Jetzt kann ich mir wieder Liebe und Ruhe gönnen und etwas für mich tun!"

149

Ich mach auch mal eine kleines nickerchen.

Von einem, der ohne Augenlicht sehen konnte, und einer, die mit ihren großen Augen fast gar nichts sah

Kalliopi begegnet dem Maulwurf Earthy

Erzähler-Begleiter: Die gemachten Erfahrungen haben uns allen, die wir mit auf diese Expedition gegangen sind, Vertrauen und Zuversicht gebracht. Auf unserem weiteren Weg erwarten uns gleich wieder neue, aufregende Abenteuer, die uns manchmal sogar ein wenig Angst machen, aber uns genauso oft auch Freude bereiten oder uns ganz einfach neugierig machen werden.

Der nächste Nicht-Spezialist, den wir euch vorstellen möchten, steckt wie die vorherigen voller Überraschungen. Ihr werdet staunen, was wir von Maulwurf-Coachie Earthy alles lernen können. Er ist gar kein so seltenes, dafür aber ein besonderes Exemplar und ein wundersamer Geselle. Die meiste Zeit verbringt er tief in der Erde anstatt auf ihr. Dort fühlt er sich nämlich am wohlsten. Na ja, ab und zu tritt er auch überirdisch in Erscheinung, aber dann auf eine sehr ungewöhnliche Art und Weise. Er schiebt mit seiner Nase von unten her so viel Erde nach oben, bis daraus kleine Hügel entstehen. Manchmal steigt er dann auch selbst hinauf auf die Erde und schaut sich mit seiner Nase ein wenig in der Gegend um. Ja, ihr habt schon richtig gehört: Mit der Nase schaut er. Ist doch klar! Mit seinen Augen kann er ja so gut wie gar nichts sehen. Trotzdem ist er eines jener Tiere, das sich unter der Erde im Dunkeln ganz besonders gut zurechtfindet. Wie er das macht, werden wir gleich bei unserem nächsten Ausflug genau beobachten können. Unser ungewöhnlicher Freund wird nämlich Kalliopi das Sehen im Dunkeln beibringen. Da staunt ihr, was?!

Er wird unserem Entlein beibringen, keine Angst vor der Dunkelheit zu haben, sodass sie am Dunklen wie am Hellen gleichermaßen Freude haben kann. Der Maulwurf, so könnte man sagen, ist hier der Coachie für das Unbewusste und für das Dunkle in uns. Das wollen wir nicht sehen und versuchen es zu meiden. Es ist das, was wir täglich in uns vergraben, weil wir Angst davor haben. Außerdem lehrt er uns viel über das Sehen mit klaren Brillengläsern. Erinnert ihr euch noch an Assipellis Art, die Dinge zu sehen? Er hilft uns, die Dinge zu sehen, wie sie wirklich sind. Das kann er ganz besonders gut. Es wird ganz schön aufregend werden, uns von ihm in die Erde hinein führen zu lassen, die Erde von innen sehen zu dürfen in ihrer Vielfalt und ihrer vollen Schönheit und Nacktheit.

Einen besseren Fremdenführer für diese Expedition hätten wir gar nicht finden können. Kalliopi hat sich ja vorhin unter einen Baum gelegt, um zu ruhen und zu schlafen. Aber es scheint so, als würde sie doch wieder von schrecklichen Albträumen geplagt. Sie träumt wohl wieder von ihrem toten Papa, der ihr so fehlt, ihrer traurigen Mama und den allein gebliebenen Geschwistern. Sie fühlt sich schlecht, weil sie nicht bei ihnen zu Hause ist, um ihnen zu helfen. Diese Träume überfallen sie immer gerade dann, wenn es ihr gut geht. Sie wird oft von solchen Erinnerungsbildern, die ihr das Herz zerreißen, einfach überrollt. Sie sieht immer wieder ihre verzweifelte Mutter und die weinenden Geschwisterchen vor sich. Sie hört die Schreie am Unfallort und hat das Gefühl, als würde das Unglück gerade in diesem Moment geschehen. Sie jammert, macht sich fürchterliche Vorwürfe und hat unendliche Sehnsucht nach Zuhause.

Für uns ist es klar, dass sie bald etwas mit ihrer unermesslichen Trauer tun muss, um diese Trauer in Lebendigkeit umwandeln zu können. Sie muss lernen, mit diesen Bildern, die sie immer wieder überfallen, umzugehen und sie zu verstehen. Sie wird auf ihrem Weg mit uns neue Bilder erleben und ebenso die lebendigen Gefühle, die dazu gehören, Bilder von ihrem jetzigen Leben, wo sie nicht alleine und verlassen ist und wo sie nicht so viel Angst haben muss. Diese neuen Bilder und Erfahrungen werden ihre Seele wieder ins Gleichgewicht bringen. Sie wird dann in der Lage sein, zu unterscheiden, was jetzt ist und was damals war, und sie wird den alten Bildern und Erinnerungen nicht mehr völlig hilflos ausgeliefert sein. Wir können getrost darauf vertrauen, dass Kalliopi auf diesem Weg lernen wird, ihre Erinnerungen und Gefühle in Lebendigkeit statt in Albträume umzuwandeln.

Engel: Das arme Entenkind. Ach, es bricht mir mein kleines, himmlisches Engelherz, wenn ich das mitansehen muss.

Baum: Arme Kalliopi, sie kann einem wirklich Leid tun. Als sie sich hinlegte, schlief sie doch zunächst sehr ruhig und friedlich. Aber in den frühen Morgenstunden ging es wieder los. Sie drehte sich wie eine Schraube um sich selbst und murmelte unverständliches, wirres Zeug im Schlaf. Später fing sie an, laut zu schreien und wachte schließlich schweißgebadet auf. Seht nur, die Arme, jetzt friert sie auch noch!

Mondin Selene: Ich habe mich die ganze lange dunkle Nacht bemüht, Kalliopi mit meinem Mondlicht zu bescheinen. Ich wollte ihr das Gefühl geben, in einem kuscheligen Schoß aus strahlendem Licht zu liegen, der sie vor dem drohenden Nachtdunkel schützen kann. Aber die schrecklichen Träume, die sie immer überfallen, sind zu stark. Ich fühle mich unfähig, von hier oben aus etwas zu unternehmen. Sie ist zu klein, allein und ängstlich. Sie hat Angst vor allem, was sie sieht, aber auch vor dem, das nur in ihrer Vorstellung lebt. Ihre Ängste sind so vielfältig wie die Sterne am Himmel. Sie wird ganz starr davon und ihr Atem stockt. Ich bleibe so lange am Himmel und leuchte ihr, bis mich der Tag wegjagt. Vielleicht hilft es ja doch ein wenig. Arme Kalliopi!

Erzähler-Begleiter: Kalliopi sitzt inmitten von Maulwurfshügeln in der aufgehenden Sonne. Gerade ist sie schweißgebadet aufgewacht und sitzt noch immer zittrig vor Angst in der Baumkuhle, in der sie gelegen hat. Sie fühlt sich sehr allein und einsam.

Assipelli: Ein neuer Tag ist wieder da. Die Nacht ist vorbei und nur noch ein paar übrig gebliebene Nebelschwaden erinnern an sie. Die Sonne freut sich, weil sie wieder neues Licht in die Welt bringen kann und so auch den dunklen Ängsten vieler Lebewesen ihren Schrecken nimmt. Am Tage sieht alles nur halb so schlimm aus wie in der Nacht. Es ist gut zu wissen, dass nach jeder Nacht ein neuer Morgen anbricht, in dessen Licht vieles plötzlich ganz anders aussieht. Dann spürt man wieder Lust und Neugier, etwas auszuprobieren. So ist nun mal der Lauf der Welt.

Engel: Ach, könnte ich nur bei ihr sein, sie umarmen und trösten. Sie tut mir ja so leid!

Die Schweinchen: Pfui, das stinkt ja schweinisch. Was ist den mit der Ente los? Ich glaube, die muss bald mal baden gehen! Hey du, hast du dich heute etwa noch nicht anständig gewaschen?

Assipelli (kommentiert): Seht, der Maulwurf hat eine Laterne dabei. Die braucht er, um all den halb- oder ganz blinden Enten- und Menschenwesen erst mal ein wenig zu leuchten. Wegen der Orientierung, na ihr wisst schon, was ich meine. Die sind nämlich fast alle noch blinder als er, obwohl sie Augen haben.

Sonne Helios: Mich schaudert es, wenn ich Kalliopi betrachte. Sie ist ja ganz nass vor lauter Angstschweiß, die Arme. Ich muss ihr ganz schnell mit meinen Strahlen etwas Wärme schicken, damit der Schweiß wieder trocknen kann.

Maulwurf Earthy (aus dem Erdeloch kriechend): Puh, hier stinkt es aber gewaltig nach Angstschweiß. Unsichtbare Rauchschwaden von Schweißgestank ziehen durch meine feine Nase. Hey…was bist denn du für ein komischer bunter Vogel?

Maulwurf Earthy: Du kleines, fremdes, frierendes Entlein. Komm her und setz dich erst mal hier auf den Baumstamm. Nimm deine beiden Hände und reibe oder klopfe mit der flachen Hand überall dorthin auf deinen Körper, wo es noch kalt ist. Ja, so ist es gut. Und du kannst dich freuen, ich habe nämlich eine warme, wohlige Überraschung für dich. Ich nehme dich mit nach unten zum warmen Schoß der Mutter Erde. Da staunst du, was? Ja, ich kann dich führen und dir den Erdenschoß zeigen, obwohl ich fast blind bin. Wenn du es möchtest, werde ich dir bei unserem kurzen Ausflug in den Bauch der Erde sogar helfen, mit allen Sinnen sehen zu lernen.
Lass uns jetzt aber erst einmal auf die nächste Seite des Buches wechseln. Da wartet schon eine ganze Schar von Besuchern auf meinen Vortrag mit dem Titel **„Der kuscheligste Platz der Welt"**
Komm mit und hab Vertrauen, du entenartiges, kleines Ding. Das wird sehr spannend für dich werden.

154

Wie man eine Freundin der Erde wird

Maulwurf Earthy: Liebe Freunde der Erde. Ich bin sicher, dass es für euch nichts Neues ist, wenn ich euch erzähle, dass man in alten Zeiten, besonders in der Antike, unsere Erde göttlich liebte und verehrte. Diese besondere Liebe zur Erde nannte man **Geophilie**. Übersetzt heißt das, ein Freund der Erde zu sein mit Achtung und Ehrfurcht für die Erdenmutter. Man sorgte für die Erde, weil man wusste, wie abhängig man von ihr war. Man ehrte sie, weil sich die Menschen bewusst waren, wie viele Geschenke sie bereithielt und wie fürsorglich Mutter Erde für sie sorgte. Daraus entwickelten die Erdenmenschen mit der Zeit auch untereinander eine Art Freundschaft, wo jeder für sich und für den anderen und somit alle für einander sorgten und auf einander achteten. Auch für die Erde wurde dabei liebevoll mitgesorgt. Vielleicht gelingt es uns ja heute bei dieser Expedition in das Innere der Erde, diese alte Freundschaft wieder zu entdecken. Wir könnten tief im Bauch der Erde eine Art neue Geschwisterlichkeit erfahren. So könnte auch unser Miteinander und Füreinander ein wenig schmackhafter werden.
Erschreckt nicht, wenn ich euch jetzt erzähle, dass wir alle echte Feuerkinder sind, die das Glück haben, Bewohner eines Planeten zu sein, der eine globale gigantische Küche ist, in der Tag und Nacht fleißig vorbereitet, gekocht, gegessen und genossen wird. Darf ich dafür jetzt euren Blick auf diese wunderbare Erdenkarte lenken? Vielleicht wisst ihr das noch gar nicht, aber hier auf der Erde wird in jedem Moment für euren Genuss und euer Wohl gesorgt. Eine echt leckere Erdentorte ist gerade in Vorbereitung. Ihr müsst nur den geeigneten Appetit dafür mitbringen. Seht ihr, wie oben auf der Erde all die Blumen und Früchte wachsen, die unseren Hunger stillen? Genauso geschieht es unter der Erde! Dort wachsen Knollen und Wurzeln heran. Es wird immerzu gefruchtet und gereift. Ganz tief in der Erde, dort wo das glühende Erdenmagma zu Hause ist, könnten wir sogar ein echtes Grillpicknick machen.
Also, wo man auch hinschaut, begegnet uns überall eine appetitliche, „chronische" Fruchtbarkeit. Und nicht zu vergessen all die vielen fleißigen Bienchen draußen, die den süßen Honig tropfenweise von den Blumen sammeln und dann direkt auf einem Löffel in deinen Mund befördern. Wenn wir dann auch noch an all die Kakaobäume denken, dann fürchte ich, wird der Speichel im Mund uns gleich wellenweise überfluten. Man sollte natürlich das Ganze nicht nur aus diesem Blickwinkel betrachten. Unsere Erde ist nicht nur ein Mega-Busen, der uns mit Mittag- und Abendessen und den übrigen unzähligen Zwischenmahlzeiten versorgt, sondern sie ist auch ein nie versiegender Brunnen, wenn es darum geht, Sicherheit, Vertrautheit, „Behaustheit", Getragensein, Halt, Schutz und Berechenbarkeit zu erfahren und zu erleben. Allein schon die ewige Wiederkehr der Jahreszeiten zeugt von der ungewöhnlichen Liebesqualität der Erde für uns Lebewesen, die sie bewohnen dürfen. Dazu kommt noch die Schwerkraft als eine Art Anziehungsliebe. Die Erde lässt uns nicht einfach fallen, niemals, wisst ihr das? Ohne ihre Anziehungskraft könnten wir gar nicht existieren, das ist euch wohl klar, oder? Wie Federn in der Luft würden wir herumwirbeln ohne festen Boden unter den Füßen. Aber wisst ihr, was das Wunderbarste dabei ist? Wir müssen nicht besonders brav sein, können auch mal böse, frech oder faul sein, werden aber trotzdem bedingungslos geliebt. Wir können ganz einfach so sein, wie wir sind, weil wir eben einmalig und einzigartig sind. Die Erde trägt uns immer, bis zu unserem letzten Atemzug, und das mit der größten Selbstverständlichkeit. Das gilt für alle Lebewesen dieser Erde.
Ich sehe gerade, lieber Assipelli, dass du immerzu nickst. Ich habe meine Lektion bei dir gut gelernt, nicht wahr? Schließlich war ich lange genug einer deiner aufmerksamsten Schüler.

Pan-Orpheas wird bestimmt auch noch aus der Sicht der Menschen etwas dazu sagen wollen, und deinen Kommentar, lieber Diabolino, wollen wir auch auf keinen Fall missen. Wenn das Publikum auch noch mitmachen möchte, ist das natürlich toll! Sprecht in den Pausen miteinander darüber, welche Bedeutung die Erde für euch hat. Jetzt erzähle ich euch aber noch ein wenig über die Geschichte der Erde und über ihre Entstehung.
Die Erde hätte es schwer, müsste sie alleine und einsam im leeren Raum stehen, ja, genau genommen gäbe es sie gar nicht und sie hätte nie solch wunderbare Schätze hervorbringen können. Unsere Mutter Erde steht daher in enger Verbindung zu zwei anderen Gestirnen. Früher waren alle drei verbunden, bis sie sich irgendwann bei einem unbeschreiblichen leuchtenden Mega-Event trennten. Es muss so ähnlich wie in einer Silvesternacht gewesen sein, in der der Himmel hell erleucht ist von explodierendem Feuerwerk. Es muss aber so unbeschreiblich hell gewesen sein, dass alles, was Augen hatte, für Tage geblendet gewesen war. Es war wie bei einem Blitz, der die ganze Nacht lang dauert. Diese Trennung war natürlich ein einmaliges wundervolles Ereignis im Universum, denn plötzlich waren aus einem Himmelskörper drei geworden.

Die alte Geschichte aus der griechischen Mythologie erzählt von der schönen, farbenfrohen Gaia (der Erde), vom goldfarbenen Helios (der Sonne) und dem himmelblauen Ouranos (dem Himmel). Dieses Trio gehört seit damals für immer und ewig zusammen, und jeden Morgen wünschen sich alle drei höflich einen guten Tag. Das machen sie aber nur nickend, weil der Klang ihrer Zurufe mehrere Monate brauchen würde, um anzukommen. Übrigens: Die Erde könnte keine Sekunde ohne die zwei anderen sein. Durch die gegenseitige Anziehung gelingt es ihnen, auf der gleichen Bahn zu bleiben, statt irgendwo im Weltraum herumzutorkeln. Na ja, wer von uns würde schon gerne die Sonne oder den Himmel missen wollen? Niemand würde sich wohl fühlen, wenn plötzlich die anderen zwei aus ihrer Bahn geworfen würden. Stellt euch vor, plötzlich landet der Himmel oder die Sonne auf eurem Schoß! Verzeih, liebe Mondin Selene, dich habe ich noch gar nicht erwähnt. Dabei leuchtest du so schön cool in der Nacht, dass alle Romantiker ihre hellsilbrige Freude an dir haben. Du reflektierst das Licht der Sonne so stark, dass wir nachts gar nicht mehr so viel Angst haben müssen. Wenn wir verliebt sind, können wir so auch nachts die geliebte Person anschauen und bewundern. Du bist sozusagen das Enkelgestirn der drei anderen. Genau genommen bist du eigentlich unsere Mondin und somit weiblich und nicht männlich. In der Antike gab man dir den wunderbar klingenden Namen Selene. Man könnte fast neidisch werden, so schön klingt der.

Pan-Orpheas: Da fällt mir doch gerade wieder ein schönes Lied ein, das ich euch hier zum Besten geben will:

Der Hymnus an die Erde

*Ursuppe, schon weit gereist
aus Universums Weiten,
traf eine Sonne strahlend heiß,
ihr Freude zu bereiten.*

*Gefallen hat's den beiden sehr,
sind näher sich gerückt.
in Meer und Land hat sich sortiert
die Ursuppe und war entzückt!*

*Die Welt wurd' fruchtig, welche Pracht.
Die Pflanzen wuchsen üppig grün,
Bäume und Gräser schossen hoch,
der Himmel sollt' sie alle sehn!*

*Alles, was wächst, blüht, kreucht und fleucht,
heischt stetig nach Bewunderung.
Die Pflanzen, Bäume, Tier und Mensch
recken sich mit Begeisterung.*

*Auf Schritt und Tritt da werden wir
genährt, gefüttert und geliebt,
geschwisterlich verwöhnt von dir,
Oh Erde, schön, dass es dich gibt!*

Erzähler-Begleiter: Das Publikum und alle Personen auf der Bühne, die Engel nicht ausgenommen, applaudieren stehend voll Begeisterung. Pan-Orpheas' tolles Lied ging runter wie Öl!

Kalliopi: Earthy, du gefällst mir! Ich bin ganz begeistert! Wie schön du von der Erde und ihren Nachbargestirnen erzählst! Ich möchte gerne mit dir hinab in den Bauch der Mutter Erde steigen, obwohl ich immer noch ein wenig Angst davor habe. Aber nach allem, was ich gesehen und erfahren habe, vertraue ich der Mutter Erde und auch dir, lieber Earthy.

Frau Farilari: Mich kriegt keiner da runter! Oje, oje, mir zittern allein schon beim Gedanken daran die Knie. In dieses schwarze Loch hinein, nein niemals! Das macht mal lieber ohne mich!

Herr Larifari: Ich weiß schon, warum du solche Angst hast. Das kommt davon, weil dein Maus-Papa dich oft im Keller eingesperrt hat, wenn du beim Essen mal wieder zu gierig warst. Seitdem hast du manchmal richtige Panik und sogar Todesangst, wenn es dunkel wird. Dann zwickst du mich immer in den Arm, dass es weh tut.

Earthy: Na dann, liebe Kalliopi, kann es losgehen! Bist du bereit? Diabolino, ich sehe schon, dass du auch in den Startlöchern stehst. Komm ruhig mit uns. Ich habe schon gemerkt, dass du ein richtig offener, kreativer, neugieriger und herzensintelligenter Maus-Bursche bist. Wie sagen die Bergleute noch, bevor sie in den Stollen fahren? **Glück auf!** Wir aber wünschen uns jetzt: **Glück runter!**, denn für uns ist der Bauch der Erdmutter ein Ur-ur-ur-Schatz. Außerdem ist unsere Expedition nach unten nicht so gefährlich wie die der Bergleute. Wir brauchen also auch gar keine Angst zu haben.

Kalliopi: Hey, Earthy, das geht aber schnell, ich kann schon fast nichts mehr sehen! Wie machst du das nur? Ich tappe hier so tollpatschig herum wie beim Blindekuh spielen!

Earthy: Vertraue deinen Füßen, Kalliopi! Spüre alle deine Zehen und mit jeder einzelnen Zehe den Boden. Erst wenn alle Zehen den Boden gespürt haben und sich sicher fühlen, darfst du den nächsten Schritt versuchen. Du wirst bald entdecken, dass der Fuß mindestens so viele Augen wie Zehen hat. Nein, nein, keine Hühneraugen, die wehtun, sondern richtige, spürende, sehende Augen. Versuchs mal! Du kannst dann deine Füße ganz sicher auf den Boden setzen, auch wenn du nichts siehst dabei. Merkst du, wie es schon viel besser geht? Auf jeden Fall ist das, was du unter deinen Füßen spürst, die sichere Muttererde. Sie hilft dir und unterstützt dich, weil sie dich gleichzeitig trägt und auch anzieht. Du brauchst keine Angst vor dem Dunkel oder vor dem Hinfallen zu haben. Weißt du, Kalliopi, wir können außer mit unseren Augen, eigentlich mit all unseren Sinnen sehen. Das wissen nur die Wenigsten, und deshalb üben sie es gar nicht. Du aber wirst es hier sehr schnell und lustvoll lernen. Ich selbst hatte gar keine andere Wahl, da ich von Geburt an kaum sehen konnte.
So musste ich eben meinen Geruchssinn besonders gut entwickeln, aber auch das Vertrauen in all meine anderen Sinne, wie meine Haut und meine Ohren. Ich habe so besonders gut riechen und schmecken gelernt, und auch mein Tastsinn ist hervorragend ausgebildet. Dafür bin ich so dankbar, da ich gelernt habe, auch dem zu vertrauen, was ich nicht kenne. Weißt du, Kalliopi, wenn du mit all deinen Sinnen spürst und wahrnimmst, dann weißt du immer, wo du bist. Dann kannst du Vertrauen haben, dass du nicht verloren gehst. Wenn du nichts mehr siehst, kannst du dafür riechen oder schmecken oder mit deiner Haut fühlen oder umso besser hören, und die Augen können mal ausruhen. Und wie schon gesagt, je mehr du spürst und wahrnimmst, desto mehr bist du zu Hause auf dieser Welt und bei deiner nährenden Erdenmutter. Na ja, genug der Worte. Besser ist immer, neugierig zu sein und zu experimentieren. Experimentieren und Probieren ist immer ein großer Gewinn für unser Leben. So können wir erfahren, was uns wirklich gefällt und gut tut, ohne dabei unter Stress, Angst und Erfolgszwang zu leiden.

Engel in grün: Ich habe auch Angst vor der Dunkelheit. Ich bekomme Gänsehaut, wenn ich mir vorstelle, ich müsste tief in die Erde hineingehen. Ich glaube, das ist das, was auch den meisten Menschen Angst macht.

Earthy: Kalliopi, sieh dich mal um, du hast soeben das Glück, den reichhaltigsten Vorratskeller der Natur mit allen deinen Sinnen zu bewundern und zu genießen. Es ist alles im Überfluss da für die Lebewesen dieser Erde, ob das nun Pflanzen, Menschen oder Tiere sind. Es ist ein üppig gefüllter Vorratskeller für alle! Hier kannst du bestimmt nicht schlank werden. Sieh nur, die kleinen Mäuse sitzen da mit ihren Jungen und haben ihre Vorratskammern für den Winter schon fast gefüllt. Und all die Würmer, Spinnenlarven, Käfer, Wurzeln und Karotten, die Blumen und die mächtigen Baumwurzeln, die fast so aussehen wie große Wasserrohre.

Pan-Orpheas: Ja, die Sinne sind unsere Tore zur Welt um uns herum. Gerade wenn wir uns sehr einsam und allein fühlen, schützen uns unsere Sinne davor, ganz in unserer inneren Melancholie, Einsamkeit und Depression zu versinken. Ohne unsere Sinne sind wir wie von Sinnen, und dann hat Vieles wenig Sinn. Die Sinne lassen uns verbunden und zugehörig fühlen mit allem, was um uns ist. Man kann dieses sinnliche Dasein üben, um lebendiger zu werden und auch zu bleiben. Wenn man in die Welt hineingeht, sollte man sich aufmerksam umschauen, um herauszufinden, wo man sich befindet und mit wem man da ist, und schließlich, wer man selbst ist. Wir sollten uns Fragen stellen wie: Bin ich als selbstständiger Erwachsener da oder als das innere, noch nicht ganz erwachsen Gewordene, sich noch ein wenig hilflos auf der Welt Fühlende? Und aus dieser Position heraus kann man entdecken, was man tun kann, um sich als Teil der Welt zu fühlen. Ich sage euch, diese Klarheit ist die Grundquelle und der wertvollste Schatz unseres Lebens hier auf diesem winzigen, aber schönsten Himmelskörper in unserer Galaxis. Wenn alle Lebewesen diese Klarheit hätten, könnten wir uns als die Glücklichsten bezeichnen.
Habt ihr gewusst, dass unsere Sinne aus Haut gemacht sind? Natürlich eine ganz besonders sensible Haut: für das Riechen die Nasenschleimhaut, für das Schmecken die Zungenhaut, für das Sehen die Netzhaut, für das Hören ganz tief drinnen das Trommelfell, und für das Berühren die ganze Haut, ungefähr zwei Quadratmeter groß. Na, da soll einer sagen, dass wir nicht sinnlich sein können.
Übrigens ist die Angst vor dem Dunkel in uns ganz tief gespeichert. Heute weiß man, dass es am Anfang, als alles noch Ursuppe war, eben auch stockdunkel war wegen der Staub- und Gaswolken. Man kann sich leicht vorstellen, dass sogar der liebe Gott darin ein bisschen Angst haben musste. Dann hat er natürlich gleich Licht gemacht mit all seinen leuchtenden Zellen. Wir „Nicht-Götter" haben ca. 100 Billionen davon. Könnt ihr euch vorstellen, wie viele er davon hat? Diabolino, du fängst besser nicht an zu zählen, sonst wird dir schwindlig. Na ja, am Anfang muss es, so sagt man, sehr heiß gewesen sein, weil es sich bei der Entstehung der Welt um eine Art typische universale Katastrophe handelte, eine Supernova ungeahnten Ausmaßes. Und was aus dieser Ur-Katastrophe vor ca. 16 bis 18 Milliarden Jahren geworden ist, sehen wir hier auf der Erde und an den leuchtenden Sternen am Firmament. Alles Lebendige um uns und auch wir sind daraus entstanden. Es entstand daraus Leben, richtiges lebendiges Leben. Jetzt könnten wir eigentlich vor Freude den ganzen Tag lang singen!
Ich empfehle euch von ganzem Herzen, immer wieder mit euren Sinnen liebevoll und neugierig zu experimentieren. Ihr werdet euch danach lebendiger fühlen. Außerdem stumpfen eure Sinne dann nicht ab oder werden gar falsch benutzt. Gut wäre es auch, eure Sinne ab und zu wie in der Dunkelheit einer Höhle bewusst und achtsam für einige Zeit ruhen zu lassen, um nachher die Welt wieder ganz von Neuem kennen zu lernen. Na ja, über eure Erfahrungen könnt ihr in eurem eigenen Entenbuch berichten, malen oder dichten, oder euch einen Tanz dazu ausdenken.

Engel in lila (ganz beeindruckt): Über Kalliopi kann ich nur staunen. Ich würde mir das nicht zutrauen, einfach in die Erde hinein zu steigen. Ich hätte fürchterliche Angst vor diesem Dunkel! Wir Engel sind ja hier oben gar nicht an die Dunkelheit gewöhnt. Hier haben wir ja Tag und Nacht Licht!

Engel in grün: Die Menschen meinen, wir seien reine Luftwesen, weil niemand uns jemals hat berühren können. Ist das wirklich so? Ich weiß es nicht! Wir kennen es jedenfalls nicht anders!

Diabolino: Ich höre die Engel oft sagen: „Gott sei Dank hat Kalliopi es geschafft, und das ist sehr schön! Ach, es wäre aber auch gut für uns, so etwas zu erleben!"

Assipelli: Tja, die Engel oben am Himmel sind ganz erstaunt darüber, dass sich das Entlein selbstständig macht und sich einfach ohne Krise tief in die Erde hineinbegibt. Damit haben die Engel wieder einen Grund mehr, Bewundernswertes über Kalliopi zu erzählen. Nicht ohne Grund sind die Engel in diesem Buch immer dabei. Vielleicht lernen sie durch Kalliopis Abenteuer auch langsam die anderen Elemente kennen. Dabei könnten sie ein bisschen mehr Substanz bekommen, also nicht nur Luft und Licht, sondern auch Wasser, feste Erde und Dunkelheit. Vielleicht könnten die Engel dann mehr Sympathie für das Erdendasein entwickeln. Wer weiß, wer und wie viele von uns am Ende voller Freude und Glücksgefühlen sein werden. Dann verspüren vielleicht sogar manche Engel den Wunsch, auf die Erde zurückzukommen. Sinnliches Leben mit Probieren und Experimentieren würde bestimmt auch den Engeln gut tun.

Am Magmasee entsteht die Klangschale Helianthos

Erzähler-Begleiter: Earthy, Kalliopi und die anderen sind tief in die Erde hineingewandert bis zum Magmasee, dorthin, wo der Kern der Erde beginnt. Aus den Blicken und Bemerkungen aller Anwesenden sprechen Faszination, Staunen, Neugier und unermessliche Bewunderung. Eine fremde, faszinierende Welt hat sich ihnen urplötzlich eröffnet, die auch ein wenig Angst einflößend ist, weil sie so anders ist als alles, was sie bisher gesehen haben.
Es ist erstaunlich, wie Earthy jetzt mit bloßen Händen in das heiße leuchtende Magma der Erde hineinlangt und mit ruhigen Bewegungen einen Klumpen herausschöpft. Mit geschickten Fingern formt er daraus etwas rundes, das wie eine kleine Schale aussieht. Dabei bewegt er den Magmaklumpen schnell und souverän von einer Hand zur anderen, so dass er sich nicht verbrennen kann. Aber Vorsicht, das ist keinesfalls etwas zum Nachahmen. Eine solche Fähigkeit besitzen Enten- und Menschenkinder leider nicht. Also Finger weg!
Der Klumpen Magma ist abgekühlt, und in Earthys Händen liegt eine runde, goldglänzende Schale. Bald kann man damit ungewöhnliche Klang-Überraschungen erleben. Angeschlagen mit einem Stück Holz ertönen dann wunderbare, goldsilberne, warme Klänge. Diese können den Ohren und dem Körper wahre Wohlgefühle schenken.

Frau Farilari: Ach, das ist ja göttlich! Ich würde auch gerne so eine Klangschale formen!

Diabolino: Mama, bitte nimm die Hände weg vom Magmasee. Das ist nicht wie Maniküre. Achtung! Wenn du den Finger hineintauchst, wird daraus griechischer Gyros!
Das ist ja ein richtiger Ausflug zum Kern der Erde. Das Magma sieht aus wie eine richtige Sonne.
Es ist, als ob das Sonnenfeuer hier unten ruhen würde. Vielleicht ist das ja der Platz, wo es
sich ausruht und erholt? Wie schön es ist, sich am Erdenfeuer zu wärmen. Hier ist es wie im Märchen. Ich könnte den ganzen Tag hier verbringen, so wohl ist mir.

Pan-Orpheas: Weißt du Diabolino, du hast schon Recht, man könnte hier einige Zeit verbringen, an diesem zauberhaften Ort. Aber, es hat eben alles seinen Platz in dieser Welt. Dies hier ist der Platz von unserem Freund Earthy. Das Erdinnere ist sein Lebenselement, während dein Platz oben auf der Erde ist. Deine Sonne ist nicht das Magma hier, sondern die Sonne des Himmels, die dich und uns alle mit Licht und Wärme versorgt. Unser Maulwurf kann beides genießen, je nach Lust und Laune. Meistens jedoch, fühlt er sich hier unten sicherer und geborgener. Ganz besonders im Winter mag er diesen Platz sehr. Wenn es draußen so richtig grausam kalt und ungemütlich ist, hat er hier ein behagliches und kuscheliges Plätzchen am warmen Erdenfeuer.
Diabolino, ich kann das Fragezeichen in deinem Gesicht sehen. Du willst wissen, woher dieses Feuer hier kommt? Wie schon gesagt, ist unsere wunderbare Mutter Erde eben ein richtiges Kind des Universums. Solche Plätze wie diese hier und auch die Vulkane, die es noch überall auf der Welt gibt, zeugen davon. Das Universum war ja das Urfeuer und aus diesem Urglühen entstanden Wärme und Licht. Ohne die beiden wäre Leben nirgendwo hier auf Erden möglich. Das glühende Magma, das wir hier sehen, ist noch der Rest davon. Ein schönes Gefühl, nicht wahr, Diabolino, zu wissen, dass wir alle aus diesem Feuer hervorgegangen sind und somit eine Art Feuerwesen sind.

Wir sind aus drei Gründen Feuerkinder:
1. Wir kommen aus dem Feuer.
2. Alles, was wir essen und trinken, verbrennen wir in unserem Körper.
3. Wenn wir verliebt sind, heiß lieben oder geliebt werden, brennen unsere Herzen.

Also kann man ja ruhig ein wenig stolz darauf sein. Aber gib bloß Acht, dass du vor lauter Stolz deine Brust nicht zu weit aufbläbst, sonst platzt du mir am Ende noch. Wäre schade um so einen feinen Kerl.

Erzähler-Begleiter: Vor Diabolinos erstaunten Augen zieht Earthy zwei Feigen aus seiner Brusttasche, nimmt ein trockenes Wurzelstückchen und spießt die beiden Feigen darauf. Dann steckt er das Stöckchen nahe dem Erdenfeuer in die Erde. Schon nach kurzer Zeit breitet sich ein wunderbarer Duft aus und steigt allen Anwesenden in die Nase, sodass ihnen das Wasser im Munde zusammenläuft. Earthy nimmt die gebratenen Feigen und hält eine davon Diabolino unter die Nase.

Earthy: Probier mal davon, schmeckt himmlisch und ist außerdem noch gesund! Übrigens könnt ihr das Gleiche mit Quitten, Äpfeln, Birnen, aber auch mit Kartoffeln, Pilzen, Mais oder wonach immer euch gelüstet machen. Es ist so ziemlich das beste Essen, das man sich vorstellen kann.

Diabolino: Da könnte man ja gleich hier eine unterirdische Pizzeria eröffnen mit Null Energiekosten. Und als Nachtisch gibt's am Magma frisch gebratene Feigen, Quitten, Äpfel oder Kartoffeln. McDings würde sicherlich platzen vor Neid, wenn wir alle Kinder hierher zu uns zu einem richtigen unterirdischen Erdenfeuer-Picknick einladen.

Das Klageritual mit der Klangschale

Erzähler-Begleiter: Nachdem sie alle eine kleine Kostprobe der wunderbaren gebratenen Feigen genossen haben, betrachten sie nun aufmerksam und ehrfürchtig die Umgebung. Kalliopi entdeckt auf dem Boden schön angeordnet ein paar Knochen und erschrickt erst einmal gehörig. Earthy erklärt ihr, dass diese Knochen die Gebeine seines vor langem verstorbenen Großvaters sind. Er wurde hier nahe dem Erdenfeuer begraben.

Earthy: Schau da ist mein Opa begraben. Er liegt hier in der Erde und ist wieder dort, wo wir alle hergekommen sind. Wir kommen aus der Erde und wir gehen dorthin zurück, alle!

Erzähler-Begleiter: Kalliopi merkt, wie ihre Tränen zu fließen beginnen, setzt sich langsam auf den Boden und weint leise vor sich hin. Die Erinnerung an ihren verunglückten Papa, den sie nie sehen konnte, ist wieder da. Er war schon tot, noch bevor sie es geschafft hatte, aus dem Ei zu schlüpfen. All die unermessliche Traurigkeit ist mit einem Mal wieder da. Earthy setzt sich teilnahmsvoll neben Kalliopi und beginnt langsam davon zu erzählen, wie es damals war, als sein Opa starb. Er erzählt vom Begräbnis, davon, dass die ganze Familie sich versammelt hatte, um vom Opa Abschied zu nehmen.

Earthy: Wir haben alle viel geweint und waren sehr traurig damals, weil wir wussten, wie sehr Großvater uns fehlen würde. Wir erinnerten uns an die Zeiten mit dem Opa, all die lustigen Momente mit ihm. Er war so ein fröhlicher, schelmischer alter Mann gewesen. Ich konnte immer zu ihm gehen, wenn ich nicht weiter wusste. Ich kann mich auch noch gut erinnern an die Zeiten, als Opa mürrisch war und ab und zu so richtig wütend. Ja, ja, er konnte schimpfen wie ein Rohrspatz, wenn im etwas gegen den Strich ging. Wenn ich daran denke, dass er mir immer von seinen Ausflügen die schönsten, größten und schmackhaftesten Erdäpfel mitgebracht hat, dann muss ich glatt wieder weinen. Übrigens hat er mir auch gezeigt, wo ich solche wunderbaren Erdäpfel finden kann. Wenn du willst, können wir nachher welche suchen.

Pan-Orpheas: Ja, ja, Earthy und seine Familie haben das gut gemacht mit dem Abschiednehmen. Sie haben richtig getrauert um ihren Opa. Für dich, liebe Kalliopi, gibt es auch Möglichkeiten, deine berechtigte Trauer um deinen Papa nachzuholen. Nimm die Gelegenheit wahr und spüre all deine Liebesgefühle für ihn in dir. Denk an ihn und stell dir vor, was für einen tollen Papa du hättest, würde er noch leben. Der schönste Enterich der Umgebung wäre er. Stell dir vor, was du mit ihm alles gemacht hättest und wie stolz er auf dich wäre, wenn er sehen könnte, wie du dich auf den Weg gemacht hast, um eine ganze Ente zu werden.
Die ganze Umgebung, die Tiere, die Bäume und all deine Freunde sind neugierig auf die Tränen für deinen Papa. Wenn sie alle deine Tränen sehen, werden sie mit dir fühlen, und vielleicht finden sie durch dich zu ihren eigenen, nie geweinten Tränen. Weißt du, wir alle haben viel Traurigkeit in uns versteckt und brauchen manchmal etwas Hilfe und Unterstützung, damit wir uns getrauen, sie auch zu zeigen. **Unsere Tränen müssen gesehen werden, unser Weinen will gehört werden, deine Gefühle wollen verstanden und akzeptiert werden.** Erst dann hat es sich gelohnt, zu fühlen und zu weinen. Ungesehene Tränen gehen verloren in einem endlosen Meer von Traurigkeit und sind deshalb umsonst. Tränen sind da, um gesehen zu werden. **Wenn du weißt, weshalb und warum du weinst, schenkt dir das Weinen die Kraft zurück, die aus der Liebe zu dem Verlorenen erwächst.** Das ist so, das haben die Evolution und der liebe Gott so eingerichtet. Unsere Gefühle, und dazu gehören auch die Tränen, sind unsere Geschenke füreinander.

Erzähler- Begleiter: Alle beginnen, angesteckt von Kalliopis Tränen, mitfühlend zu weinen. Sie unterstützen sich dabei gegenseitig, indem sie sich anschauen, sich gegenseitig zunicken und einander durch stimmliche Äußerungen bestätigen und bestärken. Durch das Eingestehen der Gefühle füllen sie die Leere in sich mit Herzensäußerungen und mit Lebendigkeit und gewinnen dadurch neue, fassbare Gefühle. Es ist ein beeindruckendes Bild, die ganze Gruppe in ihrer Klage zu sehen und zu hören. Man kann dabei richtig mitfühlen. Kalliopi beklagt ganz ausgiebig den Tod ihres Papas, dass sie ihn nie sehen konnte und dass sie immer ein Entlein ohne Papa sein wird.

Earthy erinnert sich an lustige, ärgerliche und auch traurige Begebenheiten aus dem Leben seines Großvaters. Er erzählt, wie sehr er seinen Opa geliebt hat, wie viel Schönes und Aufregendes sie gemeinsam erlebt haben und wie schrecklich er ihn vermisst. Auch er beginnt zu weinen und zu klagen. Es ist zum Herzerweichen. Fast alle Anwesenden erinnern sich der Reihe nach an die eigenen nicht mehr lebenden Angehörigen und beteiligen sich an der Klage, Diabolino, Herr Larifari und Frau Farilari. Kalliopi, die noch sehr bewegt vom gesunden Weinen für ihren Papa ist, wechselt zu der Trauer für ihren Opa und beklagt, dass sie ihn nie kennen gelernt hat. Die Klage ist einfach beeindruckend. Man könnte meinen, man sei in einer Wagneroper im Moment der Götterdämmerung.

> **Kalliopi:** Ach, lieber Opa ich bin sicher, du wärest der schönste Opa in ganz Rutschi- Popolis gewesen. Schade, dass du nicht mehr gelebt hast, als ich auf die Welt kam. Du hättest mich bestimmt auch gern gemocht. Ich hätte jemanden gehabt, der mich tröstet, als das mit Papa passierte. Ich hätte dir von meiner Traurigkeit und meinem Schmerz erzählen können. Ich weiß, dass du mich verstanden hättest. Wenn du mich heute sehen könntest, würdest du bestimmt stolz auf mich sein.

> **Diabolino:** Jetzt hab ich verstanden, was es heißt, „richtige Tränen" zu weinen. Ich fühle mich so stark und erfüllt. Ich habe das Gefühl, mein Opa hat jetzt einen Platz in meinem Herzen bekommen und dadurch ist er immer bei mir.

> **Frau Farilari:** Das ist ja ergreifend, ich zerfließe. So viele heiße, glänzende Tränen habe ich noch nie gesehen.

> **Assipelli:** Kinder, das war aber ein ungewöhnlich wunderbarer Lauf der Welt. So viel kostbaren Gefühlsreichtum haben wir gemeinsam entdeckt, gerade so, als hätten wir einen verborgenen Schatz ans Tageslicht gebracht. Gratuliere! Ich muss zugeben, dass ich richtig stolz auf euch bin. Ihr könnt dem Leben vertrauen. Es wird euch gelingen!

> **Herr Larifari:** Seht mal, Kalliopi weint so richtig von ganzem Herzen. Sie jammert nicht mehr wie ein kleines hilfloses Kind. Das sind richtig starke, kraftvolle Tränen geworden. So etwas müsste man auch können!

Schwingungs-Übung mit den goldenen Tönen von Helianthos

Earthy: Nach diesen vielen wunderbaren klar geweinten Tränen von euch, meine Freunde, möchte ich euch jetzt eine ungewöhnliche Freude für eure Ohren bereiten. Ihr habt bereits miterlebt wie die kleine Klangschale aus dem Erdenmagma entstand. Sie trägt in sich alle Eigenschaften und auch alle Erinnerungen an die Urmaterie. Ich bin sicher, dass unser lieber, gescheiter Assipelli, der die Gesetze des Universums in- und auswendig kennt, uns noch ein paar interessante Dinge darüber erzählen kann.

Assipelli: Also meine Lieben, nachdem ich euch schon viel über die Geheimnisse des Universums erzählt habe, werde ich euch heute vom Erdenkörper und von unserem menschlichen Körper erzählen. So wie die Erde einen innersten Kern hat, besteht auch unser Körper aus unzähligen Zellen, von denen jede in ihrem Innersten einen ebensolchen Kern hat. Dieser ist sozusagen die Energiezentrale von allem Lebendigen. Außerdem hat alles, was ihr sehen könnt, aber auch das, was man nicht sieht, eine natürliche Schwingung, jeder Körper, jedes Lebewesen, das Licht, die Luft, einfach alles. Wenn wir jetzt die Klangschale zum Tönen bringen, dann hören und spüren wir ihren Kern, aber auch den Kern der Materie, aus dem die Klangschale entstanden ist. Übrigens hat unsere Klangschale hier einen sehr ungewöhnlichen Namen, sie heißt Helianthos. Der Name setzt sich zusammen aus dem griechischen Helios, was so viel bedeutet wie Sonne, und aus Anthos, das heißt Blüte. „Blühendes Sonnenlicht" ist doch ein wunderbar klangvoller Name, findet ihr nicht auch?
Die Schwingung startet also immer im Kern und breitet sich wellenartig über die ganze Umgebung aus. Es ist, wie wenn man ein kleines Steinchen mitten in einen ruhigen Waldsee wirft, dann breiten sich die Wellen gut geordnet und gleichmäßig nach allen Richtungen aus. Auf ähnliche Art und Weise ordnet die Schwingung der Klangschale alles in ihrer Umgebung, sogar in unserem Körper. Der kann sich ja manchmal aus verschiedenen Gründen, ob durch Verletzungen, Schmerzen, Schockerlebnisse oder was auch immer, derart verspannen, dass seine Moleküle in ziemliche Unordnung geraten. Stellt euch nun vor, ihr stellt die Klangschale irgendwo auf euren Körper, beispielsweise auf den Oberschenkel und bringt sie zum Schwingen, indem ihr sie kräftig anschlagt. Dann ordnen sich die Moleküle, aus denen euer Oberschenkel besteht, wie von selbst. Man kann es sogar spüren, direkt an der Stelle, wo die Klangschale aufliegt, aber es breitet sich auch ein angenehm wohliges Gefühl im ganzen Körper aus. Versucht es ruhig einige Male und experimentiert ein wenig damit, ihr werdet sehen, wie gut das tut. Eines der schönsten Geschenke dabei ist jedoch, dass wir eine Art Anbindung an die universelle Ordnung des Universums erfahren können, eine Art Gleichklang. Alles, was wir dazu tun müssen ist, uns vertrauensvoll dafür zu öffnen. Ist das nicht wunderbar?

Pan-Orpheas: Lieber Assipelli, so viel Wunderbares gibt es auf unserer Erde, dass wir schon wieder einen Grund mehr haben, unsere Tage singend und jubilierend vor Freude zu verbringen. Lasst uns jetzt alle gemeinsam diese besondere Erfahrung machen: Stellt euch mit beiden Füßen fest und vertrauensvoll auf Mutter Erde. Spürt den festen Boden unter euren Füßen und wie er euch trägt. Legt dann eure beiden Hände auf den Kopf und spürt nach, wie ihr dasteht, sicher und aufrecht. Schließt nun für einen kurzen Moment die Augen und genießt diese Haltung von Aufrechtsein und Konzentration. Spürt auch die Freude über euer Dasein. Öffnet nun wieder die Augen, schaut euch um und sprecht folgende Sätze laut aus: „Ich stehe hier vor euch und ihr könnt mich alle sehen." Genießt euch einen Moment lang in dieser Situation und bewegt dann langsam eure Hände vom Kopf über den ganzen Körper streichelnd bis hinunter zu den Füßen. Sprecht dabei klar und deutlich folgende Sätze: „Ich stehe auf meinen beiden Füßen, ich berühre und begrüße mich als ganzes Wesen!" Als nächstes legt ihr eure rechte Hand auf das Herz und die linke auf den Bauch. Spürt euren Herzschlag und euren Atem, wie er ein- und ausströmt. Dabei sagt ihr ganz laut und deutlich: „Ich bin ganz bei mir. Ich stehe zu mir. Ich mag mich!" Wunderbar macht ihr das, sehr schön. Earthy wird jetzt die Klangschale zum Klingen bringen und demonstriert uns dabei eine Art „Instant-Entstehung" der Welt. Statt 13,6 Milliarden Jahre, nur 13,6 Sekunden. Also los geht's, und seid neugierig. Konzentriert euch und versucht, mit all euren Sinnen zu horchen. Achtung, los geht's. Gong.....

Ausgezeichnet! Habt ihr bei der Wiederholung des Big Bang auch das ruhige und strebsame Verklingen und die Entspannungsmomente wahrgenommen? Sicherlich tragen wir alle diese Erinnerungen tief in unseren Zellen, aber ebenso die Erinnerung an die Zukunft und das abrundende Ende des ganzen Universums.

Erzähler-Begleiter: Langsam verklingt die Klangschale und alle stehen ganz andächtig und genießerisch da. Diabolino ist der erste, der sich zu Wort meldet.

Diabolino: Whow, das ist ein Wahnsinnsgefühl! Irgendwie lustig, es klang und fühlte sich an wie eine Art Rushhour vom Werden und Vergehen des Universums und gleich danach Feierabend, alles ruhig und friedlich. Ich hab das sehr genossen.

Earthy: Ja, ja, die Schwingungen der Klangschale Helianthos haben die Fähigkeit, uns auf unseren inneren Kern und unsere eigene Mitte aufmerksam zu machen. Wenn der Klang verklingt, können wir lernen, in unserer Mitte zu ruhen. Aus diesem Ruhen in unserer Mitte heraus finden wir dann wieder zu unseren ureigensten Körperschwingungen und zu unserem Rhythmus zurück. Das ist ziemlich wohltuend und kann uns vor innerer Versumpfung und Versteinerung schützen. Schließlich kann durch das Schwingen des Helianthos der innere Kern leichter aus der oft schon chronischen Erstarrung befreit werden.
Der Klang gibt Struktur, er reinigt und ordnet durch seine Schwingungsenergie die Körpermoleküle. Verspannungen im Körper oder Schlappheit wegen alter oder aktueller, nicht umgewandelter Trauer beeinträchtigen unseren Körpertonus, unsere Körperhaltungen und unsere Gesundheit. Man kann also sagen, dass die Schwingungen, ordnend, reinigend und verlebendigend wirken. Wir bekommen das Gefühl, mit der Umgebung verbunden zu sein, mit der Erde, mit der Natur und unseren Mitmenschen. Das gibt uns Sicherheit. Wir fühlen uns als Teil des Ganzen und somit geborgen und geschützt. Es ist etwas vom Wunderbarsten, das wir erleben können, wenn wir das gemeinsame Schwingen mit dem ganzen Universum spüren. Es fühlt sich an wie ein permanentes Fließen, im Innen und im Außen. Körperinneres, Erdinneres und das große Äußere, das Universum sind im Einklang.

Pan-Orpheas: Earthy, das war jetzt aber ein toller Ausflug in die Welt der Schwingungen. Ich fühle mich sehr bereichert davon. Viel Wertvolles und Hilfreiches für unser Leben hast du uns mitgegeben.

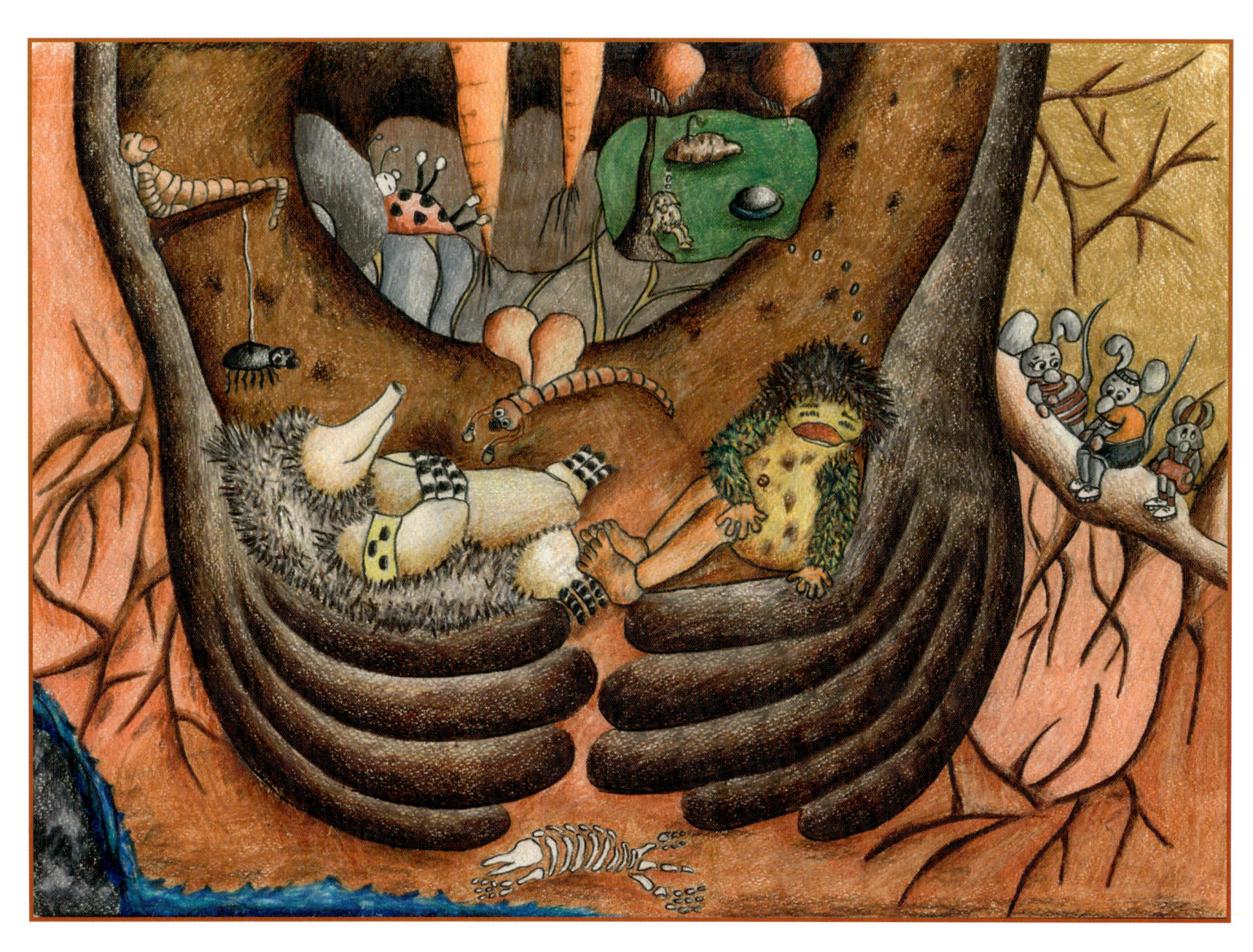

Geborgen und sicher getragen im Bauch von Mutter Erde

Earthy: Meine Lieben, ich habe noch ein wunderbares erfrischendes Geschenk für euch, eine ungewöhnliche, unterirdische Belohnung. Kommt mal alle her, hier gibt es frisches, klares Quellwasser. Schaut nur, wie die Wurzel dieser knackigen orangefarbenen Karotte sich an die Wasseradern der Quelle heranmacht. Trinkt euch ruhig satt und löscht euren Durst. Dies ist das schmackhafteste Element unserer Erde.

Erzähler-Begleiter: So konnten wir wieder einmal die wunderbare Erfahrung machen, wie fürsorglich Mutter Erde mit uns ist. Sie sorgt für uns in jedem Moment, trägt uns, nährt uns, schützt uns und füttert unsere Sinne unentwegt mit Lebendigkeit. Das einzige, was wir tun müssen, ist wach und bei Sinnen zu bleiben. So lernen wir durch ihr Vorbild, jeden Tag mit uns selber fürsorglich umzugehen.
Earthy und Kalliopi legen sich vertrauensvoll an einen kuscheligen Platz im Erdinneren, um sich dort auszuruhen. Sie liegen so friedlich und behaglich da, als hätten sie nie etwas anderes gemacht. Ab und zu ist ein leises Raunen und Murmeln zu hören, gerade so, als würden sich die beiden selber in den Schlaf wiegen. Kalliopi hat jetzt verstanden, dass Tod und Leben zusammengehören. Sie hat ihre Lebendigkeit durch das Ausdrücken ihrer Trauer um den Papa und den Opa wieder gefunden.

Diabolino: Huhh, dieser Erdenschoß ist ja Mutterschoß hoch zehn. Das fühlt sich ja an wie zehnmal Mama! Es ist so schön hier und unerwartet kuschelig, da möchte man gar nicht mehr raus. Unter uns gesagt, hier könnte ich ewig bleiben. Aber die Sinne kitzeln mich. Sie wollen von den wunderbaren Reizen der Natur belebt werden und das Leben auf der Erde richtig genießen. Hierher unter die Erde kommt man sowieso irgendwann, aber erst, wenn die Zeit reif ist. Das ist ein universelles Lebensgesetz und das gilt für uns alle. Und weil es hier so kuschelig ist, muss man sich gar nicht mehr so viel ängstigen deswegen.

Kalliopi: Ich fühle mich wie neu geboren, aber diesmal aus dem Schoß der Mutter Erde. Ich bin jetzt ein richtiges Erdenkind. Das, was ich hier oben sehe, ist meine Welt, in der ich leben und wachsen werde. In Zukunft wird mich die Mutter Erde immer tragen und nähren, und ich kann ohne Angst auf ihr leben. Diese Mutter kann ich niemals verlieren. Ich hab auch mehr Vertrauen zu mir selbst gewonnen, weil ich mich ihr liebevoll anvertraut habe.

Erzähler-Begleiter: Nach diesen aufregenden Abenteuern und klärenden Tränen kommt Kalliopi wieder ans Tageslicht gekrochen. Sie sieht sehr zerzaust aus, und ihre Federn haben eine wunderbar erdige Farbe bekommen. Voll Freude und mit erhobenen Armen begrüßt sie die Sonne und alle, die da auf sie warten. Ihre lebendige Ausstrahlung zeugt davon, dass ihr inneres Lebensfeuer wieder hell und stark ist. Die anderen Tiere warten oben und applaudieren kräftig.

Pan-Orpheas: Ja, ja, die meisten von uns wissen viel zu wenig über unsere totale Abhängigkeit von der Erde. Ohne die Schutzschicht über unseren Köpfen würden wir von den Strahlen des Universums vernichtet werden. Ohne den irdischen Atemhauch würden wir ersticken. Nicht einmal zwei Minuten lang würden wir ohne ihren Atem überleben können. Ohne ihr Wasser würden wir schon nach kurzer Zeit in eine gefährliche Durstkrise stürzen. Ohne Nahrung würden wir nach ein paar Wochen sterben. Also die Liebe der Erde zu uns ist die beste Sicherheit für unser Dasein auf dieser Welt. Übrigens diese Liebe, die sie für jeden einzelnen von uns parat hat, ist selbstverständlich.
Nur wenigen ist bewusst, dass jeder von uns einmalig und einzigartig ist. Mich und dich, liebe Leser, gibt es nicht noch einmal, weder jetzt, noch in der Vergangenheit oder in der Zukunft. Also freuen wir uns für unsere Einmaligkeit, übrigens nicht nur auf der Erde, sondern sicherlich im ganzen Sonnensystem. Sowas – wer hätte das gedacht?! Es ist daher eigentlich ganz selbstverständlich, Liebe für Mutter Erde zu empfinden, je mehr, umso besser. Schade, dass die Erde nicht ein bisschen kleiner und handlicher ist. Dann könnten wir sie ein paar Mal fest umarmen und drücken. Bitte aber nicht zu fest, sonst platzen die ganzen Früchte und verkümmern die schönen Blumen.
Die Unantastbarkeit der Erde und alles Lebendigen sollte die Grundlage allen Seins sein. Unsere Aufgabe während unserer Zeit auf dieser Erde ist das Schützen der eigenen Lebensräume. Eines ist sicher, nirgendwo sonst im Universum können wir existieren. Also wollen wir hier leben, anstatt nur zu parken und auf das Danach zu warten!

Kalliopi nimmt die Welt mit offenen Sinnen wahr

Erzähler-Begleiter: Kalliopi ist sich im Dunkeln ihrer Sinne bewusst geworden und genießt jetzt in vollen Zügen all die Gerüche, die Wärme der Sonnenstrahlen, den Vogelgesang, das Rauschen des Windes, das Plätschern des Wassers. Die immer noch aufgeregten Zuschauer im Theater applaudieren und genießen mit ihr.

Kalliopi: Ich weiß jetzt, solange ich mit beiden Beinen fest auf der Erde stehe, kann mir nichts passieren. Hier ist alles zu finden, was ich brauche, sogar begeisterte Freunde.

Erzähler-Begleiter: Kalliopis Augen sind weit geöffnet. Ihr Blick hat sich verändert, sie kann jetzt weit, aber auch gleichzeitig ganz tief auf die Natur schauen und sehen, was dahinter steckt. Sie hat drei Arten zu sehen gewonnen: Weitblick, Überblick und Tiefenblick. Außerdem hat sie gelernt, in Ruhe in sich hinein zu schauen. Sie hat keine Angst mehr davor, sich selber zu sehen und zu spüren mit all ihren Ängsten, Verletzungen, Verwundbarkeiten, aber auch mit ihren Fähigkeiten und Stärken. Schließlich hat Kalliopi von Earthy gelernt, dass andere Sinne die Aufgabe von denen übernehmen können, die, aus welchen Gründen auch immer, nicht mehr zur Verfügung stehen. Der Maulwurf ist ein gutes Beispiel dafür. Er kann ja sogar mit seinen Füßen und seiner Nase sehen und hat seine Ohren so gut entwickelt, dass er das Graben einer Ameise am anderen Ende des Feldes hören kann.

Hymnus an die Sinne

Kalliopi:
*Mit Sinnen, wie mit Armen lang,
erfasse ich das „Um-mich-rum".
begreife, staune und entdecke
die Welt, das Leben, bleib' nicht dumm!*

*Wenn wir die Sinne all nicht hätten,
nicht schmecken könnten, riechen, seh'n,
nicht hören, fühlen, spür'n die Erde,
wir könnten von ihr nichts versteh'n.*

*Es ist ein riesiges Geschenk
mit allen Sinnen sinn-voll leben,
und ein Geheimnis obendrein
drinnen und draußen, nehmen, geben.*

*So öffne ich dem Neuen mich,
lern mit ihm sinn-voll umzugeh'n.
Die Schönheit „Erde" ist gedacht,
im Leben einen Sinn zu seh'n.*

Assipelli und Pan-Orpheas: Schade, liebe Erde, dass du nicht ein bisschen kleiner bist, sonst könnten wir dich oft umarmen!

Klangschalenentspannung

Pan-Orpheas: Wenn die Klangschale Helianthos hier draußen auf der Erde schwingt, ist es anders als innen in der Erde. Die Schwingung und der Klang, den sie trägt, breiten sich wie das Universum nach dem großen Ereignis des Big Bang aus. Übrigens: Der Klang des Big Bang von damals ist immer noch unterwegs. Ist es nicht wunderbar, dass wir uns jetzt hier, getragen von der Erde, mit Hilfe des goldenen Klanges des Helianthos den damaligen Start nochmals vorstellen und in Mini-Format nacherleben können? Beide Urkerne, der des Universums und der der Erde, schwingen. Wir erleben etwas, das wir als Klangmaterialisation bezeichnen können, d.h. es hilft uns, unseren eigenen inneren Kern oder unsere inneren Kerne, unsere Mitte oder unsere Mitten zu entdecken und kennenzulernen. Die Schwingung des Helianthos bringt alles in Bewegung. Wir spüren dabei, dass wir alle verwandt sind. Wir stammen aus dem gleichen Stoff, Magma, das in Schwingung gebracht worden ist. Durch diese Schwingung fühlen wir uns alle untereinander und mit dem Ganzen verbunden. Die Ur-Schwingung von der Entstehung des Universums ist überall gespeichert, im Gestein, im Baumstamm, im Wasser und sogar in unserem Leib. Das erklärt, warum wir uns so wohl fühlen, wenn wir in Schwingung kommen. Wir spüren dann plötzlich wieder die Verbundenheit mit allem, was ist.

Wir sind alle Mitspieler des unendlichen Sinfonie-Orchesters des Universums. Wir sind einzigartig unter all den Mitspielern, wie ein Instrument, welches mit allen anderen mitschwingt, dabei aber seine eigene Schwingung (Melodie) behält und damit erkennbar und einmalig ist. Das gibt uns ein sicheres Gefühl, weil niemand dabei verloren gehen kann. (Dies alles sind die Grundlagen des innovativen Trans-Sonans-Modells. Es geht von der Annahme aus, dass wir schwingende Wesen sind, geborgen in einer schwingenden Umgebung und geboren aus einem immer noch schwingenden Universum, das noch sehr lange schwingen wird.)

Pan-Orpheas: Liebe schwingende Freunde! Jetzt ist es an der Zeit, den viel gepriesenen Helianthos zu genießen: Macht es euch auf der Erde bequem, schließt die Augen, spürt unter eurem Rücken den Bauch von Mutter Erde, vergewissert euch, dass sie euch liebt und trägt, und verweilt ein wenig in dieser Stellung. Atmet jetzt ein paar Mal tief ein und aus. Stellt euch beim nächsten Einatmen vor, der Atem sei ein guter Freund, den ihr liebevoll durch alle Räume eures Körpers begleitet und dem ihr zeigt, wie schön es bei euch ist. Wenn ich dann die Klangschale zum Erklingen bringe, ist es Zeit, den Atem loszulassen. Schickt ihn mit dem Klang wieder nach draußen. Atmet dann ein paar Mal wieder in eurem Rhythmus ein und aus und versucht dabei zu spüren, wie euer Körper sich anfühlt. Wenn dann die Klangschale wieder erklingt, nehmt ihr die Schwingung und den Klang ganz in euch auf. Öffnet euch und lasst zu, dass die Schwingungen sich in eurem Körper ausbreiten können. Lasst den Klang über die Ohren, die Nase und alle eure Hautporen in euren Körper gelangen und genießt diese innere Bewegung. Ich werde Helianthos ein paar Mal anschlagen, damit ihr den Klang einatmen und bei der Ausatmung durch euren Rücken wieder an die Erde zurückschenken könnt.

Da die Erde ja auch immerzu schwingt, versucht einmal zu spüren, ob ihr dies wahrnehmen könnt. Wenn ja, dann lasst euch darauf ein, mit ihr zu schwingen, und genießt es. Nehmt euch Zeit, dieses Gefühl richtig auszukosten. Öffnet wieder die Augen und sprecht miteinander. Erzählt euch gegenseitig, wie es euch ergangen ist und was ihr gespürt habt. Danke, dass ihr so konzentriert und aufmerksam mitgemacht habt! Ich empfehle euch, diese Übung jeden Tag zu probieren. Dabei entsteht ein Gefühl der Sicherheit, des Vertrauens und der Verbundenheit.

Schweinchen: Ah, ich fühle mich wie nach einer Frisch-Klang-Kur! Richtig entschlackt und neu belebt! Gigantisch!

Marienkäfer: Irgendwie scheinen die Zellen in mir neu sortiert und geordnet worden zu sein. Endlich sind meine Flügel wieder an ihrem richtigen Platz!

Frosch: Und mein Maul ist endlich wieder breit und weit. Ich hatte irgendwie eine Verklemmung in der Kinnlade. Oh, jetzt spüre ich auch meinen riesigen Hunger. Es wird Zeit, ein paar Fliegen zu verspeisen!

Sinnliche Erdennahrung und schmatziger Erdentortenklang

Erzähler-Begleiter: Wir möchten euch an dieser Stelle noch einmal darauf aufmerksam machen, dass unsere wachen Sinne eine Ehrung der Erde bedeuten. Durch sie sind wir permanent mit der Erde verbunden. So fühlt sie sich geschmeichelt und geliebt. Wenn wir also durch Selbstfürsorge unsere Sinne wach halten, zeigen wir unsere unermessliche Liebe zur Mutter Erde. Das heißt: Je schärfer die Sinne, umso größer die Liebe! Und wenn einer der Sinne wie bei Earthy nicht so gut ausgebildet oder verloren gegangen ist, sind dafür die anderen Sinne umso lebendiger, sodass die Liebe der Erde für jeden von uns genauso groß ist.
Und jetzt gibt es Erdentorte. Kalliopi probiert, aber es knirscht zwischen den Zähnen. Auch die anderen Tiere stehen Schlange, um von ihr ein Stück Torte direkt in den Mund gesteckt zu bekommen. Den meisten trieft der Speichel aus dem Mund, so gelüstet es sie nach einem Stück Erdentorte. Einer reißt den Mund sogar so weit auf, dass man den Bauchnabel von innen sehen kann, so gierig ist er.

Kalliopi: Gute Erde, wie wunderbar, dass du von Natur aus eine leckere Torte bist und uns Erdenwesen alle so reichlich beschenkst, nährst und trägst. Sogar dein Wasser schmeckt wie göttlicher Nektar.
(schreit wie eine Marktfrau) Hier gibt es die beste Erdentorte weit und breit! Wer will mal probieren? Unverwechselbar im Geschmack! Superlecker!

Engel schmatzen lüstern: Schade, dass wir nicht mitessen können. Wir würden so gerne auch ein Stück Erdentorte essen. Aber der Himmel ist viel zu weit weg. Außerdem würden unsere Engelszähne sicherlich von solchen irdischen Leckereien schnell aus dem Mund und vom Himmel fallen.

Engel in rot: Ist es nicht komisch? Vor lauter Himmelsluft hier oben wissen wir gar nicht mehr, wie gut unsere Erde schmeckt. Ja, ja, es ist lange her, dass wir echte Erdenluft gerochen und geschmeckt haben. Wäre höchste Zeit, der Erde wieder einmal einen Besuch abzustatten. Aber ob die uns wohl wieder haben wollen da unten?

Engel in grün: Aber weißt du, manchmal habe ich den Verdacht, die Erdenbewohner haben auch schon fast vergessen wie die Erde schmeckt. Warum sollten sie sich sonst so danach sehnen, hier oben im Himmel zu sein?

Mutter Erde: Liebe Kalliopi, ich bewundere dich sehr und weiß, dass du deinen Weg schaffen wirst. Nimm dich selbst an die Hand und hör nicht auf zu lernen, dich lieb zu haben und dein bester und treuester Gefährte zu sein. Mein Herzensschlag wird dich sowieso immer und überallhin begleiten und mit deiner Herzensschwingung mitschwingen. Wenn du mich brauchst, leg dich einfach auf mich und spüre meinen Erdenpuls. Ich bin immer in Kontakt mit dir, weil ich „online" mit dir bin. Uns verbindet, so würden die Menschen es ausdrücken, eine Hotline, Tag und Nacht. Ansonsten begleiten dich auch noch viele wunderbare treue Freunde. Einer davon ist gerade wieder unbemerkt aufgetaucht. Dem kannst du alles anvertrauen, was dir auf dem Herzen liegt. Er ist ein erfahrener Kobold. Hee, Mega-Foot, schön, dass du wieder da bist! Ich bin mir sicher, dass du als waschechtes Erdenkind mit deiner feinen übergroßen Nase meine Erdentorte gewittert hast. Lass es dir gut schmecken!

Mega-Foot (genüsslich schmatzend mit vollem Mund): Mpf, mpf, also nach so vielen Jahren, in denen ich kleine und große Menschenkinder begleitet habe, vor allem in die Trauer-Unterwelt, freue ich mich riesig, mit euch hier diese Erden-Torte zu vernaschen. Ich möchte dringend noch ein Stück Erdentorte! Mein Magen knurrt nach so viel Arbeit nämlich gewaltig! Ich habe ein riesiges Loch im Bauch, das dringend gefüllt werden muss, damit ich nach einem ausgiebigen Heilschlaf wieder meiner Profession als Trauer-Tränen-Lebendigkeits-Spezialist frönen kann!

Zuschauer: Schade dass wir die Erde nicht direkt essen können! Dann müssten wir uns nicht so oft mühen, auf Bäume zu klettern, um in Nachbars Garten Kirschen zu holen.

Earthy: Ihr Menschen könnt die Erde leider nicht pur essen, so wie wir Erdenviecher. Sie muss vorher von einem Baum oder einer Pflanze gegessen, verdaut und umgewandelt werden. Dann gibt es wunderbare, pralle, farbige, aromatische Früchte, die manchmal süß schmecken, aber auch bitter oder sauer, je nachdem. Es ist schon wie ein Wunder, dass jede Baum- oder Pflanzenfrucht, obwohl von der gleichen Muttererde genährt, einen ganz anderen, völlig unverwechselbaren Geschmack hat. Es gibt unendlich vielfältige kleine Köstlichkeiten zu entdecken, all die Früchte, Gemüse und Heilpflanzen dieser Erde.

Kalliopi (zum Wurm): Langsam, nicht so gierig, das ist viel zu groß für deinen kleinen Mund. Du kriegst noch Falten auf der Stirn, wenn du solche Grimassen schneidest.

Erzähler-Begleiter: Maulwurf Earthy sitzt auf seinen Hinterbeinen und ist sehr stolz auf sich. Das Entlein ist nun nicht nur schmutzig von der Expedition unter die Erde, sondern auch von der Erdentorte. Der ganze Schnabel und die Brust sind verschmiert und so richtig „erdentortenbraun". Kalliopi bedankt sich ganz herzlich bei der Erde für dieses wunderbar, sinnliche Erlebnis und sieht sehr zufrieden aus.

Die Erdentorten Party

Pan-Orpheas:

Fruchtige, leck're Kugel du,
zu groß zum Runterschlucken,
schmeckst besser noch als Zucker pur,
nur manchmal muss ich spucken!

Wenn ich direkt dich essen will
als Sand, als Stein, als Erdenmus,
die Zähne woll'n nicht – lieber kosten

die volle Frucht, den vollen Kuss!

Schmeckst nach vier Jahreszeiten herb
Und süß und würzig, lecker!
Schmeckst nach der Vielfalt dieser Welt
Lockst Erden-Geschmacks-Entdecker!

Geliebt bist Mutter Erde du,
Bist immer da, beständig, treu,
Ob wir nun brav und frech und hitzig.
Singt, tanzt und freut euch täglich neu!

Erzähler-Begleiter: Satt und gestärkt bedankt sich Kalliopi bei Earthy. Sie umarmen sich und versichern einander, dass sie immer Freunde sein werden. Kalliopi macht sich auf den Weg hinein in die weite Landschaft, während Earthy es sich wieder auf seinem Maulwurfshügel gemütlich gemacht hat und ihr nachwinkt. Das Entlein riecht die Blume, sieht die Farben und ist begeistert. Es wird geblendet vom Licht und den starken Farben, die entstehen, wenn man lange im Dunkeln war. Das Entlein schließt die Augen und probiert so, die Farben der Blumen zu sehen. Das hat sie ja von ihrem Freund Earthy gelernt.

Kalliopi: Jetzt hat mich die Erde wieder, und ich habe sie auch. Wir haben uns! Ich könnte die ganze Welt küssen.

Kalliopi: Na, mit so einem Lehrer, wie du einer bist, kann ja nichts schief gehen. Ich weiß, mein Herz wird schneller schlagen und sich wärmer fühlen immer dann, wenn ich an dich denke. Du bist ein wirklicher Freund. Mit dir könnte man „Enten stehlen" gehen!

Earthy: Glaub mir, obwohl ich blind bin, möchte ich dir sagen, dass du das schönste und lebendigste Entlein bist, das mir jemals begegnet ist. Ich bin stolz auf dich und weiß, dass du eine wunderbare ganze Ente werden wirst, noch bevor das Buch zu Ende ist. Ich spüre, dass du es selber willst und auch bereit bist, etwas dafür zu tun. Mach dich jetzt auf den Weg. Du hast wieder mehr Selbstvertrauen gewonnen, weil du ein wenig mehr von dir weißt und dich selbst mehr liebst. Meine besten Wünsche begleiten dich!

Erzähler-Begleiter: Wir, die Zuschauenden, können jetzt aus den aufregenden Erfahrungen, die Kalliopi soeben gemacht hat, die besten Rosinen herauspicken. Wir haben gelernt, dass wir fähig sind zum „richtigen" Sehen, nicht nur oberflächlich und seicht, sondern bis hinunter zum Kern, und das nicht nur außen, sondern auch innen, in uns selbst. Wenn wir mit einer klaren inneren Sicht mit dem Herzen auf das Äußere blicken, können wir das Wesentliche darin erkennen. Wir konnten also die Fähigkeit entwickeln, das, was da ist, gut im Blick zu behalten, statt abzuschweifen und damit unser Ziel aus den Augen zu verlieren. Schließlich haben wir gelernt, den Blick nicht nur krampfhaft auf das eine Naheliegende zu fixieren, sondern durch Weitblick neue Horizonte zu entdecken, um manche Lebenszusammenhänge besser verstehen zu können. Sehen ist also nicht gleich sehen! Nicht zuletzt konnten wir die wunderbare Erfahrung machen, dass wir alle Schwingungswesen sind, eingebettet in eine schwingende Umgebung, und dadurch miteinander verbunden.

Band II Teil 3

Seltsam, wenn Entenfedern nicht ins Wasser wollen - Schwimmen lernen heißt, sich dem Wasser anvertrauen

Kalliopi stößt auf Mehmet, den ungewöhnlichen Raben

Erzähler-Begleiter: Ein Rabe braucht kein Löwe zu sein, weil vor ihm sowieso schon alle zittern. Alle haben Angst vor seiner schwarzen Farbe, da sie abergläubisch sind: Rabe, Unglücksrabe, Vogel des Winters und der Veränderung, Vogel der Trauer. Er bringt nur Unglück, so denken viele Menschen. Nur wenige haben Respekt und Achtung vor ihm. Sein Gefieders glänzt wie Schwarzgold, das heißt, er liegt eigentlich voll im Trend mit seiner Kleiderfarbe. Sein orange-gelber Schnabel hebt sich leuchtend ab von seinem schwarzen Kleid. Einfach toll! Er muss sich nach der Arbeit auch nicht immer umziehen und waschen, weil man auf seinem Kleid keine Flecken sieht. Außerdem wirkt er sehr seriös, und manches kleine Tier, das ihn nicht kennt, macht unbewusst einen kleinen Diener vor ihm. Er braucht keinen Winterschlaf und lebt somit doppelt so lange wie die Faultiere, die den ganzen Winter über schlafen. So könnte man ein ganzes Buch über den Raben schreiben. Ein äußerst interessantes Tier ist das. Diesem Vogel muss unsere Kalliopi unbedingt begegnen. Dann wird sich zeigen, was sie alles von ihm lernen kann. Natürlich wird es viele Widerstände aus konservativen Kreisen geben, denn was sollte man von einem hässlich aussehenden Taugenichts schon lernen können. Aber es könnte auch wieder ein Mega-Event geben. Sicher schwitzen die Engel im Himmel schon jetzt bei der Vorstellung, das arme Entlein könnte von diesem komischen Kauz etwas lernen. Na, ja, wie dem auch sei, Bühne frei für unseren wundervollen Mehmet. Die Moral von der Geschichte ist, dass jedes Aussehen faszinierend ist, wenn man es akzeptiert und gerne zeigt. Dann ist man immer etwas Besonderes, egal ob Rabe oder halbe Ente.. Akzeptiert man sich selbst nicht so, wie man ist, tun es auch die anderen nicht.

Noch geblendet vom Licht der Sonne versucht Kalliopi, die Farben der Blumen mit geschlossenen Augen zu erraten. Dabei stößt sie plötzlich auf ein dunkles, rabenschwarzes Etwas, das erschreckt aufspringt und zu schimpfen beginnt.

Rabe Mehmet: Ich habe es mir doch gedacht, dass du irgendwie eine maulwurfsverwandte Gattung sein musst.

Kalliopi: Nein, nein, verwandt bin ich nicht mit dem Maulwurf. Ich bin nur ein schmutziges kleines, noch nicht ganz gewordenes Entlein. Ich habe mich eben zusammen mit meinem Freund Earthy genussvoll im Erdenstaub gewälzt und von der wunderbaren Erdentorte gegessen. Ich heiße Kalliopi, wie die berühmte Muse aus der Antike, wenn du weißt, wen ich meine. Aber, so wie du aussiehst, bist du bestimmt ein gebildeter Vogel und kennst dich aus in der griechischen Geschichte.

Rabe Mehmet: He, nun mal langsam! Was machst du denn da, suchst du etwa Flöhe bei mir? Die mögen keine Raben, weißt du das nicht? Außerdem störst du mich gerade mächtig beim Lesen (schaut genauer hin). Was bist du bloß für ein komisches kleines Tier? So eine Gattung ist mir noch nie untergekommen. Bist du überhaupt ein Tier oder was? Wie du aussiehst, bist du eher so eine Art Wühletwas!

Kalliopi (putzt sich den Erdenstaub aus den Federn und steht verschämt da): Hallo, ich bin sonst nicht so schmutzig wie jetzt. Ich komme nämlich gerade aus der Erde. Ich war dort drinnen zu Besuch bei meinem Freund Earthy, dem Maulwurf.

Rabe Mehmet (küsst ihr in Kavaliersmanier den Flügel): Angenehm, kleines Fräulein, ich bin Mehmet. Ich überlege gerade, wie ich den Menschen begreiflich machen könnte, dass ich nicht so dunkel bin, wie ich aussehe. Irgendwie mögen sie mich nicht, weißt du, und das bereitet mir ab und zu etwas Sorge. Manchmal färben sich sogar meine Federn rot, so wütend bin ich darüber.

Kalliopi: Das verstehe ich nicht. Ich finde, du bist sehr nett. Aber lass mich schnell meine Federn waschen, bevor wir weiterplaudern, damit ich mich besser fühle.

Rabe Mehmet: Ich kann mich waschen, wie ich will. Ich bleibe weiterhin schwarz, sozusagen lebenslänglich. Außerdem mag ich das Wasser nicht besonders. Dabei bin ich ein sehr sauberes Tier und fühle mich wohl in meinem schwarzen Federkleid. Kann ich vielleicht etwas dafür, wenn die Menschen bei Schwarz immer gleich an das Schlimmste denken? Vielleicht mögen sie aber auch meine Stimme nicht. Ich gebe ja zu, ich krächze ein bisschen, aber die Nachtigall, die mir Stimmunterricht geben könnte, weigert sich standhaft. Vielleicht mag sie mich auch nicht, oder sie will ihren Stimmschönheitsidealen nicht untreu werden. Es ist schon komisch, bei den Menschen ist es genau umgekehrt: Je krächziger die Stimme, desto eher kann man Karriere machen. Hast du das gewusst?

Erzähler-Begleiter: Mehmet und Kalliopi gehen zum See. Er zeigt ihr, wo sie sich waschen kann. Kalliopi steht ein wenig scheu und unsicher da und weiß nicht so recht, wie sie es angehen soll. Sie merkt, dass sie immer noch sehr viel Angst vor dem Wasser hat, diesem dunklen und unbekannten Wesen. Dem Raben ist das nicht entgangen. Ihr zuliebe überwindet er seinen Widerwillen vor dem Nass und zeigt Kalliopi, wie er selbst sich wäscht. Er geht ein paar Schritte ins Wasser hinein, bleibt aber nahe am Ufer, schöpft das Wasser mit den Flügeln und spritzt es über sich.

Kalliopi: Das tut mir aber Leid für dich! Dabei dachte ich die ganze Zeit, ich wäre die Unglücklichste von allen, ein richtiger Unglücksrabe sozusagen. Mal ehrlich, ich habe nichts auszusetzen an deiner Stimme und deinem schwarzen Kleid. Ich finde, es glänzt so wunderbar, und wenn die Sonne darauf scheint, schimmert es sogar ein wenig blau. Tröste dich, lieber Rabe, dann bin ich eben die erste, die dich mag und bewundert. Die anderen werden bald folgen, da bin ich mir ganz sicher. Vielleicht bist du schon bald der Louis Armstrong der Raben und singst dich in die Herzen sämtlicher Waldbewohner, wer weiß? Dann wirst du viele Fans haben.

Rabe Mehmet: Kein schlechter Gedanke. Das werde ich mir mal ernsthaft überlegen. Aber jetzt komm mal mit! Ich zeige dir, wo du dich waschen kannst.

Rabe Mehmet: Siehst du, das geht ganz einfach. Komm schon, Kalliopi, versuch es auch. Das wäre ja gelacht! Wenn du wirklich eine echte Ente bist, klappt es bestimmt, dann hast du es nämlich im Blut. Komm schon, wir versuchen es gemeinsam, und es wird bestimmt gelingen, so wahr ich Mehmet heiße.

Blonder Engel mit Wuschelfrisur: Wenn das nur gut geht! Ein Rabe als Wasserexperte! Wo gibt es denn so was? Womöglich will er sich auch noch als Schwimmtrainer versuchen?

Kalliopi fällt ins Wasser und geht fast unter

Erzähler-Begleiter: Das Entlein versucht, sich zu waschen, rutscht aber aus, fällt ins Wasser und geht dabei strampelnd unter. Ein großer Aufschrei geht durch die Reihen der Zuschauer. Jetzt wissen alle, dass Kalliopi nicht schwimmen kann. Sie ist also doch eine halbe Ente! Mehmet erschrickt nicht schlecht, als er das kleine Entlein untergehen sieht. Damit hat er nun wirklich nicht gerechnet. Trotz Erstaunen reagiert er jedoch blitzschnell, reicht Kalliopi einen seiner starken Flügel und zieht sie aus dem Wasser.

Oberengel: Jetzt alle aufgepasst – wir müssen gleich losdüsen zum Schutzengeleinsatz! Hoffentlich ist das Wasser nicht zu kalt! Vergesst eure Schwimmwesten nicht, wir können ja allesamt nicht schwimmen. Zieht eure Badeanzüge an, schließlich hat noch niemand einen leibhaftigen nackten Engel gesehen. Schnell, schnell, wir kommen sonst zu spät!

Kalliopi (jammert): Nicht einmal schwimmen kann ich! Ich gehe einfach unter. Ich habe schreckliche Angst davor, zu ertrinken. Oh ich glaube, das werde ich nie lernen, dabei sollte ich das ja schon lange können. Ich bin gar keine richtige Ente!

Rabe Mehmet: Wie, du kannst gar nicht schwimmen? Oh je! Dann ergeht es dir ja nicht besser als mir, ich kann es nämlich auch nicht. Du hattest wohl auch so eine Rabenmutter wie ich, die dir das Schwimmen nicht beigebracht hat. Ja, wenn das so ist, dann bist du ja wirklich noch keine ganze Ente. Aber bestimmt wirst du bald eine werden. Da bin ich mir ganz sicher. Wenn ich dich so anschaue, ist das eigentlich logisch. Schau mal, du hast alles, was du dafür brauchst, was man von mir ja nicht behaupten kann. Aber schließlich hat man ja noch nie was von Schwimmraben gehört, oder?

Würmlein: Da haben wir den Salat! Jetzt ist die Tragödie perfekt.

Rabe Mehmet: Ist ja schon gut, ist ja nichts Schlimmes passiert! Lass dich nicht gleich unterkriegen! Noch bevor der Tag zu Ende geht, wirst du schwimmen können. Das verspreche ich dir, so wahr ich Mehmet heiße. Ich helfe dir, aber ich darf dabei nicht ins Wasser fallen. Meine Federn mögen nicht so viel Wasser auf einmal. Und weißt du was, wir beginnen jetzt gleich damit. Los, komm, auf zum Mega-Schwimmtraining!

Das rabenschwarz geniale Schwimm-Trockentraining

Rabe Mehmet: Liebe Kalliopi, ich kann es immer noch nicht glauben, dass du nicht wie eine echte Ente schwimmen kannst. Wie kommt das? Das ist doch nur eine Übungssache. Wenn du heute hier lernst, etwas mehr dir selbst zu vertrauen, dann kann es gar nicht schief gehen. Ich jedenfalls habe vollstes Vertrauen in dich, es wird bestimmt gelingen!

Stell dich erst einmal mit lockeren Füßen auf den Boden und suche liebevoll und aufmerksam Kontakt zur Mutter Erde. Deine Zehenballen berühren zärtlich die Bauchhaut der Erde und begrüßen sie liebevoll. Dann dehnst du der Reihe nach alle deine Zehen. So werden sie gestärkt und können gleichzeitig auch ein wenig gelüftet werden, in den Zehenzwischenräumen meine ich. Sieh mal, deine Zehen sind vor lauter Angst ganz fest zusammengekrallt; da brauchst du dich nicht zu wundern, wenn es zu stinken anfängt. Wir lüften sie jetzt einfach ein bisschen, OK.? Versuche als Nächstes, ein wenig mit deinen Füßen und Beinen zu experimentieren. Du kannst dazu dein Gewicht abwechselnd vom linken auf das rechte Bein verlagern und so versuchen, dein Gleichgewicht zu finden. Versuche einfach, dein Gewicht gleichmäßig auf beide Beine zu verteilen.

So, jetzt schließ deine Augen und konzentriere dich auf deinen ganzen Körper. Spür deinen Atem, der freiwillig kommt und geht, und freue dich, dass er immer da ist. Er ist ein treuer Kamerad auf deinem Lebensweg, der dich überallhin begleitet. Inzwischen spürst du sicherlich auch schon das Herz in deiner Brust und vielleicht sogar ein Pulsieren im ganzen Körper. Freue dich über diesen zweiten, treuen Kameraden in dir. Versuche jetzt, mit deinen breiten Entenfüßen wieder die Erde zu spüren, die dich trägt. Übrigens, man kann es ja nicht oft genug wiederholen, aber die Erde hat dich immer getragen, seitdem du geboren bist, und du hast es gar nicht mal bemerkt. Hab Vertrauen, sie wird auch weiterhin immer für dich da sein, sogar wenn du im Wasser bist. Das Wasser ist nämlich auch eine Art Boden, der uns sicher tragen kann. Euch Enten fällt es gar nicht schwer, euch vom Wasser tragen zu lassen. Ihr seid eigens dafür ausgestattet, ja ihr könnt sogar mit ziemlicher Geschwindigkeit darauf landen. Das ist nur möglich, weil die Erde das Wasser trägt und das Wasser dich. Dies hat das Wasser von der Erde gelernt und die Erde vom Universum. Deine Aufgabe ist es, zu lernen, dich dem Wasser anzuvertrauen. Aber zuerst solltest du ein wenig experimentieren mit diesem Element und es langsam kennen lernen. Sei dabei so vorsichtig und liebevoll, wie es für dich gut ist. Jetzt dreh dich einfach mal in Richtung Wasser und fang an, über dein wunderbar glänzendes Gefieder zu streichen. Breite deine Flügel weit aus und bewege sie ein bisschen auf und ab. Ja, so ist es gut. Du kannst damit schwingen und dabei kräftig ausatmen. Vergiss nicht, mit dem Po hin und her zu wackeln. Ja, so ist es gut, sieht ziemlich kokett aus! Lass nun die Arme langsam wieder sinken und leg sie liebevoll um deinen Körper, nimm dich einfach selbst in den Arm. Ach, sieht das schön aus! Sehr gut machst du das!

Rabe Mehmet: Das hätten wir! Das Trockentraining ist gelungen! Ich denke, du bist jetzt gut vorbereitet für die Übungen im Nassen. Also hinein in das Wasser, in dein Element. Spür erst einmal mit den Füßen den Boden des Sees, nimm wahr, wie er dich trägt, genauso wie vorher am Ufer. Dann gehst du langsam ein wenig tiefer hinein in den See. Wenn du die Sicherheit des Bodens gut spürst, versuche langsam und vorsichtig, deinen Oberkörper dem Wasser hinzugeben. Merkst du, wie das Wasser dich elastisch und federnd tragen kann? Stell zwischendurch immer wieder einmal die Füße auf den Boden und dann zieh sie wieder hoch. Wenn du ein paar Mal das Vertrauen zum Boden mit dem zum Wasser tauschst, wirst du automatisch immer mutiger und experimentierfreudiger. Jetzt kommt es auf das Vertrauen an, das du inzwischen zum Wasser gewonnen hast. Such dir dann selbst den Moment aus, wann du dich ganz dem Wasser anvertrauen willst. Ja, wunderbar machst du das, Kalliopi, gut so! Bleib langsam in deinen Bewegungen, ich helfe dir und halte dich ein wenig. Kannst du schon spüren, wie leicht sich dein Körper anfühlt? Halte den Kopf ein wenig höher, ja, super machst du das! Jetzt kannst du beginnen, ganz langsam deine Füße und Hände zu bewegen. Siehst du! es geht schon vorwärts. Denk daran, das Wasser vertraut sich der Mutter Erde an und dein Körper vertraut sich dem Wasser an und du vertraust deinem Körper. Merkst du, wie das Wasser dich trägt? Du brauchst nicht nervös und zappelig zu werden, sondern könntest es einfach genießen.

Erzähler-Begleiter: Kalliopi strahlt. Man sieht ihr an, wie sie langsam beginnt, sich im Wasser richtig wohl zu fühlen. Sie paddelt mit ihren Beinen und rudert mit ihren Armen, dass es eine Freude ist, ihr zuzuschauen. Auch Mehmet ist sichtlich zufrieden und betrachtet voll Stolz die Schwimmübungen der kleinen Ente.

Rabe Mehmet: Na also, das klappt ja wunderbar. Ich hab ja gewusst, dass du es schaffen wirst. Ich gratuliere dir! Super hast du das hingekriegt! Ich habe großen Respekt vor dir. Jetzt bist du wieder ein Stück ganzer geworden. Siehst du, was man mit Geduld, Vertrauen, Konzentration und Hingabe im Leben alles erreichen kann?

Kalliopi: Lieber Mehmet, ich gratuliere dir auch. Das hast du toll gemacht! Solche Lehrer wie dich braucht das Land. Es ist schon erstaunlich, wie du es geschafft hast, mir Nichtschwimmerin das
Schwimmen beizubringen, wo du doch überhaupt kein Experte auf diesem Gebiet bist. Da gehört schon einiges an Fantasie, Kreativität und Konzentration dazu. Das Wichtigste aber ist die Liebe zu den Lebewesen, und die habe ich bei dir total gespürt. Danke, lieber Mehmet, ich mag dich so gern. Ich kann gar nicht verstehen, warum dich so viele nicht mögen. Die wissen gar nicht, was sie verpasst haben, weil sie dich nicht kennen lernen wollen. Du hast den schönsten schwarz glänzenden Frack aller Vögel und bist der liebevollste und aufmerksamste Vogel, den ich je getroffen habe.

Allseitige Begeisterung und Bewunderung

Rabe Mehmet: So, liebe Freunde, jetzt macht es unserer lieben Kalliopi nach. Kommt alle ins Wasser! Wir veranstalten ein Mega-Schwimmfest.

Diabolino: Oh, wer hätte das gedacht, dass ich einmal so nahe am Wasser sein kann? Wir Mäuse sind ja bekanntlich chronische Nichtschwimmer. Aber hier auf der Luftmatratze ist es gut, da kann ich dem Wasser nahe sein und bleibe trotzdem trocken. Genial ist das.

Frau Farilari: Ich hätte nie gedacht, dass ein Rabe so intelligent und pädagogisch sein kann. Alle Achtung, das war eine richtige Meisterleistung!

Herr Larifari: Ein Fachmann war am Werk. Hoffentlich ist jemand vom Erziehungsministerium da. So was bräuchten wir als Lehrer in der Schule.

Assipelli: So ist der Lauf der Welt!

Blonder Engel: Schade, dass wir hier oben mal wieder zum Zuschauen verdammt sind. Die Gabe des Schwimmens ist uns vom lieben Gott leider noch nicht verliehen worden.

Rabe Mehmet: So, liebe Kalliopi, jetzt schwimmst du noch eine Ehrenrunde wie eine echte Ente und kommst dann wieder raus aus dem Wasser. Begrüße jetzt mit beiden Füssen die Mutter Erde, steh auf ihr, bedanke dich, dass sie uns alle getragen hat, dich, das Wasser, die Mäuse, den Pan-Orpheas und all die anderen. So ist es gut!

Pan-Orpheas: Im Wasser, müsst ihr wissen, ist es wichtig, nicht gegen die Strömung zu schwimmen. Man muss mit der Natur mitgehen, sie nützen und nicht gegen sie arbeiten.

Diabolino: Papperlapapp, manchmal muss man auch dagegen schwimmen. Ich bleibe dabei, fertig, basta!

Herr Larifari: Seht ihr, ich habe es von Anfang an gewusst, dass Kalliopi es schaffen wird.

Pan-Orpheas: Du wunderbares Entlein Kalliopi. Jetzt weißt du, dass du dir selbst vertrauen kannst und dass du alles, was du zum Lernen brauchst, in dir findest. Du hast aber auch erfahren, dass außer Vertrauen noch viel mehr dazugehört, eben das Wollen, das Ausprobieren, die Lust und die Freude am Experimentieren, die Fähigkeit, sich zu konzentrieren, aber vor allem die Hingabe und die Dankbarkeit an die Natur, an alle Lebewesen und an sich selbst. Stell dir vor, wie unangenehm es wäre, wenn du es nicht probiert hättest. Du würdest weiterhin eine halbe Ente bleiben.

Abschied von Mehmet

Pan-Orpheas: Ach, wir Menschenkinder haben immer den Wunsch, alles zu können, ohne es aber ausprobieren und üben zu wollen.

Erzähler-Begleiter: Nach dem Schwimmabenteuer verabschiedet sich Kalliopi voller Bewunderung, aber auch ein bisschen wehmütig vom Raben Mehmet.

Kalliopi: Danke, lieber Mehmet, dass du mir das beigebracht hast. Was bist du für ein toller Vogel, ein richtiger ganzer Rabenkerl!

Rabe Mehmet: Ach was, keine Ursache, wir sind doch vom gleichen Holz, ähh, will sagen aus gleichen Federn geschnitzt. Wir haben doch beide Rabenmütter gehabt! Aber, pst, im Vertrauen, ich werde es bestimmt auch mal probieren, das mit dem Schwimmen, meine ich, aber lieber erst mal ohne Zeugen.

Kalliopi: Also dann, mach's gut beim Schwimmenlernen, aber sei achtsam! Es ist nicht so leicht, wie es aussieht. Aber du weißt jetzt, wie es geht. Trotzdem ist es das Beste, du probierst immer im seichten Wasser. Und es wäre gar nicht schlecht, wenn du ein paar Zuschauer hättest für den Fall, dass dein Kopf sich nicht mehr über Wasser halten kann.

Pan-Orpheas: So hat Kalliopi einen lieben Freund gewonnen, den sie von Herzen gern haben kann. Sie hat aber auch ein neues Element, das zweitwichtigste für ihr Leben, nämlich das Wasser, kennen und schätzen gelernt. Jetzt kann sie viele ihrer Anteile und Fähigkeiten erproben und ein richtiges gutes Entenleben führen. So fühlt sie sich sicherer, freier, lebensfroher und spürt mehr Sinn in ihrem Dasein.

Erzähler-Begleiter: Aber schon steht ihr das nächste Abenteuer bevor. Sie macht sich wieder auf den Weg. Die ganze Schar ihrer Begleiter folgt ihr und freut sich schon auf das, was auf sie zukommen wird. Es hat sich schon herumgesprochen, dass es ziemlich aufregend ist, Kalliopi auf ihrem Lebensweg zu begleiten. Da ist immer etwas los, man kann eine Menge Nützliches lernen und dabei wachsen und reifen. Eine richtige Lebensschule ist das! Also, Hals und Beinbruch! – und tut euch bloß nicht weh dabei!

Diabolino: Ich will euch noch ein kleines Rezept mit auf die Wanderschaft geben, sozusagen als Geschenk. Es heißt: **„Verlorene Talente wieder finden".** Es gibt keine Gewichtsangaben, das Wichtigste bei diesem Rezept ist, dass ihr von allem genug nehmt:
Ganz genau hinschauen, wahrnehmen, erfassen, beschreiben, ausprobieren, noch mal probieren, üben, üben, üben, es anderen zeigen, sich Bestätigungen holen, sich loben lassen, dann weitere Möglichkeiten der Entwicklung erkunden, Neues probieren, sich selbst loben, sich achten und schließlich nicht vergessen, sich selbst zu lieben.

Band II Teil 4

Kalliopi lernt zu tauchen und die richtige Nahrung in der Tiefe zu finden

Wie soll Kalliopi bloß die leckeren Früchte im Wasser erreichen?

Erzähler-Begleiter: Ein neuer Tag ist angebrochen und Kalliopi bemerkt, dass es ihre Füße plötzlich eilig haben. Sie nähert sich einer wunderbaren Landschaft, und nicht weit von ihr lockt ein traumhafter Waldsee. Sie fühlt sich vom Wasser stark angezogen, und zum ersten Mal spürt sie in sich ein unbändiges Verlangen danach. Sie hat Lust, mit ihren Flügeln zu spielen, zu tauchen ein wenig herumzuschwimmen, was sie ja gerade eben erst gelernt hat. Dieses Gefühl ist irgendwie neu für sie. Jetzt versteht sie plötzlich die kleinen Enten, die sie unterwegs gesehen hat, wie sie spielten, tauchten, laut quackten und viel Spaß hatten beim Herumtollen im Wasser. Sie erinnert sich auch, wie erstaunt sie jedes Mal darüber war, dieses Bedürfnis in sich nicht zu finden.

Am See angekommen, blickt sie erstaunt auf diese wunderbare, blühende Umgebung und wird ganz unvermittelt von zwei Stimmen aus ihren Betrachtungen geholt. Eine Stimme, ganz tief, und eine andere piepsig hohe sind ganz in der Nähe zu hören. Kalliopi sieht sich um und entdeckt eine Eule und einen Schmetterling mit wunderbar großen, farbigen Flügeln, die sich ganz langsam bewegen und sich dabei kühle Luft zufächeln. Mit offenem Mund staunt Kalliopi die beiden an. Sie ist ganz hingerissen von der Schönheit und Leichtigkeit des Schmetterlings Papillon und seinem Piepsstimmchen. Er scheint so sorgenfrei zu sein und so fröhlich. Ebenso erstaunlich findet sie die Ruhe und Gelassenheit der Eule Kukuwaja, die auf sie den Eindruckt macht, als wäre sie die Weisheit persönlich.

Diabolino (zum Publikum): Ihr werdet gleich nicht mehr aus dem Staunen herauskommen, das verspreche ich euch, denn diese beiden ungewöhnlichen und so unterschiedlichen Tiere werden es Kalliopi ermöglichen, in ihrer inneren Schatzkiste zwei überlebenswichtige Fähigkeiten zu finden, um sie dann zu entwickeln, wie zwei rohe Diamanten, die geschliffen werden. Übrigens, wenn ihr wieder daheim seid, wäre es gut, mal einen Blick in eure eigene Schatzkiste zu wagen. Wie sagte unser Erzähler-Begleiter schon im ersten Band? Es gibt kein Ende an Entwicklung und an Leben lernen bis zuletzt.

Erzähler-Begleiter: Alles ist wie bestellt und gut vorbereitet für Kalliopi. Was wir jetzt dringend brauchen, ist ihr Wollen und ihr Handeln. Sie hat gerade schwimmen gelernt, und jetzt möchte sie gerne spielen, springen, laut quacken, im Wasser wühlen, tauchen, in die Tiefe gucken, um da unten schöne Wurzeln und Wasserfrüchte zu picken. Hier gibt es die idealen Bedingungen für dieses große Experiment! Das Publikum und die Mitspieler nicht zu vergessen, die sie dabei mit ihren guten Wünschen, Gefühlen und ermunternden Rufen unterstützen und bestätigen werden. Kennt ihr eine bessere Ausgangsposition?

Kalliopi hat übrigens schon viel getan bis jetzt, und schon einiges geübt. Sie ist schon ein bisschen mutiger und erfahrener, und das hilft, wenn man neue Dinge lernen soll. Als Kalliopi jetzt jedoch auf die Oberfläche des Wassers schaut, bekommt sie wieder diesen starren verlorenen Blick, der das Wasser regelrecht durchbohrt. Sie hat Angst, große Angst, und alle Beteiligten werden davon angesteckt. Viele Tiere halten es nicht mehr aus auf ihren Sitzen. Sie stehen auf, gestikulieren heftig, springen auf die Bühne und wollen ihr helfen.

Kalliopi scheint wieder einmal wie in eine andere Welt eingetaucht zu sein. Sie sieht wieder die alten Bilder und hat das Gefühl, in der nassen Hülle des Eis, aus dem sie geboren werden sollte, eingeschlossen zu sein. Da drinnen ist es ganz dunkel, kalt und erstickend. Sie fühlt sich hilflos und spürt wieder diese Verzweiflung, es ohne fremde Hilfe nicht zu schaffen, da herauszukommen.

Diabolino: Ich weiß, wie es ihr jetzt geht, ich war ja dabei, als sie noch ungeboren im Ei lag. Das muss fürchterlich gewesen sein. Klar kommt ihre Erinnerung jedes Mal wieder, wenn sie Wasser sieht. Wir müssen Kalliopi helfen, dass sie was dagegen tun kann, sonst blutet ihr kleines Herz jedes Mal wieder. Ich kann das nicht mehr mit ansehen. Dabei ist sie immer noch so stark.

Erzähler-Begleiter: Weil Kalliopi wieder einmal die Situation im Ei mit der Situation jetzt am See verwechselt hat, hat sie gerade fürchterliche Angst, ihren Kopf in das Wasser einzutauchen. Wenn sie sich dann auch noch vorstellt, in die Tiefe zu tauchen, wird es noch schlimmer. Außerdem spürt sie einen unerträglichen Hunger, aber auf etwas Besonderes, das sie bis jetzt noch nie gegessen hat. So streiten zwei Gefühle in ihrer Brust. Ihre Entenseele scheint aber doch ganz genau zu wissen, dass das, was sie begehrt, dort unten in der Tiefe des herrlichen Sees zu finden ist. Dort unten gibt es etwas Besonderes, etwas das unsagbar köstlich schmeckt, obwohl sie es noch nie gekostet hat. Sie weiß es ganz tief in ihrer Entenseele. Darin sind scheinbar alle Geschmäcker vieler Entengenerationen aufbewahrt, sodass jedes neue Entlein davon ins Wasser gelockt wird.

Larifari und Farilari sitzen gespannt auf einem Hügel und sehen Kalliopi zu. Diabolino klatscht mit beiden Mäusepfoten ganz laut und zwickt Kalliopi kräftig in den Po. Kalliopi erschrickt und schaut ihn verwundert an.

Diabolino: Sorry, liebes Entlein, ich musste das tun, damit du gleich merkst, wo du bist. Komm schnellstens hierher zurück, sonst verliert sich dein Blick in der Leere. Schau mich an, schau das Publikum an und auch die wunderbaren Farben des Sees. Bleib hier mit deinem Blick, geh nicht zurück in die Vergangenheit
Wenn du nicht anders kannst, dann erinnere dich an dort, aber bleibe hier mit deiner Aufmerksamkeit und schau uns allen in die Augen. Das tut gut, dann bist du nicht mehr alleine und du kannst nicht verloren gehen.

Herr Larifari: Jetzt bin ich aber wirklich gespannt, was sie tut!

Publikum (im Chor): Schau uns an, wir sind hier mit dir! Schau uns an, wir sind hier mit dir!

Der grüne alte Frosch: Wunderbares Entlein! Schau her zu uns. Hier kann dir nichts passieren. Wenn du erst einmal drinnen bist im See, wirst du bestimmt nicht mehr raus wollen, du wirst sehen. Glaub mir, ich kenne dieses Wasser, seitdem ich das Licht des Tages und das Wasser der Erde erblickt und gespürt habe.

Sonne Helios: Ich weiß schon, was ich mache. Ich werde jetzt einfach ein bisschen kräftiger strahlen, damit sie genau hingucken kann, wo sie wirklich ist. So kann das Dunkle in ihrem Blick wieder erhellt werden. Ich bin sicher, sie wird es versuchen, und ich traue ihr auch zu, dass es gelingen wird. Sie ist doch eine richtige Ente, und heute ist ein guter Tag, um noch ein Stück ganzer zu werden.

Frau Farilari: Aber was ist jetzt nur mit Kalliopi los? Sie zögert auf einmal, als ob sie nicht ganz bei Sinnen wäre. Hat sie schon wieder Angst bekommen? He, mein liebstes Entlein! Du bist hier bei uns, schau dich mal um! Wir sind alle da, du brauchst jetzt keine Angst mehr zu haben. Du kannst es, du hast es im Blut, es ist deine innere Natur. Du kannst Vertrauen zu dir haben, wir haben das auch in dich.

Publikum: Kalliopi, Entlein! Öffne deine Augen, schau in deine und in unsere Welt. Lass dich von dieser herrlichen Natur verführen, sodass du dabei deine Lebendigkeit entdecken kannst. Du bist hier bei uns. Du bist nicht mehr dort, wo du damals solche Angst haben musstest. Wir helfen dir. Schau uns an, wir sind hier mit dir! Schau uns an, wir sind hier mit dir!

Erzähler-Begleiter: Nachdem Kalliopi nun so unsanft von Diabolino in den Po gezwickt wurde, sieht sie wieder den schönen See vor sich liegen, umringt von blühenden Feldern. Direkt am See steht ein Baum, unter dem ein quakender Frosch sitzt. Aus seinen gierigen Blicken schließt sie, dass es in dem See viel zu essen geben muss. Sie stellt sich vor, nur einmal in dem See zu tauchen, würde ihr für eine Woche genug zu essen bringen. Was es da alles gibt: Schnecken, saftige Gräser, bunte Muscheln, knackige, frische Wurzeln, kleine Fische, die Sprünge aus dem Wasser machen. Oh, das würde sich bestimmt gut anfühlen, darin zu schwimmen und zu tauchen. Aber Kalliopi ist immer noch sehr unsicher, auch ihre Angst ist noch da. Die Stimmen und die Rufe des Publikums aber holen sie immer wieder ins Hier und Jetzt zurück.

Braungrüner Frosch ganz links unten: Was sind denn das für Manieren? So was Unerhörtes! Quak (sehr wütend), quuuuuaaaaak!

Erzähler-Begleiter: Plötzlich hört man einen lauten Plumps. Eine Riesenfontäne und eine Welle schwappen ans Ufer, wo die braungrünen Frösche gerade ihre ewig nasse Haut ein wenig ins Trockene gelegt haben. Sie sind gerade von oben bis unten platschnass geworden und schimpfen fürchterlich. Sie hatten von der Ankunft unserer Kalliopi hier am See noch gar nichts bemerkt. Sie lagen in tiefem, faulem Schlaf, da sie die ganze Nacht lang laut gequakt hatten. Kalliopi ist einfach kopfüber ins Wasser gesprungen. Die Unterstützung des tönenden Publikums, das Zwicken von Diabolino, aber auch das innere unermessliche Verlangen nach dem Wasser, gepaart mit ihrer Lust zu entdecken, was da wohl alles zu finden ist, haben über ihre Angst gesiegt. Die Eule Kukuwaja sitzt etwas entfernt auf dem Baum und wackelt bedächtig mit dem Kopf. Der Schmetterling Papillon schüttelt seine zarten Flügel, die auch ein paar Tropfen von der Wasserfontäne abbekommen haben. Die drei Pustetiere schauen sich das Mega-Ereignis an und rufen aus vollem Hals „Oioioioioi."

182

Erzähler-Begleiter: Kalliopi schwimmt nun fröhlich im See herum, so, wie sie es vor Kurzem gelernt hat, und hat sichtlich Freude daran. Alle bewundern ihre eleganten graziösen Bewegungen, und man kann aus den bewundernden Rufen der Zuschauer leicht manch neidischen Ton heraushören. Auf einmal taucht Kalliopi den Kopf unter Wasser und versucht, sich mit ihren breiten Entenfüßen nach unten zu schieben. Es sieht fast aus wie ein Lebenskampf. Schaum, spritzendes Wasser, Wellen, Krach, so als ob ein Riesenwal mit seiner Riesenschwanzflosse auf das Wasser klatschen würde. Nach langem Mühen taucht ein erschreckter Kopf aus dem Wasser auf, schnappt nach Luft und schreit ganz laut.

Kukuwaja: Kukuwauuu, Kukuwauuu! Kalliopi, ich kann dich jetzt nicht retten. Das geht nicht! Aber bis die Entenmaria kommt, kannst du ruhig ein wenig deine Watschelfüße bewegen und langsam bis zum Ufer schwimmen. Sonst ertrinkst du uns noch vor lauter Angst. Gleich kannst du dann das Untertauchen noch einmal ausprobieren. Weißt du, uns ist es die ersten Male nicht viel besser ergangen. Wir hatten alle Angst vor den Dingen, die uns neu und unbekannt waren.

Frau Farilari (schreit ganz laut und fast hysterisch): Heilige Entenmaria, so hilf ihr doch, bitte, bitte!

Kalliopi: Hilfe, hilfe, ich ertrinke!

Engel grün und Engel rosa: Wir können auch nicht tauchen, du armes Geschöpf! Wir können dir dazu nicht mal gute Tipps geben!

Der grüne alte Frosch „Quack-Quock": Einmal schief gegangen ist keinmal schief gegangen. Schließlich darf man probieren und experimentieren.

Erzähler-Begleiter: Das Paar Larifari und Farilari ziehen Kalliopi aus dem Wasser. Natürlich nicht ohne Kommentare.
Wieder jammert Kalliopi und versinkt in Selbstmitleid. Ein paar Mäuse und Schweine stehen am Ufer und jammern kräftig mit.

Erzähler-Begleiter: Es herrscht große Unruhe am ganzen Ufer. Inmitten dieses Aufruhrs hört man die tiefe, etwas besorgte Stimme der Eule Kukuwaja.

Kukuwaja: Was jammerst du denn da? Dass du Hunger hast? Es liegt doch alles vor dir! Du wirst sehen, du lernst heute noch tauchen, weil du es willst. Wir alle werden dich dabei kräftig unterstützen.

Die schönen, saftigen Blätter des Baumes: Mögen wir heute das Glück haben, dich beim Tauchen und Jagen zu erleben! Wir glauben ganz fest an dich, Kalliopi. Du schaffst das!

Diabolino: Na ja, aller Anfang ist schwer, aber du darfst jetzt nur nicht den Kopf in den Sand stecken, sondern ins Wasser, aber diesmal anders und besser vorbereitet. Die Eule Kukuwaja kann dir bestimmt helfen. Sie ist nämlich die beste Nicht-Spezialistin im Tauchen.

Frau Farilari: Kind, komm raus, erhole dich ein bisschen und huste das Wasser aus deiner Lunge raus. Dann packen wir es gleich noch mal an, nur diesmal ganz sachte.

Erzähler-Begleiter: Die Eule und der Schmetterling machen Kalliopi auf ihre Fähigkeiten aufmerksam. Sie wissen, dass eine Ente von Natur aus mit allem ausgestattet ist, was man zum Tauchen und Nahrung finden braucht. Sie wissen, dass nur die Angst von früher, als sie im Ei keine Luft zum Atmen mehr hatte, das Entlein daran hindert, einfach zu tauchen.

Die Eule Kukuwaja und der Schmetterling Papillon – Vereinigtes Nichtspezialistentum bewirkt Wunderbares

Erzähler-Begleiter: Der Schmetterling Papillon sitzt auf einem Baumzweig und bewegt seine Flügel ganz langsam und weich.

Papillon: Schau mal, Kalliopi, wenn du im Wasser bist, brauchst du deine Flügel gar nicht zu bewegen, du musst sie nur ganz eng zu dir nehmen. Das Wasser trägt dich nämlich einfach, und du musst gar nichts dazu tun, außer ein wenig Vertrauen zu haben. Das hast du schon beim Schwimmen erlebt. Später dann, wenn du fliegen lernst, wirst du merken, dass du deine Flügel bewegen musst, um nicht vom Himmel zu fallen. Das ist hier im Wasser ganz anders. Deine Gattung hat solche Federn, die deinem Körper an sich nicht erlauben, zu versinken. Das Einzige, was du tun musst, ist dich zu entscheiden und dich nach vorne kippen zu lassen. Dabei musst du den Kopf ganz tief nach unten stecken und mit deinen breiten Watschelfüßen kräftig rudern und paddeln. Vorher aber - und das ist wichtig - noch bevor du den Kopf eintauchst, wirst du ganz tief einatmen, dann die Umgebung des Seeufers und uns, die wir dich alle sehen, genau anschauen. Du weißt dann, dass du bei uns bist und nicht mehr in deinem engen Ei von damals. Wenn du das unterscheiden kannst, wirst du dich wundern, wie gut das Untertauchen klappen wird. Dann kannst du dich freuen, und du wirst unter Wasser Wurzeln und frische Wasserpflanzenknospen finden und dich nach Herzenslust satt essen können. Kukuwaja hilft dir bestimmt dabei, aber tun musst du es schon selber. Fürs Tauchen sind wir nicht geschaffen.

Erzähler-Begleiter: Kalliopi taucht unter und bleibt fast eine halbe Minute unter Wasser, wobei fast alle im Publikum schon Atembeschwerden kriegen und vor Angst zittern.

Diabolino: Na, na, na, das dauert mir jetzt aber auch zu lange (setzt sein Sekundenzählen fort) 186, 187, 188, 189, 190 ... 200. Ahhhhhh!! Gott sei Dank, sie ist wieder da. Applaus! Bravo! Super! Kalliopi, du bist die Nummer eins!

Erzähler-Begleiter: Als sie wieder auftaucht, gibt es stehende Ovationen und begeisterte Anerkennungsrufe, fast so wie im Fußballstadion, wenn jemand endlich das lang erwartete Tor geschossen hat.

Publikum (Applaus und laute Rufe): Komm schon, Kalliopi, du schaffst das!

Kukuwaja: Bravo, es hat geklappt! Hast du gemerkt, wie lange du unter Wasser bleiben konntest? Ich wette, es hat dir Spaß gemacht. Eines möchte ich dir ans Herz legen, liebe Kalliopi: Du kannst immer vertrauen in das, was du tief in deinem innersten Kern spürst. Das liegt dort schon immer und wartet nur darauf, von dir gesehen und wahrgenommen zu werden. Und jetzt, Achtung! Du kannst gleich was Neues ausprobieren. Wenn du das nächste Mal den Kopf in das Wasser eintauchst, versuchst du, deine Augen offen zu halten. Du musst wissen, deine Gattung kann das, du bist von der Natur dafür ausgestattet worden. Dann darfst du eine große Portion Neugier hervorholen und die Welt unter Wasser angucken. Du wirst erstaunt sein, wie schön es da unten aussieht. Es herrscht eine wunderbare Ruhe dort unten, und wenn man ganz aufmerksam hinschaut, gibt es fast mehr lebendiges Treiben als hier oben.

Der alte grüne Frosch: Ja, ja, du kannst dich freuen: Der Tisch unter Wasser ist schon für dich gedeckt. Such dir einfach in der Tiefe des Sees alle die Plätze, die dir besonders gut gefallen. Lass dich führen, von deiner Nase und deinem Schnabel.

Kukuwaja: Jetzt verrate ich dir noch, worauf du unter Wasser achten könntest. Halte Ausschau nach den großen Pflanzen, die hinter ihren Blättern kleine runde Früchte verstecken. Das ist genau das richtige Entenfutter. Wenn du dann dem Sandboden ganz nahe bist, wirst du sehen, wie viele leckere kleine Pflanzen, Wurzeln und Unterwassergräser dort wachsen, und nur darauf warten, von dir gefressen zu werden. Du kannst froh sein, dass sie den Fröschen nicht schmecken, die würden sonst längst alles abgegrast haben dort unten. Ich bin ganz zuversichtlich, dass du dort viel Neues und lecker Schmeckendes findest, das wir Trockentiere gar nicht kennen. Wir werden das sehen, wenn du schmatzend nach oben kommst. Darauf freuen wir uns schon. Ihr Enten könnt es ja einige Minuten lang unter Wasser aushalten. Zeit genug, um zu schauen, zu bewundern, zu suchen, zu fressen, zu schmecken - jedoch nicht vergessen, wieder nach oben zu kommen. Aber dieses Letzte erledigt schon das Wasser für dich. Mit seinem Druck presst es dich wieder nach oben, so wie du es mit der Erde erlebt hast. Die Liebe der Mutter Erde zieht dich an und trägt dich, sodass du stehen kannst. Und die Liebe des Wassers drückt dich nach oben und trägt dich, wenn du ihr vertraust. Somit kannst du die Liebe der Erde sowohl auf dem Trockenen als auch im Wasser erleben und dich daran erfreuen.

Erzähler-Begleiter: Kalliopi taucht nochmals und bleibt diesmal ziemlich lange unter Wasser, sodass die Puste des gesammelten Publikums schon zur Neige geht. Alle halten nämlich vor lauter Aufregung die ganze Zeit die Luft an. Die Zeit, bis Kalliopi wieder auftaucht, scheint unendlich zu sein. Als sie dann endlich wieder an der Oberfläche erscheint, hat sie den Schnabel voll leckerer Dinge. Sie bringt sie ans Ufer und unter tosendem Applaus frisst sie mit wildem Appetit alle mitgebrachten Leckereinen auf.

Papillon: Ich hätte nicht gedacht, dass du das so schnell schaffst. Du gefällst mir, du bist ein mutiges Mädchen. Ich sage dir, ich habe das untrügliche Gefühl, dass dir weiterhin noch vieles so gut gelingen wird. Ich wage sogar zu behaupten, dass du es bis zum Ende des Buches bestimmt geschafft haben wirst, eine ganze Ente zu werden. Du hast ja jetzt gesehen, dass Jammern dich nicht weiterbringt. Es ist viel besser, du nimmst deine natürlichen Gaben und Geschenke an und machst was daraus. Die Götter und die Engel stehen ja nicht so besonders darauf, immer nur angebettelt zu werden. Die freuen sich himmlisch, wenn sie sehen, wie du dich bemühst. So können sie dann stolz in dir ihr göttliches Werk bewundern. Dann kannst du sicher sein, im Einklang mit dir zu sein, mit dem Göttlichen und mit der Natur, und alle werden dich lieben und sich darüber freuen, dass es dich gibt.

Kalliopi: Oh, wie bin ich euch allen dankbar! Ich fühle mich wie neugeboren und weiß jetzt, dass ich nicht mehr ein Halbwaisen- Entlein bin. Unsere Erde und ihr alle habt mir geholfen, meine Angst zu besänftigen, und dabei habe ich euch auch noch als Freunde gewonnen. Jetzt fühle ich mich sicher, geliebt, verstanden und akzeptiert. Ich glaube, das ist das Beste, was mir passieren konnte.

Farilari: Schade, dass ich keine Ente bin. Ich hätte auch Lust, wie ein U-Boot zu tauchen und unbekannte Welten zu entdecken. Aber ich hätte schon auch ein wenig Angst, das muss ich zugeben.

Kukuwaja: Weißt du, Kalliopi, jetzt kannst du alle beiden Elemente, das Wasser und die Erde, richtig schätzen und dich ihnen anvertrauen. Du weißt nun, dass alle beide dich bedingungslos lieben. Und nicht nur dich - uns alle hier. Jetzt könnten wir mal wieder vor lauer Freude darüber den ganzen Tag lang singen. Hoffentlich erfüllt uns Pan-Orpheas bald diesen Wunsch und singt mit uns.

Ovationen für Kalliopi und die Zwillings-Coachies

Erzähler-Begleiter: Alle haben sich auf der Wiese versammelt. Ein jeder hat irgendwie das Gefühl, das Ganze selbst erlebt zu haben, so innig haben sie teilgenommen an dem Abenteuer. Die Zuschauer haben mitgefühlt, mitgelitten, mitgezittert und sich in Kalliopis Haut versetzt. Man zeigt sich, lässt sich bewundern, und alle gratulieren gemeinsam ihrem Idol. Kalliopi hat es geschafft! Pan-Orpheas, Assipelli und die drei Pustetiere applaudieren ebenfalls kräftig. Kalliopi sieht entspannt, zufrieden und sehr glücklich aus.

Engel: Dass wir das erleben dürfen, ist ja wunderbar, ein wahrhaft göttliches Geschenk! So gerne hätte ich das auch mal ausprobiert, aber wir Engel können ja nicht schwimmen, und tauchen schon gar nicht. Ich sag es euch im Vertrauen, oft haben wir uns in letzter Zeit gewünscht, ein kleines Entlein, so wie Kalliopi, zu sein.

Assipelli: Mit anderen Worten: Sich der Erde anzuvertrauen, ist die wichtigste und ehrenvollste Aufgabe eines Lebewesens. Eine Ente oder sogar ein Mensch, der sich der Natur anvertraut, entdeckt dabei automatisch die eigenen leiblichen, seelischen, geistigen und schöpferischen Ressourcen und kann dabei seine spirituelle Quelle finden und nähren.

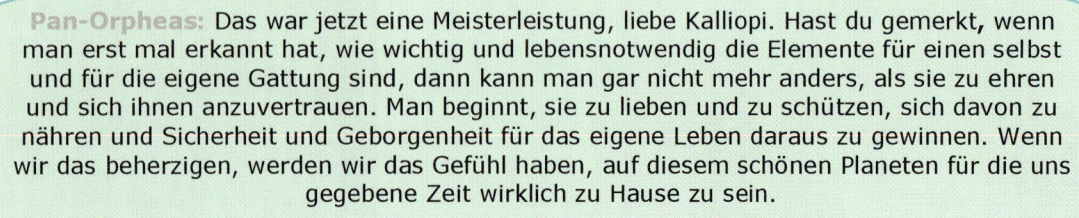

Pan-Orpheas: Das war jetzt eine Meisterleistung, liebe Kalliopi. Hast du gemerkt, wenn man erst mal erkannt hat, wie wichtig und lebensnotwendig die Elemente für einen selbst und für die eigene Gattung sind, dann kann man gar nicht mehr anders, als sie zu ehren und sich ihnen anzuvertrauen. Man beginnt, sie zu lieben und zu schützen, sich davon zu nähren und Sicherheit und Geborgenheit für das eigene Leben daraus zu gewinnen. Wenn wir das beherzigen, werden wir das Gefühl haben, auf diesem schönen Planeten für die uns gegebene Zeit wirklich zu Hause zu sein.

Erzähler-Begleiter: Alle Beteiligten stimmen gemeinsam ein Bravo-Lied an. Je inbrünstiger alle singen, umso zufriedener sieht Pan-Orpheas aus. Die Ameise zur Rechten versucht, den Text für taubstumme Zuschauer gestikulierend zu übersetzen.

Pan-Orpheas:

Bravo! Bravo! Du Entenviech.
Bist Spitze! Und hast Grund dafür
zu jubeln wie ein Feuerwerk.
Ich sage nur: „Das gönn' ich dir!"

Du bist die größte Ente hier,
hast dich geplagt, geübt, trainiert.
Wir sehn dich an, bewundern dich -
und haben endlich auch kapiert:

Ganz werden können wir doch all
mit Freunden so wie wir!
Mit Erde tragend, klappt's bestimmt,
und üben täglich. Nun probier!

'Ne tolle Ente bist du nun!
Wir sind glatt mega-stolz auf dich.
Den weiteren Weg schaffst du bestimmt;
schön wundern werden alle sich!

Bravo! Bravo! Du Entenviech.
Bist Spitze! Und hast Grund dafür
zu jubeln wie ein Feuerwerk.
Ich sage nur: „Das gönn' ich dir!"

Kalliopi: Ihr singt alle so schön, so richtig inbrünstig. Jeder Superstar wäre bestimmt neidisch auf euch. Ich danke euch, dass ihr mich bis hierher begleitet habt.

Erzähler-Begleiter: Kalliopi sorgt für sich und findet wieder einen schönen Platz zum Schlafen in einer gigantisch großen, wunderbar wohlriechenden Blume. Müde kuschelt sie sich hinein. Doch Kalliopi wird schon wieder von Albträumen und schmerzhaften Erinnerungsszenen geplagt. Typisch, gerade jetzt, als es ihr gut geht! Noch nicht ganz in Lebendigkeit umgewandelte Trauergefühle und -empfindungen machen ihr von Neuem zu schaffen. Sie träumt von ihrem toten Vater, ihrer traurigen Mutter, ihren hilflosen Geschwistern, auch von ihrer Unzufriedenheit, ihrem „Halbe-Enten-Dasein" und ihren Schuldgefühlen. Besonders schmerzhaft aber ist für sie ihr altbekanntes: „Ich mag mich nicht. Ich bin nichts wert." Auch davon träumt sie. Lauter wirres Zeug und alles durcheinander.

Pan-Orpheas: Aber die jetzige Situation ist nicht ganz so hoffnungslos wie die vorherigen. Jetzt tauchen immer wieder die neuen, schönen und berührenden Erlebnisse mit den Coachies und all ihren anderen wunderbaren Begleitern auf. Durch diese Erinnerungen fühlt sie sich gestärkt, insbesondere wenn sie sich beim letzten Ereignis sieht, wie sie aus dem Wasser heraussteigt, das Entenmaul voll leckerem Essen, und noch dazu die Anerkennungsrufe aller Anwesenden hört, die kräftig applaudieren. Diesmal wird sie es schneller schaffen, das Ungleichgewicht zwischen den alten schmerzlichen Erinnerungen und der aktuellen lebendigen Situation auszugleichen. Die ganze eingeschworene Gemeinschaft freut sich.

Assipelli: Auch das ist der Lauf der Welt.

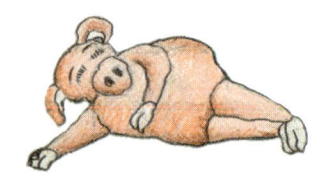

Band II Teil 5

Wie benachteiligte Wesen anderen Benachteiligten gedankenlos zu Hilfe eilen

Helfersyndrom, was ist denn das?

Erzähler-Begleiter: Nun aber wollen wir die Zuschauer und die Teilnehmer an diesem Lebensabenteuer auf ein ganz wichtiges, weit verbreitetes Phänomen aufmerksam machen. Wahrscheinlich habt ihr alle schon irgendwann einmal davon gehört. Man liest darüber in Zeitungen und Büchern und hört auch immer wieder im Radio oder Fernsehen davon. Jeder kann davon betroffen sein, egal welcher Rasse, Herkunft, Haut- oder Haarfarbe. Keiner weiß so genau, wie man davon befallen wird, aber hat es einen einmal erwischt, dann kriegt man es so schnell nicht mehr los, nicht mal mit Medikamenten. Es geht einem in Fleisch und Blut über. Also, dieses Phänomen, von dem wir euch hier erzählen wollen, ist das so genannte „**Helfersyndrom**". Es ist mittlerweile schon sehr weit verbreitet und die meisten, die davon betroffen sind, merken nichts davon. Sie haben sogar oft das Gefühl, es sei ganz normal und völlig richtig, so zu sein. Wir werden auf den nächsten Seiten verstehen lernen, wie es dazu kommen konnte und wie wir uns in Zukunft davor schützen können. Setzt euch jetzt erst einmal in Ruhe hin, nehmt euch selbst liebevoll in die Arme und erinnert euch an eure bisherige Lebensentwicklung. Geht in Gedanken euren Lebensweg durch von der Zeit im Mutterleib an bis jetzt.

Wie waren die ersten Lebensjahre für euch? Wie ging es euch mit euren Eltern und Geschwistern? Welchen Platz hattet ihr in eurer Familie?
Bestimmt ist nicht alles so ideal und perfekt gelaufen, wie ihr es gerne gehabt hättet. Niemand von uns hat ein perfektes Aufwachsen erlebt mit perfekten Eltern; die gibt es nämlich gar nicht. Die meisten von uns hatten Eltern, die sich das Beste für uns gewünscht haben. Aber oft waren die gesellschaftlichen und familiären Bedingungen nicht so, dass sie uns eine kindgerechte Entwicklung ermöglichten. Einige von uns haben zu wenig, andere wiederum viel zu viel bekommen. Für Viele von uns gab es schon zu Beginn des Lebens Verluste, Trennungen und schmerzhafte Abschiede, Unruhe und Überforderung, die in uns ihre Spuren hinterlassen haben. Solche Ereignisse haben uns geformt und uns immerhin zu dem gemacht, was wir heute sind, und das ist gut so. Abgesehen davon können wir das, was war, im Nachhinein sowieso nicht mehr verändern, aber wir können das Beste für uns daraus machen. „So ist der Lauf der Welt", würde Assipelli jetzt wohl sagen.

Es ist daher sehr wichtig für uns, unsere Geschichte zu kennen, damit wir unser Verhalten bei der Gestaltung unseres Lebens mit den Mitmenschen und der Umwelt und damit uns selbst besser verstehen können. Viele von uns haben nämlich schon sehr früh viel Sorge und Verantwortung in der Familie übernommen, oft ohne es zu wissen und ohne dazu aufgefordert worden zu sein. Damit waren wir jedoch verständlicherweise stark überfordert. Aber es gab natürlich auch gute Gründe, warum wir uns so verhalten haben. Wir bekamen dafür einen wohlwollenden Blick, einen Moment Anerkennung oder Aufmerksamkeit oder schenkten uns selber für kurze Momente, oft nur einige Sekunden lang, Anerkennung.

Wir wollten geliebt und gebraucht werden, wir wollten uns einen Platz schaffen und wichtig sein. Auch wenn wir dabei spürten, dass unsere Kräfte nicht mithielten, da wir ja noch viel zu klein und zu unreif waren für derartige Aufgaben. Wir haben sogar oft eine Art Hauptstützbalkenfunktion des „Gebäudes Familie" übernommen. Durch unseren unermüdlichen Einsatz und unsere Bereitschaft, selbstlos zu helfen, wogen wir uns oft in einer Art trügerischer Sicherheit, weil wir glaubten, somit die Situation kontrollieren zu können. Dieses Verhalten hat viele von uns so weit geformt, dass wir im Alltag solche Haltungen und Rollen fast schon reflexartig immer wieder übernehmen. Ohne es zu merken, opfern wir uns selbstlos für andere auf und vergessen dabei, dass wir auch Wünsche und Bedürfnisse haben, um die wir uns kümmern sollten.

In jeder Situation also, wo Not am Mann oder an der Frau oder an beiden ist, springen wir unüberlegt als Helfer ein, ohne dass wir unsere Kräfte und Fähigkeiten einschätzen können. Also ist unser tägliches Brot ständige Überforderung und Überschreitung unserer Grenzen und dabei übersehen wir den Anteil in uns, das Selbst, das auch Hilfe braucht. Das Bedauerliche dabei ist, dass durch diese Art zu helfen weder wir noch derjenige, der Hilfe bekommen soll, etwas davon haben. Ja, es geht sogar so weit, dass wir das nicht einmal bemerken. Erst wenn dann das Fass voll ist, spüren wir, dass wir nicht mehr können. Die Spezialisten nennen diesen Zustand, in den viele plötzlich geraten, Burn-out, das heißt ausgebrannt sein.

Wir haben uns unbemerkt zu einer Art „Turbokind" entwickelt. Die „Turboenergie" wirkt sich leider nachteilig auf Leib und Seele aus. Depressionen und psychosomatische Beschwerden sind oft die schmerzhaften Konsequenzen. Ein solches Turbokind ist auch unsere Kalliopi, die, wie wir ja alle wissen, auch einen schlechten Start ins Leben hatte. Wenn wir sogar beruflich solche helfenden Aufgaben übernehmen, sind wir noch mehr überfordert, da wir keine Schwäche zeigen dürfen. Wir finden dann eine trickreiche Lösung, sodass die anderen unseren Burnout nicht „riechen" können: nämlich durch Cool-In, d.h. wir missbrauchen unseren Körper als eine Art Kühlaggregat, um die Burnout-Hitze abzukühlen. Dies ruiniert unseren Leib und unsere Seele total.

Aus den nun folgenden Szenen können wir sicherlich viel lernen, indem wir versuchen, uns selbst nah zu bleiben und mit unserem Entenliebling mitzufühlen, anstatt mitzuleiden. Wir können Kalliopi dabei beobachten, wie sie unbemerkt in die Helferfalle hineintappt, so wie es vielen von uns schon passiert ist, und wie wir uns selbst damit gefährdet haben. Lasst uns nun in die Geschichte eintauchen. Schnallt eure seelischen Sicherheitsgurte an, was so viel heißt wie: Habt euch lieb und sucht die Verbundenheit mit euren Nachbarn. Dann nämlich braucht ihr euch vor nichts zu fürchten, denn ihr seid nicht allein und auch keine hilflosen Kinder mehr.

Wie Kalliopi sich selbst vergisst

Erzähler-Begleiter: Unser Entlein findet unterwegs im Wald ein kleines Spatzennest, das vor wenigen Minuten erst von einem hohen Baum heruntergefallen sein muss. In der Ferne hört man die schmerzlichen Rufe einer Spatzenmutter, die ihre Jungen nicht mehr findet. Sie sieht die vielen fremden Tiere am Boden, bekommt Angst und verlässt traurig zwitschernd den Ort. Kalliopi kniet betroffen nieder und versucht das Nest mit ihrem ganzen Körper zu schützen. Sie streichelt zärtlich das Ei und das gerade geschlüpfte Vögelein. Schließlich springt sie ins Nest hinein, um beide zu wärmen.

Publikum: Oh weh, oh weh, was für ein Unglück! Das ganze Nest ist vom Baum gefallen! Die armen Vögelein! Schrecklich!

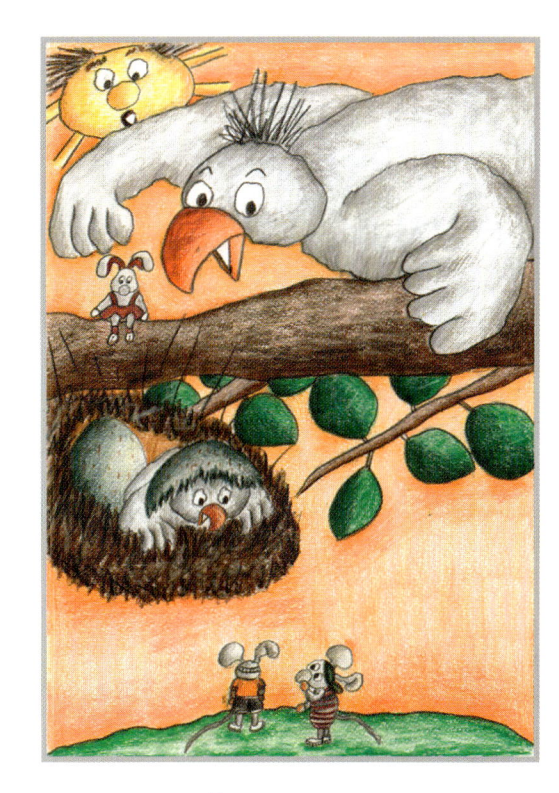

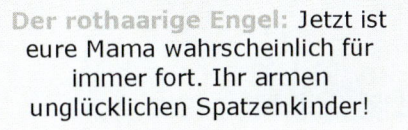

Der rothaarige Engel: Jetzt ist eure Mama wahrscheinlich für immer fort. Ihr armen unglücklichen Spatzenkinder!

Sonne Helios: Ich muss jetzt besonders warme Strahlen senden, sonst ist es aus mit dem Ei!

Kalliopi: Oh, du kleines armes Vögelein! Hast du dir weh getan? Seid ihr vom Baum runter gefallen? Ihr habt bestimmt fürchterliche Angst! Wo sind denn eure Eltern geblieben? Oh, wie kann ich es nachfühlen, wie es dir geht! Und da drinnen in dem wundervoll glänzenden Ei muss ja noch dein Geschwisterchen sein. Du da drinnen wirst staunen, wenn du die Welt siehst. Unsere Erde ist das Schönste, das es im ganzen Universum gibt. Na ja ein bisschen warten musst du schon noch, aber freuen darfst du dich. Dann kommst du raus und die Welt hat dich. Du bist dann richtig einmalig! Ich bin so neugierig auf dich. Mein Herz klopft zum Zerspringen, und am ganzen Körper schwitzen tu ich auch. Was ist denn nur los mit mir?

Diabolino: Jetzt haben wir den Salat. Das hatten wir doch schon mal in dieser Geschichte. Ein nicht zu Ende gebrütetes Ei. Ich bin gespannt, was Kalliopi jetzt macht! Es wird sie bestimmt schmerzlich an ihre eigene Geschichte erinnern. Wir müssen unbedingt was unternehmen, sonst geht es ihr gleich wieder total schlecht.

Frau Farilari: Kalliopi sieht ja so herzensrührend aus, wie eine brütende Mutter! Oh, wie ich mich freue! Ein schönes Gefühl, sich an diese schönen Momente als Mutter zu erinnern. Aber das hier ist ja eigentlich ein richtiges Drama. Das kann ich nicht länger anschauen.

Kalliopi: Ich habe euch schon jetzt so lieb, als ob ihr meine Geschwisterchen wärt!

Erzähler-Begleiter: Kalliopi wirkt wie eine Übermutter oder besser, wie eine waschechte Glucke. Sie ist nicht mehr zu bremsen. Es ist, als ob es um ihr eigenes Leben ginge.

Engel in der Mitte: Ach, das bricht mir das Herz.

Erzähler-Begleiter: Stunde um Stunde verbringt sie im Nest auf dem weichen Waldboden, bis es Nacht wird. Jetzt wird es kalt, doch sie hockt weiterhin auf dem Ei und versucht, es mit ihrer ganzen Kraft zu wärmen. Aber sie ist ja noch klein, die Federn sind noch so kurz und sie bräuchte doch selbst noch so viel Wärme. Sie spürt plötzlich einen großen Hunger und Durst. Sie würde sich gerne etwas zu essen suchen, merkt aber, dass sie nicht weggehen kann. Ist es das Pflichtgefühl oder ist sie aus lauter Betroffenheit nicht in der Lage, sich zu bewegen? Hat sie einfach Angst, das Nest mit dem Spatz und dem Ei allein zu lassen? Kalliopi weint, stöhnt und jammert verzweifelt wie ein kleines Baby. Viele Stunden lang hört man ihr Weinen im nächtlichen Wald.

Frau Farilari: Schau, wie sie sich anstrengt beim Helfen und sich dabei fast aufopfert. Daran sollte man sich ein Beispiel nehmen. Was wäre die Welt ohne solch selbstlose Wesen? Mir zittern schon die Knie allein bei dem Gedanken, mir könnte so etwas passieren. Ich darf gar nicht daran denken, sonst geht mein Atem so schwer, dass mir gleich schwindelig wird.

Diabolino: Mama Kalliopi, jetzt übertreibe bitte nicht, sonst bekommst du heute Nacht wieder deine bekannten Anfälle von Angst. Das können wir hier jetzt gar nicht gebrauchen. Passt nur auf, wenn das so weiter geht, brauchen wir bald noch zwei Helfer für dich.

Diabolino: So, jetzt müssen wir aber schleunigst was unternehmen, sonst hungert Kalliopi aus und friert sich halbtot in dieser Nacht. Sie ist in Gefahr, sich wieder an die eigene schreckliche Geschichte zu erinnern. Dann geht sie wieder verloren darin, das dürfen wir nicht zulassen. Liebe Kalliopi, jetzt musst du versuchen, auf dich zu achten. Du musst essen und trinken. Du kannst das Ei nicht mehr ausbrüten, du hast viel zu wenig Federn. Du musst jetzt unbedingt für dich sorgen. Kalliopi, unternimm etwas, schnell! Du hast dich da in etwas verrannt und bist in dieser Rolle mehr Mutter als die echte Mutter. Dabei ist das nichts für dich, du bist doch selber noch ein Kind. Es ist zwar toll, dass du helfen willst, aber du bist noch zu schwach dafür. Das nimmt dir alle deine Kraft weg, hindert dich in deiner Entwicklung und macht dich noch hilfloser, als du ohnehin schon bist.

Kalliopi (jammert): Was soll ich jetzt bloß machen? Ich muss stark sein, muss durchhalten, dabei habe ich so einen Riesenhunger und so viel Angst. Wenn nur diesem Vögelein nichts Böses geschieht! Ich darf keinen Schritt weg, sonst bin ich schuld, wenn etwas passiert. Und es kann viel passieren, es lauern so viele Gefahren rundherum. Das Ei muss noch gebrütet werden. Ich muss es warm halten. Ich darf keine Sekunde weg. Das Vögelein im Ei muss auch noch raus. Ich muss es schaffen. Es darf nicht darin sterben.

Kleines Schweinchen (lacht): Sieht das aber komisch aus! Sie ist so klein und versucht, die große Mama zu spielen! Das soll ihr einer nachmachen!

Das hellrosa Schweinchen: Ja, ja, sie hat fürchterliche Angst in dieser Nacht und schreit immer wieder erschreckt auf. Wahrscheinlich sieht sie die gleichen schrecklichen Bilder von früher. Dadurch wird sie immer kleiner und kleiner, sie schrumpft merklich in sich zusammen und sieht fast wie das kleine Spätzlein selbst aus. Seht nur, wie mitleidsvoll das Kleine sie ansieht! Es scheint Angst um Kalliopi zu haben. Das kann man gar nicht lange ansehen, ohne selbst traurig zu werden.

Helfen ist gar nicht so einfach!

Kalliopi sieht wieder Monsterbilder

Erzähler-Begleiter: Eng umschlungen mit dem kleinen Vogel und im Duett zitternd, sitzt Kalliopi stöhnend auf dem Ei. Man hat das Gefühl, dass sie am liebsten weit weg flüchten würde. Aber sie fühlt sich wie gelähmt, ihre Augen sind ganz weit aufgerissen und schauen ängstlich in die Nacht. Sie scheint von unzähligen Monsterbildern geplagt zu sein. Zwischendurch schläft sie vor lauter Erschöpfung ein. Arme Kalliopi!

Das Turbokind hütet die eigene Mutter

Erzähler-Begleiter: Seht nur, wie Kalliopi weint, schluchzt und zittert. Schaut mal ganz genau hin, was der kleine Spatz jetzt macht. Wie der sich plötzlich aufplustert, sodass er fast doppelt so groß aussieht, wie er in Wirklichkeit ist. Er umarmt Kalliopi, er streichelt sie, er ist richtig besorgt um sie. Jetzt spielt er den „Großen". Er macht den Eindruck eines zu groß geratenen mütterlichen Babys. Ein typisches „Turbokind". Übrigens, solche gibt es auch unter den Menschenkindern.

Eine Wespe: Die falsche Mama ist genauso hilflos wie das Kind. Die beiden sehen eher aus wie zwei verschreckte und verlassene Geschwisterchen. Kalliopi fürchtet sich fast noch mehr als der kleine Vogel. Bei jeder kleinsten Bewegung im Wald zuckt sie zusammen. Hunger, Durst, die Angst, das Alleinsein und gleichzeitig ihr Pflichtgefühl rauben ihr den letzten ihrer Sinne.

Erzähler-Begleiter: Der Morgen bricht an, und es hängen immer noch Nebel über der Landschaft. Ein Vogelfreund kommt vorbeigeflogen und wirft etwas in das Nest. Kalliopi und unser kleiner Spatz schrecken auf. Aber als sie entdecken, dass ihnen jemand etwas zu essen ins Nest geworfen hat, sind sie sehr erfreut und überrascht. Schöne schwarze Trauben für das Entlein und ein fetter Wurm für den Spatz liegen verlockend vor ihnen. Dieser wunderbare Spatzenfreund hat sich der beiden Nesthockern erbarmt und ihnen ein paar Brocken von seinem Frühstückstisch abgegeben. Schön, dass es solche Freunde gibt.

Diabolino: Das nenne ich einen Freund. So was suche ich schon lange! Aber unsereiner hat nicht so viel Glück.

Erzähler-Begleiter: Sonne Helios plagt sich schon seit den frühen Morgenstunden, um die Nebel des Waldes mit seinen warmen Strahlen zu verjagen. Kalliopi fühlt sich wie in einem Kochtopf. Sie versucht mit aller Kraft, die Hitze auszuhalten in der Hoffnung, dass sie dabei das Ei zu Ende brüten kann. Sie wird immer unruhiger und versucht krampfhaft, Geräusche oder Bewegungen im Ei wahrzunehmen. Aber es rührt sich nichts da drin. Der Gedanke, dass der kleine Spatz im Ei es nicht schaffen könnte, macht sie tief traurig. Sie darf gar nicht daran denken.

So vergehen einige Tage, und unsere Kalliopi wird müder und schwächer und immer ängstlicher. Der fliegende Freund macht sich rar und kommt nicht mehr so oft vorbei, um Futter zu bringen. Hunger plagt sie, und der kleine Spatz im Nest hält es nicht mehr aus. Er träumt von kleinen, roten, fetten Würmchen und schönen Körnern aus den Feldern.

Erzähler-Begleiter: Jetzt ist endlich der Zeitpunkt gekommen, an dem unser kleiner Spatz sich bereit macht, das Nest zu verlassen. Er will hinaus in die Freiheit hoch über den Bäumen. Er will seine Flügel endlich einmal ausprobieren. Er möchte gerne viel Wasser trinken, viele Mücken auf einmal essen und endlich einmal satt sein.

Ikaros: Ich bin ein freier Vogel, piep, ich will raus aus diesem Brutkasten hier und endlich meine Flügel ausbreiten. Außerdem habe ich einen Riesenhunger. Tschüss, du komisches, zittriges Etwas!

Erzähler-Begleiter: So springt der Spatz Ikaros vergnügt aus dem Nest direkt auf den weichen Waldboden. Noch etwas schwankend erreicht er das nahe gelegene Bächlein. Dort trinkt er so viel Wasser, dass er erst mal kurz ausruhen muss, bevor er das Fliegen ausprobiert. Dann fliegt er los. Er kann es auch sofort, als hätte er nie etwas anderes gemacht. Er fliegt ganz hoch und weit dorthin, von wo die Sonne jeden Tag her kommt, in die Freiheit. Bald schon hat ihn Kalliopi aus den Augen verloren.

Was ist los mit dem Spatz im Ei?

Erzähler-Begleiter: Am nächsten Tag stehen alle ganz erwartungsvoll um das Ei herum. Auch die Pustetiere sind da und einige Kleintiere. Alle haben ernste Gesichter. Sie wissen bereits, dass es mit dem Spatz im Ei leider nichts mehr werden wird. Da nützt kein Warten und Hoffen mehr. Kalliopi konnte die fehlende brütende Mutter nicht ersetzen. Dabei hat sie sich so angestrengt, das arme Entlein. Alle wissen es jetzt, und trotzdem traut sich niemand, die schreckliche Wahrheit laut auszusprechen. Alle stehen da, ganz ruhig, und wagen kaum zu atmen. Sie horchen, sie warten, sie geben nicht auf. Ja, es ist wahr, da ist nichts mehr zu hören. Der ein oder andere beginnt zu weinen, manche schluchzen oder wischen sich verstohlen die Tränen ab.

Diabolino (nickt und bestätigt die bittere Gewissheit): Der kleine Spatz wird nie das Licht des Tages sehen. Er wird nicht aus dem Ei schlüpfen können. Das Ei wird der Schoß für das Spätzlein bleiben und auch das Grab, bis alles zu Staub wird. Wir werden nie seine Augenfarbe sehen, niemals seine singende Stimme hören, nie sein Lachen oder sein Weinen sehen. Er wird nie die Wolken und den blauen Himmel sehen, nie fliegen, nie trinken, nie essen, nie spielen, nie wütend und niemals verliebt sein. Schade, das wäre doch so schön gewesen! Er wäre ein einmaliger Spatz geworden. So einen Spatz wie ihn hätte es sonst nirgendwo gegeben.

Wespe: Du bist aber ein wunderschönes Ei. Du strahlst im Sonnenlicht wie ein Diamant!

Diabolino: So, jetzt werden wir alle gemeinsam für unseren ungeborenen Spatzenfreund Picksy ein wahrhaft herzliches Beerdigungsfest veranstalten. Alle helfen mit und jeder übernimmt was, ohne dass ich Papa spielen und Anweisungen geben muss. Los, holt jemand eine Karre, auf die wir unseren lieben Freund legen können. Unsere Wespe kann dann die Karre ziehen. Und vergesst nicht, Blumen zu sammeln und andere schöne Dinge, damit wir uns und das Gab damit schmücken können.

Erzähler-Begleiter: Während die kleine Karre mit dem toten, noch nicht geborenen Spatz andächtig durch den Wald gezogen wird, versammeln sich staunend viele Waldbewohner. Aus dem Wald heraus geht es und weiter über die Felder, vorbei an den Felsen und dann runter zum kleinen Bächlein. Alle haben sich schön gemacht und sich ein Blümlein irgendwo an das Kleid oder in die Haare gesteckt, damit es richtig feierlich aussieht. Jeder weiß, es ist der letzte Weg für unseren kleinen, ungeborenen Picksy. Am Bächlein angekommen, waschen ein paar von den Tieren ganz ehrfürchtig und mit viel Zärtlichkeit das Ei.

Assipelli: So ist der Lauf der Welt! Gefühle sind da, um ausgedrückt zu werden, das ist von der Natur so vorgesehen. Unsere Gefühle sind das Geschenk der Evolution an jeden von uns, der hier auf dieser Erde lebt.

Zuschauer: Wie feierlich sie aussehen mit ihrem Blumenschmuck!

Erzähler-Begleiter: Alle Waldbewohner bewundern das Ei noch einmal gebührend. Wer weiß, welch wunderbares, lebenstüchtiges Spätzlein da herausgekommen wäre! Dann kutschieren sie den Karren zurück an den Waldrand zu einem schönen lockeren Feld. Dort ist schon eine kleine Erdengrube ausgehoben. Die Sonne und die Engel im Himmel schauen mit staunden Augen zu. Alle sind sehr betroffen und wissen, dass der kleine Picksy nie das Licht des Tages sehen wird. Sie machen einen Kreis um den Grabhügel, legen das Ei darauf und schauen einander in die Augen.

Aber was sollen sie jetzt mit ihren Gefühlen machen? Wie sollen sie hier von Picksy Abschied nehmen? Wer sagt etwas? Darf man einfach dabei weinen oder gar schimpfen? Wer weiß so genau, wie das mit den Gefühlen ist? Und wer kennt sich mit den „gefährlichen" Gefühlen, die einem oft auch Angst machen, aus? Hm ... müssen wir dafür wieder irgendwelche Spezialisten haben? Fragen über Fragen, viele Unsicherheiten.

Die weltbekannte fantastisch wirksame Schutzübung „He-Li-Wi-Wä-S-A"

Erzähler-Begleiter: Ach, da ist ja wieder der Robin-Mood-Coachie. Wie immer ist er genau im richtigen Moment zur Stelle. Mal hören, was er diesmal zu sagen hat.

Robin-Mood-Coachie: Diesmal habe ich eine Herzensübung dabei, sozusagen eine Art Schutzübung für unsere Gefühle. Denn wenn man Gefühle schützt, sind sie gerne da. Sie möchten nämlich gesehen, gehört, verstanden und angenommen werden, und dann kann man sich mit ihnen sehr wohl fühlen.

Pan-Orpheas: Wir wollen uns jetzt alle im Kreis hier um den Hügel auf den Boden setzten, sodass wir uns von der Erde gut getragen und gut miteinander verbunden fühlen. Schaut euch um, wie viele Geschenke uns die Natur ständig macht. Wir brauchen nur unsere Hände danach auszustrecken. Unser Robin-Mood-Coachie wird mit uns eine wunderbare Übung machen. Sie ermöglicht es uns, sicher und ohne Angst Gefühle zu äußern und mit der Zeit den ganzen Reichtum an Gefühlen, den uns die Evolution geschenkt hat, zurückzugewinnen. Diese Übung entstand aus Beobachtungen des Verhaltens verschiedener Völker. Sie wurden immer dann gemacht, wenn die Menschen in schwierige Situationen geraten waren, in denen das Herz verzweifelt und der Schmerz kaum auszuhalten war. Die Menschen solcher Kulturen haben durch die Jahrhunderte gelernt, einen gesunden Gefühlsausdruck zu entwickeln. Sie gewinnen dabei Wohlgefühl, Lebendigkeit, die Blicke der Mitmenschen, aufmerksames Zuhören und eine unterstützende Gemeinschaft. Übrigens, da wir solche Ausdrucksformen auch auf Vasen und Statuen der Antike in Museen entdeckt haben, gehen wir davon aus, dass es auch in der Antike Menschen gegeben haben muss, die durch gesunden Gefühlsausdruck ein erfüllteres Leben gelebt haben.
Diese Übung, die wir jetzt machen werden, nennt sich: He-Li-Wi-Wä-S-A.
Das klingt jetzt wahrscheinlich recht ungewöhnlich, schon fast chinesisch für eure Ohren, das kann ich mir schon denken. Dabei sind es nur die Anfangssilben folgender Worte:
Herz, Liebe, Wiegen, Wärme, Sprechen, Augen öffnen, sich den anderen zeigen und sich freuen, dass die anderen da sind und dich anschauen, verstehen und unterstützen.

Robin-Mood-Coachie: Wir können gleich mal probieren, wie man diese Übung macht. Wichtig ist, dass ihr dabei neugierig und experimentierfreudig seid und das Ganze mit liebevoller Aufmerksamkeit angeht, damit dieses Übungs-Geschenk tief in euch Platz nehmen kann. Berührt nun eure rechte Hand, streichelt die Innenfläche und setzt da hinein einen liebevollen Kuss. Legt diese Hand an die linke Brustseite, dorthin, wo ihr euer Herz klopfen spürt, so, als ob die Hand zum Herzen sagen würde: „Ich mag dich!" Damit die linke Hand auch etwas Liebevolles tun kann, legt ihr sie auf eure rechte Schulter, damit sie berühren und streicheln kann. Diese Haltung soll die Liebe zu euch zeigen und gilt dir selbst mit dem kleinen Anteil in dir, der seit deiner Kindheit entweder zu kurz gekommen ist oder überfordert wurde. Wir schauen uns gegenseitig an und nehmen wahr, dass wir hier sind und uns mögen. Ein jeder von uns schützt den eigenen ehemaligen kleinen Teil in sich. Wir nennen diesen inneren Teil von uns einfach das kleine oder jüngere Selbst. Wir wiegen ihn in unseren Armen, so, als wollten wir ihm sagen: „Ich mag dich! Du kannst Vertrauen haben! Lass los, ich wiege und beschütze dich!" Unsere Schutzübung geht weiter, indem wir die Umarmung bekräftigen und dabei deutlich die Wärme und Sicherheit spüren, die wir uns selbst geben. Aus dieser Sicherheit heraus können wir jetzt ruhig den nächsten Schritt wagen und zu sprechen beginnen. Wir sprechen aus, was der kleine Anteil in uns äußern möchte, und bleiben dabei weiterhin in unserer liebevollen Obhut. Die letzte wichtige Aufgabe ist, die Augen weit offen zu halten. So können wir sehen, wo wir sind, wer mit uns ist und dass uns auch die anderen sehen können und wir sie. In dieser Haltung können wir nun laut sprechend all unsere Gefühle ausdrücken und mit offenen Augen weinen.
Es ist wichtig, beim Weinen und Aussprechen der Gefühle die Augen immer offen zu halten. Sonst besteht die Gefahr, dass unsere Erinnerungen uns immer wieder zurück in die schmerzhafte Situation damals ziehen, in die Momente, in denen wir getadelt wurden, überfordert waren oder unsere Gefühle nicht äußern durften. Wenn ihr das oft übt, werdet ihr bald entdecken, wer euer bester Freund ist und wer euch immer gefehlt hat. Ihr selbst seid es, denn den besten Freund trägt man immer in sich. Der kann klein oder auch groß, lieb, wütend, warm oder auch kalt sein, je nach momentaner Gefühlsstimmung.

Pan-Orpheas: So können wir jetzt mit dieser Sicherheit von getragen sein und bei sich sein zu unserem nächsten Schritt, dem des Klagens und Weinens, übergehen.
Wir können jetzt getrost all das laut sagen, was uns weh tut und was uns traurig oder wütend macht. Achtet auf euer „jüngeres Selbst", schaut dabei die anderen an, die auch noch da sind. Sprecht laut aus, was euch am Herzen liegt, und haltet dabei die Augen geöffnet, sodass ihr sehen könnt, wo und mit wem ihr seid. Vertraut darauf, dass die anderen euch sehen und bestätigen. Ihr seid nicht hilflos, sondern steht auf beiden Beinen fest auf der Erde. Ihr fühlt euch sicher, habt Vertrauen zu euch selbst, zu den anderen, und die liebevolle Zuwendung zu dem kleinen vergessenen, traurigen, wütenden, überforderten oder nicht genug geschätzten „inneren Selbst". Jetzt kann Liebe, Verständnis, aber auch die lang ersehnte Versöhnung, die man bisher ängstlich vermieden hatte, eintreten.

Jetzt wollen wir versuchen, uns zu erinnern an das, was Picksy hätte sein und werden können. Wie
sehr hätten wir ihn bewundert, wie oft hätten wir mit ihm gesprochen, mit ihm gemeinsam Streiche gespielt und vielleicht auch geschimpft. Wie oft hätten wir ihn getröstet und ihm gratuliert für das Gelingen eines lebendigen hochfliegenden Lebens.

Erzähler-Begleiter: Hier mitten in der wunderbar farbigen und wohlriechenden Natur denken sie alle gemeinsam noch einmal an den Vogel. Sie sehen und fühlen für ihn all das Zauberhafte und Freundliche der Natur. Von ganzem Herzen machen sie das, gerade so, als würde Picksy es selber tun. So stehen sie da versammelt im Kreis um den Grabhügel mit dem im Sonnenlicht strahlenden Ei. Ihre Sinne sind weit geöffnet für die Schönheiten der Natur. Alle sind davon sehr berührt und fühlen sich geborgen und aufgehoben.

200

Wespe: Ich hätte mich wohl den ganzen Tag vor ihm in Acht nehmen müssen. Er hätte mich sonst bestimmt in Sekundenschnelle geschnappt. Ich bin nämlich ein echter Leckerbissen für Spatzenkinder. Unter uns gesagt, ich hätte ihn dabei sogar bewundert. Spatzen können so tolle Anflugloopings fliegen.

Sonne Helios: Schade, dass ich nicht dein Gefieder bescheinen kann. Gerne hätte ich das getan und dabei dein wohliges Seufzen gehört.

Diabolino: Ich hätte deinen Flügelschlag und besonders deine „spatzigen Adleraugen" geschätzt.

Wurm: Ich hätte so gerne Verstecken gespielt mit dir. Ich mag solche Kicks! Diesen Spaß hätte ich mir schon erlaubt. Schade, dass du nicht mehr da bist.

Xenos: Da hätte ich jemanden zum Kräftemessen gehabt. Ich bin traurig, dass Picksy nicht mehr da ist. Ich wäre so gerne ein langes Stück meines Weges mit ihm gemeinsam geflogen.

Kalliopi: So gerne hätte ich dich noch ein bisschen versorgt und dir aus dem Ei geholfen, so wie die Pustetiere damals bei mir. Ich hätte dir helfen können, alle deine Spatzenfähigkeiten zu entwickeln.

Ikaros: Ich bin wütend und sehr traurig darüber, dass mein Geschwisterchen Picksy niemals da sein und mit mir spielen wird. Ich wollte so gerne ein Brüderchen haben. Ich hätte ihm alle Frechheiten beigebracht, die sich die kleinen Spatzen noch nicht so richtig trauen.

Herr Larifari: Beim Mückenfangen hätten dich bestimmt alle wegen deiner akrobatischen Flugkünste bewundert.

Frau Farilari: Du wärst bestimmt der schönste Spatz des Waldes gewesen, du wirst uns fehlen.

Erzähler-Begleiter: Während sie das alles erzählen, sammeln sich Tränen in den Augen. Sie halten einander an den Händen und bilden einen Kreis, der sie vor ängstlichen Gefühlen schützt. Gemeinsam erzählen sie, bis schließlich alle im Chor gemeinsam weinen. Das hört sich gar nicht so schlecht an, richtig bodenständig, sogar mit einem leicht künstlerischen Beiklang, weil ganz unterschiedliche Tonhöhen zu hören sind. Einer weint wie ein Bass, der andere wie ein Tenor, und der kleine Wurm weint ganz piepsig. Alle geben sie ihren starken Gefühlen kräftig Ausdruck. Es sieht gut aus, wenn Erdenwesen ihre lebendigen Gefühle zeigen, richtig stark. So sieht und hört man auch wirklich gleich, dass jemand traurig ist. Sieht irgendwie cool aus, obwohl die Tränen warm sind und das Gesicht rot wird.
Unser Entlein wird vom Weinen richtig geschüttelt. Sie spürt den Schmerz wie einen Stich ganz tief in ihrem Herzen. Aber sie spürt auch, dass es gut ist, jetzt zu weinen und ihren Schmerz den anderen zu zeigen. Alle können das gut verstehen und fühlen von ganzem Herzen mit. Je mehr Kalliopi weint, desto kräftiger fühlt sie sich. Überhaupt sind alle ziemlich froh, dass sie endlich mal ihren Gefühlen freien Lauf lassen können. Ihr erinnert euch, was Pan-Orpheas über das Traurigsein sagte? Es bedeutet, wahrhaft lieben zu können und die Verbindung mit dem geliebten Verlorenen zu spüren. Hier unterstützen sich alle gegenseitig in ihren Liebesbezeugungen. Alle klagen und äußern ihren Schmerz lauthals. Sogar die Blätter und die Blumen haben Tränen. So ein schönes, inniges und herzliches Abschiedsfest haben sie noch nie erlebt.
Alle sammeln schließlich gemeinsam trockene Blätter und decken das Ei damit zu. Obenauf kommen noch frische, weiche, sinnlich riechende Erde und etwas Moos. Mit den mitgebrachten Blumen schmücken sie den Grabhügel bis alle zufrieden sind. Während sie gemeinsam tönen, sehen sie noch einmal die schönen Herzens-Bilder, die sie sich eben vorgestellt haben.

Kalliopi: Ich fühle mich so gut jetzt! Ich hab auch gar keine Angst mehr, zu weinen und meine Gefühle zu zeigen. Ganz im Gegenteil! Es ist so wunderbar befreiend. Ich habe mich nie getraut, diese nicht ausgedrückten, wertvollen Gefühle in mir jemandem zu zeigen! Ich danke euch allen dafür, dass ich sie jetzt mit euch teilen kann.

Pan-Orpheas: Seht ihr nun, wie wir auch zu unseren alten, lange versteckten Gefühlen kommen? Alle beweinen jetzt auch ihre alten Schmerzen und Verluste, was sie damals aus welchen Gründen auch immer nicht tun konnten. Lasst uns jetzt alle gemeinsam zum Bächlein gehen, sodass jeder von euch die Möglichkeit hat, einen eigenen Abschied für das Alte zu gestalten. Oh, schaut, da kommt der Richtige im richtigen Augenblick. Willkommen, Mega-Foot! Welch ein Glück, dich als Spezialisten für Rituale und symbolische Handlungen hier zu haben. Unter deiner Obhut fühlt man sich gleich sicherer.

Mega-Foot: Mit Abschiedsritualen kenne ich mich bestens aus. Es ist wirklich sehr wichtig, das Verlorene feierlich zu verabschieden, damit ihr nicht sinnlos weiterhin eure Kräfte darauf verschwendet, es krampfhaft festzuhalten.

Abschiedsritual am Bächlein

Erzähler-Begleiter: Bald stehen alle auf einer kleinen Holzbrücke, die über das Bächlein führt, und sehen zu, wie das Wasser gurgelnd über die abgerundeten Felsen fließt. Alle hören Mega-Foot gut zu.

Ikaros: Ich bin traurig und wütend, dass mein Geschwisterchen tot ist und meine Mama und mein Papa verloren gegangen sind, weil unser Nest auf den Boden gefallen ist.

Mega-Foot: Nehmt ein Herbstblatt zur Hand, das schon gelb oder braun gefärbt ist, und haltet es liebevoll in eurer Handfläche. Fühlt euch von der Erde getragen, betrachtet die Umgebung und spürt euer Erwachsensein. Erinnert euch an all das, was jeder von euch schon sehr früh verloren hat, und sprecht es laut aus, damit wir alle Zeugen sein können. Mit der freien Hand könnt ihr diese Gefühle symbolisch wie kostbare Edelsteine in das Blatt geben, das in eurer linken Handfläche liegt.

Kalliopi (nimmt mit zitternden Händen das Blatt)**:** Ich bin so traurig, dass du, Papa Babo, von Anfang an nicht da warst. Ich bin wütend auf den blöden Kerl mit dem Sportauto, der dich überfahren hat, sodass Mama mich nicht fertig brüten konnte vor lauter Durcheinander und Depression. Ich bin auch traurig, dass ich meine Heimat verlassen musste, weil niemand mit einer halben Ente etwas zu tun haben wollte. Ich habe gleich vom ersten Tag meines Lebens an für die Mama und all meine Geschwister eine unermessliche Sorge gespürt. So konnte ich nie ein unbeschwertes Entenkind sein, sondern war gestresst ohne Ende. Ich lege auch all meine Wut und Enttäuschung über die, die mich nicht als eine richtige Ente anerkennen wollten, in dieses Blatt. Und auch die Angst, die ich am Anfang dieses neuen schweren Weges hatte.

Diabolino: Ich lege meine Wut darüber, dass meine gierigen Eltern vom Schiff mitgenommen wurden, in dieses Blatt und auch meine Trauer darüber, dass ich mich so oft alleine gefühlt habe. Aber auch meine Dankbarkeit dafür, dass ich ihr Kind sein durfte, lege ich da hinein. Und wenn ich meine neue Mama Farilari sehe, muss ich mich bei ihr entschuldigen, dass ich ab und zu so ungehalten bin.

Herr Larifari: Ich trauere um meine Geschwister, die ich so früh verloren habe. Aber damals konnte ich nicht weinen. Das hätte meine Eltern erschreckt.

Pan-Orpheas: Ihr habt das toll gemacht, ich bin richtig stolz auf euch!

Frau Farilari (wischt sich mit einer großen Bewegung die Tränen ab)**:** Ich hätte gerne eigene Kinder gehabt. Aber dieser Wunsch ist nicht in Erfüllung gegangen.

Mega-Foot: Und jetzt legt zuerst beide Hände schützend über das Blatt und lasst es dann los, um es dem Wasser des Bächleins anzuvertrauen. Schickt eure Wünsche für eine kräftige und lebendige Umwandlung dessen mit, was ihr liebevoll und achtsam hineingelegt habt. Ihr könnt stolz auf euch sein, denn es ist nicht so einfach, sich seinen Gefühlen so hinzugeben, wie ihr es tut. Ich bin jedenfalls megastolz auf euch!

Erzähler-Begleiter: Alle übergeben nun das Blatt ganz ehrfürchtig dem Bächlein und winken ihm mit tränenden Augen nach. Dann nehmen sie wieder die Schutzhaltung HE-LI-WI-WÄ-S-A ein und stehen eine Zeit lang andächtig da. Als die Blätter nicht mehr zu sehen sind, geben sie sich gegenseitig die Hände, gratulieren und bedanken sich ganz herzlich untereinander. Alle zeigen Freudentränen, worauf Mega-Foot sehr stolz ist. Sie bilden einen kleinen Kreis und sprechen ihren Powersatz: **Einer für alle, alle für einen und ich für mich.** Zum Abschluss gibt es ein wunderbar sinnliches Mahl mit herrlichen frischen, gut riechenden Früchten und Beeren.

Erzähler-Begleiter: Gestärkt durch das gemeinsame sinnliche Mahl, können sich nun alle wieder auf den Weg machen. Ikaros und Xenos nehmen nun Abschied von Kalliopi, denn Ihre Wege trennen sich. Und auch Mega-Foot verabschiedet sich, verspricht aber, in Band III wieder vorbeizuschauen.

Kalliopi: Es ist so schwer, von dir Abschied zu nehmen, lieber Ikaros. Du warst für mich wie ein Geschwisterchen, aber auch wie ein Kind. Ich habe doch glatt die sorgenvolle Mama gespielt, ohne es zu merken. Das Ungewöhnliche aber war, dass du umgekehrt auch oft die Rolle einer Mama übernommen hast, die mich liebevoll behütet hat, als ich vor lauter Albträumen erbärmlich zitterte.
Los, du Superspatz, lass uns jetzt direkt ins Leben hinein starten. Ich mach mich wieder auf den Weg, eine ganze Ente zu werden, und du wirst bestimmt ein wunderbarer ganzer Spatzenvogel werden, dem sein Leben gelingen wird.

Ikaros und Xenos: Liebe Kalliopi, wir haben eine schwere Zeit miteinander verbracht, und es war oft ganz schön anstrengend mit dir. Aber wir haben durch dich auch viele Freunde gewonnen und gelernt, wie es geht, gemeinsam zu trauern, und wie gut das tut!

Kalliopi (denkt)**:** Uff!! es war so schwer, ihn loszulassen, und es hat sehr weh getan im Herzen. Diesmal aber war der Schmerz anders, leichter als sonst, und es hat auch richtig wohl getan! Ich glaube, das war, weil ich genau wusste, warum und um wen ich geweint habe. Ja, ich hätte schon sehr gerne ein Brüderchen wie ihn gehabt. Für ganz kurze Zeit war es ja fast so, und dafür bin ich dankbar. Ich habe dabei viel gelernt. Außerdem warten ja zu Hause noch meine Entengeschwister. Ich werde bestimmt eines Tages dorthin zurückkehren, das fühle ich jetzt. Ich werde aber erst zurückkehren, wenn ich eine ganze Ente geworden bin, und darauf freue ich mich jetzt schon.

Erzähler-Begleiter: Wann das sein wird? In zehn Jahren, denkt ihr, oder noch später? Nein, nein, das kann schon früher sein, aber erst müsst ihr das ganze Buch gelesen haben. Also seid fleißig, dann könnt ihr mithelfen, dass es schneller geht.

Pan-Orpheas: Ich beglückwünsche euch zu dem gelungenen Abenteuer und dieser gefühlvollen, aber doch auch sehr klaren Verabschiedung. Eure Tränen haben gezeigt, dass ihr fähig seid, zu lieben und intensiv zu fühlen. Ihr habt das bewundernswert gemeistert, ich gratuliere euch! Ich kann mir schon vorstellen, wie die Zuschauer hier drinnen euch dafür bewundern.

Diabolino: He, hört alle mal her, ich habe jetzt auch was kapiert, diesmal aber mit dem Herzen, und das fühlt sich überraschend wohlig und gut an. Ich weiß jetzt, wie ich zu meinem Helfersyndrom gekommen bin. Ich wollte so viel wie möglich Gutes tun, um ja von allen geliebt zu werden. Insgeheim dachte ich bestimmt oft, meine Eltern wären auf und davon, weil ich nicht brav genug war oder sie zu viel geärgert hatte. Meistens war ich ziemlich hilflos und verzweifelt oder einfach nur unglaublich wütend und zornig. Ich konnte für sie gar keine Liebe mehr empfinden und fühlte mich deshalb oft schuldig und schlecht und überhaupt ... Endlosschleife sozusagen, ewige Plackerei innen im Herzen.

Jetzt fühle ich mich ein bisschen ganzer. Ich habe wieder eine ganz lebhafte Erinnerung an meine Eltern gewonnen, und diese Erinnerungen haben einen festen Platz in meinem Herzen bekommen. Ich habe aber auch das Gefühl, dass ich meine Adoptiveltern jetzt ein bisschen besser verstehen kann und viel mehr Wertschätzung und Liebe für sie empfinde. So kann ich zwischendurch auch mal wütend auf sie sein, ohne gleich Angst haben zu müssen, dass sie mich nicht mehr mögen. Ein beruhigender Gedanke!

Frau Farilari: Ich fühle mich so wohl, weil mein Herz seit heute wieder weich ist. So etwas habe ich noch nie erleben dürfen! Ich hatte immer so große Angst vor meinen eigenen Gefühlen. Ich habe nicht gewusst, wie angenehm das ist, wenn man sie richtig spürt. Ich durfte das als Kind ja auch nicht. Die Alten haben uns immer Angst gemacht, dass Schlimmes passiert, wenn man seine Gefühle zeigt. Und du, Diabolino, bist meine goldigste Maus. Ich bin so stolz darauf, deine Mutter sein zu dürfen!

Pan-Orpheas (zum Publikum): Ich bin sicher und ihr könnt euch dabei selber vertrauen, dass auch ihr, liebes Publikum, von dieser Gefühlsumwandlung, die ihr gerade miterlebt habt, profitiert.

In Zukunft werdet ihr eure Gefühle und eure Liebe mehr zeigen können. Jedenfalls wünschen wir euch das von Herzen!

Band II Teil 6

Vom Esel, der beinahe geflogen wäre, dann aber sehr schmerzhaft landete

Vom Esel, der beinahe geflogen wäre, dann aber sehr schmerzhaft landete

Kalliopi trifft auf den „Möchtegern-Flieger" Donkyfly

Erzähler-Begleiter: Unser Entlein Kalliopi macht sich, gestärkt von den Erlebnissen des letzten Abenteuers, auf den Weg zu neuen Ufern. Gerade liegt sie entspannt am Rande eines großen Tümpels und ruht sich aus. Sie ist sehr zufrieden mit sich selbst, weil sie gute Fortschritte gemacht hat, und erfüllt von all dem, was sie erlebt hat. Sie hat neue Freunde gewonnen und viel von der Natur gelernt. So liegt sie da, umarmt sich und spricht zu sich selbst. Nicht weit von ihr entfernt am gleichen Ufer liegt ein lustiger Kerl.

Kalliopi: Ist das schön, ich fühle mich gut und sicher, ich glaube an mich, es geht, ich schaffe es. Pan Orpheas hat es auch gesagt. Er kennt mich jetzt so gut, zu ihm hab ich Vertrauen.
(denkt) Was ist das? Das muss ein Esel sein. Aber er hat so ungewöhnliche lange, farbige Ohren. Es sieht so aus, als würden seine großen Ohren voller Tätowierungen sein. Nein, das ist bestimmt keine neue Eselsmode aus Paris. Es sieht eher so aus, als wären es Hautverfärbungen durch intensive Sonneneinstrahlung. Vielleicht gibt es keinen Baum dort, wo er seinen Mittagsschlaf hält, und seine Ohren bekommen so alle Hitze der Sonnenflecken direkt ab. Trotzdem sehen die Ohren sehr schön aus. Man kann ruhig sagen, sie sind ein Mode-Highlight.

Donkyfly: He, hallo, du da, wer bist du denn?

Kalliopi: Ich bin Kalliopi, die Ente. Und wer bist du?

Donkyfly: Ich bin Donkyfly, der Esel dieses Tümpels. Aber glaube ja nicht, ich sei ein gewöhnlicher Esel. Ganz im Gegenteil! Wegen meinen besonderen Ohren nennt man mich „Tattoo-Eselsohr". Außerdem bin ich ein freier Esel, da ich schon sehr früh von zu Hause und der Arbeit davongaloppiert bin. Ich habe es nicht mehr ausgehalten, den ganzen Tag alles Tonnenschwere auf dem Buckel tragen zu müssen und nur einmal am Tag unterwegs ein bisschen Gras zu bekommen. Das hat mir überhaupt nicht gefallen, und deshalb bin ich hierher ausgewandert. Hier gefällt es mir! Ich bin gerne hier. Weißt du, äh, wie war doch dein Name? Kaliu oder so ähnlich?

Kalliopi (wiederholt ihren Namen so laut, dass es vom anderen Ufer her widerhallt): Ich bin Kalliopi! Ich habe meinen Namen von einer berühmten Muse der Antike!

Donkyfly: Muse? Antike? Was ist denn das? Hat das was mit Museum oder alten Dingen zu tun? Na, ist ja egal. Ich werde versuchen, mir deinen Namen zu merken. Er ist schon sehr ungewöhnlich, aber ich finde ihn schön. Weißt du, liebe Kalliopi, ich habe genug von diesem mühevollen irdischen Dasein, besonders vom schweißtreibenden Gewichteschleppen. Ich möchte mich nur noch mit geistigen Dingen befassen, mit der Fantasie fliegen, mich geistig entwickeln. Ich verzichte gerne auf Irdisches und Schweres. Ich möchte etwas Gewichtsloses, etwas Luftiges, Himmlisches, nach oben himmelwärts Treibendes. Da oben ist bestimmt alles viel leichter als hier. Ich suche nach, na wie heißt denn das? Es fällt mir gerade nicht ein. Wie nennt man das bei euch? Spiritus oder Transpirans oder so ähnlich?

Kalliopi: Hä? Was soll das denn sein? Hab ich nie gehört. Hör mal, du bringst mich richtig durcheinander mit deinen komischen Wörtern. Was meinst du nur? Ach so, vielleicht bist du einer von den New-Age-Leuten, die es alle cool finden, über Spiritualität und Transzendenz zu reden, und auch noch alles Mögliche ausprobieren. Na ja, nicht alle, aber die meisten wollen gar nicht richtig hier auf der Erde sein. Sie ziehen es vor, hier nur vorübergehend zu parken, anstatt auf der Erde richtig sesshaft zu werden. So hoffen sie, jederzeit abzischen und nach oben fliegen zu können, wenn sie hier nicht mehr weiterkommen. Man könnte die Erdenbewohner in zwei Gruppen einteilen. Die einen sind die „verwurzelten Bewohner" und die anderen die so genannten „Parker". Die „Parker" erkennt man an ihrer ständigen Unruhe und Rastlosigkeit. Sie sind immer auf der Suche und auf dem Sprung. Diabolino hat es mal richtig treffend gesagt: Alle wollen zum Himmel, aber niemand will sterben. Viele wollen zu einer Art geistigem Himmel aufsteigen, weil sie meinen, da oben wäre alles besser und weniger anstrengend. Aber ich sag es dir, so gut kann es da oben gar nicht sein! Ich habe so viele Abgestürzte getroffen, die vor lauter Bodenlosigkeit einsam, depressiv oder schwindlig geworden sind. Also nimm dich in Acht, Donkyfly. An deiner Stelle würde ich mir das nochmals gut überlegen. Ich habe dich doch eben erst kennengelernt.
Mir ist es lieber, du bleibst hier.

Der Esel liegt so faul da, als würde er schon seit Monaten an diesem Tümpelufer Urlaub machen. Irgendwann kommt er in Bewegung und schafft es, nach mühevollem Balancieren auf die Beine zu kommen. Gierig trinkt er sich am Tümpelwasser satt. Als er sich umdreht, bemerkt er Kalliopi. und brüllt mit seiner ungewöhnlichen, trompetenartigen Eselsstimme in ihre Richtung.

Transzendente Höhenflüge werden durch Frösche aufgeschreckt

Erzähler-Begleiter: Der Esel schlägt dem Entlein vor, einen kleinen Spaziergang zu machen. Die beiden ziehen los und bewundern die Umgebung mit den verschiedenen ungewöhnlichen Pflanzen und Tieren. Sie reden über sich, über ihre Familie, über ihre Gefühle und über ihre Geschichte. Es ist schon schön, wenn man einen guten Freund hat, dem man alles, was man denkt, fühlt oder auch nicht fühlt, erzählen kann. Das tut richtig gut. Endlich mal eine ruhige, freudige Lebensphase für Kalliopi. Die braucht man ab und zu. Man kann hier die wunderbare ländliche Atmosphäre und den Frieden der Umgebung mit eigener Haut spüren. Es ist wie im Paradies, die Natur blüht, die Sonne strahlt zufrieden, die Mäuse sind satt, Früchte und wilde Beeren sehen sinnlich frech aus, in der Hoffnung, dass jemand sie spontan erntet und geschmackvoll vernascht. So hat das Ganze einen Sinn.

Am Ufer kann man eine Ansammlung von neugierigen Fröschen beobachten, die den beiden „philosophischen Ausflüglern" geistig zu folgen versuchen. Sie recken neugierig ihre Köpfe und versuchen etwas von ihren Gesprächen aufzuschnappen. Sie haben bemerkt, wie gut sich die beiden verstehen.

Die Engel schauen zu, und Assipelli flüstert bestimmt wieder vor sich hin: Das ist der Lauf der Welt. Das ist so ein schönes und Herz anrührendes Bild, dass man am liebsten den Lauf der Welt stoppen würde, um diesen guten und wunderbaren Moment zu verewigen. Es soll immer so bleiben wie jetzt, so schön ist es.

Möge der Leser es verstehen, wenn sogar ich als Erzähler solche idyllischen Momente konservieren würde. Ich gebe es zu, ich bin ausgestiegen! Ja, nun … wir befinden uns auf der Bühne der Welt, die Spieler sind stehen geblieben, das Publikum wartet ungeduldig!

Gelbe Blume im Hintergrund: Die beiden tun mir gut, wenn ich sie hier so erlebe. Ich hoffe, sie bleiben noch ein Weilchen, sodass wir auch etwas davon haben. Ich mag die beiden, sie sind so süß.

Erzähler-Begleiter: Die paradiesische Idylle hält aber nicht lange an, sondern findet ganz plötzlich ein jähes Ende. Nein, das kann nicht wahr sein! Es ist zum Lachen und gleichzeitig zum Weinen, so ein Pech. Während die beiden vertieft in ihre Gedanken und Gespräche dahinspazieren, springt plötzlich vor ihnen etwas aus dem Schilf. Dann noch etwas und noch etwas. Gleichzeitig beginnt ein ohrenbetäubender Krach, so dass die beiden für einige Sekunden im Schock wie angewurzelt stehen bleiben und erstarren. Ihnen stehen vor lauter Angst die Haare zu Berge. Die Blumen schauen erstaunt zu und können nicht verstehen, was da abläuft.

Donkyfly und Kalliopi: Hilfe, Hunderte von schrecklichen Ungeheuern greifen uns an! Rette sich, wer kann! Wir sind verloren!

Donkyfly: Das sind sicherlich Mini-Ufos von außerirdischen Wesen. Los, nichts wie weg hier. Wir sind umzingelt. Sie wollen uns bestimmt entführen.

Erzähler-Begleiter: Schwitzen, Herzrasen, kein Blick zurück – die beiden laufen davon, als ob der Teufel persönlich hinter ihnen her wäre. Plötzlich jedoch hören sie aus vielen Ecken des Tümpels heraus lautes Lachen und bleiben verdattert stehen.

Die Mega-Enttäuschung: Eine Ente, die nicht fliegen kann!

Erzähler-Begleiter: Kalliopi und Donkyfly schauen verschämt auf den frechen Frosch, müssen aber dann selbst plötzlich laut loslachen. Sie lachen und lachen, bis ihnen der Bauch weh tut, und kugeln sich dabei auf der Wiese.

Gelbes Blümlein im Hintergrund: Du hast wohl ein paar Science-fiction-Romane zu viel gelesen. Ufos und Außerirdische, so ein Blödsinn! Frösche sind das, ganz gewöhnliche Frösche. Als ihr eben vorbeikamt, haben sie gerade ihre Versammlung aufgelöst und wollten sich nun ein wenig die Beine vertreten, besser gesagt „verhüpfen". Sie waren ganz schön erstaunt, als sie euch wie die Irren davonlaufen sahen.

Kalliopi und Donkyfly: Oh, wir sind reingefallen. Das sind ja nur Frösche!

Donkyfly: He, Kalliopi, sag mal, warum bist du eigentlich hinter mir hergewatschelt, anstatt zu fliegen? Du wärst doch so viel schneller gewesen als ich! Was ist denn mit dir los? Du bist doch eine Ente, oder? Warum bist du nicht geflogen? Ich mache mir Sorgen um dich.

Kalliopi: Ja, lieber Donkyfly, Vieles habe ich schon gelernt auf meinem Weg bis hierher. Ich hatte viele gute Begleiter, die mir geholfen haben. Ich hatte mich schon ein paar Mal aufgegeben, aber meine Freunde haben mich unterstützt, damit ich das werden konnte, was ich jetzt bin. Fliegen kann ich aber immer noch nicht. Das trau ich mich einfach nicht! Ich habe Angst davor! Ich habe es noch nie versucht. Ich weiß gar nicht, wie es geht. Ich werde bestimmt abstürzen. Deshalb bleibe ich lieber auf dem sicheren Boden. Der Erde kann ich vertrauen, das hat mir mein Freund Earthy beigebracht. Aber wie das in der Luft funktionieren soll, kann ich mir überhaupt nicht vorstellen.

Donkyfly: Hm …, ach so ist das. Dabei hast du doch so schöne Flügel. Es ist doch schade, wenn die einfach so herumhängen, oder? Wenn du sie streckst, sind sie bestimmt sehr breit und schön anzuschauen. Zeig mal her! Toll! Und damit sollst du nicht fliegen können? Das wäre ja gelacht! Hör mal Kalliopi, ich habe eine Idee. Du hast doch gesehen, wie hoch die Frösche vorhin gesprungen sind? Das hat doch wunderbar und großartig ausgesehen. Ich würde selber gerne so springen können. Lass uns mal schauen, wie sie das machen, und nachher üben wir es selbst. Denn bevor man das Fliegen übt, sollte man springen üben, das ist ein uraltes Fliegenlerngesetz!

Das Flügel-Lüftungs-Training oder wie Kalliopi endlich zum Fliegen kommt

Erzähler-Begleiter: Nachdem sie den Fröschen einige Zeit lang zugeschaut haben, probieren sie es selbst. Sie beginnen mit einem Flügel-Lüftungs-Training, da Kalliopi ihre Flügel ja noch nie benutzt hat. Sie sind also ganz verstaubt.

Donkyfly: Also Kalliopi, Mädchen, jetzt geht's ums Ganze. Es wird uns bestimmt gelingen, du wirst sehen. Wir wärmen uns jetzt auf und üben dann zunächst das Starten. Versuche ein paar schnelle Laufbewegungen auf der Stelle zu machen. Du musst noch gar nichts mit den Flügeln tun, sondern nur mit deinen Watschelfüßen kräftig auf der Stelle treten. Und dann läufst du ein Stück vorwärts, ja, gut so! Beim zweiten Mal noch ein wenig schneller. Weißt du, das habe ich auch immer gemacht, wenn mein Chef versucht hat, mir ein besonders großes Gewicht auf meinem Rücken zu laden. Dann bin ich einfach losgestartet und abgehauen. Deshalb kann ich das so gut. Gut so, und jetzt nimm die Flügel dazu. Versuch sie seitlich so stark zu spreizen, wie du kannst. Sehr gut! Bewege deine Flügel jetzt ganz langsam auf und ab. Spürst du den Luftwiderstand? Als ich mit meinem Chef schwere Säcke mit Tierfutter über die Berge schleppen musste, habe ich einmal einen Adler gesehen. Vor Verzweiflung und weil ich so erschöpft war, hätte ich es dem Adler am liebsten nachgemacht. Ich wäre so gerne einfach davongeflogen. Und beinahe wäre ich aus zweitausend Metern Höhe abgestürzt, hätte mich mein Chef nicht mit einer Schnur fest an einen Baum gebunden. Heute würde man von mir unten in der Schlucht nur noch ein paar dicke Knochen finden. Den Rest hätten bestimmt schon lange die Wölfe gefressen.
Weißt du Kalliopi, mit der Luft ist es so ähnlich wie mit dem Wasser. Versuch dich an dein Schwimmtraining zu erinnern, von dem du mir eben so begeistert erzählt hast. Es genügt, wenn du deine beiden Flügel ganz sanft und weich, aber doch fest in die Luftmassen presst. Top, wie du das machst! Das wird bestimmt klappen mit der Fliegerei, du wirst sehen.

Erzähler-Begleiter: Die beiden probieren fleißig, machen Fortschritte, kullern auf den Boden, fallen ab und zu auf die Nase und lachen oft vor Freude über ihre Missgeschicke. Kalliopi findet Gefallen daran, mit ihren Flügeln zu flattern und sich ab und zu ein wenig vom Boden abzuheben. Sie macht schon richtig kleine Sprünge und entdeckt dabei, dass der Boden ihr die Startsicherheit für das Abheben gibt. Da der Esel sowieso ein guter Springer ist, versucht er einfach, ein wenig höher zu springen als sonst. Ermutigt und gestärkt vom Spaß und der Freude beim Üben, steigen sie auf die Anhöhe, um von dort aus ihren ersten Flugversuch zu starten. Na dann, Hals- und Beinbruch!

Erzähler-Begleiter: Donkyfly will doch tatsächlich auch versuchen zu fliegen, na, wenn das nur gut geht. Seine langen sonnentätowierten Ohren beginnen zu rotieren wie bei einem Hubschrauber. Es klingt sogar ein wenig danach, weil er vor lauter Anstrengung fürchterlich stöhnt und schnaubt. Es scheint ziemlich anstrengend für ihn zu sein, aber er legt sich voll ins Zeug. Es ist erstaunlich, mit wie viel Willen, Kraft und Geduld Donkyfly dabei ist. Es sieht fast so aus, als würde er gleich abheben. Nachdem sie noch ein bisschen geübt haben, gehen die beiden zusammen an den Rand des Felsens.

Kalliopi: Du, mein guter Freund, hier oben ist es fantastisch. Aber meinst du nicht, dass es ein bisschen zu hoch und zu steil für mich ist? Ich bekomme schon wieder furchtbare Angst.

Sonne Helios: Ich kann gar nicht hinschauen! Ich glaube nicht, dass es klappt.

Donkyfly: Nur keine Angst vor der Angst, Kalliopi. Jetzt lass uns mal die Rotoren der Maschinen starten. Also, breite deine Flügel aus und bewege sie auf und ab. Wir starten jetzt gemeinsam. Ich bin bei dir. Es kann dir also gar nichts passieren.

Rote Blume (links auf dem Fels)**:** Nein, das kann nicht gut gehen. Es ist noch zu früh! Aiaiaiaiai!

Donkyfly: So, jetzt sind meine Ohren richtig gelockert, und ich kann sie seitlich ausstrecken wie du deine Flügel. Nochmals konzentrieren, richtig auf den Füßen stehen, mit den Flügeln die Luft anschlagen, und los geht's! Sprung!

Herr Larifari und Frau Farilari: Lass uns schnellstens den Ort hier unter dem Flugfelsen verlassen, bevor die beiden wie Kartoffelsäcke auf unseren Köpfen landen.

Erzähler-Begleiter: Wumm! Boing! Platsch! Die beiden sind unsanft gelandet. Gott sei Dank, dass beide den Versuch glimpflich überstanden haben. Während sie sich erholen, erklärt Assipelli ihnen ein paar physikalische Grundlagen des Fliegens, damit sie diese beim nächsten Versuch berücksichtigen können.

Assipelli: An sich habt ihr beide gut begonnen. Nur nicht gleich die Flinte ins Korn werfen! Ihr könnt aus den Fehlern lernen. Es geht doch darum, die eigenen Ressourcen zu entdecken, um sie auch nutzen zu können. Das war jetzt eine gute Lektion dafür. Ihr wisst alle beide, dass die Luft das Element ist, das einen tragen kann, wenn man den physikalischen Gesetzen gehorcht. Kalliopi, du musst versuchen, die Anziehungskraft der Erde aufzunehmen und mit deinen Flügeln die Luft als weiches und unterstützendes Kissen zu nutzen. Die Erde zieht dich aus Liebe an, die Luft ist das Kissen zwischen dir und ihr, und wenn du dich mit deinen Flügeln der Luft anvertraust, dann trägt sie dich und du kannst fliegen. Dazu musst du deine Flügel nur ganz leicht auf und ab bewegen.

Diabolino: Oh, je, jetzt liegen sie beide hier unten auf der Nase. Joijoijoi, das war ja fast ein Hals- und Beinbruch!

Erzähler-Begleiter: Kalliopi und Donkyfly hören Assipelli andächtig und aufmerksam zu. Sie nehmen seine Worte sehr ernst und sind froh, eine so fachmännische Anleitung bekommen zu haben. Gestärkt und sicher starten sie ihren nächsten Flugversuch. Beide stehen nun wieder auf dem Felsvorsprung, Kalliopi rückt ihren Schnabel zurecht und wackelt ein paar Mal auflockernd mit ihrem Po. Donkyfly steht daneben, überlegt einen Moment und entschließt sich dann, auf seinem Regiestuhl Platz zu nehmen. Er hat eingesehen, dass er die Fliegerei doch besser bleiben lässt. Er konzentriert sich lieber darauf, Kalliopi per Zuruf Fluganweisungen zu geben. Er ermuntert sie, Vertrauen in sich und in das Element Luft zu haben.

Donkyfly: So, meine Liebe, schließe kurz die Augen und spüre dich in deinem Körper. Steh mit beiden Füßen fest auf der Erde, umarme dich und sage dir selbst: Ich bin eine richtige Ente! Streichle mit deinen Zehen die Mutter Erde und sage ihr, dass du jetzt bereit bist. Schüttle dann langsam und entspannt deine Flügel und öffne die Augen. Schau auf den blauen Himmel und die schöne Landschaft da unten, mache dann drei schnelle Schritte vorwärts und breite deine Flügel aus. Du weißt ja jetzt, dass du dich dem Luftkissen getrost anvertrauen kannst. Es wird dich liebevoll tragen. So, und jetzt los! Ja, super machst du das! Bravo, Kalliopi!

Ehrenflugrunden

Erzähler-Begleiter: Kalliopi fliegt los, und es klappt. Alle, die bis jetzt vor Aufregung den Atem angehalten haben, brechen in laute Begeisterungsrufe aus. Es gibt stehende Ovationen, die nicht enden wollen. Kalliopi genießt ihren Erfolg und macht ein paar gewagte Kunststücke.

Ein gelungener Ikarus-Flug ist das. Man kann sehen: Kalliopi ist in ihrem Element. Sogar die Engel schauen bewundernd vom Himmel herunter.

Engel (im Chor): Nicht mal wir können so schön akrobatisch fliegen!

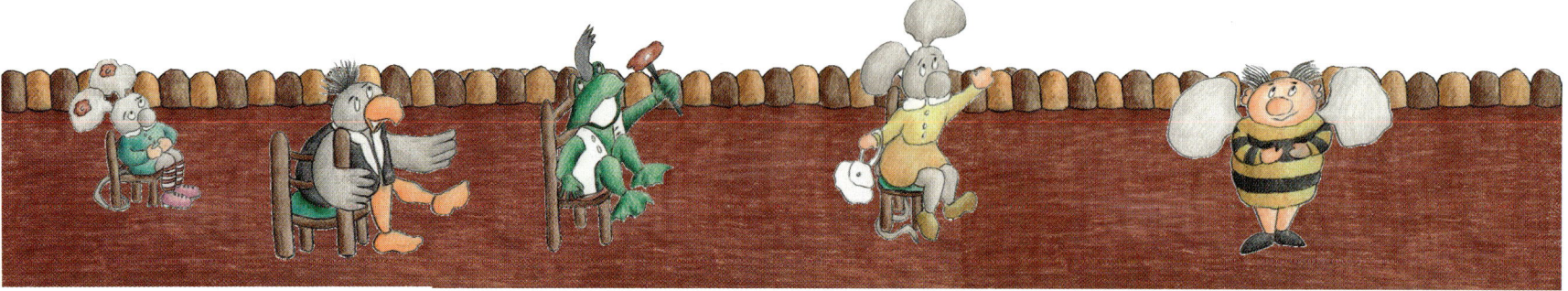

Was geschah mit dem sagenhaften Ikarus?

Erzähler-Begleiter: Das Entlein macht eine ausgiebige Ehrenflugrunde und landet dann wieder auf der schönen grünen Wiese am Ufer des Tümpels. Die Begleiter rennen begeistert zu ihr, umarmen sie, herzen und drücken sie und gratulieren ihr. Diabolino macht ein Herzensfoto mit seiner Herzenskamera.

Diabolino: Bitte ein Erfolgslächeln für die Presse!

Donkyfly: Eines muss ich sagen. Ich gehöre mit allen vier Füßen auf die Erde, das habe ich jetzt kapiert! Mit der Luft da oben will ich nichts zu tun haben, außer dass ich sie als ein Geschenk der Erde an mich und alle Lebewesen zum Atmen brauche. Dafür bin ich ihr sehr dankbar.

Frau Farilari: Ich hab doch gewusst, dass sie es schafft. Ich bin nicht umsonst ein Fan von ihr!

Herr Larifari: Jetzt habe ich gesehen, wie sie das macht, und kenne die physikalischen Gesetze. Ich könnte demnächst doch auch einmal das Fliegen ausprobieren.

Assipelli: Liebe Anwesende aller Gattungen in diesem „Lebens-Theater"! Ihr hattet das Glück, Zeugen zu sein von Ereignissen, die uns bestätigen, dass die Evolution immer Recht hat. Jeder von uns ist so ausgestattet, dass er sein Leben auf dieser Erde in und mit seinem Element halbwegs angenehm gestalten kann. Diese Geschenke, die wir mitbekommen haben, müssen aber auch entwickelt werden. Ob man es allein oder mit Hilfe des großen Engagements der anderen schafft, auch wenn diese keine Spezialisten sind, spielt keine Rolle. Einfacher gesagt, Enten können fliegen, wenn sie es üben, Esel können das nicht. Ihr habt ja erlebt, was passiert, wenn man es trotzdem versucht. Es kommt früher oder später zu einem unangenehmen Absturz. Natürlich gibt es ab und zu ein paar Ausnahmen, wie zum Beispiel in der Geschichte von Ikarus. Dieser Mythos aus der Antike erzählt vom ersten Menschen, der fliegen konnte, aber natürlich mit Hilfe von selbst gemachten Flügeln. Menschen werden ja bekanntlich nicht mit Flügeln geboren, im Gegensatz zu Enten. Übrigens: Auch dieser Flug endete mit einem Absturz. Der junge Ikarus konnte mit der Freiheit der Lüfte nicht so gut umgehen. Ebenso wenig mit den guten Ratschlägen seines Vaters Daedalos, der ja der Erbauer der Flügel für sich und seinen Sohn war. Er riet seinem Sohn, ja nicht zu hoch zu fliegen, weil sonst die Sonne das Wachs seiner Flügel schmelzen würde. Auch nicht zu tief sollte er fliegen, da die Gischt der schäumenden Wellen die Federn seiner Flügel nass und schwer machen würde. Obwohl Daedalos seinen Sohn gewarnt hatte, wollte dieser nicht auf ihn hören. Vor lauter Begeisterung für das Fliegen und aus Trotz gegenüber seinem Vater flog er zu hoch, zu nahe an die Sonne heran und stürzte ab. Seinem Vater ist der Flug damals gelungen, weil er die unverrückbaren Gesetze der Natur achtete. Deshalb gilt es, höchste Aufmerksamkeit und Vorsicht walten zu lassen, wenn man in einem fremden Element ist, da der Umgang damit mühevoll und achtsam erlernt werden muss.

Pan-Orpheas: Für uns hier ist es wichtig zu wissen, dass wir echte Kinder dieser Erde sind. Wir verbringen unser Leben in totaler „liebevoller Abhängigkeit" von ihr. Wenn unsere Zeit gekommen ist, gehen wir zur Erde zurück. Unser irdisches Leben ist uns geschenkt, um es selbst zu gestalten. Es gibt darin viel Auf und Ab. Manchmal, wenn es uns zu viel wird, versuchen wir, Auswege aus diesen nicht immer angenehmen Erfahrungen zu finden. Dann möchten wir am liebsten weggehen von dieser Erde, himmelwärts. Und dabei unterstützen uns lebenshindernde Weltanschauungen, Ideologien und Religonen. Geistiges und Seelisches kann aber nur in unserem Leib und durch ihn existieren. Es kann niemals davon getrennt sein. Deshalb ist unser Leib das größte Geschenk der Natur oder vom lieben Gott an uns. Mit unserem Leib und durch ihn treten wir in der Welt in Erscheinung. Wenn Geistiges und Seelisches hingegen zu stark himmelwärts zieht, kann dies zu einer Art Himmelssehnsucht führen. Vor lauter Sehnsucht verlieren wir die Grenzen nach oben, wir überfordern uns durch maßlose Wünsche und Fantasien, verlieren dabei die Orientierung und sind in Gefahr, aus derartiger Bodenlosigkeit in das Nichts abzustürzen. Aber die eigentlich geistigen und seelischen „Erhöhungen" finden in unserem „göttlich" geschenkten Raum, dem Leib, statt.
Also, um unseren Geist und unsere Herzen fliegen lassen zu können, müssen wir zuerst unsere Füße auf der Erde verankern und mit beiden Beinen fest im Leben stehen. Dann werden wir nach erhebenden Ausflügen ganz sicher wieder im Schoß der Erde landen.

Diabolino: Uff, das war jetzt aber furchtbar schrecklich kompliziert. Mein Kopf ist ganz heiß geworden vom Konzentrieren. Ich weiß nicht, ob ich das alles verstanden habe, was du vor dich hin philosophiert hast, lieber Pan-Orpheas. Aber ist ja egal, ich kann ja jederzeit nachfragen. Mit meinem Herzen habe ich schon verstanden, was du meinst.
Und was den heutigen Flugtag angeht, muss ich sagen: Alle Achtung vor Kalliopi und dem Esel! Sie haben sich sehr bemüht und waren richtig fleißig. Wie sagt meine Mama immer? Ohne Fleiß kein Preis! Ach, dieser Satz gefällt mir gar nicht so gut, der ist nämlich viel einfacher gesagt als getan.

Assipelli: Das war ein guter Schlusssatz, Diabolino. Deine Mama hat uns alle hier an dieses „Naturgesetz" erinnert. Also halten wir uns daran. Es liegt noch ein gutes Stück Fleißarbeit vor uns. Mal sehen, wie wir das hinkriegen und wer diesen Grundsatz beherzigt.

Seid ihr neugierig darauf, wie es wohl weitergeht?

Band II Teil 7

Mit Magie und Zauberei geht immer alles besser?

Da würde Harry Potter aber Augen machen!

Herr Larifari: Das ist ja alles schön und gut, sich anstrengen und plagen und abrackern und immer wieder Neues lernen, um so was zu werden wie eine ganze Ente. Aber meinst du nicht, liebe Farilari, dass das alles viel zu anstrengend ist? Immer unterwegs sein, um sich zu entwickeln, immer üben, üben, üben, bis zur Bewusstlosigkeit? Bücher lesen, Philosophien hören und auch noch versuchen, sie zu verstehen? Mir ist das viel zu anstrengend. Ich schwitze doch gar nicht gerne! Ob es da keinen leichteren Weg gibt? Mal ganz im Vertrauen, ich habe mich ein bisschen umgehört. Ich glaube, es gäbe da schon etwas. Soll ich's dir erzählen?

Frau Farilari: Ach, mein Lieber, ich bin ja so neugierig, und außerdem hast du völlig Recht. Ich habe mich nämlich auch schon schlau gemacht und ein ganz tolles Buch gelesen, aber das bleibt unter uns, klar? Dieses Buch liest heute fast die ganze Welt, die was auf sich hält. Darin geht's darum, dass man, anstatt sich zu plagen und zu schwitzen, einfach alles mit Magie und Zauberei machen kann. Ist doch genial, oder? Dann könnte ich auch fliegen lernen wie Kalliopi. Denn mit Magie und Zauberei geht das bestimmt!

Erzähler-Begleiter: Die beiden Zauberlehrlinge machen sich auf den Weg, einen geeigneten Ort zu finden, wo sie das einfache, leichte, coole Leben mit Magie ausprobieren können. Diabolino will auch mit von der Partie sein und hat sich im Nu verwandelt. Mit Zauberstab, schwarzer langer Robe und einem Hut, der größer ist als er – auf jeden Fall passen beide Ohren hinein – steht er auf der Bühne. Das Zaubern kann beginnen. Alle Zuschauer sind unbeschreiblich neugierig und halten den Atem an. Manche zittern sogar ein bisschen vor Erregung. So eine Vorführung mit echter Zauberei haben sie noch nie gesehen.

Erzähler-Begleiter: Die drei ziehen los und nehmen einen Pfad, der sie mitten hinein in ein dichtes Waldstück führt. Zu ihrem Erstaunen folgt ihnen eine große Anzahl von Tieren aller Gattungen. Langsam und fast verstohlen haben sie ihre Plätze auf den Rängen verlassen und folgen den Zauberlehrlingen. Das Ganze sieht sehr geheimnisvoll aus. Alle gehen mit leisen Schritten auf Zehenspitzen. Man bekommt den Eindruck, dass es sich hier um eine verschworene Gemeinschaft handelt. Es ist sehr dunkel und geheimnisvoll im Wald, und auch ein bisschen gruselig. Den meisten Zuschauern stockt der Atem. Jede Sekunde fühlt sich an wie 10 Stunden Ungeduld. Endlich ist die Gruppe an einer Waldlichtung angekommen. Kein Zweifel, hier wird sicherlich das Mega-Event stattfinden, auf das alle ganz gespannt warten. Die Lichtung sieht zauberhaft aus, grad so als ob die Strahlen der untergehenden Sonne, die Wolken, der Schatten der Bäume und die schwarze Eule mit ihrem Ruf sich auf diese spezielle Atmosphäre geeinigt hätten.
Diabolino im schwarzen Talar mit übergroßen, goldig glänzenden Knöpfen und hochgeschlossenem Kragen, fast bis zum Kinn, ist fast nicht wiederzuerkennen. Den silbrig glänzenden Zauberstab hält er stolz in der Hand. Seine Schuhe sind aus Samt und der Hut sieht aus wie ein Mini Baldachin mit Ohren. Das Gesicht und die Nase sind passend dazu weiß-grau geschminkt. Diabolinos Auftritt ist einfach grandios, richtig „mega-mystisch". Das haut selbst den dicksten Zauberstab um. Er wird begleitet von lokalen Blas-, Tut-, Pfeif-, Schlag- und Sing- Ensemble, mit dem Namen „Tote Petticoats". Dazu gehören die grunzenden Schweinchen, klopfenden Spechte, zischenden Schlangen, tief quakenden Fröschen und noch viele andere, die klanglich auffallen.
Aus gut informierten Kreisen weiß man von der Besonderheit dieses Treffens. Hier soll eine neue Lebensform für die Menschen unseres Globus erprobt werden. Es geht um die Rettung all jener, die sich tagtäglich mühevoll plagen müssen. Es handelt sich um eine völlig neu entwickelte Form des Denkens, Empfindens, Handelns, Fühlens, ja des gesamten Verhaltens. Um es kurz zu machen und nicht die ganze aufwendige globale Lebensphilosophie auftischen zu müssen, der Kern des Ganzen ist mit einem Satz gesagt: „Mit Zauberei und Magie geht immer alles besser!". Na ja, mal sehen was uns da alles blüht.

Herr Larifari: Ich muss gestehen, liebe Farilari, ich kenne das Buch. Ich habe sogar schon zusammen mit Diabolino einige der Zaubertricks geübt, die darin vorkommen. Heimlich, weil wir Angst hatten, du wärst dagegen und würdest uns ausschimpfen.

Frau Farilari: Na, so was, was ihr alles hinter meinem Rücken macht! Ich wusste ja gar nicht, dass du Bücher liest!

Herr Larifari: Du erzählst mir doch auch nicht alles, was du machst, oder? Aber komm, wir könnten doch jetzt gemeinsam ein wenig üben, anstatt uns zu zanken.

Diabolino (betont würdevoll): Hallo, liebe Freunde! Ich habe heute die Ehre, euer Zeremonienmeister sein zu dürfen. Ich bin der Ritter Wunderlino. Der Geheimbund „Orden des Spatzes" hat mich beauftragt, euch als zukünftige Zauberlehrlinge im Namen unseres Zauberführers Lord Lumpidor hier an diesem wundervollen Zauberort begrüßen zu dürfen. Um euch gleich Freude zu bereiten, kündige ich hiermit feierlich die Verteilung der Zauberstäbe an jeden zukünftigen Adepten, d.h. Eingeweihten, unseres Geheimbundes an. Verehrte Anwesende, eines muss von Anfang an klar sein, hmm ... hmm, ich will nichts gesagt haben, aber ohne Zauberstab läuft bei uns nix!
Seid euch bewusst, dass wir Anwesenden alle dem geheimen Zaubervolk der Nuckl angehören, die hier heute das erste Mal in Erscheinung treten. Die Schwammblütler der unreinen Zauberer nennen das „sich outen". Wir Keinblütler nennen es „sich cool zeigen". Hier an diesem Zauberort der „gelben Kröte" soll der Startschuss fallen für den magischen Kampf zum Schutz des ganzen Globus vor dem bösen Zauberer des Geheimbundes „Nageroq". Unser guter Zauberer Lumpidor wird uns dabei helfen. Er ist nämlich mächtiger und gütiger als der böse Ben-Luder.
Ich freue mich, dass heute ebenfalls die gesamte Mannschaft unserer Zaubertechniker hier anwesend ist, die dafür sorgt, dass unbemerkt von allen die moderne Zaubermaschinerie läuft. Eigentlich sind ja doppelt so viele Personen hier, aber aus verständlichen Schutzgründen trägt die Hälfte der Anwesenden einen Tarnumhang. Sie sind also da, auch wenn wir sie nicht sehen können. Aber Hauptsache, wir sehen uns.
Ich sehe, dass viele von euch fragend auf mein weißes Blatt blicken. Ja, ich weiß, mein Manuskript ist blank und ohne Buchstaben. Keine Sorge, es wurde nur alles mit unsichtbarer Tinte geschrieben, damit niemand sonst, womöglich sogar aus dem Geheimbund der Schwarzmagier von Ben-Luder, unsere Geheimnisse lesen kann.

Diabolino: Da alles vorbereitet ist, kann es losgehen. Ihr Adepten, nehmt jetzt eure Zauberbesen „Zündholzblitz" und „Amboss 3000" in die Hand, umarmt sie und vertraut auf ihre Zauberkraft. Dann könnt ihr losstarten, wobei schon beim zweiten oder dritten Schritt die Füße den Boden nicht mehr berühren dürfen. Also, los geht's!
Hopp, ja, wunderbar, es klappt ja.... Oder doch nicht? Oje ... plumps ... auweh! Jetzt sind sie abgestürzt.

Assipelli: Tja, das war der Lauf dieses unmöglichen Zauberversuchs.

Frau Farilari: Müse, Füse, güse, püse, mein Zauberbesen, Amboss 3000, düse, düse. Hipp, hopp!

Herr Larifari: Hucke pucke, nucke, tucke, mein Zauberbesen Zündholzblitz zucke, zucke. Hipp, hopp!

Königsfrosch: Irgendetwas macht ihr falsch! Habt ihr nicht die richtigen Zaubersprüche, oder was ist los?

Diabolino: So eine Blamage! Zur Strafe habt ihr morgen Nachsitzen in Zauberkünste. Aber jetzt gibt es erst noch einen zweiten Versuch. Hebt bitte eure beiden Zauberbesen hoch und dreht euch dann dreimal nach links und dreimal nach rechts. Nehmt die Zauberstäbe in die Hand und sprecht dabei laut eure Zaubersprüche. Dann klappt's!

Dickes Schweinchen (mit traurigem Grunzen): Na ja, man darf ja wohl noch Fehler machen. Assipelli hat doch gesagt, nur durch Fehler kann man lernen.

Erzähler-Begleiter: Zum nächsten Versuch steigen Herr Larifari und Frau Farilari schwitzend und keuchend auf einen Baum. Sie balancieren mit Mühe und Not auf einem Ast, bis sie endlich einigermaßen sicher stehen können. Sie sind ja beide nicht gerade die geborenen Kletterer. Man sieht die Angst in ihren Gesichtern. Gepresst und völlig verkrampft stammeln sie ihre Zaubersprüche.

Diabolino: Diesmal seid ihr gut vorbereitet, und ich sehe, ihr habt euch entschieden. Unsere Zaubertechniker haben auch alles vorbereitet. Die Zweige, auf denen ihr steht, sind mit einer besonderen Energie aufgeladen, sodass ihr euch beim Abheben gar nicht schwer tun werdet. Also, es kann losgehen. Und blamiert den Geheimbund nicht!

Assipelli: Ich fürchte, dass sich dieses Mal die Naturgesetze wegen nochmaliger Übertretung stärker bemerkbar machen werden. Das „Autsch!" und „Jemine!" der „Fall-Opfer" wird laut zu hören sein.

Herr Larifari und Frau Farilari: Wssssss ... Grrrrrrr ... Brrrrr ... Grrrrr ... Wsssss ... Schubs-Hoyiiiiiii ... Ah ... Uiiiii ... Autsch!

Herr Larifari: Auh, tut das weh! Ich weiß nicht, wo mir der Kopf steht. Wo bin ich? Bin ich auf einem anderen Planeten gelandet? Ich habe fürchterliches Kopfweh. Mir brummt der Schädel. Bin ich in der Unterwelt? Meine arme Nase ist ganz platt.

Frau Farilari: Oje, oje, was ist passiert? Ich friere! Nein, das kann doch nicht wahr sein, unmöglich! Ich bin ja ganz nackt. Wo ist mein Kleid geblieben? Wer hat mich ausgezogen? Wer hat es mir gestohlen? Ich schäme mich so. Bitte nicht herschauen! Aua ... mein Fuß tut so schrecklich weh! Er ist bestimmt gebrochen. Ich brauche einen Arzt, schnell! Hey, wie kommt das? Mein Kleid hängt ja dort oben auf dem Baum. Wer hat es dort aufgehängt? Wenn ich den erwische, na, warte, der kann was erleben!

Diabolino: So ein Mist, schon wieder ist der Zauber schief gegangen. Die beiden gehören schleunigst für drei Jahre auf unsere Geheimbund-Zauberschule. Aber stellt euch nur vor, welch schreckliches Schicksal mich arme kleine Maus mit Zeremonienmeister-Aufgaben heute hier beinahe getroffen hätte! Fast wäre ich zum zweiten Mal zum Waisen geworden.

Assipelli: Der Absturz war doch wegen des Verstoßes gegen die Naturgesetze vorhersehbar. Zum einen sind die beiden so genannten „Zauberbesen" Zündholzblitz und Ambros 3000 gar keine Powerobjekte, sondern zwei ganz gewöhnliche Kehrbesen. Der Absturz war damit schon vorprogrammiert. Zum anderen haben sich die Zaubermechaniker ziemlich stark verschätzt. Die Zweige des Baumes, von dem die beiden losgestartet sind, waren für das Gewicht des Mäusepärchens viel zu dünn. Die bringen nämlich schon einige Kilos auf die Waage. Das konnten die dünnen Ästchen unmöglich tragen. So konnte die Zauberei nicht gelingen!

Erzähler-Begleiter: Die zwei Flugadepten liegen wie ein Häufchen Elend auf dem Boden. Die beiden Zauberkrankenschwestern behandeln die beiden zu unserem Erstaunen nicht nach gängiger Praxis, sondern nach magischer Manier. Sie legen ihre Hände auf den Rücken der Verletzten und auf all die blutenden und schmerzenden Stellen und murmeln dabei Zaubersprüche vor sich hin. Die beiden geplagten Zauberlehrlinge stöhnen zwar, aber werden unter ihren magischen Händen weich wie Butter. Diese besondere Behandlungsmethode nennt sich **Peiky**. Das Ganze hat zu tun mit allen möglichen und unmöglichen Zauberberührungen.

Die Zuschauer wünschen den zwei Unglücksraben gute Besserung. Es bleibt aber nicht unbemerkt, dass einige der Anwesenden das Lachen kaum mehr zurückhalten können. Weh ihnen, wenn der schlaue Zeremonienmeister dies bemerkt. Die Angehörigen des Nucklvolks können nämlich über große Distanzen einfach durch Gedankenübertragung miteinander kommunizieren. Man sollte das Lachen daher schnell hinunterschlucken, sonst könnte man entdeckt werden. Dies würde dann aber sofort der Zentrale des geheimen Zauberbundes gemeldet. Nicht auszudenken, was dann geschehen könnte.

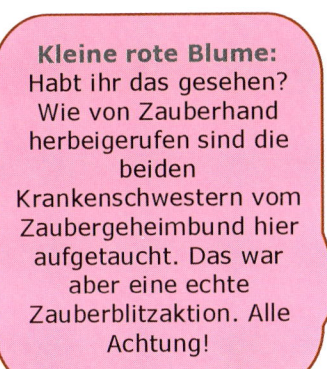

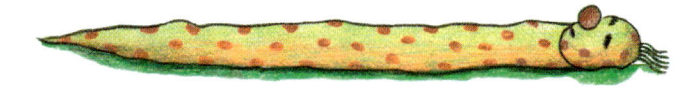

Kleine rote Blume: Habt ihr das gesehen? Wie von Zauberhand herbeigerufen sind die beiden Krankenschwestern vom Zaubergeheimbund hier aufgetaucht. Das war aber eine echte Zauberblitzaktion. Alle Achtung!

Diabolino: Liebe Zaubergemeinde, so kann es nicht weiter gehen. Wir sind sonst megablamiert. Der Orden des Spatzes muss endlich zeigen, was er kann. Wir werden jetzt auch noch die letzten Reserven an Zauberkraft hervorholen. Die Elfen, Halb- und Dreiviertelriesen müssen als Schulungskräfte herkommen für das Mega-Training. Dieses schnell und höchst wirksame Training trägt den ungewöhnlichen Namen **PBS-Training**. Es wurde für Führungskräfte der höheren Etagen entwickelt und hat bis jetzt bei allen Leuten dieser Klasse ausgezeichnete, nachhaltige und signifikante Wirkungen gezeigt. Freut euch, vor wenigen Minuten ist der PBS-Präsident höchstpersönlich hier auf unsere Waldlichtung respiriert worden. Darf ich vorstellen: Lord Quackoq mit seinem gut verzogenen Hund Cerberos. Seine Methode ist das Beste, was wir den schwarzen Kräften der finsteren Seite entgegensetzen können. Durch das besondere Training, das er uns zeigen wird, kann man unermessliche Kräfte aus den eigenen inneren Quellen schöpfen, um dann so lange aushalten zu können, bis die Konkurrenz aufgibt. Hier haben wir zum ersten Mal eine Art Synergie von Muskeln und Zauberkraft. Na, wie dem auch sei! Kommt jetzt bitte alle etwas näher heran und stellt euch hier im Halbkreis auf. Konzentriert euch auf euren Körper und nehmt euch zusammen.

Lord Quackoq und das rettende PBS-Training

Erzähler-Begleiter: Mit dem Eintreffen von Lord Quackoq auf der Waldlichtung scheint alles gerettet zu sein. Lord Quackoq tritt auf und erklärt die Grundlagen des neuen Trainings. Er berichtet über dessen Entstehung und dessen erfolgreichen Siegeszug bis hinauf in die höchsten Management-Etagen. Alle atmen erleichtert auf. Mitten im Chaos der Enttäuschung beginnt voll neuem Elan ein allgemeines Üben und Mühen. Diese neue lebensrettende Technik wird alle uns überflutenden Gefühlswogen im Keim ersticken. Dann kann auch endlich alle magische Energie freigesetzt werden. Dabei behindern die Gefühle ja nur. Aber vom lockeren Zaubererdasein kann keine Rede mehr sein. Es wird geschwitzt, geübt und geschimpft, fast bis zum völligen Nager-Nervenzusammenbruch. Was man nicht alles tut, um ein lockeres, entspanntes und erfolgreiches Leben zu führen! Aber wie schon gesagt, ohne Hingabe an die Zauberei kein Erfolg. Alle wollen das Mega-Event gut überstehen, wobei in unserem Fall „überleben" wohl der treffendere Ausdruck ist. Besonders hart geübt wird mit unserem Adeptenpaar Herr Larifari und Frau Farilari. In die beiden werden natürlich die höchsten Erwartungen gesetzt.

Diabolino: Habt ihr dafür gesorgt, dass unsere zwei Kandidaten ein bisschen geruht und gegessen haben, sodass sie für den nächsten Start fit sind?
Liebe Freunde, die Misserfolge stecken uns allen noch tief in den Knochen. Ich hoffe, dass wir nun alle durch das Training mit Lord Quackoq für die nächste Runde gut vorbereitet werden. Es gibt keine Alternative für das Gelingen des Zauberflugs außer üben, üben, üben.

Erzähler-Begleiter: Und hier noch ein paar Informationen. Lord Quackoq suchte eine Technik, die wie bei den modernen schnellen Autos verhindert, dass die Bremsfähigkeit plötzlich aussetzt, wenn man zu schnell in die Kurven geht. Diese **ABS-Technologie** hat mittlerweile jeder. Sie verhindert, dass man die Kontrolle über sein Fahrzeug verliert. Genau solch eine schützende Technik suchte Lord Quackoq für die unkontrollierten Kräfte der Emotionalität, die er bei sich und seinen Mitgeschöpfen beobachtete.
Zu oft verliert man zu früh die Kontrolle über die eigenen Gefühle, flippt plötzlich aus und sagt unüberlegt Dinge, die andere erschrecken oder ängstigen. Entweder laufen sie dann weg, oder sie schauen einen mit großen Augen entgeistert an. Man selbst kommt dabei ganz gewaltig und unkontrolliert ins Schleudern. Doch mit **PBS, der neuen Wundertechnik**, lässt sich dies alles kontrollieren.
Wie durch einen Zufall machte Lord Quackoq eines Tages bei seinem völlig in Unruhe geratenen Hund eine interessante Beobachtung. Als er ihm mit harter Stimme befahl, sich ruhig zu verhalten, blieb der Hund abrupt stehen, hörte sofort auf zu bellen, zog den Schwanz streng zwischen die Hinterbeine und zauberte den süßesten Hunde-Smily auf seine Schnauze. Davon war Lord Quackoq so berührt, dass er sich prompt entschloss, es seinem Hund nachzumachen. Erstaunlicherweise fühlte er sich direkt beim ersten Versuch schon unglaublich wohl und sehr konzentriert. Das Wichtigste dabei aber war, in dieser Haltung seine Gefühle völlig einklemmen und kontrollieren zu können. Weil er nämlich in dieser Haltung den Bauch und damit den Atem festhalten musste, wurde jeder unberechenbare emotionale Ausbruch abgewürgt. Der Atem ließ keinen Ton ungehindert vom Bauch nach oben zum Mund kommen. Es war dabei also besonders wichtig, die Pobacken fest aufeinander zu pressen, damit der Bauch und auch die Gefühle keine Möglichkeit hatten, sich zu regen. Die Gefühle konnten dann nur mehr mit einer Sondergenehmigung den ehemals unbeherrschten „Body" verlassen. Das berühmte **PBS-Training** war geboren. Damit konnten sich zum ersten Mal in der Geschichte der Menschheit Tausende vor ihren Emotionen schützen. Leute an Spitzenpositionen des Staates brauchten keine Angst mehr zu haben, ihr guter Ruf könne durch einen emotionalen Ausbruch ruiniert werden. Jeglicher emotionaler Ausdruck war jetzt durch das PBS im Frühstadium abgeklemmt.
Das PBS-Training leistet somit einen großen Beitrag für eine Kultur der „emotionalen Sparschweinchen", deren Motto lautet: **„Gefühlsgeiz ist geil!"** Was Emotionen angeht, ist unsere Kultur auf dem Hund gekommen, Dank Lord Quackoqs Hund Cerberos. Übrigens: PBS heißt ganz einfach **„Po-Backen-Spannung"**!

Diabolino: Das wäre was für mich. So könnte ich ein wenig Gefühls-Verklemmung üben, wenn Mama und Papa mich ärgern. Ich schimpfe ja immer gleich laut los und sage, was ich denke.

Lord Quackoq: Wir kommen jetzt zu den letzten, schwierigen und schweißtreibenden Phasen des legendären PBS-Trainings. Ihr müsst mit einer Anzahl von Farbstiften eure Pobacken trainieren. Das geht eigentlich ganz einfach. Fangt aber lieber klein an, sonst ist es ziemlich frustrierend. Also, ihr nehmt einen Farbstift und klemmt ihn zwischen eure Pobacken. Haltet den Stift mit aller Kraft mit beiden Pobacken fest, geht dann langsam rückwärts an den Baum und malt eine 8 auf das Papier, das ich dort für euch aufgehängt habe. Ganz locker und elegant müsst ihr das machen, wobei die Pobacken den Farbstift natürlich mit aller Kraft festhalten, damit er nicht auf den Boden kullert. Wichtig ist, das Gesicht dabei ganz locker und entspannt zu lassen, am besten mit einem süßen Lächeln auf den Lippen.
Ach, ich bin begeistert von euch beiden. Ihr seid ein herrliches Paar. Ihr seid die Hoffnungsträger für den Orden der Spatzen. Deshalb müsst ihr jetzt euer Bestes geben. Beim dritten Versuch heißt es „Alles oder Nichts!"

Diabolino: So, ihr beiden Flug-Fans, jetzt geht es dem Endtraining zu.

Erzähler-Begleiter: Die Übungen hinterlassen bei den meisten einen besonderen Eindruck. Es sieht so aus, als ob sich die Kultur der Coolen auf Zuwachs freuen kann. Herr Larifari und Frau Farilari sind begeistert dabei. Sie üben fleißig zuerst mit einem, dann mit zwei und zuletzt mit bis zu fünf Farbstiften. Ein Meister oder eine Meisterin ist, wer die fünfer Packung mit allen Regenbogenfarben zwischen den Pobacken festklemmen und damit ein idyllisches Waldbild mit Sonnenuntergang malen kann. Es dauert einige Stunden, bis es soweit ist. Der schicksalhafte dritte Flug mit den Besen „Zündholzblitz" und „Ambos 3000" rückt näher. Noch eine schlaflose Nacht wird den Adepten gegönnt.

Erzähler-Begleiter: Der nächste Tag ist angebrochen, und Dank einer besonders innovativen Zauber-Digitaltechnik, die vom Orden des Spatzes entwickelt worden ist, wird die ganze Zaubergemeinde in wenigen Minuten in die unmittelbare Nähe eines Bauernhofes mit einem wunderschönen, großen Ziegeldach gebeamt. Von diesem Dach aus soll der dritte Flugversuch gestartet werden. Die Entscheidung dafür fiel gestern um Mitternacht. Die beiden Adepten werden mit ihren Besen von der Dachspitze aus starten, dann abwärts über die Dachziegel gleiten, sodass genügend Geschwindigkeit zum Abheben gewonnen werden kann.

Ein unvergessliches Bild ist das, wie sie alle dastehen wie in einem Mini Stadion, das bis zu den Rändern gefüllt ist mit Fans. In der Mitte steht der Bauernhof mit seinen roten Dachziegeln, die im Licht der Sonne strahlend glänzen. Es herrscht eine Atmosphäre wie beim Endspiel der Amateur-Fußballmannschaften: Unruhe, lautes Reden, Ungeduld! Warten auf die Stunde Null. Jetzt brauchen wir zum Gelingen nur noch viel, viel Zauberzuversicht!

Diabolino: Also, liebe Zaubergenossen, ich bitte um Ruhe im Stall! Dieses Mal dürfen wir nichts vergessen. Unsere Helden machen zur Zeit noch den notwendigen Zaubergang im Wald, wobei sie nicht gestört werden dürfen. Sonst kann der Zauber nicht wirken. Dort müssen sie durch ein unsichtbares Tor treten, das aussieht wie ein überdimensionaler Bilderrahmen. Beim Durchschreiten des Tors wird ein bedeutsames Zauberwort laut gesprochen, und das heißt: „Mondlichtglanz Apfeltanz". Damit ist dann der Weg frei für das ultimative Flug-Event.

Diabolino: Welch ein historischer Moment! Das antike Mega-Event des Ikarus-Fluges wiederholt sich nochmals direkt vor unseren Augen. Was für ein Glück, dabei sein zu dürfen! Bestimmt wird es gleich nach dem gelungenen Flug ein riesiges, unvergessliches Medien-Spektakel-Wirrwarr geben!

Schweinchen Grunzy: Ach, ich habe kein gutes Gefühl! Ich kann kaum hinschauen. „They never came back!"

Erzähler-Begleiter: Einige Zaubereispezialisten haben in der Nacht mehrere Stunden lang das ganze Dach sorgfältig und reichlich mit Sonnenblumenöl beschmiert. Mit einer besonderen Art Schanzenrutsch-Dachabwärts-Sprungtechnik soll heute das Unmögliche möglich gemacht werden. So ist die ganze Aktion von den Zauberingenieuren gut durchdacht und perfekt vorbereitet worden. Ob es funktioniert und schließlich zu einem einmaligen magischen Besenflug werden kann, wird sich herausstellen.
Alles läuft präzise wie ein Schweizer Uhrwerk. Ein paar kräftige Riesen des Ordens haben die beiden mühelos auf das hohe Dach verfrachtet. Jetzt stehen sie da oben und sehen gar nicht besonders glücklich aus. Sie wissen, es gibt kein Entrinnen mehr. Der Countdown läuft. Beide stehen völlig unbewegt und bis aufs Äußerste konzentriert da und wiederholen innerlich alles, was sie geübt und besprochen haben. Vor lauter Lampenfieber und Angst leuchten ihre Gesichter ganz weiß. Dann sagen beide gleichzeitig ihre Zaubersprüche mitsamt dem Verstärkungssatz: „Dieses Mal wird es hundertprozentig klappen, so wahr ich Larifari/Farilari heiße!" Dann endlich starten sie los und absolvieren den vorgeschriebenen Dach-Parcours mit Bravour. Die Menge feuert sie an und applaudiert, was das Zeug hält. Alte kaputte Dachziegel fliegen herunter, eine Menge Staub wird aufgewirbelt. Es ist fast wie beim Start der Ariane-Rakete in Kourou. Ein bohrender Gedanke stört die meisten Zuschauer beim Betrachten des Spektakels. Die beiden werden in diesem krisenhaften Moment doch hoffentlich nicht vergessen, die magische Synergie-Bewegung von Muskeln und Geist anzuwenden, die sie gestern so fleißig geübt haben: das **PBS**?

Zwei Schwanenhalsige im Misthaufen

Erzähler-Begleiter: Die Luft zischt an den Ohren der Fliegenden vorbei und drückt unbarmherzig auf das Trommelfell. Vor lauter Angst halten die fliegenden Zauberadepten die Augen geschlossen und klammern sich krampfhaft an ihren Zauberbesen fest. Es stellt sich nämlich gerade heraus, dass das so ziemlich das einzig Gute an diesem Flug ist. Alles andere läuft wieder mal perfekt schief. Aus dem Zauberflug wird ein historischer Sturzflug.

Zum Glück müssen die beiden wegen ihrer geschlossenen Augen nicht mit ansehen, wie sich ihre Flugbahn allmählich in Richtung großer Misthaufen ändert. Man hört ein lautes Platzzzzzzzwuuuum ... und dann Stille, wie nach einem Sturm. Hurra, sie sind gelandet!

Kalliopi: Ich weiß gar nicht, ob ich lachen oder weinen soll. Ich bin nur froh, dass den beiden nichts passiert ist. Das war ganz schön gefährlich. Einen Moment lang glaubte ich, es bliebe nichts mehr ganz an den beiden. Aber sie sind ja weich gelandet. Nur der in jeder Körperpore sitzende Geruch von diesem Kuh- und Schweinemisthaufen wird ihnen noch lange anhaften. Ich höre schon, wie Assipelli sagt: „Das ist die Landung der Welt".

Engel: Das kann ich nicht glauben. Wie konnte so was passieren? Da stimmt was nicht! Vielleicht ist dort wegen der magischen Umgebung die Anziehungskraft der Erde stärker, und die beiden sind deshalb abgestürzt? Unsere Mäuselieblinge Larifari und Farilari verdienen unseren herzlichsten Beistand! Schade, dass wir Engel keine Hilfe zur Befreiung der beiden Unglücklichen aus diesem stinkenden Misthaufen leisten können. Wir dürfen bekanntlich nicht so arg schmutzig werden, und stinken schon gar nicht!

Diabolino: Was für eine Blamage! Dieses Bild, wie die beiden in dem stinkenden Misthaufen sitzen und sich nicht bewegen. Es ist unerträglich! So viel Mist und Gestank auf einmal! Da hilft es nicht, sich nur die Nase zuzuhalten. Besser ist es, wenn man noch die Augen schließt und sich auch gleich die Ohren zustopft und sicherheitshalber alle Hautporen dazu.
Mama und Papa, wir werden uns daheim mal ausgiebig unterhalten müssen. So geht das nicht! Los, kommt endlich heraus aus diesem Misthaufen.

Schweinchen Stinki: Pfui, das stinkt ja schweinisch, puh, puh! Richtig umwerfend magisch!

Frau Farilari: Bin ich im Himmel? Aber wie riecht das hier? Das ist ja schrecklich!

Herr Larifari: Das fühlt sich ja ganz weich an. Wo bin ich denn? Ich spüre gar keine Schmerzen ... was ist geschehen?

Erzähler-Begleiter: Eine bemerkenswerte Szene spielt sich vor unseren Augen ab. Plötzlich scheint alles ziemlich durcheinander geraten zu sein, auch die Gefühle der Zuschauer. Orientierungslosigkeit macht sich breit. Man hört noch Reste von hysterischem Lachen und sieht viele ernste, betroffene Gesichter und ängstliche Blicke. Nur ein paar Wenige sprechen ganz leise hinter vorgehaltener Hand. Die sanft gelandeten Zauberbesenpechvögel bleiben unbeweglich im Misthaufen sitzen und machen keinen Mucks. Vielleicht sitzt ihnen der Sturzschock noch in den Knochen, oder sie trauen sich nicht mehr heraus und fühlen sich sicherer dort, wo sie sind. Oder ist die Wirkung des PBS-Trainings so stark?
Auch von den Außenstehenden wagt es niemand, etwas zu unternehmen. So bleibt es beim Status quo als der sichersten Haltung. Lord Quackoqs Auftritt unterbricht diese zum Himmel stinkende Ruhespannung.

Lord Quackoq mit Hund Cerberos: Ähem, ihr beiden habt so viel Willen und Hingabe gezeigt! Daher habe ich soeben beschlossen, euch als Ehrenmitglieder in den Bund der PBS-Trainer aufzunehmen und euch mit einer PBS–Medaille zu belohnen. Ihr habt dem Orden des Spatzen alle Ehre erwiesen und die Bewährungsprobe mit Bravour, ähem, bestanden.

Diabolino: Seht nur, die beiden reagieren gar nicht. Sie zeigen weder Freude noch sonst irgendwas. Was ist nur los mit denen? So ruhig und bewegungslos, wie die da im Misthaufen sitzen, habe ich sie noch nie gesehen. Mir fällt gerade was Lustiges dazu ein, nämlich das neueste Modell unseres Erzähler-Begleiters, das so genannte „**Schwanenhals-Modell**". Heh, Pan-Orpheas, kannst du uns das Modell mal erklären?

Pan-Orpheas: Ja, ja, ich erkläre euch ja, was damit gemeint ist! Dieses Modell macht deutlich, wie wir Lebewesen, darunter besonders die Gattung Mensch, den täglichen Anforderungen ausweichen, besonders jenen, die mit Gefühlen zu tun haben. Anstatt zu handeln, ziehen wir es vor, nicht zu reagieren, Leib, Seele und Geist nicht zu bemühen. Wir drücken uns viel lieber vor diesen Herausforderungen. So sammeln sich in uns, viele Gefühle an, die nie an die Luft kommen und mit der Zeit zu stinken anfangen. Diese Brühe wird zu einem regelrechten versumpften und übel riechenden Tümpel, und wir stehen mittendrin. Diese stinkende Gefühlsbrühe steigt, je länger wir in dieser Haltung verharren, immer höher, bis sie den Hals oder gar die Unterlippe erreicht. Verständlicherweise versuchen wir dann, den Mund fest zu schließen, damit nichts davon in unser schön errichtetes Kartenhaus schwappt. Mit großer Mühe recken und strecken wir daher unseren Hals. Wenn wir mit unseren Gefühlen aber immer so umgehen, haben wir nicht nur ein langes stinkiges Sumpfleben, sondern auch bald einen langen Hals. Wie die Schwäne.

Solche Tümpelwesen mögen es auch gar nicht gerne, dass jemand zu ihnen in diesen Tümpel steigt oder sonst irgendwie Unruhewellen ins ruhige Nichtstun bringt. Zum einen schämen sie sich, und zum anderen wären sie gezwungen, den Hals noch höher zu recken, bis sie mit der Zeit einen richtigen Schwanenhals bekämen. Je länger der Hals wird, umso weniger ist man bereit, den schrecklich stinkenden, sumpfigen Ort zu verlassen. Wie sieht das denn dann aus? Außerdem hat man sich inzwischen an dieses Leben gewöhnt, hat Angst vor der kleinsten Gefühlswelle und verliert mit der Zeit auch den Kontakt zu sich selbst, den Mitmenschen und der Natur.

Diabolino: Ach, ich kenne das schon von meinen Eltern, wo alles unter den Orientteppich geschoben wird, bis der ganze Keller voll ist. Ja, das Schwanenhalsmodell und das PBS-Training scheinen die Rettung im alltäglichen Gefühlschaos zu sein. Aber leider ist es eine Art Gefängnis im Keller des eigenen Hauses, wo die stinkende Brühe täglich höher steigt und die ganze Lebensenergie verschwendet wird, um Ruhe zu halten und den Hals länger werden zu lassen. Aber ab sofort können wir ja allen Leuten „guten Langhals" statt guten Tag wünschen!?

Erzähler-Begleiter: Unser Misthaufenpaar verhält sich weiterhin ruhig, ohne irgendwelche Anstalten zu machen, etwas zu ihrer Befreiung aus der stinkenden Masse zu unternehmen. Wortlos schauen sie einander an. Einem der Zuschauer fällt jedoch auf, dass die beiden, im Bemühen, die Mundöffnung vor der aufsteigenden Mistbrühe zu schützen, immer längere Hälse bekommen. Alle Anwesenden stehen im Kreis um den Misthaufen herum und begaffen verwundert das Geschehen.

Frau Farilari: Danke für das Kompliment, mein geliebter Mann. Merkst du jetzt, wie lang du blind gewesen bist? Du hast mich noch nie richtig angeguckt. Mir geht es blendend. Wenn nur nicht dieser Gestank wäre! Lass uns ein bisschen die Umgebung betrachten.
Was hast du denn nur, Liebling? Du wirkst irgendwie verkrampft. Strengst du dich an? Hast du etwa einen steifen Nacken? Was ich mit dir los? Es ist doch alles gut, oder etwa nicht? Wollen wir heute mal richtig schön essen gehen?

Herr Larifari: Liebling, was hast du denn? Du schweigst ja. Wie geht es dir? Ich denke wir könnten ruhig noch ein bisschen verweilen in dieser warmen, weichen Brühe. Meinst du nicht? Wenn nur nicht diese gaffende Menge zusehen würde. Widerlich ist das!
Habe ich dir schon mal gesagt, dass du von der Seite gesehen wunderbar aussiehst? Du hast einen echten Schwanenhals bekommen. Das habe ich bisher noch nie so gut sehen können. Dafür liebe ich dich ein bisschen mehr.

Pan-Orpheas: Ruhe, Betäubung, Bewegungslosigkeit, Blindheit, nicht hingucken wollen, Status quo im Fühlen, Denken und Empfinden. Ja keine Erregung zeigen. Kein Wunder, dass der Hals länger wird und das Herz immer kürzer.

Assipelli: Jede Übertretung der Naturgesetze bedeutet, dass man gegen die Natur arbeitet, und dies behindert den Fluss des eigenen lebendigen Lebens!
Das, was wir hier gesehen haben, zeigt, dass Magie und Zauberei uns im Leben nicht weiterbringen. Das mit Magie und Zauberei überfrachtete Fantasiegebäude ist wie ein mickriges Kartenhaus durch den Taifun der Realität weggepustet worden.
So erleben wir, wie das von uns schon erwähnte berühmte Buch, das auf der ganzen Welt gelesen wird, von den Lesern falsch verstanden werden kann. Dann kann das Leben schnell lebensgefährlich werden. Die aufkommende Kultur der „Langhälse" wirkt sich sehr zum Nachteil für das Leben auf dieser Erde aus.
Dabei benötigen wir nur genügend Wollen, Handeln und Lieben. Leben ist eben da, um mit viel Engagement gestaltet zu werden. Es kann nicht mit chaotischen Fantastereien ersetzt werden.

Diabolino: Liebe Zaubergemeinde, lasst uns...

Schweinchen Langhalsy: He, Diabolino, bist du noch bei Sinnen? Es ist genug, steig aus! Der Spuk ist vorbei, du bist nicht mehr der Zauber-Zeremonienmeister.

Diabolino: Oh, Entschuldigung! Ich muss zugeben, man geht ziemlich schnell verloren in diesem Zauberverein. Hört auf zu gaffen und helft mir dabei, meine armen, in diesem Mist festsitzenden Eltern zu befreien. Bringt Plastikhandschuhe und einen dicken Wasserschlauch mit, damit wir sie gleich abspritzen können.

Die Magie- und Zauberklage

Erzähler-Begleiter: Frau Farilari und Herr Larifari werden von den fleißigen Schweinchen aus dem Mist gezogen und sauber gespritzt. Der besondere Misthaufenduft hängt zwar immer noch an ihnen, aber sie brauchen sich nicht mehr so anzustrengen und ihre Hälse zu recken. Erschöpft sitzen sie auf der Erde.

Kalliopi: Du meine Güte, bin ich froh, dass dieser Albtraum vorbei ist! Ich bin so froh dass es euch gibt und dass ihr alle da seid. Die ganze Zeit fühlte ich mich, als würde ich neben mir stehen. Ich konnte euch gar nicht richtig spüren. Es war zwar ein spannendes Abenteuer, aber ich hatte richtig Angst um euch. Jetzt kann ich erleichtert sagen: Ente gut, alles gut!

Oje, die Knochen tun mir weh!
Sei still, sag nichts dazu, halt Ruh!
Ojemine, mein Hals wird lang,
So geht der Schwanenhalsgesang.

Man hielt uns an, tapfer zu sein,
Sich niemals zu beklagen.
Doch das ging schief, ihr wisst es ja,
an den vergangnen Tagen.

Pobacken fest zusammenpressen,
den Bauch, die Brust, den Kiefer auch.
Verdammt zu stetig schönem Lächeln,
schränkt sehr stark ein den Lebenshauch!

Durch Klagen endlich sich beklagen,
Aufmerksamkeit gewinnt man so!
Gibt Achtung uns, macht Grenzen klar,
schafft uns dann Raum und macht uns froh!

Singend Klagen, der Kopf wird klar,
der Schmerz nimmt ab, ich nehm' mich wahr.
Und die Belohnung ist dabei,
Erwachsensein ohn' Zauberei!

Diabolino: Ich hab sogar noch einen passenden Spruch für euch dabei: „Unser Leben kann einfach so zauberhaft genug sein. Wir brauchen es nicht zu entzaubern durch Magie und Zauberei!"

Frau Farilari und Herr Larifari: Keine Angst, wir sind jetzt wieder voll bei Sinnen, ganz da, und sitzen mit beiden Füßen und dem Po auf dem Bauch der Mutter Erde. Wir können euch alle sehen und wissen, dass ihr uns jetzt anschaut. Wir haben auch kapiert, dass es ohne Schweiß keinen Preis gibt. Also das Leben wird immer mühevoll bleiben! Aber wir wissen jetzt genau, wofür sich die Mühe lohnt! Und mit der Unterstützung von so vielen Freunden geht Vieles leichter! Und jetzt wird erst einmal gehörig geklagt! Wir sind sehr im Rückstand mit unserem Gefühlsausdruck!

Pan-Orpheas: Es wird Zeit, gemeinsam eine Klage anzustimmen, um all den Gefühlsmomenten der vergangenen Tage nachzuspüren und sie auszudrücken. Da das PBS-Training Spuren hinterlassen hat, müssen wir zunächst alle kräftig aufstampfen und uns schütteln. Mit einem heftigen Tönen beim Ausatmen lockern wir die Bauchdecke und ölen wir die Stimmbänder. Dann fangen wir mit einem Rhythmus an, als würden wir im Urwald auf einer Trommel spielen. Der Rhythmus soll eher ruhig sein, nicht hüpfend wie ein verliebter Herzschlag. Jeder von uns könnte dann dazu einen einfachen Zweizeiler erfinden oder sogar eine kleine Herzensmelodie. So können wir zunächst einzeln nacheinander und dann alle gemeinsam singen. Ja, das wäre was!

Band II Teil 8

Der zweite Akt geht zu Ende

Der zweite Akt geht zu Ende

Lob an das Publikum und die Leser

> **Präsidentin Gelbe Schlange:** Ich möchte unserem Publikum für die achtsame und stilvolle Teilnahme am zweiten Teil des Entenabenteuers danken. Wir gratulieren euch zu eurer engagierten, lebendigen und kreativen Beteiligung.
> Ihr werdet all das Erlebte für euer Leben gut gebrauchen können. Eure Begeisterung zeigt uns, dass wir mit diesem Stück von echter und wahrer Lebensentwicklung die richtige Wahl getroffen haben. Möge euch nun der dritte Teil endlich euren Wunsch erfüllen, eine ganze Ente zu werden. Diesen Teil könnt ihr auch hier in diesem Theater sehen.
> Dafür müsst ihr aber jetzt schnell noch einen der wenigen übrig gebliebenen Eintrittskarten ergattern. Für all diejenigen, die wegen der großen Nachfrage keine Karte mehr bekommen werden, haben wir vorausschauend einen **„Klage-Vormittag"** mit speziell dafür ausgebildeten Trauerbegleitern anberaumt. Wir hoffen auf rege Teilnahme.

> **Das Publikum** (nicht endender Applaus): Danke! Danke! Danke! Macht weiter so. Wir kommen wieder. Das war wieder mal einsame Spitze!

> **Wurm:** Hier gibt's ja noch leckere Früchte! Oh je, hab ich einen Hunger! Mein Magen ist ein riesiges Loch, das gefüllt werden will!

> **Frosch:** Nach diesem spannenden Akt muss ich mich unbedingt stärken. Ach, ich habe ja noch eine Dose Turbospinat! So ein Glück!

Herzensfotos und Erinnerungskorb

Diabolino: Achtung! Wir machen jetzt ein Theaterfamilien-Foto vom Vorstand und vom Publikum für unser Gästebuch und natürlich für die lokale Presse. Also, hierher schauen und lächeln! Gut so! Das gibt ein ungewöhnliches „Herzensfoto". Unser Digi-Papparazzo hat sage und schreibe 10,3 Gigapixel „Sehpower". Damit sieht man sogar, ob die Hautporen offen oder zu sind.

Pan-Orpheas: Liebe Freunde! Jetzt ist es wieder so weit. Alles auf der Welt hat einen Anfang und ein Ende. Wir sind wieder einmal am Ende angelangt. Band II dieses Mega-Entenabenteuers ist jetzt vorbei. Wir sind sicher, dass ihr auch dieses Mal wieder Vieles erlebt habt, das ihr als lebendige Erinnerung mitnehmen könnt. Wir möchten euch wieder dabei unterstützen, das Erlebte in euch zu speichern.

Es wäre daher gut, wenn sich jeder eine Stunde Zeit nimmt und aufmerksam das Durchlebte des zweiten Bandes noch einmal durchblättert. Dadurch können die für euch wichtigsten Ereignisse noch einmal präsent, das Erfahrene nochmals durchlebt und in neuen Bereichen des Herzens gespeichert werden. Ihr könnt dann all das, was für euch wichtig ist, notieren und in den Korb der Erinnerung hineintun. Ihr werdet so alle nochmals empfundenen Erlebnisse mitnehmen können, weil sie durch diesen Wiedererinnerungsprozess zu euren eigenen geworden sind. Der Vorteil dabei ist, dass ihr dieses gespeicherte Wissen jederzeit abrufen könnt.

Alles andere, was ihr im Moment nicht braucht und nicht wollt, kommt in die Umwandlungstonne. Deren Inhalt, man könnte sie „seelische Biomülltonne" nennen, kann dann symbolisch der Natur zur Umwandlung zurückgegeben werden, sodass nichts davon verloren geht. Sicher ist, dass durch diese Umwandlungsprozesse alles verändert wird und in anderer Gestalt, uns und der Welt immer wieder zur Verfügung steht und daraus wiederum Neues entstehen kann.

Ich selber würde aus dem bisher Erlebten auf jeden Fall folgende Szenen in meinen Erinnerungskorb legen: den Ausflug mit Earthy ins Erdinnere, die Erdentorte, das Entspannungstraining mit der Klangschale, das Wuttraining und das gefühlsbereichernde Weinen um den kleinen Spatz.

Zur Umwandlung in die Biotonne kämen: das PBS-Training, die Schwanenhals-Erkenntnis und das ganze Theater mit der Zauberei. Kalliopi hat ja bisher alles ohne Zauberei geschafft. Ihr seid frei in dem, was ihr aussucht. So bekommt ihr ein lebendiges und kreatives Herz.

Ich möchte euch daran erinnern, dass solche Bilanzen und Zusammenfassungen aus den drei Bänden euch die Möglichkeiten eröffnen, einen neuen, eigenen vierten Band selbst zu erstellen. Also freut euch, euch selbst so viel geschenkt zu haben. Ich wünsche euch viel Lebendigkeit und Kreativität!

Und dazu jetzt noch ein Kurz-Knapp-Schlusslied!

Bewahrt die Eindrück' in euch auf
vom Entlein die Geschichte hier,
ihr Zuschauer und Leser dort.
Tut ihr dies, dann gefallt ihr mir!

Das Entlein hat sich toll entwickelt,
alles ist nun Ganz-Enten-Gut.
Dank nun an die, die mitgeschrieben,
Gemalt, gefühlt – ich zieh' den Hut!

Eule Kukuwaja: Flieg auf! Zu neuen Ufern! Das Leben wird dir gelingen!

Mega-super-toll!

Bravo, grandios!

Fisch Glucksy: Kalliopi, Freundin, mach's gut! Die Welt steht dir offen. Bleib so, wie du geworden bist und wie du sein wirst.

231

Zauber, Zauber, Zauberei, jetzt geht's hinein in Band III…

Die Welt ist voll von halben Enten III

Blume Schön: Ich komme aus dem Staunen nicht mehr heraus! Sogar unsere Blumenlandschaft ist jetzt nicht mehr farblos und vertrocknet, sondern eine richtige „ganze" Landschaft geworden, ein wundervoller grüner Teppich, dekoriert mit uns knallroten Blumen. Schaut uns an! Wir sind ein Augenschmaus!
Ja, wir stehen auf der ersten Seite des dritten Bandes. Es tut gut, zu blühen.

Blume Strahlendpink: Oh, sie sieht so hübsch aus!

Blume Gutduftend: Ja, Kalliopi ist wirklich ganz. Ich bekomme schon richtig kugelrund kullernde Augen vom Hinschauen!

Wie das halbe Entlein Kalliopi endlich ganz wird

Unter der Platane sitzen das Schreib-Mal-Team und die Hauptdarsteller

Gudrun: Ich habe inzwischen vom Malen richtig hornige Regenbogenfinger bekommen und Berge von Farbstummeln aufgetürmt. Vom Gespitzten ganz zu Schweigen. Die Müllmänner haben viele Säcke davon wegtransportiert. Aber lassen wir das. Beim Absturz unseres „Möchtegern-Fliegers" Donkyfly habe ich wirklich mitgelitten, und natürlich habe ich gehofft, dass sie es mit Zauberei doch noch schaffen, zu fliegen. Aber leider hat es nicht geklappt. Den sinnlichen Misthaufen konnte ich sogar durch die Farbstifte riechen!

Patrizia: Also ich muss sagen, dass mich die Dramaturgie doch mehr Nerven kostet, als ich dachte. Furchtbar war die Szene, als Kalliopi beinahe ertrank und der Rabe Mehmet sich dabei fast in die Hose, nein, ich meine in die Federn machte.

Jorgos: Na ja ohne unliebsame Überraschungen läuft bekanntlich nichts auf der Bühne. Los Assipelli, unser Evolutionsmanager, sag schon, dass dies der Lauf des Entenbuches" ist. Pssst! Schaut hinüber auf die andere Seite des Baumes. Dort tagen gerade unsere bekannten Bühnen- Helden. Ob sie sich wohl gerade noch einige aufregende, und besonders wirkungsvolle Szenen für den dritten Band ausdenken?

Stefanie: Ich fand das Märchen mit den sieben Toren und den sieben Schlössern am besten und das lustige Groarr-Wuttraining! Oh, mir läuft schon wieder das Wasser im Mund zusammen, wenn ich an die wunderbar knirschend schokoladige Erdentorte denke!

Stefanie: Mein rechtes Ohr ist schon ganz rot vom Dauertelefonieren mit euch. Ich hätte mir doch eine eigene Hotline von der deutschen Eifel bis zur Ägäischen Insel Ikaria einrichten lassen sollen. Wäre bestimmt billiger gewesen! Und hoffentlich geht dieser Krampf im Zeigefinger vom ständigen Überarbeiten der Dialoge wieder weg. Haltet endlich einmal eure Ideen im Zaum, sonst werden es noch zehn Bände. Dann werde ich die Taste „Entf" auf meinem PC wohl ersetzen müssen, und das alles wegen eurer nie endenden neuen Ideen.

Lebewesen aller Länder, die Selbstfürsorge üben, vereinigt euch zur Rettung von euch selbst, den Mitmenschen und der Erde!

Erzähler-Begleiter: Na, liebe Freunde, hier haben wir es schön unter der Platane, mittendrin in der Natur. Eine verdiente Rast nach diesem bisher sehr ungewöhnlichen Lebensabenteuer. Und so ein Platanenbaum unterstützt uns beim Philosophieren. In der Antike haben die meisten Philosophen und Weisen aller Art ihre wunderbaren Ideen in der anregenden und gleichzeitig entspannten Atmosphäre des Platanenbaumes geboren.
Wir wollen jetzt noch einmal kurz auf all das Schöne, Aufregende, aber auch Schwierige zurückschauen. Dann hätten wir nämlich mit all den farbigen verlebendigten Erinnerungen eine gute Grundlage für den Start in diesen letzten Band. Wir können davon ausgehen, dass die „seelische-Biomüll- Umwandlungs-Anlage" mit allem, was wir ihr anvertraut haben, emsig arbeitet. Und bekanntlich gilt: **Jedes gut abgerundete Ende bringt einen neuen hoffnungsvollen Anfang hervor.**

Pan-Orpheas: Wie dem auch sei, das Ganze hat sich bisher gelohnt, sowohl für Kalliopi wie für uns alle! Stimmt doch, ihr Leser und Zuschauer, oder? Wir sind mittlerweile alle irgendwie in diesen Entwicklungsprozess verwickelt und lebensfördernd „verstrickt". Wir wollen noch einmal den guten lebensbereichernden Momenten nachspüren: Die verlebendigenden Trainings, die silbriggoldenen Töne der Klangschale Helianthos aus dem Magma-See, na ja von der Erdentorte kann man sowieso immerwährend mit knurrenden Bauch träumen, die herrliche He-Li-Wi-Wä-S-A-Übung und Kalliopis andere Lebenseroberungen sind ja Labsal fürs Herz. Na, könnt ihr es fühlen? Ist dies nicht alles ein unglaublicher Gewinn für das Leben?! Summa Summarum gilt: **„Die Lebenszeit ist uns gegeben, um mit sich selbst beginnend und dann mit den anderen Lebewesen und der Natur sinnvoll, liebevoll und sinnlich zu leben."**

Assipelli: Als Evolutionsmanager, wie ihr mich nennt, muss ich nochmals für die Weisheit der Evolution und all dem Wunderbaren werben, das dahinter steckt. Wenn wir uns Kalliopis Weg anschauen, sind wir Zeugen der Entwicklungsmöglichkeiten eines jeden Lebewesens. Dies gelingt, wenn wir wie unsere Kalliopi alle unsere inneren und äußeren Ressourcen entdecken und handelnd zu Architekten und Gestalterinnen unseres eigenen Lebens werden.
Also traut euch so wie sie, das Leben in die eigenen Hände zu nehmen, und alle Widrigkeiten mit Liebe und Achtung für euch selbst und mit offenen Sinnen zu durchqueren. Am Ziel steht dann eine **gestandene ganze Ente** oder eine **beinahe ganze,** die mit der gelernten Geduld auch **ganz werden wird.**

Diabolino: Liebe Anwesende! Bitte bedenkt dabei: Ohne **Wollen** ist nichts zu wollen! Das ist's! Einfach wollen müsste man können!

Jorgos: Ich muss gestehen, wenn es für mich früher als Opernsänger auf der Bühne einmal brenzlig wurde, wusste ich manchmal gar nicht mehr, wie es weitergehen sollte. In meinem Kopf brummte es wie in einem Bienenhaus. Und ich glaube, wenn es im Band III so weiter geht wie bisher, befinden sich meine drei letzten Haare auf dem glänzenden Teil meines Kopfes im Absturz-Stress. Dann musst du, Gudrun, als die hausmalende Künstlerin auf den Bildern diese drei letzten Mohikaner-Haare unwiederbringlich wegradieren, sonst sind die Bilder nicht authentisch.

Pan-Orpheas: Ja, Jorgos, mach dich gefasst auf einen sehr anspruchsvollen dritten Akt des Entenabenteuers. Es wird noch einiges von uns verlangt, um an das ersehnte Ziel zu gelangen. Aber ich kann jetzt schon verraten, dass es die letzten Schritte hin zum Höhepunkt von Kalliopis Lebensabenteuer sind. Dabei geht es um elementare Dinge wie die Liebe, die Trauer, die Freude, die Angst, die Wut, die Freude und auch um das Genießen. Schließlich gibt es auch noch eine Menge direkt anwendbarer Trainings zum Überleben und gutem Durchgehen von allerlei Lebenswidrigkeiten. Genug! Ich habe Diabolino versprochen, nicht mehr zu verraten. Wie ihr wisst, ist er in seinem Element, wenn das Leben unerwartete Kapriolen schlägt. Denn auch sein Leben war bisher einfach lustig-traurig-turbulent.
Also macht euch gefasst auf noch nie da gewesene Ereignisse, bei denen eure Haare manchmal wie elektrisiert hoch stehen oder sich auch ganz entspannt in lockere Locken kringeln können. Diejenigen, die sich keiner „Haar-Gnade" erfreuen können, konzentrieren sich während der aufregenden Events einfach auf ihre Hautporen. Dann werden sie beobachten können, wie diese sich öffnen und schließen, um die schwitzende Angst herauszulassen.

Erzähler-Begleiter: Was ist denn hier los? Das sind ja richtige Chicagoer Verhältnisse. Die Feldmäuse-Räuberbande hat zugeschlagen, als die zuständigen Bodyguards gerade einmal wegen einer „Biopause" abwesend waren. Aber wir haben den dritten Band gut gesichert, inderm wir ihn mit einer Schnur an der Glühlampe angebunden haben. Aber wie ihr seht, hat es wenig geholfen. Für Räuber dieser Art gibt es noch keine geeignete Nager-Security. Zum Glück ist Diabolino da, unser voll ausgebildeter Ententrainer, der die Meute der „lesegefräßigen" Feldmäuse mit seinem schwingenden Schwanz vertreiben kann. Diese irdische Mausplage ist „Leseratterei" pur. Aber Dank Diabolino ist der dritte Band noch einmal gerettet worden, sonst wären all die schwarzen Buchstaben und die wunderbaren farbigen Bilder in den Mäusebäuchen auf Nimmerwiedersehen verschwunden.

Diabolino: Was fällt euch ein, ihr nimmersatten Viecher? Hoppla! Ich bin kein Wiener Würstchen, und das Buch ist auch kein Schweizer Käse. Grrr ... weg von hier! Haut ab, dalli, dalli, ihr nervigen Räuberratten!
Natürlich, typisch Kunstbanausen! Solche literarischen Schätze darf man doch nicht fressen! Ihr sollt wissen, dass dieser wunderbare Leseschatz weder für den Mund noch für die Zähne gedacht ist, sondern nur für den Geist, für das Gehirn, was bei euch wohl wenig entwickelt zu sein scheint. Wenn ich mit den Worten von Pan Orpheas abrunden darf: so ist dieses Buch für das Herz und nicht für Eure Nager-Nimmersattbäuche bestimmt!
Also Pfoten weg, sonst hol ich die Bodyguards und dieses Mal sind es durchtrainierte dicke Schlangen. Sie haben immer Hunger auf leckere Feldmäuse, also Vorsicht!
Na also, wird's jetzt?!

Diabolino: Gott sei Dank! Alles gerettet! Fast wäre es schief gegangen! Stellt Euch vor, die hätten doch beinahe das Buch mit Schweizer Käse verwechselt, diese Feldmäuse. Diese Banausen! Anstatt ein Buch zu lesen, wollen sie es fressen. Sie wollen sich das Entenbuch wohl wortwörtlich „einverleiben", wie man so schön psychoanalytisch sagt.
(Zu den Feldmäusen) Aber jetzt Schluss damit! Haut ab und setzt euch im Zuschauerraum anständig hin. Das Ganze muss man erleben und nicht fressen. Hier handelt es sich eben um geistiges Bühnenfutter und nicht um primitives Tierfutter!

Diabolino (zum Publikum): Liebes Publikum! Ihr könnt Euch wieder auf etwas gefasst machen. Ich finde es toll, dass ihr uns durch die letzten beiden Bände begleitet habt und bei der Stange geblieben seid. Ihr seid gestandene Zuschauer! Ihr habt Euch bewährt und seid weder geflüchtet noch habt ihr in die Hosen gemacht. Das stimmt doch, oder? Na ja, man kann ja im Moment noch nichts riechen.
Ich darf jetzt den großen Auftritt unseres Evolutionsmanagers ankündigen. Da kann man endlich wieder einmal Naturgesetze pur hören und zu Herzen nehmen. Diese Mega-Person von Großschnabel-Manager steht schon vor der Tür. Seid neugierig! Es gibt für euch Zuschauer wieder Vieles zum Mitnehmen für den Eigenbedarf.
Also Vorhang auf, das Spiel kann beginnen!

Maus aus dem Publikum: Bravo, du Supermaus, du Held unserer Gattung!

Erzähler-Begleiter: Assipelli kommt auf die Bühne. Alle im Zuschauerraum springen auf, applaudieren und sind froh, ihn wiederzusehen. Sie brechen in laute Begeisterungsrufe aus, sind kaum zu bremsen und – eigentlich bräuchte er jetzt gar nicht zu lesen. Assipelli hebt mit würdevoller Miene beruhigend die Hand, und schon ist alles mucksmäuschenstill.

Assipelli: Ich möchte Euch gratulieren, dass ihr bis jetzt auf dem Weg geblieben seid! Eure Ausdauer im Stress dieses unendlichen Leseabenteuers ist bewundernswert! Wir sind hier alle sehr stolz auf euch! Man darf übrigens auf jedes Lebewesen stolz sein, wenn es auf dem Weg geht, der seine Lebendigkeit fördert. Eure Anwesenheit hier deutet darauf hin, dass ihr wild entschlossen seid, auch diesen dritten und letzten abrundenden Akt mitzuerleben.

Diabolino: Das wäre ja noch schöner! Hier will doch sicher keiner eine halbe oder dreiviertel Ente bleiben.

Assipelli: Es ist sehr schön zu sehen, wie ihr euch bis jetzt beteiligt habt. Wie ihr mit offenem Herzen mitmacht und wie ihr euch immer mehr öffnet. Ihr habt euch die Aufgabe zu Herzen genommen und bisher hervorragend erfüllt, als aktive und passive Zuschauer dabei zu sein. Es geht hier nicht nur um das Lesen oder Zuhören, sondern vor allem um das Experimentieren. Dadurch habt ihr die Möglichkeit, euch zu entscheiden, das Erlebte zu bewahren oder wegzulassen. Nur hier findet ihr solch hilfreiche und schützende Bedingungen vor, wo ihr die Gesetze der Natur für das eigene Sein nutzen könnt.

Diabolino: Das Berücksichtigen der Naturgesetze und der Schutzaufgaben müsst ihr ernst nehmen, denn ich warne euch, es wird diesmal noch „crashiger" werden!

Assipelli: Ihr habt gemerkt, dass der Drang nach Perfektion meistens ein Hindernis für die Entwicklung ist. Ihr wisst jetzt, wer sich selbst niedermacht, dem kann sowieso niemand helfen.

Diabolino: Also denkt daran: „Niemand kann dich vor dir selbst retten!" Übrigens, das ist ein Ausspruch von mir und nicht von Goethe.

Assipelli: Auf eines sollten wir im Leben sehr achten, nämlich nicht Opfer der eigenen Harmoniesucht zu werden mit der Gefahr, in der Selbst-Erlösungsfalle abzustürzen. Gerade weil viele Lebewesen Angst vor der Disharmonie haben, der liebsten Schwester der Harmonie, verfallen sie oft dieser die Entwicklung hemmenden und die Kreativität zerstörenden Eigenschaft. Es ist wichtig zu wissen, dass beide Schwestern zusammengehören wie die zwei Seiten einer Münze. Ohne die eine kann es die andere nicht geben. Sie gehören zusammen und nähren sich von den Verbindungen und den Energien ihrer Gegensätzlichkeit.

Schweinchen-Mama mit Tasche: Ich werde ab sofort aufhören, dieser Sucht verfallen zu sein! Jetzt hab ich es endlich kapiert. Den Wunsch nach Harmonie hat mir meine Mama eingebläut, die keinen Mut hatte, ab und zu dem Papa die Leviten zu lesen und ihre Wut zu zeigen, anstatt durch Schweigen die Dauerharmonie zu retten. Ade Friede, Freude, Eierkuchen – obwohl, um einen Eierkuchen zu machen, muss ich ja eigentlich die Eier kräftig schlagen und die Zutaten durcheinander mischen, damit der gewünschte Kuchen überhaupt gebacken werden kann?!

Diabolino: Tut mit Leid, dass damit nun die Vorstellung eines „harmonischen Eierkuchens" zerstört ist. Ich möchte meine Schadenfreude darüber nicht verstecken. Übrigens, bis zum Ende dieses Bandes müssen wir gemeinsam einen Ersatz für unsere anerzogene Harmoniepflicht entwickeln, sonst hinterlassen wir eine unerlaubte Leere in uns! Wenn man mit beiden Schwestern befreundet ist, kommt endlich Leben in die Bude. Das bringt dann endlich Energie und Lebendigkeit. Im Gegensatz dazu bedeutet die Dauersuche nach dem Zustand einer perfekten Harmonie, Angst zu haben vor jeglicher lebendigen Regung in uns, um uns und um uns herum.

Schweinedirektor mit Kravatte: Bravo, du kleine Maus! Das ist ja ein Glücksfall, dich und Assipelli, diesen tollen Manager der Re ... re ... re ... Revolution hier zu haben!

Wespendirektor (leise): Pst ..., das heißt Evolution und nicht Revolution! Haben Sie verstanden? Mein Gott, bin ich glücklich, dass es Assipelli gibt und ich ihn hier in diesem Lebenstheater erleben darf. (Spricht zu sich selbst) Ich muss nachher unbedingt noch ein Autogramm von ihm ergattern, um das mich bei der nächsten Geschäftsführersitzung alle beneiden werden!

Assipelli: Jedes dauernde Anlegen einer Leistungslatte ist eine typisch olympische Disziplin und eine glatte Hinderung der normalen Lebensgestaltung. Unser Leben darf keine Dauer-Olympiade sein. Diese gibt es nämlich nur alle vier Jahre und nicht jeden Tag. Für das Bestehen des Alltags sollten wir uns anstatt mit Gold mit grünen Olivenzweigen beschenken oder dem Zweig eines anderen Baumes. Einfach als Anerkennung für das, was wir täglich zustande bringen, ohne unsere Lebendigkeit einzubüßen. Wenn wir dennoch im Alltag gewollte, aber auch ungewollte Mini-Olympiaden veranstalten, geht uns sehr schnell die Puste aus. Was wir dann erreichen, ist ein sauberes weißes Bett auf einer Intensivstation mit mitleidsvollen Blicken des anwesenden höflichen Krankenhauspersonals oder ein Dopingskandal. Wollt ihr also weiterhin an solchen Olympiaden teilnehmen?

Diabolino: Nee, ich nicht! Dann ist nämlich ganz schnell die Wasserpumpe in der Brust hin!

Assipelli: Ihr werdet auf den nächsten Seiten die Jahreszeiten erleben. Aus ihnen könnt ihr lernen, wie wichtig es ist, Gegensätze zu vereinen. Ihr könnt auch lernen, wie erst das Werden und Vergehen die Abfolge der Jahreszeiten möglich macht. Auch in unserem Leben sind Veränderungen vorprogrammiert. Wenn man diese nicht annimmt, ist es so, als würden wir den Lauf der Welt stoppen, und das wäre ein typischer Windmühlen-Krampf-Kampf. Dabei wird viel Lebensenergie verschenkt. Deshalb nutzt die Energie der Veränderungsprozesse für eure Entwicklung! So habt ihr die Möglichkeit, Entscheidungen zu treffen, damit Verantwortung für euch zu übernehmen und durch das Wollen und Handeln eine enorme Freiheit für sich und das eigene Leben zu gewinnen. Das Abenteuer, an dem ihr teilnehmt, ist ein echtes Lebensabenteuer, und zwar eures. Als Mitlebewesen und Zeugen lebt ihr mit hier auf dieser Bühne, die die Bühne des Lebens ist. Weder ihr noch jemand anderes kann leugnen, dass ihr dabei wart.

Diabolino: Ja, wenn man alles miterlebt hat, kann man nicht mehr jammern, sich hilflos stellen, sich selbst bemitleiden und tun, als ob man ein verlassenes Baby wäre. Das wirkliche Leben verpflichtet zum Lebendigsein, da es eben einmalig und deshalb sehr wertvoll ist.

Assipelli: Ihr müsst das jetzt nicht glauben, sondern ihr werdet es selbst spüren. Deshalb, lernt den Glauben an euch selbst lieben, der durch niemand anderes zu ersetzen ist. Auch der liebe Gott würde es so wollen. Befragt ihn einmal in einem Tête-à-tête dazu in einer ruhigen Stunde!

Grüne Blumenmaus: Das war ja die Lektion meines Lebens. Jetzt weiß ich endlich, wohin der Zug des lebendigen Mäuse-Daseins fährt.

Schlange: Ich bin erstaunt! Dieses Mal gibt es gar kein Popcorn-Geraschel. Jetzt geht es aufs Ganze. Jedes Wort hier ist Gold wert!

Diabolino: Ich möchte euch warnen: Das Ganze hier ist kein Happening, das einfach so weggelebt werden kann. Es ist eure Möglichkeit, selbst neues Potential für das Leben zu gewinnen. Es ist unsere Aufgabe, dieses Lebendige zu bewahren, zu schützen, zu nähren und im Alltag zu stärken. Übrigens ist es die einzige Möglichkeit, sich vor dem „Platt-gemacht-Werden" zu schützen. So könnt ihr euch aktiv für die Rettung des Gesundheitssystems engagieren, indem ihr selbst für eure Gesundheit sorgt und sie so bewahrt.
Lebewesen aller Länder, die Selbstfürsorge üben, vereinigt Euch zur Rettung von euch selbst, den Mitmenschen und der Erde! Hört sich das nicht so ähnlich an wie bei dem bekannten Manifest von ... wie heißt denn der? Aber das ist eine andere Geschichte. Achtet bitte darauf, diesmal nicht mit der geballten Faust diese Worte in die Welt zu rufen, sondern indem ihr die Arme öffnet und euch dem Leben hingebt.

Assipelli: Ja, wenn ihr keine weiteren Fragen oder Anmerkungen habt, wünsche ich Euch von Herzen ein „Glückauf" für das „crashige" Abenteuer des letzten Aktes! Ich bin guter Dinge und vertraue darauf, dass ihr an eurem Ziel festhaltet, eine ganze Ente zu werden oder eine ganzes Wesen und das mit Lebensfreude und ansteckender Lebendigkeit für die anderen!

Band III Teil 1

Ein wunderbarer Schulturm mit PISA-Eigenschaften oder
Wenn der Untergrund, auf dem wir den Schulturm bauen, nicht hält, kann der Turm nur schief werden

Mit der Ameise Mini-Maxi-Worky echte Größe erleben

Ameise Mini-Maxi-Worky: Da muss man ja ganz nah mit dem Vergrößerungsglas heranrücken, um dich zu entdecken, du winziges ängstliches Entlein, irgendwo verloren in den Weiten des blauen Planeten. Ah, da bist du ja! Jetzt sehe ich dich! Oh Jemine, siehst du elend aus!
Oh, jetzt habe ich dich schon wieder verloren. Meine Hände zittern so sehr, dass ich dich gleich wieder aus dem Fokus verliere. Wo bist du denn?
Ich muss selbst gestehen, dass es überhaupt nicht schön ist, alleine auf der Welt zu sein, wie verloren in einer Umgebung, die man nicht kennt. Ehrlich gesagt, ich möchte nicht mit dir tauschen.

Kalliopi: Endlich mal eine, die sieht, wie schlecht es mir geht. Ich mag es nicht, im Dunkeln zu sein, und dann auch noch alleine. Ich habe so große Angst und zittere so sehr, dass mir meine Entenfedern in die Hose rutschen. Meine Mama und meine Geschwister sollen sofort kommen, um mich zu beschützen! Aber keiner ist da, nicht eine Spur von einer Entenfeder im Umkreis von 10 Millionen Kilometern! Ich bin so allein! Ich fühle mich wie ein neugeborenes Baby. Was meinst du dazu? Darf ich so viel Angst haben?

Ameise Mini-Maxi-Worky: Die brauchst du gar nicht mehr zu haben, du bist ja jetzt nicht mehr allein. Ich bin Mini-Maxi-Worky und möchte dir verkünden, dass ich ab sofort dein Bodyguard sein werde! Ich beiße ätzend alles, was dir gefährlich werden kann. Heh, hör auf, so laut mit deinen Zähnen zu klappern! Ich bekomme schon eine Gänsehaut. Komm, wir werden uns gegenseitig trösten und stärken. Also zählen wir zusammen, was wir in dieser einsamen Umgebung vorfinden und was wir tun können trotz Zähneklappern: Ich bin da, unsere Mutter Erde ist da, die du ohne Unterbrechung hautnah spüren kannst, und da ist auch noch das mitzitternde Publikum. Also, wenn schon, dann zittern wir gemeinsam, bitte! Falls die Bühne auch noch davon bewegt wird, wird das diesmal so eine Art kollektive Zitterpartie. Ist das nicht schön?

Kalliopi: Wenn du das sagst, wird es schon stimmen.

Pan-Orpheas: Kalliopi, Entlein, es ist wieder mal ein schwieriger Moment für dich da. Solche gab es ja schon viele bis hierher. Bis jetzt hat aber alles gut geklappt dank deiner Hingabe und deines Lebenswillens. Dieses Mal kannst du wieder deinem inneren feurigen Lebenskern Vertrauen schenken. Sei achtsam mit der Angst. Angst ist nicht immer Angst. Angst ist an sich eine wichtige Beschützerin unseres Lebens. Ohne die natürliche Angst, die uns aufmerksam macht auf das, was ist, also auch auf Gefahren, hätten viele Arten auf der Erde nicht überlebt. Ab und zu aber kann sich diese Angst auf unkontrollierte Weise zu einer Energie umwandeln, die sich gegen uns selbst richtet und uns lähmt. Wir reagieren dann mit Erstarrung, panischer Angst oder wilder Flucht. All das hindert uns am Weiterkommen und es gibt keine Entwicklung, sondern wiederum eine schlechte Erfahrung mit dieser Angst. Und die Angst davor, nochmals schlechte Erfahrungen zu machen, hindert uns daran, neue Schritte im Leben zu probieren.

Jetzt heißt es für dich, sich zu besinnen auf die Ereignisse und Erlebnisse auf deinem bisherigen Lebensweg, die dich geschützt, unterstützt und dir gut getan haben. Schau die Natur um dich herum, die sich zur Ruhe gelegt hat. Auch wenn es dunkel ist, kannst du dir die farbigen Bilder des Tages vorstellen. Das ist die Mutter Erde, der du dich wie die anderen Lebewesen anvertrauen darfst. Und dann ist da noch ein Geschenk der Schöpfung: du selbst und dein Leib. Wenn du den beiden vertraust und sie als Unterstützung nimmst, darfst du auch Angst haben. Insbesondere du, Kalliopi, brauchst diese Unterstützung, weil alte Bilder aus der Zeit, wo du alleine und hilflos im Ei eingeschlossen warst und als du von allen fallen gelassen wurdest, in dir verweilen. Deshalb steckt in dir eine Menge Angst vor der Dunkelheit und dem Alleinsein auf dieser Welt.

Wenn du aber jetzt genau hinschaust und hinfühlst, macht dich die Angst aufmerksam auf das, was wirklich ist. Du spürst deine Lebendigkeit, kannst klar sehen und feststellen, dass Manches nicht so erschreckend ist, wie du zuerst meintest. Auch spürst du dich selbst, bist mit dir nicht mehr so einsam und verlassen wie damals im Ei, und die jetzige Verzweiflung und Furcht kannst du von der Angst damals unterscheiden. Es gibt also „leuchtend helle", aber auch „unsichtbar dunkle" Angst. Schau dich um. Da ist die Erde, die Ameise Mini-Maxi-Worky, das Leser-Publikum und du selbst. Merkst du, wie die Angst weniger wird? Sie bekommt jetzt selber Angst, weil wir so viele sind.

Ameise Mini-Maxi-Worky: Jetzt werden wir der Welt einmal zeigen, dass wir beide viel größer sind, als wenn man uns auf einem Haufen zusammenlegt. Kalliopi, stell dich mit breiten Füßen und platten Sohlen richtig aufrecht hin, spüre den Boden, atme die Luft der Umgebung in dich ein, so dass die anderen großen Tiere Atemnot bekommen wegen der fehlenden Luft. Spüre Kraft und Größe, indem du dich richtig aufbläst, sodass die Zellen nicht nur aus Knochen und Muskeln bestehen, sondern auch Luftpolster dazwischen liegen, die man jederzeit größer oder kleiner machen kann. Gegebenenfalls kannst du mit diesen Luftreserven einen kleinen Wirbelsturm veranstalten. Die Aufmerksamkeit und Beachtung der anderen ist dir dann sicher. Und unter uns gesagt: Solltest du jetzt jemanden umarmen, fühlst du dich elastisch und weich an, einfach luftig! Wer würde so etwas missen wollen? Merkst du, dass du jetzt gar nicht mehr so klein bist? Schau mich an – ich bin auch gewachsen. Es ist ja wohl offensichtlich: Wir, die Kleinsten, sind jetzt die Größten!

Assipelli: Wie dem auch sei, du wunderbares Ententier: Das Leben bleibt immer ein Wagnis mit ein bisschen Risiko. Natürlich sind wir gut ausgestattet dafür, aber man muss handelnd dran bleiben, weil nur die Erfahrungen uns lehren, wie man wirklich leben kann. Die Erfahrungen und Erkenntnisse, die du bisher mit uns gesammelt hast, sind das Wichtigste und Kostbarste in deinem Leben. Diesen sicheren Untergrund brauchst du, damit aus dir mit der Zeit eine sichere und erwachsene Person, **eine richtige ganze Ente, eben eine ganze gestandene Persönlichkeit wird. Bedenke, es geht nicht darum, „wie groß" werde ich, sondern darum, „wie ganz" werde ich!** Das ist das, was wir in der Schule lernen sollten. Es geht um das Leben lernen und um das Reifen dabei. Wie sage ich es immer: So ist der Lauf der Welt und der Lauf des Lebens, auch deines Lebens, Kalliopi. Vertraue darauf, dass Vieles davon, auch das Schmerzende, im Nachhinein einen Sinn bekommen wird.

Pan-Orpheas: Vertraue dir, du wunderbare Ente mit dem Musennamen Kalliopi. Probiere, das gewonnene Vertrauen zu dir jetzt ganz bewusst einzusetzen. Einen kuscheligen Platz auf dem Erdenboden zu suchen, wäre das Beste, das du heute Nacht tun könntest. Setz dich bequem hin, fühl dich wie zu Hause – du weißt ja inzwischen, dass die Erde für uns alle ein echtes, unentbehrliches Zuhause ist. Sieh all die Natur um dich, schenk dem Himmel einen Blick und sei neugierig darauf, ob alle Sterne am Firmament ihre Plätze wieder so wie gestern eingenommen haben. Begrüße sie alle und erlaube ihnen, einen Blick, einen richtigen Lichtblick auf dich zu werfen. Na? Wie ist es jetzt? Spürst du es? Es tut soooo gut, von so vielen Sternen auf einmal gesehen zu werden. Lass die Sterne dir etwas erzählen. Sie haben viel zu berichten von da oben und von dem, was sie gesehen haben auf der Erde, als du unterwegs warst. Ehrlich gesagt, nachts sind Sterne sehr gesellig und tratschen gerne. Du kannst dir ruhig alles nächtliche Sternen-Gequassel anhören, bis es dir langweilig wird und du einschläfst. Die Sterne werden es kaum bemerken, denn von oben herab kann man Vieles nicht so genau sehen. Dann kommt sowieso bald schon wieder die Zeit, wo den Sternen das Petroleum ausgeht und somit die Lichter da oben langsam verglimmen. Dann ist der richtige Moment da, den neuen frischen Tag mit der goldenen Kugel am Himmel von Herzen mit einem schönen warmen „Guten Morgen!" zu begrüßen. Na, wie ist es jetzt? So kann man sich viel von der alten und immer wieder neu angesammelten unangenehmen Angst ersparen, wenn es nachts zu dunkel und einsam ist.

Diabolino: Ich muss euch gestehen, dass ich einfach mitgeübt habe. Ich fühle mich auch angesprochen, wenn ihr von denen sprecht, die klein aussehen, aber innen groß sind. Ich bin also der Dritte im Groß-Bund. Die Übung hat mir viel Sicherheit gegeben in mir und mit allem um mich herum und mit euch im Zuschauerraum und mit den Nasen zwischen den Buchseiten. Diese Sicherheit spüre ich nicht einfach so, sondern als guten Untergrund unter meinen Füßen, als stabiles Fundament. Wenn wir aber das nächste Bild anschauen, werden wir ein Bauwerk sehen, bei dem mit dem Fundament gar nichts stimmt. Ziemlich gefährlich das Ganze! Eine totale Schieflage!

Auf einem unsicheren Untergrund steht immer ein schiefer Turm

Assipelli (hinter dem schiefen Turm stehend)**:** Meine sehr verehrten Anwesenden! Ich fühle mich gedrängt, mich hier einzumischen und euch wieder einmal die Naturgesetze ins Ohr zu posaunen. In meiner Rolle als Evolutionsmanager erfülle ich damit mein Soll, euch das Management der Natur näher zu bringen.
Hier kann man genau beobachten, wie der Lauf der Welt auf den Turm bezogen zu Ende gehen wird. Die nächsten Seiten werden zeigen, wie es mit der Schieflage weitergeht.
Ich muss hier nochmals betonen, dass es außer „dem Lauf der Welt" noch andere klare und unmissverständliche Gesetze der weisen Evolution gibt. Und diese gelten für Tiere, Pflanzen und selbstverständlich auch für die halben Menschen-Enten, die sich nur zu gerne mit ihrem geistigen Machtgehabe diesen natürlichen Gesetzen widersetzen, getreu dem Motto „Wir sind die Krone der Natur!". Diese selbst aufgesetzte Krone hat inzwischen offensichtlich eine gehörige Schieflage bekommen. Wenn man also diesen wunderbaren hohen Turm sieht, muss man annehmen, dass er auf einem guten, sicheren und der Höhe des Turmes entsprechend geeigneten Untergrund steht. Beim Betrachten der Neigung dieses Turmes aber kann man nur Absturzangst bekommen und sich dabei an den weltbekannten schiefen Turm der Stadt Pisa erinnern.
Ihr seht, wie verkrampft sich unsere Freunde an diesem instabilen Gebäude festhalten und wegen der Dauerangst des Absturzens von Schwitzattacken geplagt werden.

Rosa Schweinchen: Uff, ich rutsche ab. Ich habe Angst. Ich kann mich nicht mehr lange festhalten. Dieses „Hochhinaus" macht mich schwindelig.

Mäuserich mit der Aktentasche: Ich brauche alle meine Kräfte, damit ich das Gebäude halten kann.

Diabolino: Jetzt haben wir den Salat! Typisch – alle Tiere heutzutage machen den gleichen Fehler! Alle haben nur gelernt, nach oben zu schauen. Alle wollen immer nur hoch hinaus! Und wie es da unten ist, will kein Mensch sehen. Das Unten lernt man dann erst kennen, wenn man nach unten abgerutscht ist. Ja, das ist Turbo! Viel höher hinaufzuklettern als man eigentlich kann. Ich bin ja ein typisches Turbokind. Schaut meine platte Nase! Die habe ich bekommen, weil ich zu oft das Nach-unten-Fallen mit der Nase vorwärts kennengelernt habe.

Krankenschwestermaus mit der Nickelbrille: Ich habe schon Blasen vom Halten. Wie das wohl ausgehen mag?

Die Turbokinder in Aktion

Pan-Orpheas: Ja, du wunderbares rosa Schweinchen. Dir geht es genau so wie vielen Menschenkindern in der heutigen Welt. Unsere Kinder wachsen hinein in eine sich zu schnell verändernde Welt und erleben dabei viel Angst und Unsicherheit. Viele wissen nicht, dass unsere Kinder sich schon seit Jahren wegen des unsicheren Bodens, auf dem sie wachsen, gezwungen fühlen, in ein Turbo-Wachstum ihres Herzens und Denkens zu verfallen, natürlich ohne dass jemand das absichtlich will. Bei großen Unsicherheiten in der Familie, wie Streit, Trennung, Krankheit, Sorge um das tägliche Brot oder in Kindererziehung, Partnerschaft und Beruf fühlen sich die Kinder verpflichtet, Fürsorge zu tragen für die Eltern und Geschwister, wie Lotsen und Kapitäne, die das „Familienschiff" aus dem Sturm heraus zu retten versuchen. Dies geschieht auf Kosten der Lebenskräfte der Kinder. Sie werden viel zu früh aus Not zu weisen Richtern, Heilern, Therapeuten, Beratern, Schlichtern, Krankenpflegern und Sozialarbeitern. Ein Kind sieht dann aus wie ein kleines Bäumchen, das zu erwachsener Größe gezerrt wird. Wenn man genauer hinschaut, sieht man, dass das Bäumchen keinen festen Stamm entwickeln konnte, sondern dieser durch das Zerren weich, dünn und mickrig geworden ist. So hat der Baum keine Stabilität und keinen Stand. Dieser Stamm kann schwer dem familiären, schulischen und gesellschaftlichen Alltagssturm widerstehen. Die Kinder ihrerseits merken diese Überforderung, die begleitet wird von Hoffnungslosigkeit und Resignation, d.h. es gibt viel negativen Stress. Sie reagieren oft mit depressiven Stimmungen, überzogenem Trotz, Aggressivität, Ablehnung, manchmal sogar mit Amokhandlungen oder Selbstzerstörung. Wir nennen diese Kinder **Turbokinder**. Und wenn wir uns jetzt noch einmal das Bild nebenan anschauen, gibt es einige Fragen: Wie soll dieser Kapitän mit diesen mickrigen Beinchen und dem protzigen Oberkörper dieses Papierschiffchen sicher durch den Alltagssturm lenken? Warum steuert eigentlich ein Kind das Familienschiff anstelle der Eltern? Wann soll das Kind eigentlich seine emotionale Stabilität entwickeln, wenn es Kapitän und Lotse sein muss? Wo sind die Vorbilder in der Erwachsenenwelt, die dieses Schiff lenken, endlich mal ein solides Schiff besorgen und gefälligst darauf achten, bei Sturm nicht mitten in die brausende See zu fahren? Wo gibt es die Vorbilder für Verantwortung, Einsatzbereitschaft und Weitblick? Und was ist los mit den Institutionen für Erziehung und Bildung?

Diabolino: He! Moment mal, ich bin ein gutes Beispiel zum besseren Kapieren dieser Theorie! Schaut mich an! Ich war von Anfang an ein Turbokind! Meine Eltern waren nicht reif genug für eine Familie: haben einfach geheiratet, weil man es so machte, und haben Kinder bekommen, ohne zu wissen, wie man diese erzieht. Ich habe nur im Stress gelebt, um zu retten, was zu retten war. Ich wollte ja keine Waise werden. Dann sind sie mit diesem Schiff weg, weil sie sich beim Schlemmen in der Ladung aus Weizenkörnern vergessen haben, und ich musste sehen, wie ich allein durchs Leben komme. Und traurig durfte ich auch nicht sein, sonst hätten mich die Hafen-Straßenmäuse ausgelacht. Dann kam der glückliche Moment, dass mich meine wunderbaren, neuen, frischen Eltern Larifari und Farilari aufgenommen haben. Sie haben mich aber wieder zu einem kleinen Baby machen wollen, weil sie selbst keine schöne Kindheit hatten. So konnte ich wieder schwitzend auf meinen Turbo-Thron steigen, um für die beiden ungebetenerweise innerlich zu sorgen. Das war zu viel für mich. Die Tränen um meine verlorenen gegangenen Eltern blieben ungesehen und ungeweint. So hatte ich viele furchtbare Träume, schlaflose Nächte, Zähneklappern und Zähneknirschen, oft viel zu wenig oder zu viel Appetit. Und das Schlimmste war die Schule.

Kohlrabenschwarzer Rabe mit Weste (empört)**:** Dazu muss ich auch was sagen! Ich konnte mich in der Schule nie auf etwas konzentrieren. So schaffte ich es nicht, richtig lesen und schreiben zu lernen wie die anderen. Ich fand keine Ruhe und musste immer in der Klasse auf und ab laufen. Ich wusste, dass meine Eltern nicht mehr miteinander zurechtkamen und sich scheiden lassen wollten, und hatte viel Stress mit ihnen. Meine coolen T-Shirts waren immer voller Flecken, weil meine Hände beim Colatrinken immer so gezittert haben. In der Klasse war ich schließlich das schwarze Schaf, obwohl ich doch ein Rabe bin! Kein Wunder eigentlich, dass ich mich so komisch fühlte. Pan-Orpheas, wie nennt ihr das noch? – PS oder, nein, nein, ich glaube ADS. Als meine Eltern sich dann endlich getrennt haben, war ich froh. Endlich gab es Klarheit, obwohl ich auch traurig war, meinen Papa nicht mehr so oft zu sehen. Aber endlich konnte ich mich wieder mehr mit mir beschäftigen und hatte nicht mehr so viel Stress. Übrigens, den beiden ging es dann auch besser.

Diabolino: Ich habe nebenher noch Bierflaschen leer gemacht und konnte danach kaum den Heimweg finden. Schwamm drüber!

Herr Larifari: Mein Sohn, jetzt erinnerst du mich an mich selbst. Ich habe das auch gemacht und habe mich dann immer ganz gehörig zusammen genommen, also ganz cool verhalten, wie ihr das heute so elegant sagt!

Diabolino: Und dann kam der Höhepunkt des Ganzen. Mama kam mit einem Zaubertrank nach Hause, der von guten Leuten empfohlen worden war. Ich weiß nicht, wie das heißt, „Blödalin" oder so. Und dann bin ich ganz ausgeflippt. Ich fühlte mich so, als hätte mir einer einen dicken Gummi um den Bauch gebunden, um mich festzuhalten. Wenn ich flüchten wollte, wurde ich immer wieder zurückgezogen. Aber wenn ich dann anfing zu denken, fühlte ich mich wie ein Esel, der wie blöd um einen verstopften Brunnen herumläuft, um das Wasser heraus zu ziehen.

Rosa Schweinchen: Wenn ich das höre, fühle ich mich wie erschlagen und kraftlos, genau wie in der Schule. Dieser Zaubertrank machte mich richtig mürbe, wie wenn man einen Automotor kaputt macht, indem man dauernd vom Vollgas auf die Bremse latscht oder sogar in den Rückwärtsgang schaltet. Aber so was wissen ja nur die „User". Ich hatte den Stress von meiner übermäßigen Sorge für meinen Vater, der mich und meine Geschwister allein erziehen musste.

Frau Farilari: Ihr könnt jetzt nicht alles so schlecht machen. Ich habe auch viel Gutes gehört und erfahren.

Diabolino: Ja, Mama, du bist ja auch eine Frau! Und du weißt scheinbar noch nicht, dass die Männer anders sind, so wie mein wunderbarer Papa.

Mäuserich mit Aktentasche (sich krampfhaft am Turm festhaltend)**:** Das erinnert mich an die Worte meiner Mutter: „Ich lebe nur für meine Kinder!" Und für meine Mutter bin ich bis hierher geklettert. Aber ich kann mich kaum mehr auf dieser Höhe halten und werde bald abstürzen. Warum hat meine Mutter nie gesagt, dass sie einfach ihr Leben toll findet. Immer ist sie um mich herumgerannt und hat alles für mich geregelt. Das war ja ganz bequem. Aber ich hatte immer das Gefühl, dass ich ja ihre Wünsche erfüllen muss, sonst mag sie mich nicht mehr! Darum bin ich Turbo hoch zehn geworden und natürlich Lehrer, denn ich wollte die Kinder mit solchen Eltern trösten. Aber ehrlich gesagt, wenn ich die Kinder in meiner Klasse anschaue, finde ich mich in ihnen wieder, und manchmal ist das für mich unerträglich. Wie nennt man das dann? **Burn-out**? Aber so langsam kapiere ich das!

Mäusekrankenschwester mit Nickelbrille (stöhnt)**:** Ich habe keine Kraft mehr, den Turm vorm Umstürzen zu bewahren. Ich bin zu erschöpft! Es stimmt nicht mehr mit dem Untergrund und dem Fundament. Ohne genügend Festigkeit dort, geht nichts. Das kann man auch durch Turbo-Entwicklung nicht ersetzen und erst recht nicht durch chirurgische Eingriffe oder frisch implantierte neue Gene. Auch ich habe meinen Beruf bei meinen Eltern bekommen. Ich musste sie immer umsorgen und am Leben erhalten, damit ich nicht auf einmal allein da stehe.
Puhh, wie ich ungewohnt unangenehm nach Tapferkeits-Schweiß stinke!

Diabolino: Genau so ist das mit uns allen, die im sozialen Bereich arbeiten wie du. Da dieses Burn-out nicht so gut riecht und man damit manchmal keine gute Figur macht, haben wir Techniken und Methoden entwickelt, wie wir dieses Problem ganz schick lösen können. In unserer Entenwelt-Theorie nennen wir das **Cool-in**, erinnert ihr euch? Wir kühlen innerlich langsam und sachte herunter auf Minustemperaturen, Cool-down genannt, sodass das Burn-out nicht so auffällt. Dieses geschieht aber unter allergrößter leiblich-seelisch-geistiger Anstrengung, da wir durch die Begegnung mit unseren Klienten oft aus Überidentifikation - ihr kennt doch noch den Koffer mit der Sub-Haut-Schlüpf-Methode (SHS)? – wieder an die alten schmerzenden seelischen und körperlichen Erfahrungen erinnert werden. Und wir haben das Pech, dass wir die Situation nicht beherrschen können, weil wir dann wieder voll in diese alten Szenen rutschen. Dann sind wir ganz blind für das, was eigentlich um uns herum geschieht. Dieser Stress nagt an unserer Lebendigkeit und raubt uns die Lebenskraft.

Kalliopi: Ich bewundere dich, Diabolino. Du sprichst so gelehrt und erwachsen. Das hätte ich mir von dir nie träumen lassen. Dafür solltest du einen Doktorhut bekommen.

Diabolino: Lass dich nicht blenden! Als Turbo hoch zehn schafft man das doch mit links, ganz locker vom Hocker!

Assipelli: Ja, so ist … Ihr wisst doch bestimmt schon den Satz, den ich sagen will. Aber dieses Mal will ich euch nur daran erinnern und den Mund halten, sonst fallen manche böse Zungen über mich her. Aber wenn ich als Vertreter der Evolution es nicht sage, wer soll es sagen? Vielleicht ihr? Also hiermit ernenne ich euch zu meinen Stellvertretern. Somit habe ich nichts gesagt, weil ihr es selbst sagt!

Pan-Orpheas: Mit diesem Turm-Symbol können wir sehr anschaulich darstellen, wie unser menschliches Leben funktioniert. Durch dieses Bild werden die falschen Leitbilder, Klischees und unzähligen Normen, welche uns motivieren, zu hoch, zu schnell und blauäugig unseren Lebens-Turm auf untauglichem Untergrund und ohne angemessenes Fundament aufzubauen, greifbar. Es entsteht eine chronische Überforderung nach dem Motto **„Je höher, umso ängstlicher"**, da die Schieflage dabei weiter zunimmt. Die Tendenz, hoch hinaus zu wollen, ist stärker als die physikalische Kraft, die uns auf dem Boden hält. Sie nimmt uns weg von der Getragenheit der Erde, wir verlieren den Boden unter den Füßen, werden unsicher, bekommen Angst und unermesslichen Stress, der uns krank macht.

Diabolino: Ist der Untergrund schlecht, wird es nichts mit dem Hoch-hinaus! Die Sekunden sind gezählt. Lasst uns zur nächsten Seite gehen. Aber langsam, nicht so schnell!

Was machen wir jetzt?

Erzähler-Begleiter: Jetzt haben wir den Salat! Jetzt ist es passiert! Der Turm ist umgestürzt.

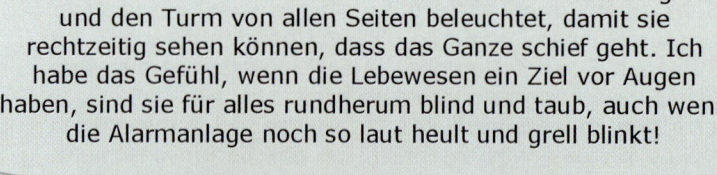

Frau Farilari: Wie konnte das geschehen? Ich kann es nicht begreifen! Dabei dachte ich, es wäre so einfach für mich, die Spitze zu erreichen. Doch jetzt tut mir der ganze Körper weh, und ich bin ganz blau.

Die erschreckte Sonne Helios: Ich habe mein Bestes getan und den Turm von allen Seiten beleuchtet, damit sie rechtzeitig sehen können, dass das Ganze schief geht. Ich habe das Gefühl, wenn die Lebewesen ein Ziel vor Augen haben, sind sie für alles rundherum blind und taub, auch wenn die Alarmanlage noch so laut heult und grell blinkt!

Pan-Orpheas: Tja, man kann gerade hier nicht so sehr vom Lauf der Welt, sondern vom „Fall der Welt" sprechen. Da der PISA-Turm viel zu schief stand, konnte es nur einen „Fall des Turmes" in diese Welt geben.

Maus mit Krafttrunk: Jetzt kann ich meinen Zaubertrank wegschmeißen. Meine Kraft ist futsch und der Turm auch. Alles hin!

Kohlrabenschwarzer Rabe (jammert): Der Sinn meines ganzen Lebens ist jetzt zusammengebrochen! Alles ist nur noch Schutt!

Diabolino: Habt ihr's gesehen? Der Turm hat beim Zusammenfallen super cool ausgesehen! Bravo! So etwas sieht man selten!

Kalliopi (grübelt): Ich dachte, mit denen hier kann ich es jetzt endlich schaffen! Aber jetzt heißt es schon wieder, neu von unten anfangen. Ist der Weg falsch oder das Ziel? Bin ich nicht o.k. oder ist was mit den anderen? Gibt es so viele, die nicht wissen, wo es lang geht?

Diabolino: Meine liebste Mama, es tut mir weh, wenn ich dich so sehe. Aber wir wollen hoffen, dass dir diese blauen Flecken im hinteren Bereich durch die Entwicklung einer neuen Farb-Piercing-Methode als Schmuck dienen können. Das wäre doch eine tolle Idee, oder?

Schweinchen: Es tut ganz schön weh, zu sehen, wie viele mitgefallen sind!

Diabolino: Nicht die Flinte ins Korn werfen! Schaut einmal richtig hin. Da liegt doch eine Riesenmenge an Material, die darauf wartet, von uns in die Hand genommen zu werden. Wir haben eins gewonnen, nämlich dass das schiefe und falsche Ziel zusammengebrochen ist. Mit den Worten von Assipelli gesagt: „Der Lauf des Turmes" war abgelaufen. Und was können wir jetzt tun? Wir legen ein sicheres Fundament und bauen dann mit dem Material etwas Neues. Also packen wir's an! Stellt euch vor, wie viel Neues, Sicheres, Wunderbares daraus entstehen kann!

Assipelli: Aber dieses Mal, Diabolino, muss ein neuer sicherer Untergrund für das Fundament gefunden werden. Es sollte ein tragender Grund sein mit einem wohnlichen, aber auch schützenden Bauwerk, von dem aus wir die Welt betrachten können, der aber auch ein Ort der Begegnung ist. **Als Ziel sollte nicht ein „Hoch hinaus", sondern ein „gut gegründet" angepeilt werden. Es sollte ein Platz sein, wo wir von den anderen gesehen, gehört, bestätigt und akzeptiert werden und gleichzeitig einen Überblick und Weitblick gewinnen!**

Pan-Orpheas: Ja Assipelli, da stimme ich dir zu! Das Ganze ist trotz aller Dramatik und blauer Flecken ein gutes Lehrstück für uns, da solche unsicheren Turm-Bilder unsere Kultur und die jungen Menschen, die von Eltern, Schule und Gesellschaft immer höher hinauf getrimmt werden, dauernd plagen. Die Höhe des Turmes ist ein Beispiel für all das, was wir Menschen erreichen sollen. Dieses „Sollen" sind ungeeignete Leitbilder, Normen und Klischees, Verbote, Verpflichtungen, Einschränkungen von Lebendigkeit, Wunschvorstellungen und Mega-Idealisierungen. Dieses bringt viel ungesunden Stress, und wir fühlen uns fremdbestimmt. Solche Ziele bewirken ein Turbokind-Dasein, das in Zusammenhang steht mit überfordernder Fremdfürsorge. Die Kinder können sich vor lauter „Wie erfülle ich die Wünsche der Eltern, Lehrer u.s.w." nicht der eigenen Entwicklung zuwenden. Eigentlich müssen sie zuerst ihre eigene Persönlichkeit entwickeln, bevor sie für andere Verantwortung übernehmen können, sonst entsteht ein Gefühl von „Ich schaffe das nicht!" „Ich bin nicht gut genug!", „Ich bin nicht der oder die Richtige!". So fühlen sie sich schlecht, entwickeln Schuldgefühle, verlieren ihr Selbstvertrauen und beginnen an sich zu zweifeln, bis sie sich selbst schließlich nicht mehr mögen und auf den Mond schießen könnten! Schließlich muss sie dann jemand anderer von dort zurückholen.

Diabolino: Da kann man lange suchen, bis man so jemanden findet. Ich mache das schon seit vielen Jahren, und mich hat noch keiner zurückgeholt! Also irgendwie lebe ich innerlich mit einem Bein auf dem Mond!

Pan-Orpheas: Der Boden, auf dem man mit diesen Mega-Überforderungen steht, ist dem Boden dieses berühmten Turms in Pisa ähnlich. Bei uns Menschen stammt dieser weiche Boden, auf dem nichts Gescheites stehen kann, aus mangelnder Zuwendung oder aus der einengenden Zuwendung und dem Stress, der beim dauernden Wechsel zwischen beiden entsteht, und auch aus diesem Nicht-willkommen-Sein auf dieser Welt. Hinzu kommen dann noch die Bürden, die wir von unseren Eltern, Großeltern oder von uns selbst aufgelegt bekommen. All das gehört zu diesem weichen instabilen und ungeeigneten Untergrund.

Diabolino: Ich habe das ja schon immer gesagt! In der Schule brauchen wir weniger das Auswendiglernen, sondern eher Möglichkeiten, uns selbst zu entwickeln, das heißt, eine ganze Maus zu werden! Wir brauchen **Grund-Arbeit**, die die Reifung, Selbstverantwortung und Handlungsfähigkeit ermöglicht.

Kalliopi: Boahh! Ich habe es schon immer gefühlt, dass unser Diabolino eine bewundernswerte Hafen-Straßen-Maus ist. Bei dem, was der manchmal sagt, sieht man schon ein bisschen das Potenzial, das da noch versteckt ist. Diabolino, ich freue mich, dass ich mit dir auf dem gleichen Entwicklungsweg bin. Ich freue mich schon darauf, dich am Ende unserer Expedition als ganze Maus zu bewundern!

Pan-Orpheas: Also wir wissen alle, warum wir hier jammern, uns als Opfer fühlen und hilflos sind, eben wegen unserer Turbo-Herkunft, die zu Resignation führt. Es ist wichtig, nicht nur zu schauen, wir man die Kinder zum Lesen und Schreiben dressiert, sondern auf die Qualität des Bodens zu achten, aus dem heraus ihre Persönlichkeit wächst. **Unser Ziel sollte sein, dass das Selbst als Grundstein durch Gefühlsumwandlung wächst und zu einem flexiblen, sicheren und gefühlsstarken Wesen wird**, das nicht nur Lesen und Schreiben kann, sondern aus diesen guten Grundlagen heraus und in gutem Umgang mit der eigenen Geschichte und Zukunft sich gut konzentrieren kann auf das, was ist. Daraus entwickelt sich dann eine gesunde Aktivität; statt hyperaktiv wird man normal aktiv!

Diabolino: Seht ihr? Da liegt der Hase im Pfeffer! Und diejenigen, die sich als Spezialisten ausweisen, und ihre dazugehörenden Organisationen scheinen davon nichts zu wissen.

Assipelli: Die weise Evolution hat uns so ausgestattet, dass wir erst durch Selbstfürsorge und Selbstliebe fähig werden, Engagement für die anderen und das Gemeinwohl zu entwickeln. Dieses Geheimnis der Selbstfürsorge ist enorm wichtig für alle Personen, die in wichtigen Institutionen arbeiten. So gestärkte Mannschaften wären in der Lage, ohne Gefahr von Burn-out und Cool-in, Menschen auf dem Weg der leiblich-seelisch-geistigen Selbstständigkeit zu begleiten.

Diabolino: Wenn Hilflose andere Hilflose begleiten wollen, erwächst daraus ein Mega-Hilflosigkeits-Chaos!

Pan-Orpheas: Jetzt wissen wir Bescheid, haben den Durchblick und könnten versuchen, unseren Willen zu mobilisieren, um mit Experimentierfreudigkeit an den Bau eines neuen Lebens- und Schul-Turmes zu gehen. Damit wir endlich das Leben zu schmecken beginnen, bis wir Geschmack daran bekommen!

Diabolino: Na denn, guten Appetit! Das Leben ist zum Fressen schön!

Orientierung und Aufräumaktion in Kalliopis Traumwelten-Chaos

Pan-Orpheas: Diabolino weiß ja, wovon er spricht! Das Leben kann zum Fressen schön sein, wenn wir selbstständig zu leben lernen. Aber weil viele mit unserer Welt nicht klarkommen, keine Lust haben, **in** dieser Welt zu leben, Angst vor ihr bekommen, so dass sie bedrohlich wird, flüchten sie in andere mit Sehnsucht gesuchte paradiesische Traum-Welten, die es an sich nicht gibt. Sie versuchen aber unbedingt, diese zu erschaffen durch Drogen, Tabletten, Alkohol, Lifting, Anti-Aging, Dopinghilfen mit Olympischen Zielen, falschen religiösen Bildern und Vieles mehr. Doch ganz schnell werden diese Welten dann zu Horror-Traumwelten, in denen man versucht, „das Schöne", „das Intensive", „das Einmalige", „das Gigantische" auf ewig zu bewahren. Dafür verbrauchen sie dann die ganze Energie, die sie eigentlich für die eigene Lebensgestaltung benötigen. Kurz gesagt, sie verbringen ihre kostbare Lebenszeit in einer Zwischenwelt, die ohne tragenden Boden ist.

Diabolino: Ja in diesen Welten kenne ich mich aus! Ich habe schon in vielen solcher Welten gelebt. Manche habe ich durch meine Farilari-Mama und meinen Larifari-Papa und die Hafenstraßenmäuse kennen gelernt. Man meint, es wäre ganz schön dort, aber auf Dauer ist alles ganz hohl und leblos!

Assipelli: Wenn ich mich jetzt hier einmische, möchte ich versuchen, in diesem Traumwelten- Durcheinander aufzuräumen, was nicht leicht ist. Man könnte schon beim Aufzählen in diesem Chaos verloren gehen. Doch Chaos ist eigentlich immer Potenzial zur gedeihenden Gestaltung dieser unserer Welt, so wie der umgefallene Pisaturm von eben Bausteine für einen neuen Turm liefert. Unsere Aufgabe ist es, dieses Potenzial zu beanspruchen und es für uns selbst und die anderen im Alltag zu nutzen. Wir versuchen also nur, ein wenig Ordnung in das hoch komplizierte Chaos zu bringen, um an das Potenzial zu kommen.

Diabolino: Das habe ich schon immer gesagt! Auf zur Entrümpelung!

Assipelli: Dann fangen wir einmal an, brav in der Goldader der Traumwelten zu schürfen. Als erstes befassen wir uns natürlich mit dem

I. Hier und Jetzt, d.h. mit der realen Welt:
Diese Welt ist durch unsere Sinne erfahrbar, mit dem Leib begreifbar, und wir sind über die Gefühle, das Bewusstsein und Verstehen mit ihr verbunden. Sie fasziniert uns, wird bewundert, geliebt, gefürchtet, gehasst und deshalb sogar vermieden. Diese reale Welt ist hier: Ich sehe dich, ich rieche dich, ich berühre dich, ich höre dich, du wirst von mir gesehen, die anderen können das bestätigen. Es gibt also keinen Zweifel daran, dass es so ist, und du kannst nicht behaupten, dass du nicht da wärest. **Auch die Tagtraum und Wachtraum-Welten gehören hierhin:** Hier liegt das ganze Potenzial zur kreativen Lebensgestaltung. Diese Welten könnten nach entsprechendem Training als Experimentierstätten genutzt werden, um mit neuen Ideen und Entwürfen bereichert das Hier und Jetzt, das fassbare und wahrnehmbare Leben, zu gestalten und daran teilzunehmen.

II. Die Nebenwelten:
Das sind die Welten der Träume, Erinnerungen, der Imagination, der Visionen, der Fantasie. Davon gibt es zwei: **Vergangene und zukünftige Welten. Man könnte sie auch Rückwelten oder Vorauswelten nennen. Darin gibt es Erinnerungen von früher und Visionen für die Zukunft.**
Hier gibt es eine Menge Traumpotenzial aus vergangenen gelebten und nicht gelebten oder schlecht gelebten Zeiten, aber auch Wünsche, die in Zukunft gelebt werden wollen. Hier gibt es Vieles zum Nach-Gestalten. Dieses Gestalten kann aber nur im Hier und Jetzt geschehen, da dies der Punkt ist, auf den wir Einfluss nehmen können. In ihm sind wir verankert in der Realität. Wenn man meint, diesen Anker nicht zu benötigen, verliert man den Kontakt zu ihr.

III. Die Ober und Unterwelten:
Davon gibt es zwei, die Traumwelt oben und die Albtraumwelt unten. Diese Regionen sind mit Vorsicht zu betrachten und zu betreten, da man sich darin verirren, verloren gehen, in Dauerangst oder in eine ausufernde Sehnsucht verfallen könnte. Der Sog dieser Welten kann manchmal so stark werden, dass man dem Vakuum darin nicht mehr entgehen kann. Man spricht von Todessehnsucht oder Jenseitssucht, was dem göttlichen Schöpfungs- und Lebenswillen widerspricht. Wir haben es hier also zu tun mit himmlischen Jenseits- und Höllenwelten, auch **„Glaubenswelten"** genannt. Wenn man nicht gut aufpasst, ist die Hölle los! Das hängt natürlich davon ab, in welcher Kultur und welcher Religion man aufgewachsen ist und in welcher aktuellen gesellschaftlichen und politischen Situation man lebt. Oft wird das Irdische so weit diskriminiert, dass sich sogar ganze Kulturen auf einem falschen Transzendenz- und Spiritualitäts- oder sogar Höllentrip befinden. Das, was dann zu kurz kommt, ist das Lebendige, Sinnliche und Leibliche, und bei den Menschen das Menschliche!

Diabolino: Endlich kommt Licht in meine dunklen nebligen Traumwelten, und ich habe weniger Angst vor meiner eigenen Schattenwelt.

Assipelli: Jetzt kommen wir zu den fließenden Grenzen der Welten untereinander

IV. Den vier Zwischenwelten:
Dies sind selbstgebastelte Welten, auch plasmatische Welten genannt. In diesen Welten halten sich eine Menge von Lebewesen auf, a) aus Angst vor den anderen Welten, b) weil sie sich nicht wirklich entscheiden wollen, und c) weil sie noch nicht erwachsen sind. Sie verweilen darin manchmal ein ganzes Leben lang. Deshalb werden sie nie reif. Diese Welten haben aber auch ihre gute Seite: Werden solche Welten nur für kurze Zeit eingerichtet, können sie als Schutzwelten dienen, bis man sich erholt und neue Kraft und Ideen gesammelt hat und sich durch eigene Kreationen in der alltäglichen Welt wieder etablieren kann.
Hierher gehören auch andere unfassbare und nicht sichtbare fremde Welten: Diese sind ineinander geschobene unklare und verwirrende Nebelwelten, aber auch leere unfassbare Traumwelten... Hier landet man durch falsche religiöse Orientierung, Alkohol, Drogen aller Art, Medikamente oder Einfluss von Sekten. Solche Horrorwelten sollte man mit Vorsicht betrachten und nach Möglichkeit nicht betreten, höchstens mit guter Vorbereitung und fremder Unterstützung, da darin kollektive Erfahrungen aus unserer dunklen Vergangenheit oder chronisch vermiedener Realitäten stecken können. Diese entstanden unter anderem aus vermiedener Trauerumwandlung von nicht Gelebtem oder negativ Erlebtem. Eine Flucht in diese Welten beschert uns Angst, Hass und Aggression gegen alles Lebendige und die Abwesenheit vom Jetzt und Hier.

Diabolino: Na ja, ich kenne das. Jedes zweite Wort so genannter Erleuchteter ist „Spiritualität!" Mir wird immer ganz schwindelig, wenn sie das dauernd wiederholen.

Pan-Orpheas: Um nicht selbst durch das Gieren nach Spiritualität und dem heftigern Drang nach dem Himmlischen den Boden unter den Füßen zu verlieren, möchte ich Folgendes klar stellen: Das Wesentliche ist der Mensch, der Lebendige, Sinnliche, der auf dieser Erde in Erscheinung tritt, um mit den anderen in Kontakt zu treten. Dieser wäre im Bild gesprochen der Buchstabe „i". Er wird zu einem ganzen „i", wenn das Pünktchen dazukommt, das ich Spiritualität nenne. So wie es heute leider gehandhabt wird, besteht die Welt aus lauter unzähligen Pünktchen, bei denen die „i"s leider nicht zu sehen, sondern in sich zusammengefallen sind. Das heißt, die meisten leben in einer vergeistigten Nebenwelt. Oder es gibt nur ein „i" ohne Pünktchen, d.h. ohne Wissen um die tieferen Dimensionen des Daseins. Mit einfachen Worten könnten wir sagen: Es darf kein Pünktchen ohne „i" oder „i" ohne Pünktchen obendrauf geben. Erst wenn beides zusammenkommt, haben wir ein ganzes Lebewesen, einen ganzen Menschen.

Assipelli: Ja so kann man das sagen. Das war ein Blitz der Erleuchtung in euch!

Die Traum-Welten-Landkarte

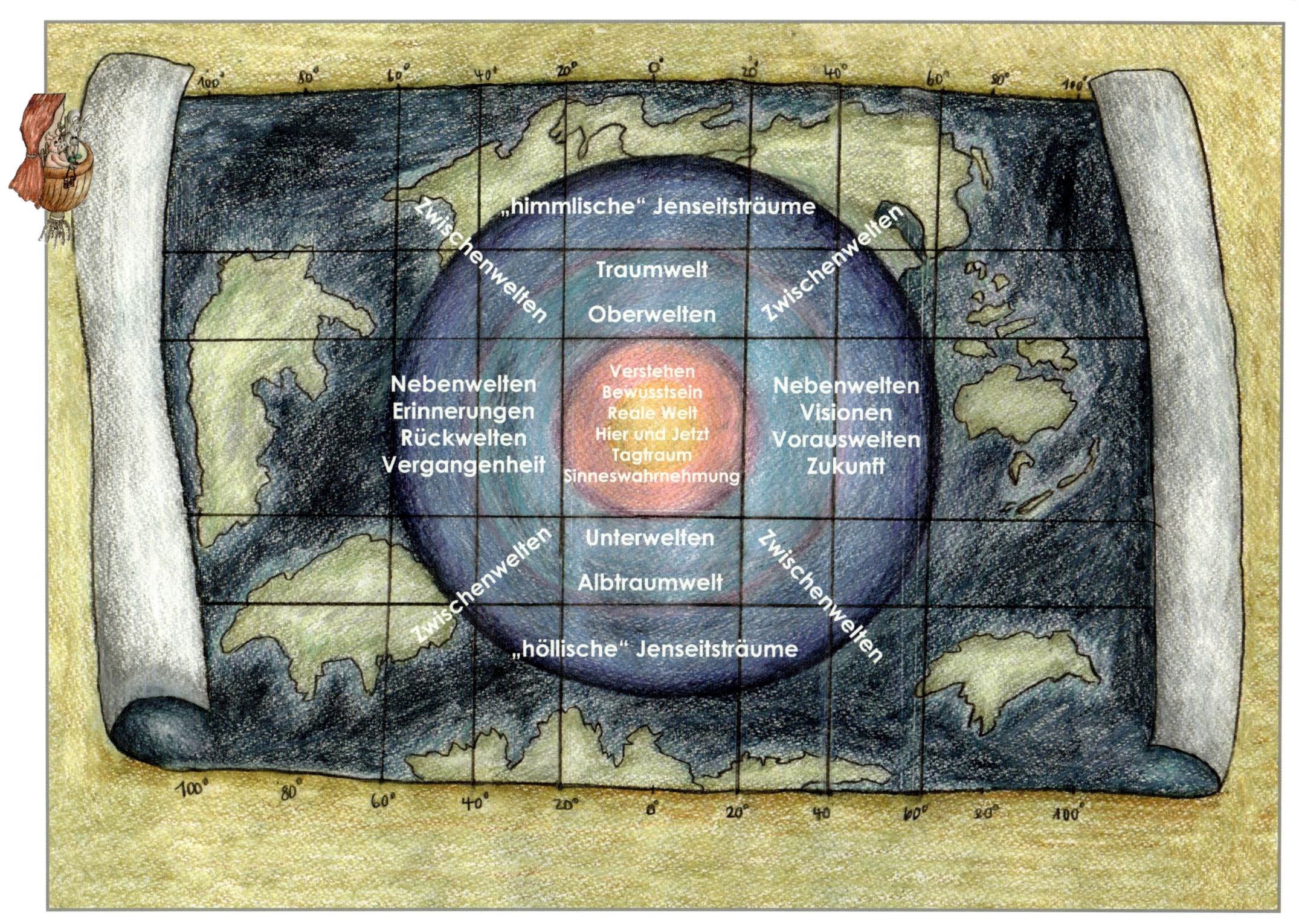

"himmlische" Jenseitsträume

Zwischenwelten

Traumwelt
Oberwelten

Zwischenwelten

Nebenwelten
Erinnerungen
Rückwelten
Vergangenheit

Verstehen
Bewusstsein
Reale Welt
Hier und Jetzt
Tagtraum
Sinneswahrnehmung

Nebenwelten
Visionen
Vorauswelten
Zukunft

Zwischenwelten

Unterwelten
Albtraumwelt

Zwischenwelten

"höllische" Jenseitsträume

Assipelli: So, und jetzt werden wir erst einmal ein wenig in Kalliopis Traumwelten-Chaos aufräumen. *(Zu Kalliopi)* Natürlich nur, wenn du es möchtest.

Kalliopi: Ja, Assipelli! Das würde mir wirklich gut helfen! Nachts werde ich nämlich oft genug von diesem Chaos überfallen. Obwohl ich nicht mehr ganz so viel Angst habe wie damals im Wald auf meinem Weg ins Nirgendwo!

Kalliopi: Ja, und hier seht ihr meinen sehnlichsten Wunsch: einfach ein normales „Entenmädchen" zu werden. Ach, sehe ich nicht gut aus? Davon träume ich, wenn ich wach bin und wenn ich schlafe. Und es ist richtig spannend, alles Mögliche auszuprobieren, so lange, bis es sich für mich gut anfühlt. Das ist ein Träumen, das echt etwas bringt! Das gehört wohl zu den Nebenwelten, genauer gesagt zu den Vorauswelten.

Pan-Orpheas: Ja und hier sieht man Kalliopi in einer paradiesischen Urlaubsstimmung. Dieses Idyll dient natürlich dazu, sich kurzfristig zu erholen. Aber als Daueraufenthalt ist es ungeeignet. Es hat einfach nichts mit Kalliopis Alltag zu tun! Und wenn man es nur noch in dieser Oberwelt aushält, na dann Mahlzeit! Irgendwann ist man dann in eine „himmlische" Jenseitswelt entrückt.

Assipelli: Hier erinnert sich Kalliopi an die Schreie ihrer Mutter beim Tod ihres Vaters, die sie nur durch die Eierschale gehört hat. Diese Erinnerung gehört zu den Nebenwelten, genauer gesagt zu den vergangenen Rückwelten mit Erlebnissen aus vermiedener Trauerumwandlung.

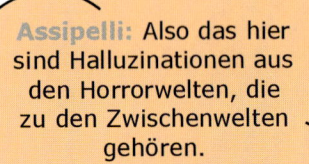

Assipelli: Also das hier sind Halluzinationen aus den Horrorwelten, die zu den Zwischenwelten gehören.

Schweinchen im Balkon: Boahh! Ich bin beeindruckt. Dass es so viele Traumwelten gibt, ist ja Wahnsinn!

Diabolino: Das ist ja einfach gigantisch! Man kann davon erschlagen oder reich beschenkt werden. Es hängt wohl immer von einem selbst ab, in welchen Welten man beim Lesen dieser Zeilen verweilt!

Kalliopi: Und hier sind die kraftvollen neuen Erinnerungen oder Videos, wie der Erzähler-Begleiter sagt. Dieses Bild hier zeigt mich, wie ich aus der Erde herauskam und mit allen Sinnen die Natur um mich herum aufgenommen habe. Und hier ist das Video von meinem Rennen mit der Schnecke. Seitdem weiß ich nicht nur im Kopf, dass ich die Nummer eins bin! Hmmm, diese Erinnerungen fühlen sich auch jetzt immer noch richtig gut an! Und toll, dass es dazu auch Lieder gibt! Da kommt mir doch gerade die Melodie, mmmm – und wie war noch der Text? Mit Sinnen, wie mit Armen lang, erfasse ich das „Um-mich-rum"... Urgh, da sind ja auch noch die Erinnerungen an die ätzende Schulzeit. Ach, und noch eine Erinnerung an ein holdes Familienglück, das es wohl einmal gab vor Papas Tod. Also hier sind wir wieder in den Rückwelten gelandet.

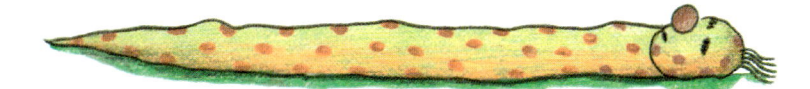

Das megastarke Super-Traumtraining aus dem Traum-Schatzkoffer

Diabolino: Ja, und was machen wir jetzt mit diesem Reichtum? Ich könnte gleich loslegen, weiß aber nicht, wie!

Assipelli: Ja, wir wissen nun Vieles und haben einiges geklärt, aber jetzt geht es darum, den Fantasie-Nebel in die Füße zu bekommen, um im Bauch davon satt zu werden.

1. Man muss mit einem Traum-Trainer-Coach ein Training machen.
Übrigens: Du, Diabolino, wärst der richtige Mann, ich meine, die richtige Maus dafür! Natürlich nur, wenn du das Ganze ernst nimmst. Dann könntest du dich doch mit deinem Chef und mit dem ganzen Schreib-Denk-Team auf den Weg machen, um mit den Leuten draußen richtige Ententrainings zu veranstalten. Für jeden Normalbürger natürlich, nicht nur für Spezialisten! Na ja, lasst euch mal etwas einfallen! **Dieser Coach also muss für ein solches Training alles gut vorbereiten und beachten, dass man mit allen Sinnen, dem Leib und dem Herzen dabei ist! Das sind nämlich die Grundlagen für ein Traumtraining!** Weiter unten wird es gleich ein Beispiel geben, an welche Reihenfolge im Ablauf ihr euch halten müsst! Aber das ist nur der Anfang.

2. Das Training muss auf euch selbst gerichtet sein mit dem Ziel, euch durch Selbstliebe und Selbstfürsorge traum- und visionsfähig zu machen. Diese Selbstfürsorge ist ja überhaupt die Grundlage der Lebensfähigkeit.
Das wäre dann ein „Kalo-Traumtraining". Das kommt aus dem Altgriechischen und bedeutet „gutes Träumen". Dieses Traumtraining ist eine echte Alternative zum so genannten „Kako-Träumen", d.h. „schlechtes Träumen" oder „schlaflose Nächte verbringen". Daran leidet schon ein großer Teil der Bevölkerung.

3. Dann können wir endlich beginnen mit dem Fort-Traum-Training. Bei diesem handelt es sich um die Fortsetzung eines Traumes, der sehr schmerzhaft war. Der Schmerz und die Angst haben uns geweckt, sodass wir nicht mehr schlafen konnten. Das Unangenehme dabei ist, dass dieser Traum einen dann fast jede Nacht überfällt und manchmal sogar am Tag. Um die dauernde Wiederholung der Angst und Schmerz auslösenden Bilder zu unterbrechen, brauchen wir neue Methoden. Diese ermöglichen es uns, eine Art Fortsetzung des Traumes zu versuchen. **Dazu brauchen wir besondere protektive, d.h. schützende Bedingungen, vor allem eine unterstützende Umgebung, d.h. eine Solidargemeinschaft von Lebewesen.**
Gemeinsam mit ihnen versuchen wir, das Drehbuch des Traums umschreibend fortzusetzen hin zu einem „Fitting End", d.h. einem Ende, das mir angenehm ist und meine Entwicklung voranbringt. Die Umgebung muss ruhig und sicher sein, ein Ort, wo die Sinne gekitzelt und zur Lebendigkeit angeregt werden. So setzen wir die Geschichte des Traumes fort nach unserer Vorstellung. Aber nicht nach dem Motto: „Friede, Freude, Eierkuchen", „Be happy!", „Es wird alles wieder gut!" oder „Positives Denken macht glücklich!"

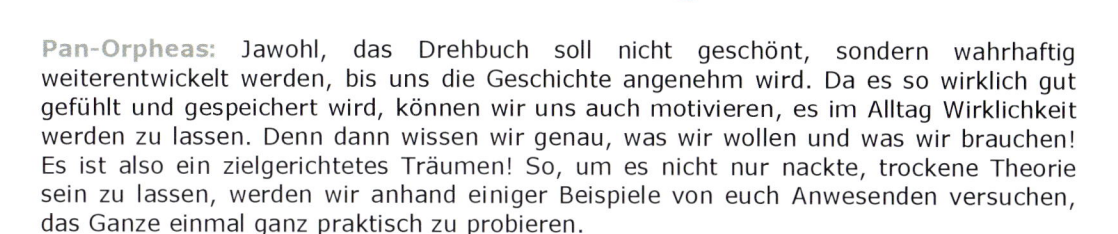

Pan-Orpheas: Jawohl, das Drehbuch soll nicht geschönt, sondern wahrhaftig weiterentwickelt werden, bis uns die Geschichte angenehm wird. Da es so wirklich gut gefühlt und gespeichert wird, können wir uns auch motivieren, es im Alltag Wirklichkeit werden zu lassen. Denn dann wissen wir genau, was wir wollen und was wir brauchen! Es ist also ein zielgerichtetes Träumen! So, um es nicht nur nackte, trockene Theorie sein zu lassen, werden wir anhand einiger Beispiele von euch Anwesenden versuchen, das Ganze einmal ganz praktisch zu probieren.

Diabolino: Das ist der Punkt, an dem ich mich immer reibe. Ich habe das zwar meiner liebsten Adoptivmama Farilari nicht erzählt, aber ich leide immer noch an einem Traumfetzen, der mich ungebeten und unerlaubt mitten in der Nacht überfällt. Ich sehe mich im Hafen stehen und darauf warten, das meine Mama und mein Papa aus dem Bauch des großen Schiffes zurückkehren über das große Tau, mit dem das Schiff vertäut ist. Aber dann kommt der Schnitt. Plötzlich sehe ich Rauch aufsteigen, das Schiff steht unter Dampf, die Matrosen lösen am Kai die dicken Schiffstaue und dann – wrrrrrd – ist das Schiff weg. Das tut jedes Mal furchtbar weh hier am Herzen. Ich traue mich dann gar nicht zu weinen, und es geht mir wie gehabt. Ich wache auf, zittere und kann nicht mehr einschlafen und schaffe es trotz aller Anstrengungen nicht, dass Schiff zum Kai zurückzubringen.

Pan-Orpheas: Wenn man dir zuhört, tut einem selbst das Herz weh. Ich kann mir vorstellen, dass alle Leser und Zuschauer Ähnliches empfinden. Stimmt das?

Alle Leser und Zuschauer: Uhhh! Ohhhh! Ahhhh! Wehhhh!

Diabolino: Hört endlich auf, sonst fange ich auch wieder an!

Pan-Orpheas: Also, dann her mit dem Robin-Mood-Coachie. Bring bitte den hellblauen Traumkoffer mit und raus mit dem Traum-Equipment! Bitte zuerst Gebrauchsanleitung lesen!

Erzähler-Begleiter: Und – schwups! – erscheint wieder einmal plötzlich der Robin-Mood-Coachie, knallt den Koffer so heftig auf den Boden, dass er aufspringt und das ganze Equipment den Tieren vor die Füße rollt.

Robin-Mood-Coachie: So, hier ist der Ablauf des **Super-Traum-Trainings**. Da ihr ja gute Bühnenleute seid, lasst euch was einfallen bezüglich Inszenierung, Bühnenbild und Performance! Auf Knopfdruck geht so etwas aber nicht! Ihr müsst euch gut vorbereiten und bis ins Tiefste eures Herzens hinein klar werden über das, was ihr wollt oder euch erlaubt! Und ob ihr überhaupt offen dafür seid!

Diabolino: Ich verstehe. Manchmal habe ich nämlich Schuldgefühle, wenn es mir gut geht. Oder ich denke, jemand meint, ich sei zu faul. Oder ich hätte kein Recht dazu, denn schlechten Leuten darf es nicht gut gehen.

Robin-Mood-Coachie: Diabolino, du sprichst mir aus dem Herzen. Aber mit diesem Training wird es dir gelingen, wenn du mit deinem ganzen Herzen dabei bist.
Stell dich breitbeinig hin, atme tief ein, schau uns in die Augen und sage dir innerlich und uns laut, ob du bereit und offen bist, einen Traum haben zu wollen.
Spüre, dass die Erde dich trägt, begrüße herzlich deinen Atem und deinen Herzschlag, bedanke dich für ihre immerwährende Begleitung und erkläre, dass du ihnen und der Erde voll vertraust.
Sage laut, damit du und wir hören, was du willst: „Ich öffne mich für das Träumen und habe keine Angst davor! Auch wenn der Traum unangenehm ist, werde ich mit der Unterstützung lieber Lebewesen um mich herum diesen so fortsetzen und zu Ende bringen, dass es mir gut gehen darf! Dieses Recht hat jeder Mensch und jedes Lebewesen!" So schafft man in sich Raum für einen Traum zum Wohlfühlen.
Sag dir selbst: „Ich will mich nicht in Problemlösungen verwickeln, sonst bin ich täglich den ganzen Tag beschäftigt, sondern stelle mir vor, wie das Gewünschte aussieht und wie ich es Schritt für Schritt erreiche."
Konzentriere dich nur auf einen Wunsch und auf ein Ziel und nicht auf all das, was gleichzeitig in deinem Kopf herumschwirrt. Also, du konzentrierst dich voll auf ein Ziel. Und dieses Ziel ist nicht mit Lichtgeschwindigkeit zu erreichen, sondern nur Schritt für Schritt.
Versuche dir das zu erreichende Ziel mit allen Sinnen vorzustellen, dieses dann bildlich und mit dem Herzen anzuschauen und so, wie es dann aussieht, mit den Augen zu bewundern.
Öffne dich für die Freude darüber und das Genießen auf allen Ebenen deines Daseins.
Belohne dich mit der HeLiWiWäSA-Umarmung, die du hier gelernt hast. Dieser Dank soll tief in dich eindringen bis dorthin, wo dein Traumherz sitzt.
Sag deinem Herzen, dass du weiterhin jederzeit offen und bereit bist für neue Träume, in denen es dir gut gehen darf. Den Gewinn aus diesen Träumen kannst du ruhig in den Alltag hinein transportieren, sodass die anderen Mit-Lebewesen sich darüber freuen und du so einen guten Kontakt zu ihnen entwickeln kannst.
Wenn du dir jeden Tag kurz Zeit nimmst dafür, kannst du dir sicher sein, dass dies eine vorbeugende Maßnahme gegen die Alltagswalze ist, die dich jeden Tag platt walzen kann. Wenn du die ganze Zeit mit allen Sinnen dabei bist, ist dir der Erfolg sicher.
Und dazu gehören immer unsere drei „Geling-Grundlagen": ich will, ich entscheide mich und ich handle.

Pan-Orpheas: So, Diabolino, jetzt bist du dran. Da wir ja jetzt die Gebrauchsanweisung gehört haben, stell dir vor, du stehst vor dem Schiff, umarmst dich mit dem HeLiWiWäSA-Schutz und wendest den Blick weg von dem im Nebel verschwindenden Schiff hin zum Kai, auf dem du stehst. Von dort aus machst du dich auf den Weg. Schau, welcher seltenen Situation du dort begegnest: deine Hafenstraßenmäuse stehen dort, machen einen Kreis um dich, hören deiner Geschichte zu, fordern dich auf, Gefühle zu gewinnen und bewundern dich, wie du mit offenen Augen deine Tränen zeigst und ihnen so bestätigst, dass du gut für deinen kleinen jungen Diabolino in dir sorgst. Nach einiger Zeit macht ihr euch Fußball spielend auf den Weg, kauft euch ein Eis, bis ihr euch durch ein Loch in der Mauer in ein großes Lagerhaus hineinschmuggelt, um dort alles zu tun, was euch Spaß macht. Ihr seid ganz ungestört und die Herren der Lage, da die Lagerhalle nach Feierabend geschlossen ist. So könnt ihr in Ruhe, tanzen, springen, essen und dann auch wieder in Ruhe zusammensitzen. Dort kannst du dann mit deinen Freunden von deinen Eltern erzählen, den schönen, aber auch den anstrengenden Momenten mit ihnen, sodass ihr darüber lachen und weinen könnt. Später könnt euch auf eine Klettertour einlassen, bei der ihr euch als „richtige Mannmäuse und Weibmäuse" zeigen könnt, die nicht vor Angst in die Hose machen, wenn ihr den hundert Meter hohen Schornstein der Fabrik nebenan hinaufklettert. Von oben könnt ihr diese wunderbare Hafenstadt bewundern. Dort könnt ihr wie die Könige und Königinnen sitzen, du könntest deine verständliche Wut auf deine Wunscheltern lauthals äußern, dass sie ohne dich weggefahren sind, wobei die anderen Mäuse dir mitschimpfend zur Seite stehen. Noch bevor die Sonne untergeht, seid ihr wieder unten am Kai, wo du dann die schönste Blume, die du in den Städtischen Anlagen finden konntest, mit einem Kuss bereicherst und dann dem Meer anvertraust, das die Blume dorthin bringt, wo die Eltern verweilen, als dein Symbol von Liebe und Verständnis für sie. Na wie geht es dir, Diabolino, und den anderen mit dieser Tag-Traum-Fortsetzung?

Diabolino: Das finde ich großartig! Ich fühle mich spitze! Das ist für mich ein wunderbares, lebendiges, schönes, Herzen berührendes Video, das ich sofort abspielen werde, wenn das alte Video wieder abläuft, was bei mir ja oft geschieht. So bin ich nicht länger auf der Verliererseite! Wenn ich dieses neue Video erinnere, gewinne ich beim Verlieren! Endlich ist Schluss mit der Nonstop-Pleite!

Publikum (applaudiert)**:** Bravo! Bravo! Das hat ja super geklappt! Wir haben auch viel für uns gewonnen, indem wir uns in Diabolino hineinversetzt haben.

Pan-Orpheas: Wenn man aus Verbundenheit mit den Mit-Lebewesen in deren Haut schlüpft, dann wird man zu „**Gefühls-Mit-Gewinnern**". Wie heißt noch einmal diese Methode aus dem Band II?

Alle Anwesenden (wie aus einem Mund)**:** Sub-Haut-Schlüpf-Methode!

Der Schutz- Traumtraining- Schatzkoffer

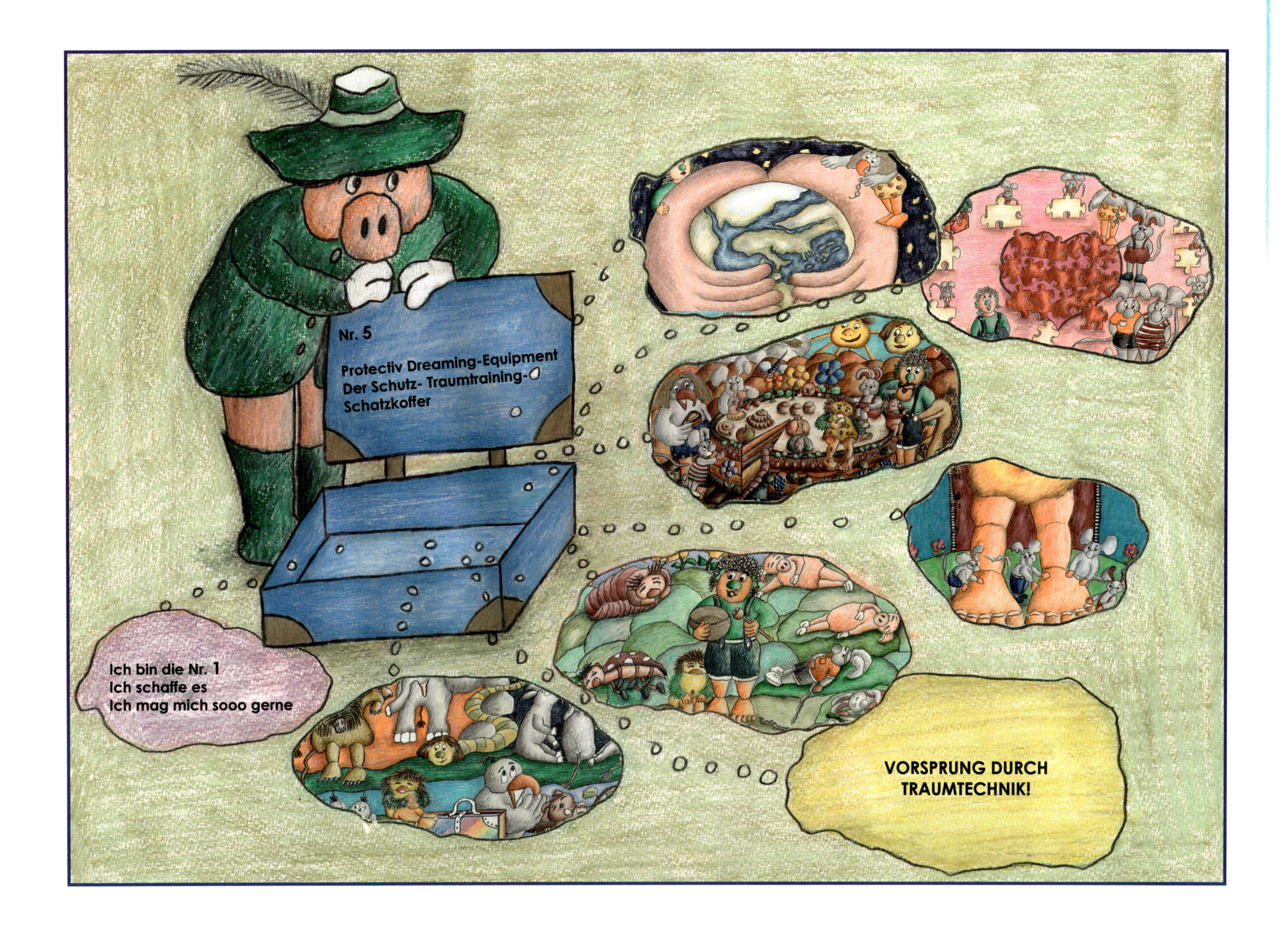

Kalliopi sitzt nachts mit Pan-Orpheas und Assipelli an einem Baum

Erzähler-Begleiter: Jetzt ist die passende Gelegenheit, dass ihr Bühnenleute den Zuschauern und Lesern zeigt, wie man Albträume aus unseren Herzen und Köpfen umwandelt, d.h. hinaus in die echte, reale, fassbare Welt vertreibt. Bekanntlich kann man sie ja nicht loswerden, sondern wir verwickeln sie in unsere Jetzt-Welt. Dort haben sie keine Chance, ihr sinnloses Unwesen zu treiben. So nutzen wir ihr starkes Potenzial durch unsere Fähigkeit, Umwandlungen zu gestalten.

Pan-Orpheas: Liebe Kalliopi, du hast dich eben gemeldet. Wir haben ja in Band I erlebt, dass du einen schmerzlichen Weggang von zu Hause erlebt hast, weil alle dich fallen gelassen haben mit den schmerzhaften Aussagen „Du bist gar keine ganze Ente!" und „Aus dir kann nichts werden!". Dann bist du im tiefen Wald gelandet, wo du von Albträumen und Halluzinationen geplagt und von Panikattacken gejagt wurdest. Und weil es keinen Ausweg gab, hast du dich winzig klein gemacht, um mit zitterndem Herzen die Nacht irgendwie zu überstehen.

Kalliopi: Ja, ja. Ich schwitze schon, wenn ich daran denke! Aber ich würde gerne so wie Diabolino diesen schrecklichen Albtraum und die darauf folgenden Halluzinationen mit eurer Begleitung umwandeln. Ich bin bereit. Ich sehe euch, ich vertraue euch und auch der Erde, die mich jede Minute trägt, versorgt, ernährt und liebt.

Diabolino: He! Das kannst du ja viel besser als ich! Aber so bist du! Ich denke, dass dir am Ende dieses Bandes nichts mehr fehlt bis zu einer ganzen Ente!

Pan-Orpheas: Umarme dich mit deiner HiLiWiWäSA-Haltung, sodass das kleine Entlein von damals, das hilflos war, sich von dir geschützt fühlt. Spüre dein Schwitzen als Zeichen von Lebendigkeit in dir. Akzeptiere die Situation so, wie sie ist, wobei du jetzt nicht alleine bist, sondern mit uns. Also unterscheide und bleibe in Kontakt mit dem Dort und Hier und lass deine Sinne durch das Hier sein sich befreiend reinigen von deinem Angst- und Betäubungsdoping, das als Hormonsubstanz literweise in dein Blut hineingeschüttet worden ist und dort jetzt noch wirkt. Mit der Sicherheit des Hierseins, unserer Blicke und aufmerksamer Ohren stelle dir vor, wie du das Flüstern des Windes in den Baumwipfeln hörst, der dir sagt, dass für dich gesorgt ist. Du sitzt ja in einer Lotosblüte, und die warmen Tränen der Engel benetzen dich. Du hörst das Gurgeln des Bächleins, das über die Steine springt und sie abrundet. Du riechst die Nachtblumen. Du hörst die Nachtigall. Du berührst die weiche haarige Haut des Blütenkelchs. Und da draußen machen sich die ersten Sonnenstrahlen bemerkbar, die deine vor Angst trüben Augen langsam reinigen. Du beginnst die Farben um dich herum zu sehen, da der Nebel der Nacht dem Licht weicht. Und nach kurzer Zeit erlebst du, wie du dich mittendrin in einer paradiesischen Umgebung befindest, die kein Traum ist, sondern reale und pure Natur. Du hörst die Zipp-Zipp-Laute des kleinen Spatzes, der dich ungewöhnlicher Gast neugierig anschaut und hofft, dass du mit ihm deine ersten Probeflüge machst. Dann leuchten die ersten Sonnenstrahlen auf deinen Rücken, die dich wärmen und dein Entengefieder zum Glänzen bringen.

Du siehst, mit Einsatz deiner wachen Sinne, deiner neuen Videos und deiner Fantasie kannst du die berechtigte Angst umwandeln.

Kalliopi: So kann ich sicher aus diesen Traumwelten zurück hierher kommen und mich dabei selbst finden. Dann können wir uns gemeinsam freuen an der gemeinschaftlichen Gestaltung des Lebens und es lebenswert finden. Ich freue mich auf jeden Fall auf diese unsere Welt, die ich mit euch schon ein wenig entdeckt habe!

Diabolino: Jetzt verstehe ich auch, wie man vor lauter Angst die Umgebung so sieht, dass man noch mehr Angst bekommt. Also die Moral von der Geschichte: Mit dem Traumtraining und eurer Unterstützung konnte ich den Schmerz und die Angst von damals endlich umwandeln in neue Lebenslust und Freude!

Band III Teil 2

Ich freue mich auf diese unsere Welt!

Ich freue mich auf diese unsere Welt!

Wie ist das mit der Selbstliebe?

Erzähler-Begleiter: Dass unsere Kalliopi Lust auf diese Welt hat, ist ein gutes Zeichen, weil uns dies ihre gesunde Entwicklung und ein wenig mehr Reife zeigt. Voraussetzung ist, dass man die Welt mit allen Sinnen wahrnimmt und in sich aufnimmt, sodass man sich mit ihr verbunden und damit getragen und sicher weiß. Das ist dann eine gute, ja sogar vorteilhafte Startposition für den Gang durchs Leben. Wenn man diese Verbundenheit spürt, ist man zufrieden mit dem, was ist. Und im Handumdrehen wird man neugierig auf sich selbst, denn Wohl- und Glücksgefühle spürt man ja in sich drinnen. Ja, und das Wesentlichste in der Welt, die mächtigste Energie, die das Leben enthält, ist die Liebe. Diese aber beginnt immer bei sich selbst. Um dies zu lernen, brauchen wir in unserer Kindheit jemanden, der es uns vorlebt. So lernen wir es ganz leicht und nachhaltig. Aber leider findet man dies heute viel zu selten.

Bei den Tieren und den Pflanzen scheint es so etwas zu geben, aber bei den Menschen wird diese Fähigkeit bald ausgestorben sein. Warum das so ist, ist eine andere Geschichte, würde unser Diabolino jetzt sagen. Vielleicht hängt es zusammen mit Fehlentwicklungen, die am Ort unseres Lebensstarts geschehen, und zwar in der Familie. Dort beobachten wir oft, dass einer für den anderen sorgt, ohne vorher für sich gesorgt zu haben. So hat man kein Vorbild für eine gelungene Selbstfürsorge und Selbstliebe, sondern man wird unsicher und unselbstständig und schließlich abhängig. Jeder erwartet dann, dass der andere einem die eigenen Wünsche erfüllt. Doch der weiß natürlich gar nicht recht Bescheid darüber und kann es nie wirklich recht machen. Woher auch? Wir glauben, dass so die Liebesunfähigkeit füreinander und für sich selbst entsteht.

Diabolino: Mama, du solltest am besten gleich mitmachen. Dann kannst du endlich all die Liebe haben, die du von Papa und von mir nicht bekommen kannst. Du weißt ja, wie heftig du deswegen jammerst. Es ist doch viel besser, sich selbst zu umarmen, als nur zu warten bis wir einmal Zeit haben. Was man hat, hat man, und das 24 Stunden lang!

Pan-Orpheas: Den Anfang müssen wir also immer selbst machen. Es spielt dabei keine Rolle, wie lange wir uns selbst vernachlässigt haben. Es ist eigentlich nie zu spät, mit der Selbstliebe zu beginnen, möglich ist es sogar noch im hohen Alter. Doch dann sind wir schon ziemlich ausgehungert. Warum sollten wir aber so lange warten? Wir können gleich hier in diesem Theater beginnen. Hier gibt es die Möglichkeit, nicht nur zuzuschauen, sondern auch bei der Entwicklung, die auf der Bühne stattfindet, mitzumachen. Bis jetzt hat es sehr gut geklappt.

Der knorrige Baum: Ist es nicht wunderbar? Kalliopi, unser Entlein, hat die kleine verletzte und noch nicht entwickelte Ente in sich entdeckt. Schaut, wie lieb sie zu sich selbst ist! Sie streichelt sich, umarmt sich und zeigt dem inneren kleinen Entlein die Natur.

Die Wertschätzung der Lebensquellen, auch Ressourcen genannt

Erzähler-Begleiter: Seht nur, wie Kalliopi hier steht und sich selbst umarmt. Und alle Anwesenden freuen sich mit ihr!

Assipelli: Ihr alle hier seid auf diesem Weg Zeugen gewesen, wie man innere Schätze oder Ressourcen, wie man heute neudeutsch sagt, entdeckt und in Anspruch nimmt. Man sollte das Wort Ressource direkt mit **Lebensquell** übersetzen. Darunter kann man sich wenigstens etwas vorstellen!

Diabolino: Hm, das klingt so gut! Man bekommt sofort große Lust und Durst dazu. Am liebsten möchte ich gleich aus diesem Urquell schlürfen! Ich darf doch hier, so wie ich bin, ungeduldig sein, oder?

Donkyfly: Liebe Kalliopi, meine wunderbare Kameradin, ich kann deine Tränen fühlen und sehen. Ich weiß, du erinnerst dich an Zeiten, als es dir schlecht ging. Schön, dass du jetzt fühlst und dich damit lebendig zeigst. Ja, weine ruhig. Du bist nicht allein. Wir alle sind bei dir. Wir freuen uns, dass du deine verloren gegangenen Gefühle hier, unter uns und mit uns, wiedergewinnst.

Assipelli: Kalliopi zeigt uns, wie man die Umgebung mit den Sinnen aufnimmt, sich freut, dieses äußert und sich damit sicher und getragen fühlt von der Erde, die unsere Mutter ist.

Kalliopi: Ja, ich sorge jetzt gut für mich und fühle, dass es mir gut gehen darf. Und ihr Zuschauer und Leser könnt gleich mitüben: Liebe zu sich selbst bewirkt erst Liebe zu den anderen.

Roter Fliegenpilz: Das sieht gut aus! Wenn alle sich selbst eine Liebesumarmung schenken, kann man das richtig spüren. Schade, dass ich keine Arme habe, um mich selbst auf den eigenen Schoß zu nehmen! Aber ich kann durchs Zuschauen richtig schön mitfühlen!

Erzähler-Begleiter: Seht nur, wie achtsam Kalliopi mit sich selbst umgeht und sich selbst diese wunderbare Naturlandschaft zeigt. Man kann es direkt in ihren Augen lesen!

Die kleine Margarite (in der Mitte): Es ist ungewöhnlich und schön, aus nächster Nähe zu betrachten, wie Kalliopi sich stolz und liebevoll spazieren führt. Das ist Selbstliebe und Selbstfürsorge. Das wünschte ich mir auch gerne von mir. Ihr euch von euch auch, oder? Also machen wir es ihr nach!

Pan-Orpheas: Das ist das höchste Gefühl, das ein Lebewesen jemals erfahren kann, **wenn man sich durch Selbstliebe in sich zu Hause ist, sich selbst trägt, in Kontakt mit sich selbst ist, liebevoll mit sich umgeht, sich selbst versteht und mit dem eigenen Selbst gemeinsam Pläne macht und Entscheidungen trifft.** Das ist wie ein Haus, in dem man sich aufgehoben fühlt, ein **Ur-Refugium!** Wenn man von dieser Liebe durchdrungen ist, ist man selbst das Refugium.

Diabolino: Das hört sich sehr kompliziert an. Aber ich kann euch bezeugen, die Anfänge zu spüren fühlt sich spitze an, hmm! Übrigens, das können alle schaffen, nicht nur Hafenstraßenmäuse. Der einzige Haken daran ist, dass man es **wollen** muss und sich schließlich auch dafür entscheidet, es zu tun! Und dies ist nicht, wie ich sonst sage, eine andere Geschichte, sondern das ist endlich die **eigene richtige** Geschichte, die man wirklich erleben kann!

Pan-Orpheas: Damit es für euch ein bisschen einfacher ist, machen wir eine Meditation mit einem Experiment drinnen. Versucht euch vorzustellen, wie dieses Refugium, wo ihr euch so richtig pudelwohl fühlen könnt, sein soll, wie es aussieht, innen und außen, und welche Gefühle, Empfindungen und Bilder ihr euch erlauben und schenken wollt.

Diabolino: Bitte, stellt euch keinen quatschigen Unsinn mit Prinzessinnen und Prinzen in einer Luxusvilla in Monaco vor! Das wird mit an Sicherheit grenzender Wahrscheinlichkeit schief gehen, wie es in der Hafenstraßen-News täglich zu lesen ist.

Pan-Orpheas: Also starten wir mit der Traumreise-Meditation hin zum Refugium, unserem Wohlfühlplatz. Hier, wo wir sind, ist ein sicherer Platz. Wir wissen, wer wie sind, wo wir sind und dass wir in uns selbst zu Hause sein wollen.

Diabolino: Schummeln ist verboten! Schummeln tut man nur, wenn man etwas sucht, das märchenhaft sein soll, aber nichts mit mir zu tun hat, und man trotzdem noch weitermacht. Also, wollt ihr alle hier euch so richtig pudelwohl fühlen in euch selbst?

Publikum: Jai, ohh, ehh, weiß ich nicht!

Diabolino: Dann können wir gleich aufhören, sonst verschwenden wir zu viel Kerosin bei einer so langen Reise, die wir umsonst unternehmen. Also, nochmals: Wollt ihr, dass es euch gut geht? Dann springt auf und ruft laut „Ja!", damit man eure Bereitschaft sehen und hören kann!

Publikum (erschreckend laut): Jaaa!

Die Traumreise-Meditation zum Ur-Refugium

Pan-Orpheas (mit Klangschale Helianthos)**:** Schaut das Licht der Umgebung hier, den Raum und die Nachbarn. Dann wisst ihr, dass ihr da seid und nicht allein. Gesteht euch ein, wie viel Vertrauen ihr habt, und schließt dann die Augen. Spürt den Boden, der euch trägt, unter den Fußsohlen und am Gesäß. Spürt den Atem, der euch geschenkt ist. Ein weiterer Kamerad ist euer Herzschlag, der euch versorgt. Ihr braucht euch also nicht zu mühen.

Nehmt den Klang der golden glänzenden Klangschale Helianthos auf, die ich jetzt in Schwingung bringe. Experimentiert mit den Klangschwingungen, die zu euch kommen, indem ihr euch vorsichtig öffnet. Vertraut darauf, dass diese Schwingungen den ganzen Körper kuschelig umhüllen, streicheln und ihn durchlässig werden lassen. Mit diesem Klang machen wir uns auf die Reise, betrachten die Erde aus allen Perspektiven heraus, die uns passen: von oben, von unten, von der Seite, von vorne, von hinten.

Statt etwas zu erwarten, versucht, euch für etwas zu öffnen. Also stellt euch den richtigen Platz, die richtige Umgebung, die passende Jahreszeit, die passende Temperatur und die angenehmsten Menschen vor. Achtet auf euch, tut nichts für andere und holt nichts von anderen, sondern bleibt bei euch und öffnet euch für das, was vor eurem inneren Auge entsteht.

Nehmt euch Zeit und landet sanft dort, wo euer Platz ist. Bedenkt, eure Sinne sind jetzt ganz gierig nach Kontakt mit den Elementen um euch, die sie reizen. Es gibt also etwas zum Riechen, wie Blumen, Bäume, Erde. Es gibt etwas zum Schmecken, Früchte und Gemüse. Wenn ihr es mögt, vielleicht auch eine Honigwabe, die ihr mit den Fingern berühren dürft, um davon zu nehmen und zu schlecken. Es gibt wärmende Sonne und schattige Kühle, frisches Wasser und streichelnden Wind, der die Baumwipfel zum Singen bringt, aber auch den Gesang eines Singvogels. All eure Sinne werden aktiviert, die Haut, der Geruchssinn, der Gleichgewichtssinn oder der Muskelsinn.

Wenn alle Sinne dabei sind, habt ihr keinen Grund, mit euren Gedanken in der Vergangenheit zu weilen und Grr, Brr und Jamrr zu machen oder vor Zukunftsängsten zu zittern und euch nicht zu öffnen. Denn jetzt kommt das Höchste: ein Mitmensch. Achtet darauf, dass dieser nicht in die Zwangjacke gesteckt wird, euch glücklich machen zu müssen, sondern freut euch einfach, mit ihm zu sprechen, mit ihm etwas zu unternehmen, mit ihm gemeinsam etwas zu tun und zu erleben. Denn gemeinsam könnt ihr verschiedenes erreichen, das ihr allein nicht könnt, und das auch nicht so viel Spaß macht. Jetzt ist alles da, was ihr braucht, damit es euch gut gehen kann. Das Besondere dabei ist, dass ihr euch selbst die Erlaubnis gegeben und gehandelt habt, anstatt zu warten, dass jemand anderes es für euch tut! Es gibt sogar noch mehr Zufriedene um euch, die Natur, die Evolution oder der liebe Gott, die sich freuen, dass ihr alle Lebensquellen in und um euch in Anspruch nehmt, sodass nichts umsonst erschaffen worden ist.

Spürt, wie euer Körper, euer Herz, eure inneren Bilder in eurer Fantasie zufrieden sind. Und jetzt könnt ihr dieses Ganze, das ihr seid und erlebt, liebevoll umarmen. Merkt, wie ihr in dieser Umarmung das umarmt, was damals klein und ängstlich und traurig war. Erlaubt euch ein großes inneres Bild von einem wunderbaren Haus oder einem wunderbaren Schoß, in dem ihr selbst kuschelt mit allem, was ihr zur Zufriedenheit braucht. Und dann flüstert ihr euch selbst leise zu: So, wie es ist, ist es gut! Es darf mir gut gehen! Nehmt euch dafür ruhig ein bisschen Zeit, verweilt darin und genießt. So ist es gut!

(Nach einigen Minuten) Kommt wieder zurück, spürt das kuschelige Haus, das ihr seid, noch einmal, spürt eure zwei Kameraden, das Herz und den Atem, öffnet die Augen und gratuliert euch gegenseitig zu diesem wunderbaren erfühlten Ur-Refugium, das ihr euch geschenkt habt. Vertraut darauf, dass ihr beim nächsten Mal aus dieser sicheren Erfahrung heraus euer Refugium verändern, weiter ausbauen oder einfach so genießen könnt, wie es ist. Gratuliert euch selbst, malt und erzählt den anderen von euren neuen Errungenschaften!

Diabolino: Ich will ewig drinnen bleiben und nie wieder ausziehen!

Assipelli: Ja, ja, da hast du Recht! Aber, was morgen ist, wird uns der Lauf der Welt bringen! Und wenn wir wollen und handeln, wird es ein guter Lauf.

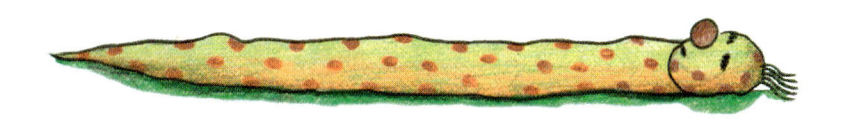

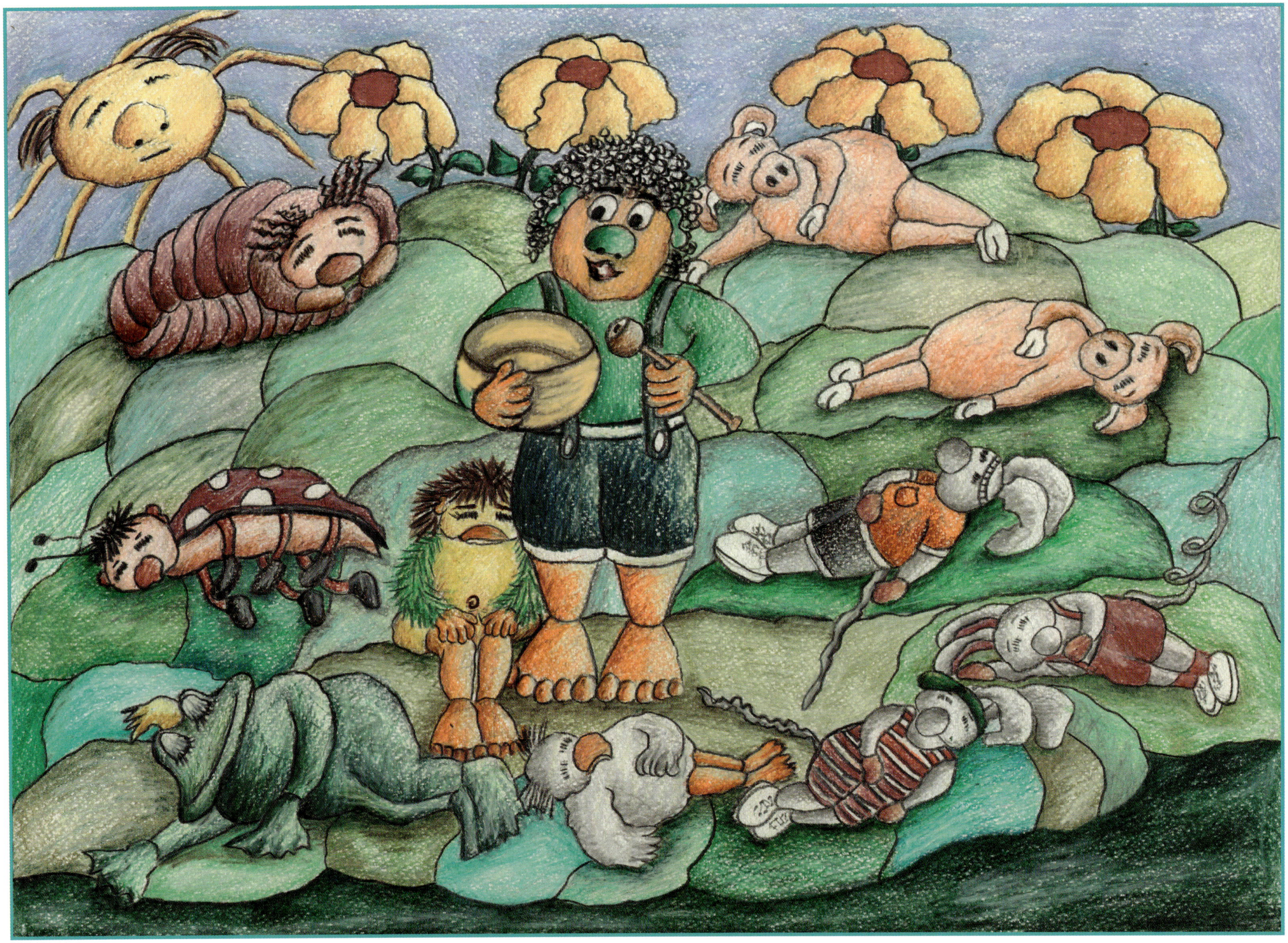

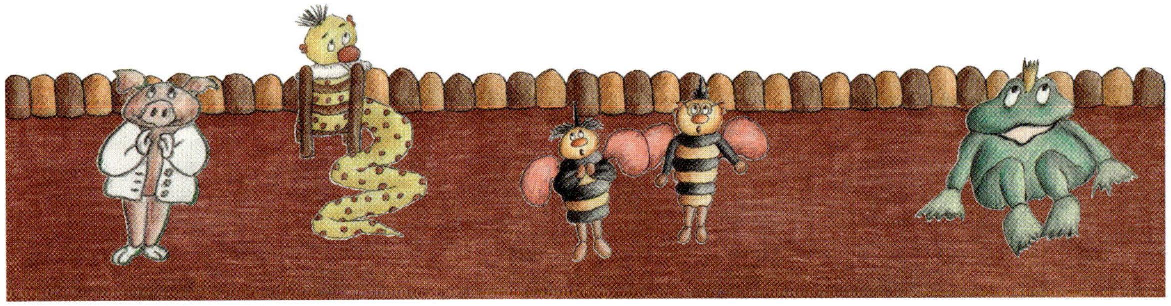

Was man gewöhnlich mit dem Herzen macht oder Ich-Kontakt und Klarheit mit sich selbst

Erzähler-Begleiter: Da kommt gerade der richtige Mann im richtigen Moment: Der Robin-Mood-Coachie mit dem türkisfarbenen Koffer vom HeLiWiWäSA. Die Übung hier oben gehört nämlich auch in diesen Protective-Equipment-Koffer hinein, mit dem es jeder schafft, gut für sich zu sorgen und sich zu erlauben, dass es ihm gut gehen darf.

Robin-Mood-Coachie: So, ich schaffe jetzt hier einmal Klarheit, denn schon als Kinder haben wir nicht gewusst, was wir brauchen, was uns gut tut und was uns im Leben hindert. Das linke Bild zeigt jeden von uns in frühen Jahren. **Wir meinen, dass alle unsere inneren Gefühle sichtbar sind wie auf einem Präsentierteller.** Die Grenzen zu unseren nahen Erwachsenen scheinen verwischt zu sein. Wir fühlen uns wie durchsichtig, aus Glas, und meinen, dass jeder sehen kann, was wir nicht dürfen im Denken und Fühlen. Aus dieser Angst heraus haben wir weder Bock aufs Fühlen noch aufs Ausdrücken von Empfindungen. Jedes Gefühl, das gezeigt werden will, wird im Keim erstickt, sodass wir zum Selbst-Aufpasser für uns werden, ohne es zu wollen. Wir sind außen und innen gefangen

Diabolino: Das kenne ich gut von meinen beiden Elternpaaren her, den alten und den neuen! Am liebsten würde man mit der Faust ins Herz hineinschlagen oder mit einem Hammer den Spiegel kaputt machen. Aber es bleibt alles im grünen braven erlaubten Bereich!

Robin-Mood-Coachie: Jetzt kommen wir zum nächsten Bild, dem an der rechten Seite oben. Hier haben wir es mit einem richtigen Meister zu tun! Außen bleibt er cool, aber innerlich ist er unruhig und versenkt alles, was ihn Liebe kosten würde, in einem tiefen inneren Schlund, der bis in den tiefsten Keller hinunterreicht. Sogar die besten, schönsten, wunderbarsten Gefühle gelangen dorthin! Er meint zwar, beim nächsten Mal könnte er sie ja wieder heraufholen, aber leider hat man dann keinen Zugriff mehr. Wie sollte es auch plötzlich möglich sein, in diesem tiefen dunklen Schlund die nicht ausgedrückten lebendigen Gefühle wiederzufinden. Dieser Typ fällt nie auf, obwohl er alles nach innen geschluckt hat. Er weiß schließlich nicht mehr, dass er diese Gefühle hat. Er hat sie nicht gelebt, und jetzt sind sie unerreichbar. Da er die berechtigte Trauer über die verloren Gefühle nicht zulässt, ist der Verlust total! Na ja, immerhin macht sein cooles Verhalten weiterhin guten Eindruck! **Und wie es da drinnen aussieht, geht niemand was an.**

Diabolino: Das kenne ich gut! Das sind die Groß-Hafenstraßentypen und viele aus den höheren Etagen der Maus-Wolkenkratzer! Vor solchen Typen muss man sich in Acht nehmen und gute klare Grenzen setzen. So kann man mit ihnen ab und zu auch etwas gemeinsam unternehmen.

Robin-Mood-Coachie: Freut euch jetzt auf das mittlere Bild. Das ist der, der sich in allem ein guter Gefährte ist und in sich selbst zu Hause fühlt. Er ist klar mit sich selbst, weiß, was er möchte und was nicht. Er kann sich selbst schützen und, wenn es notwendig ist, spontan ausdrücken, ist aber auch in der Lage, Gefühle zu bewahren, sodass sie reifen bis zum geeigneten Zeitpunkt des Ausdrucks. Er ist also nicht aufbrausend, sondern geduldig, mag sich selbst und bewundert sich. Er ist eben befreundet mit sich selbst und hat immer Zugriff auf seinen Gefühlsschatz, den er jederzeit zum Ausdruck bringen kann. Er ist sehr kreativ und fähig, anderen Menschen zu begegnen, Freundschaften zu schließen wie beim Schwur der drei Pustetiere, sodass man sogar mit ihm Pferde oder sogar „ganze Enten" stehlen kann.

Das Werden und Vergehen im Lauf der Jahreszeiten

Erzähler-Begleiter: Und dies erleben wir natürlich nur hier auf unserer guten Mutter Erde. Hier wollten wir euch noch einige ihrer besondere **Ressourcen, ich wollte sagen Lebensquellen,** vorstellen, die wir bisher noch gar nicht wahrgenommen haben: Die Jahreszeiten. Sie zeigen uns das stetige Werden und Vergehen und bringen uns den Lauf des Lebens, wie Assipelli sagt, spürbar nahe. Wir baden sozusagen im Werden und Vergehen, denn auch Tag und Nacht wechseln sich ständig ab und verändern sich im Lauf der Jahreszeiten. Wie der Sonnenaufgang der Nacht folgt, folgt der Frühling dem Winter. Nach jedem Vergehen kommt ein Neuanfang, ein Neuwerden in verwandelter Form.

Pan-Orpheas: Und wenn wir Lebewesen diese Jahreszeiten bewusst durchleben, kennen wir alle Schattierungen und Differenzierungen in der Welt außen, sodass wir gute neue Videos machen, die uns begleiten durch schwierige Zeiten des „inneren Winters" und „inneren Herbstes". Wenn wir hingegen immer daran gehindert wurden, den „inneren Winter" und „inneren Herbst" mit dem Gewinnen von Gefühlen der umgewandelten Trauer zu durchgehen, bleiben selbst in Frühling und Sommer die nebligen fauligen Schwaden und die Kälte aus Herbst und Winter in unseren Kleidern hängen.

Der Sommer: Endlich kommt mein Auftritt. Jetzt habe ich meine Zeit, die ihr nutzen und genießen sollt. Ich breite meine Wärme, meine Früchte, meine Blumen, meine Farbigkeit, Freude und Leichtigkeit nicht einfach zur Vergeudung um euch aus, sondern damit ihr sie genießt, in euch aufnehmt, sammelt und speichert für die dunklen Zeiten des Jahres und des Lebens. Das mit eurem Jet-Set-Leben reicht mir langsam. Immer alles nehmen und konsumieren, je schneller je besser. Ich hätte gerne, dass ihr mal inne haltet, mich in meiner Pracht bewundert, ein paar Gedichte und Lieder schreibt und die lauen Abende mit Freudentänzen und spannenden Geschichten füllt. Lasst euch von meiner Sinnlichkeit anregen zur Freude am Leben, zum Genießen und frohen Zusammensein.

Diabolino: Also kurz gesagt, sollen wir Ruhe- und Wärme-Speck anlegen für den kalten zehrenden Winter!

Pan-Orpheas: Ja, Diabolino, genau das sollen wir schon im Sommer tun, sonst wartet im Winter eine Winter-Depression auf uns, die so viele Menschen jedes Jahr erfasst. Diese haben es versäumt, den Sommer in seiner Tiefe und Breite aufzusaugen mit allen Sinnen, und so einen guten Vorrat von innerem Licht und innerer Wärme in sich anzulegen. Oder sie haben im Sommer den noch nicht zu Ende gegangenen „inneren Winter" verbracht, d.h. Gefühle des Winters wurden nicht akzeptiert und nicht umgewandelt. Und das sind meistens Trauergefühle. So lebt man ein Leben in versetzten Jahreszeiten.

Diabolino: Ooouuhh! Und dann haben sie den Salat damit mitten im Sommer!

Der Herbst: So lieber Sommer, deine Zeit ist um. Nun ist meine Zeit gekommen. Ich bringe erst einmal eine neue Farbenpracht in die Blätter, damit jeder noch so Blinde sieht, dass der Sommer vergeht. Die stetig warmen Tage und Nächte werden abgelöst von kalten Nächten und ersten trüben Tagen. Endlich fällt wieder viel Regen, der das trockene Land durchnässt. Aber wenn die Sonne scheint, bringt sie eine besondere Intensität mit sich, die alle Lebewesen zu wahren Freudensprüngen hinreißt. Außerdem schenke ich allen Lebewesen noch einmal eine Fülle von Früchten, die haltbarer sind als die des Sommers und sich so gut als Vorrat für den Winter eignen. Dann bringe ich den Frost, der den Blättern hilft, sich vom Baum zu lösen, zur Erde zu fallen, um wieder Nahrung zu werden für die schweren Zeiten und das neue Wachstum im kommenden Frühling.

Pan-Orpheas: Die Blätter lehren uns, dass nichts verloren geht, dass also auch wir Menschen loslassen können ohne die Angst, dass das Losgelassene verloren geht. Sondern es wandelt sich und wird zur Nahrung und Grundlage für neues Wachstum.

Diabolino: Die Moral der Geschichte ist: Wenn man es im Sommer nicht geschafft hat, das Leben zu leben und zu genießen und im Herbst darüber sehr betrübt ist, verpasst man die letzte Gelegenheit, die Sinneseindrücke vom Herbst zu sammeln. So ist der Gefühlsvorrat schon gleich zu Beginn leer und man kann dann im Winter nur eins tun: **Gefühls-Insolvenz** anmelden!

Der Winter: Ja, wenn ihr im Sommer und Herbst gut für euch selbst gesorgt habt, bringe ich nicht nur Kälte, Frost, kahle Bäume und den Rückzug in die Höhlen zum Winterschlaf, sondern eure Sinne sind so offen und wach, dass sie meine verborgenen Schönheiten entdecken können: das lichte Weiß des Schnees, der wie ein schützender wärmender Mantel auf den Feldern liegt, sodass jede kleinste Farbe ins Auge springt. Das müsste in dieser kargen Zeit ausreichen, um die kurzen Tage und langen Winternächte zufriedenstellend zu verbringen. Schlimmstenfalls habt ihr ja noch den Kamin! Darin steckt die ganze Sinnlichkeit, die ich als Winter euch anbieten kann.

Pan-Orpheas: Dann erleben wir, ob wir in uns ein „Immergrün" tragen, eine seelische Frische, Wachheit und Offenheit für die kleinen, manchmal winzigsten Freuden in den kalten Zeiten des „Ich kann nicht mehr!", „Ich will nicht mehr!", „Es hat keinen Sinn mehr!", „Es wird nie mehr hell werden!", „Der Sommer hat uns verlassen!", „Ich habe keine Lust mehr zu leben!" und der täglichen Alltagswalze, die uns platt machen will. Wenn ihr jetzt einmal in euch hineinhorcht, bemerkt ihr bestimmt den Lebensquell des „Immergrüns" in euch drin, den Atem und den Herzschlag! Das habt ihr immer zur Verfügung, wo ihr auch seid! Also nützt es und jammert nicht den ganzen Tag darüber, dass es Winter ist!

Maus mit blauer Mütze: Ja, ohne meinen Atem und ohne mein Herz, das fleißig pocht, wäre mir hier beim Schlittschuhlaufen schon längst die Puste ausgegangen.

Pan-Orpheas: Der Winter lehrt uns auch den Umgang mit Kälte, vor allem der seelischen Kälte in uns und der seelischen Kälte, die von außen auf uns einwirkt. Hier lernen wir, unser „inneres Refugium" zu nutzen und mit allem Nötigen für den Rückzug auszustatten, damit wir es jederzeit als Schutzraum betreten können, um es nach einer gegebenen Zeit gestärkt wieder zu verlassen. Dieses Refugium ist nicht dazu gemacht, dauerhaft darin zu verweilen oder es zu vereisen, sodass es durchsichtig gläsern wird. Dann ist es kein Schutzraum mehr und nutzlos.

Diabolino: Also, mir reicht es, wenn ich mich ab und zu zurückziehe. Ich bin viel zu gerne unter Leuten, vor allem mit so einer tollen Seilschaft wie ihr hier!

Pan-Orpheas: In jeder Zelle von uns steckt ein warmer, heißer, pulsierender Kern wie bei Mutter Erde, der uns gut durch die kalten Zeiten unseres Lebens bringt, sodass wir trotzdem als Gewinner daraus hervorgehen können. Im Vertrauen auf die zwar langsam aufgebrauchten „inneren Lebensquellen" gehen wir dann ausgeruht mit **neuem Lebens-Hunger** und **neuer Lebens-Neugierde** in den nächsten Frühling.

Diabolino: Ja, das kenne ich! Das ist, als ob man explodiert mit allen Sinnen, wie die Natur draußen im Frühling.

Der Frühling: Jetzt habt ihr mir endlich das Stichwort für meinen Einsatz gegeben. Sonst hätte ich mich gleich lautstark mit Blütenregen und warmen Lüften zu Wort gemeldet. Ich stille mit meinen Farben, meiner Frische, meinen aufbrechenden Blüten und Knospen euren Hunger nach Sinneseindrücken. Ich locke euch mit warmen Tagen und goldgelbem Löwenzahn auf sattgrüne Wiesen hinaus, sodass eure Lebensfreude neue Nahrung bekommt. Bis zur sinnlichen Ekstase locke ich euch, hülle euch mit süßen vielfältigen Düften ein. Ich schmücke euch mit Blumen, bis ihr lacht, singt und tanzt. So vergesst ihr das Grr, Brr und Jamrr des Alltags, braucht euch mit eurem Wissen um den Sommer nicht um das Heute zu sorgen, sondern könnt ganz Eintauchen in das Hier und Jetzt.

Pan-Orpheas: Ja, lasst euch anrühren vom Frühling, seinem Blühen, Knospen und Wachsen. Denn so ist es mit jedem von uns. Wir alle entwickeln uns, wachsen weiter, treiben neue Knospen, Blüten und Blätter. So bereiten wir uns auf die Fülle und Reife des Sommers vor, immer wieder.
Übrigens ist der Frühling auch die beste Zeit, sich zu verlieben in jede Blume, jeden zärtlichen Windhauch, jede brummende Hummel, in jeden Baum und in unseresgleichen. Wieder entdecken wir einen Lebensquell in uns, der unser Herz freudig schneller schlagen und die Seele eher baumeln lässt.

Bienchen: Endlich ist es wieder warm genug für mich. Ach wie ich es genieße, durch die Luft zu schwirren, suuur, surrr! Meine Flügel sind noch ein wenig zerknittert, aber glätten sich durch die Bewegung an der frischen Luft!

Kalliopi: Schaut, wie schön die Blumen sind, welche Farbenpracht, welcher Duft – und wie viel verschiedene es gibt!

Frau Farilari: Oh, da zuckt es mir doch schon in den Beinen. Ich glaube, die Tarantel hat mich gebissen. Ich kann nicht anders, als die Tarantella zu tanzen! So kann ich das Gift hinausschwitzen! Und dann bin ich wieder heil!

Mäuse im Gras: Ach, endlich kann man sich wieder so direkt auf Mutter Erdes Bauch legen und sich einfach tragen lassen. Mmmm! Welch ein Genuss!

Wir und die Erde sind die Mega-Einmaligkeit der Galaxis!

Assipelli: Ja, der Lauf der Jahreszeiten ist schon einzigartig, das stetige Werden, Vergehen und Neuwerden von Sommer, Herbst, Winter und Frühling. So einzigartig ist unsere Erde im Universum und natürlich jeder von uns hier.

Diabolino: He, seid willkommen im Zirkus Universum! Hier bekommt jeder und jede Applaus für seine und ihre Einzigartigkeit! Aber wir Mäuse sind natürlich die „Einzigartigsten"!

Kalliopi: Nein, Diabolino, da muss ich dir aber mal dazwischenfahren! Wir alle sind einzigartig, ohne Ausnahme! Und wenn du mir begegnest, erlebst du etwas von der Vielfalt dieser Welt. Daher müsstest du eigentlich Eintritt bezahlen, um mich zu sehen! Schau, was ich doch jetzt für eine wirklich tolle fast ganze Ente geworden bin!

Publikum (applaudiert)**:** Ja, super, Kalliopi!

Erzähler-Begleiter: Ja, jetzt ist es Zeit, dass ihr alle mal einer nach dem anderen in der Manege auftretet und euch vorstellt. Aber bitte nicht drängeln. Es wird jetzt etwas dauern, bis alle in ihrer Einzigartigkeit gesehen, gehört und mit Applaus bestätigt worden sind. Aber die Begeisterung ist phänomenal!

Assipelli: Aber wir dürfen wegen unserer Einzigartigkeit unsere Heimat, die Erde, nicht vergessen, ohne die wir keine einzige Sekunde überleben würden. Die Verbundenheit mit ihr und das Eingebettetsein in ihre Einzigartigkeit in unserem Sonnensystem und im ganzen Universum macht es erst möglich, dass wir unsere persönliche Einzigartigkeit erfahren und genießen können. Jeder von uns zeigt in seiner Persönlichkeit etwas von der Vielfalt der Erde und der Vielgestaltigkeit des ganzen Universums. Diese Einmaligkeit und Einzigartigkeit jedes Individuums, verbunden mit der Einmaligkeit der Erde und der Einmaligkeit des Universums, ergibt zusammen genommen eine **Mega-Ressource** oder besser gesagt einen nie versiegenden **Ur-Lebensquell**! **Wir und die Erde sind die Mega-Einmaligkeit der Galaxis!**

Assipelli: Dieses Eingebettet- und Zuhausesein auf der Erde gibt uns Lebewesen erst die Sicherheit für uns selbst, für unsere Entwicklung und für das Zusammenleben miteinander.

Kalliopi: Liebe Erde, du bist einfach einmalig im ganzen Universum! Ich freue mich, dass du mein Zuhause bist. Du bist zum Purzeln kugelig!

Assipelli: Ja, wir dürfen uns geehrt fühlen, auf diesem einmaligen Planeten zu leben.

Diabolino: Also her mit unserem Chor! Wir brauchen einen super-sphärisch-erdigen Hymnus für unsere Mutter Erde!! Der muss so universal gigantisch sein, dass alle anderen Planeten sofort auf den Trubel hier aufmerksam werden!

Kalliopi: Lustig, wenn ich irgendwo auf der Welt bin, auch da ganz hinten an der letzten Ecke oder Down-Under bei den Kängurus, und mich das Heimweh packt, dann weiß ich, was ich mache. Ich gehe einfach barfuss im nächsten Feld, Park oder Wald durchs Gras und spüre, dass ich überall Wurzeln schlagen kann, da das Hier und Dort das gleiche ist, nämlich meine einzige, wunderbare, geliebte Erdenmutter! Ich merke erst jetzt, dass mir auf dem Weg, den ich bisher gegangen bin, der Bauch der Mutter Erde immer, wenn auch unbewusst, eine vertrauensvolle Sicherheit gab.

Diabolino: Mann o Mann, das hört sich ja fast nach Universal-liebe an!?

Kalliopi: Ich fühle mich überall daheim!

Pan-Orpheas: Ja, jetzt könnten wir eigentlich die Erde umarmen, wenn es denn ginge. Mit der Erde zu kuscheln ist das Höchste im Universum. Seid nicht traurig, dass wir die Erde nicht direkt umarmen können, da sie für uns viel zu groß ist. Es gibt nämlich eine andere Möglichkeit, viel näher liegend und einfacher. Wenn wir in uns unsere Einmaligkeit erhalten, bewundern, nähren und uns dafür umarmen, umarmen wir in einem auch jedes Lebewesen um uns, da wir es in seiner Einzigartigkeit wahrnehmen und ehren. Und darüber hinaus umarmen wir so auch die ganze große Erde, denn wir stammen von ihr und sind seit eh und je mit ihr ohne Unterbrechung verbunden. Und gerade auch in Momenten, in denen wir uns so fühlen, als hätten wir keinen Wert und wären zu nichts zu gebrauchen, können wir uns so von der Erde und den anderen Lebewesen umarmt fühlen. Wenn wir also uns voneinander entfremden, entfremden wir uns auch von uns selbst. Aber wenn wir uns als Teile des Ganzen lieben, lieben wir uns selbst. Also tragen wir das Ganze in uns und gehören ihm an.

Assipelli: Ja, unser Diabolino hat es wieder einmal erfasst. Genau wie wir uns durch das Gesehenwerden im Zirkus Universum als einmalig und einzigartig erleben, macht das Universum dies mit sich selbst. Es schaut in die Ferne wie ein Wurm, der das Ende seines Schwanzes erblickt und vor Freude ausruft: „Ist das aber schön dort!" und dabei sich selbst meint, ohne es zu wissen. Das gleiche macht der Schwanz, wenn er den Kopf des Wurmes anschaut. „Ist das aber ein schönes wunderbares Mondgesicht da draußen! Den könnte ich ja glatt umarmen!"

Diabolino: Heißt das etwa auch, dass ich in meine Zehen verliebt sein darf, wenn ich sie anschaue?

Pan-Orpheas: Du hast es erfasst! Du bist ja offensichtlich eine ganz schlaue Maus, die sogar die großen Geheimnisse des Universums versteht!

Assipelli: Jetzt versteht ihr, warum wir immer sagen, dass alles mit allem verbunden ist, das Hier und das Dort. Das ist moderne Kosmologie. Nur der Wurm hat das Gefühl, dass das Ende seines Schwanzes etwas anderes ist als er selbst. Er hat noch nicht kapiert, dass alles zusammengehört. Wenn wir dies verstehen und in uns wirken lassen, dann erreichen wir das Höchste unserer Aufgabe hier auf der Erde, nämlich Re-Ligio, d.h. die Wieder-Verbundenheit mit uns selbst, mit den anderen Lebewesen, mit der Natur und damit mit dem ganzen Universum. Wir gehören dem „Fleisch" dieser Welt, weil wir selbst dieses „Fleisch" sind!

Assipelli: Lasst uns jetzt noch einen Blick auf das große Big Bäng werfen. Schaut, wie sich das Universum, das vorher ein riesiges schwarzes Loch war, so weit aufbläht, dass es rosarot wird, bis es nicht mehr geht. Es sieht aus wie eine schwangere Energieverdichtung, in der die Planeten wachsen, bis sie rufen: Wir wollen geboren werden! Durch eine „Geburts-Explosion" werden sie dann mit viel Schub und Impuls hinaus ins Weltall geschickt und müssen wie kleine Enten direkt allein in den Weiten des Universums zurechtkommen.

Diabolino: Wenn ich das Big Bäng eine Minute vor dem Platzen sehe, wird mir schlecht. Ich denke dauernd, dass ich gleich die ganzen Innereien ins Gesicht bekomme.
Übrigens, ich hätte eine gute Idee für eine Übung, um die Wut in Lebendigkeit umzuwandeln. Dieses natürlich nur ganz nebenbei, sonst schimpft der Chef. Schaut euch ein paar Sekunden das Bild des sich aufplusternden Big Bängs an! Atmet tief ein und plustert euch auch auf, aber lasst einige Sekunden lang keinen einzigen Hauch hinaus. Dann stellt euch jemanden vor, auf den ihr ge-rechterweise wütend sein dürft, weil ihr ungerecht behandelt worden seid. Stellt euch vor, wie die Wut anschwillt und ihr immer roter werdet. Aber gleich ertönt im Hintergrund eine energische Stimme, die euch die Wut verbietet und euch zurückpfeift zum anständigen und liebevoll lächelnden Aussehen. Spürt den inneren Kampf und die Selbsthinderung und plustert euch weiter auf wie das Big Bäng eine Minute vor dem Bäng. Spürt ihr, wie viel Power darinnen steckt?! Soviel Power steckte auch eine Minute vor dem Bäng im Big Bäng. Könnt ihr euch vorstellen, was uns geblüht hätte, wenn das Big Bäng eurem Beispiel gefolgt wäre, d.h. die berechtigte Energie nicht zum Ausdruck gebracht hätte? Dann wären weder das Universum noch die Erde noch Ich und Du geboren worden. Versteht ihr?
Jetzt sagt bloß nicht, dass ich euch zum Platzen auffordere! Das wollte ich nicht! Das bringt auch nichts! Platzen sollte niemand! Aber wenn man seine Gefühle von Anfang an so sehr zurückzuhalten lernt, wird man bestimmt irgendwann platzen, ob man will oder nicht. Davon hätte dann niemand etwas. Außerdem kann man so niemals Gefühle gewinnen!

Venus und Mars: Komm, kleine Erde, wir fliegen erst einmal eine Zeit gemeinsam weiter. Mal sehen, was aus uns werden wird.

Fremde Planeten: Wir werden sie vielleicht nie mehr wieder sehen!

Kleine Erde: Das war jetzt viel zu plötzlich. Ich hatte gar keine Zeit für einen richtigen Abschied (winkt zurück). Ich habe ganz vergessen, „Auf Wiedersehen" zu sagen.

Erzähler-Begleiter: So reiste die Erde in Milliarden von Jahren von ihrem Ursprung bis hierher, machte Bekanntschaft mit verschiedenen Himmelskörpern, sammelte Erfahrungen, fand eine Sonne, bei der es ihr gefiel, und reifte heran. Ja, und heute schauen Venus und Mars bewundernd auf ihre kleine Schwester, die wundervoll blau schimmernd durchs Weltall zieht.

Venus: Wer hätte gedacht, dass unsere Erde mal ein so schillernder Planet sein wird?

Mars: Und dass es dort so vielfältiges Leben gibt in alle Schattierungen. Ich werde ja fast neidisch.

Jupiter: *Sie ist so klein und unscheinbar,*
sieht total brav und mickrig aus,
und doch ist sie wohl wunderbar:
Leben in Vielfalt ist dort zu Haus'.

Mars: *Man könnte neidisch werden fast,*
doch freu' ich selbst mich doch an mir.
Ich hätt' mal gern ein Lebendes zu Gast
Doch lebensfeindlich ist's bei mir.

Venus: *Das Leben wimmelt kunterbunt,*
ja nur im Zirkus „Erdenrund".
Menschen und Tiere, Pflanzen auch,
einmalig ist der Erde Hauch.

Der Wurm: Ha, ich kenne jetzt die neue **Weltenformel**. Da staunt ihr, was? Was werden wohl die ganzen hohen Gelehrten sagen, wenn ich Wurm sie ihnen vortrage? Vielleicht sollte ich beim nächsten Weltkongress der Astrophysiker einen kleinen Vortrag halten. Die Formel lautet auf jeden Fall so:

Einmalig und einzigartig ist das Individuum + Einzigartigkeit der Erde
+ Einmaligkeit des Universums
= Mega-Ressource
= nie versiegender Ur-Lebensquell.

Trauer oder Depression, der berühmte kleine Unterschied macht's aus -
Gefühlsumwandlung und Lebendigkeit oder seelische Schwindsucht

Die Bio-Trans-Pression

Pan-Orpheas: Mit all dem, was wir bisher gehört, erlebt und verstanden haben im Bezug auf unsere Urquellen, sind wir gut ausgestattet für das Leben, sodass wir die Begegnung mit dem vermiedenen und gefürchteten Phänomen Trauer wagen können.

Diabolino: Na, dann lass uns schnell diesen ungebetenen Gast unserer Seelenwelt **loswerden**.

Assipelli: Halt, so nicht! Damit hätten wir wieder die alte Geschichte. Wir müssen erst einmal **klar unterscheiden, was Trauer ist und was Depression**. **Trauer kann man nicht loswerden, nur umwandeln,** und die Depression müssen wir überflüssig machen. So schnell und so einfach kann man die Depression nicht loswerden. Da müssen wir achtsam sein, weil man hier schnell das Kind mit dem Bade ausschütten könnte. Genauer gesagt heißt das, man könnte sich selbst oder eigene Anteile auch dabei loswerden und verlieren. Wer würde das wollen? Also lasst uns darüber ein bisschen nachdenken. An sich ist dieses Phänomen Depression nicht etwas von heute, sondern stammt von gestern und von noch früher. Darin sind alle traurigen Momente, Gefühle, Empfindungen angesammelt, die bisher nicht ihren berechtigten Ausdruck finden konnten. Da wir jetzt mehr darüber wissen, könnten wir etwas anderes tun, indem wir unser Zauberwort **Umwandlung** nehmen. Wir hätten damit die Möglichkeit, die in uns noch von damals verweilenden Gefühle durch formenden Ausdruck zurückzugewinnen.

Pan-Orpheas: Man kann natürlich nicht oft genug wiederholen, dass Depression und ähnliche Phänomene, wie Melancholie, Schwermut und Deprimiertheit, in unserer Kultur weiterhin verwechselt werden **mit dem Geschenk der Evolution an uns: der Trauer. Trauer ist keine Krankheit, deshalb kann sie auch nicht behandelt werden. Sie kann nur durch uns und durch Information, Orientierung und Nachahmung weiterentwickelt und zur Reife gebracht werden.** Trauer ist der Gegensatz zu Depression. Trauer ist der Gegensatz zum Tod. **Trauer ist die lebendigste und wichtigste Ausstattung für das Leben. Durch Trauer gewinnt man Gefühle, um die man in unserer Kultur seit der Kindheit betrogen worden ist.**
Wir müssen zum besseren Verständnis die Krankheit Depression umbenennen, weil das klinische Bild, das wir von ihr haben, sich mit der Zeit gewandelt hat. Wir nennen sie deshalb jetzt **Bio-Trans-Pression**. Diese Wortkomposition kommt aus den Griechisch-Lateinischen und bedeutet, einfach gesagt: **„vielseitige Unterdrückung des Lebendigen"**. Die galoppierende Zunahme der Bio-Trans-Pression in den menschlichen Kulturen, wo sie es inzwischen als Volkskrankheit Nr. 1 zu einer ansehnlichen Position gebracht hat, zeugt von vielen Fehlentwicklungen, die wegen zu langer Untätigkeit mittlerweile als Normalität angesehen werden!

Assipelli: Das Schwierige dabei ist, dass wir noch nicht entdeckt haben, dass diese Depression oder besser Bio-Trans-Pression seit langem in uns Platz genommen hat. Dort verweilt sie gern, weil sie ja genährt wird aus vielen alten Ereignissen mit noch nicht umgewandelter Trauer. Durch Alltagsereignisse wird sie häufig wieder von neuem angekurbelt. Wir erinnern uns dann an Vergangenes, das weit zurückreicht bis zu unseren Vorfahren, aber auch an Ereignisse aus der eigenen Vergangenheit, z. B. an Verluste, Trennungen, Kränkungen, und auch an Fetzen aus Filmen, Nachrichten, Zeitschriften, das uns wiederum an das Alte erinnert. Sogar durch herbstliche Landschaften, Farben und Atmosphären wird dieses Erinnern angekurbelt. So vermischt sich dauernd Altes und Neues und bringt uns durcheinander. Wir sind also eine Kultur, die lernen muss, mit der von uns so genannten Bio-Trans-Pression zu leben. Tut sie es nicht, kann sie auch nicht das Evolutionsgeschenk der Umwandlungsfähigkeit nutzen. Dann ist sie sehr gefährdet, von innen her zerstört zu werden.

Diabolino: Na los! Auf was warten wir noch! Mit Psychopharmaka und Antidepressiva alleine kann es nichts werden. Eine Entwicklung der Trauerumwandlungsfähigkeit erreichen wir damit sicherlich nicht. Ich muss dich, lieber Assipelli, etwas fragen: Wieso klappt es bei uns mit dem Geschenk „Trauer" nicht? Was hindert uns daran, es zu nutzen?

Assipelli: Das ist eine lange Geschichte und würde uns im Moment nicht weiterhelfen. Wie gut es mit der Trauerumwandlungsfähigkeit gehen kann, haben wir alle auf dem Weg bis hierher erlebt, auch du, Diabolino. Als du die traumatische Szene des wegfahrenden Schiffes nochmals unter uns, eben gut geschützt, durchgegangen bist, hast du erlebt, wie Trauerumwandlung geschieht. Jetzt hat diese Szene für dich doch eine ganz andere Färbung und Stimmung bekommen. Du hast gelernt, durch eine andere Brille zu schauen. Du konntest um all das Verlorene weinen und deine berechtigte Wut gewinnen, erinnerst du dich? Wir werden dies hier bald noch ausführlicher und sinnlicher erleben. Ich weiß, die Geduld ist noch nicht gerade deine Tugend, aber dies wollen wir hier nicht verabschieden und betrauern. Bereite dich also mit den anderen vor. Es gibt noch viele besondere Gefühlsüberraschungen in diesem Kapitel.

Pan-Orpheas: Schaut euch diese Szenen hier an. Sind sie nicht erschreckend? Diese Szenen spielen sich im „inneren Kino" der kleinen Kalliopi ab. Ihr könnt es alle bestätigen! Das sind alte Videos, wenn wir sie so nennen dürfen, eben alte, in unserer Erinnerung tief gespeicherte Ereignisse, die uns unerwartet überfallen. Gerade wenn wir Ruhe haben wollen vom täglichen Grrr, Brrr und Jamrrr, und vor allem nachts, wenn wir schlafen wollen. Sie rauben uns damit den dringend notwendigen Schlaf und machen uns das Leben schwer. Wir haben sogar einen Fachausdruck dafür: **Trauer-Belastungs-Stress**. Wenn man das genauer betrachtet, entdeckt man, dass solche nicht umgewandelten und noch nicht ausgedrückten Trauergefühle berechtigterweise auf sich aufmerksam machen, um endlich ausgedrückt zu werden. Für das Gelingen benötigt man aber besondere Bedingungen wie heute hier bei uns auf der Bühne. Ihr als Publikum seid eingeladen zum Mitgucken, Mithören und Mitfühlen.

Pan-Orpheas: Der erste Blick auf diese Naturlandschaft macht uns bedrückt. Genau so bedrückt sehen die Blumen, Bäume und alle Lebewesen auf diesem Bild aus. Normalerweise verändert sich die Natur, um sich zu erholen. Der Herbst bringt einschneidende Veränderungen. Es wird kälter, die letzten Früchte werden reif, viele Pflanzen und Tiere bereiten sich auf die Winterruhe vor. Uns Menschen erinnert er an viele Veränderungen, Einschnitte, Abschiede und Veränderungen der Kontinuität. Den bekannten Trauer-Belastungs-Stress schleppen wir natürlich das ganze Jahr mit uns herum, wenn es nicht endlich zum Ausdruck und zur Umwandlung kommt. Dies lähmt und beschwert unsere Lebenskraft, wie hier auf dem Bild bei den Bäumen und Blumen zu sehen ist.

Pan-Orpheas: Und wenn der Sommer kommt, verweilen wir immer noch in der Atmosphäre des Herbstes und in den Nebeln des Winters.

Schweinchen auf dem Balkon: Da müssen wir ja höllisch aufpassen, dass unser Lebensfunke nicht plötzlich ausgepustet wird!

Die Kälte von Kalliopis eingefrorenen Tränen erfasst alle Umstehenden

> **Diabolino:** Also müssen wir unserer alten Trauer schleunigst Ausdruck geben. Ich habe keine Lust, im kalten lähmenden Nebel hängen zu bleiben, wenn ich schon die Badehose anhabe. Ich sammle schnell meine Lebensfünkchen zusammen und starte eine Ausdruckskaskade! Das ist mir lieber, als wie betäubt, bedrückt, versteinert und eiskalt durch die Gegend zu latschen.

> **Pan-Orpheas:** Also, ich wiederhole nochmals. Es ist jetzt doch wohl klar, dass wir die Gelegenheit hier nutzen müssen, mit allen in einer Seilschaft zusammen endlich Ausdruck zu finden! Endlich die vielen nicht geweinten Tränen in Fluss zu bringen. Stimmt ihr mir da zu?

> **Leser und Publikum:** Ja, unbedingt! Wann, wenn nicht jetzt?!

> **Assipelli:** Sonst erleben wir nicht die kommenden Jahreszeiten, d.h. den natürlichen Lauf des Jahres, sondern bleiben im Alten hängen. Ugh! Diese eisigkalten Träume von Kalliopi sind wirklich unangenehm. Mir friert schon fast der Schnabel zu! Dieser Trauer-Belastungs-Stress wirkt so eisig, dass es zu keiner Erneuerung kommen kann. Es gibt keine wie der Frühling aufkeimende Zukunft!

Das Gefühls- und Tränen-Training (GuTT) aus dem Trauerumwandlungskoffer

Pan-Orpheas: Lasst uns zunächst ein kleines Vorbereitungstraining probieren. Es heißt „GuTT", ganz ausgesprochen Gefühls- und Tränen-Training. Für dieses Training ist es wichtig zu wissen, dass die Gefühle so lange auf ihr Recht pochen werden, ausgedrückt zu werden, bis es endlich geschieht. Bei diesem Ausdruck ist es sogar erlaubt, dass Aggressionen und Wut zum Ausdruck kommen, da sonst die Gefahr von Amokläufen, selbstzerstörerischen Handeln und lebenshindernder Depression besteht, so wie Assipelli es uns als Naturgesetz beigebracht hat. Dieser klare zeilgerichtete Ausdruck wirkt reinigend für die Seele und den Körper und heilend für die schmerzliche Wunde, keine ganze Ente zu sein. Na, da sehe ich ja schon den Robin-Mood-Coachie mit dem passenden Koffer kommen. Dass der Robin-Mood-Coachie zur richtigen Zeit am richtigen Ort, nämlich hier an unserem Boot, mit dem ganzen Equipment andockt, ist immer wieder beeindruckend.

Robin-Mood-Coachie (öffnet den Trauerumwandlungskoffer)**:** Hier ist die Bedienungsanleitung für das Training mit der richtigen Reihenfolge, die jeder auf seiner Festplatte im Gehirn speichern sollte:

1. Helft mir bitte erst einmal, das Spezial-Tränen-Equipment aufzuhängen.

2. Setzt euch dann entspannt hin. Vertraut drauf, dass die Erde euch trägt und euch die frische Luft zum Atmen gibt. Freut euch darüber, dass ihr beatmet werdet und euer Herz stetig schlägt und uns Gefühle ermöglicht.

3. Seid froh darüber, dass wir eine Gemeinschaft sind, die im gleichen Boot sitzt. Benehmt euch so, dass wir nicht umkippen. Seid bei Sinnen, aufmerksam und übernehmt Verantwortung für euch selbst und die anderen. Ihr seid als Erwachsene und Selbstständige hier. Bedenkt, dass dieses Boot auf einem Ozean von nicht geweinten Tränen schwimmt. So lange diese Tränen nicht geweint sind, kann man in diesem Tränenmeer ertrinken, und dieses Ertrinken ist uns allen bekannt, da wir es oft genug in uns selbst spüren. Wir müssen uns daher beeilen, etwas zu unternehmen, da jetzt zum Ozean der ungeweinten Tränen unten ein sinflutartiger Tränenregen von oben kommt. Wir bräuchten jetzt dringend einen geeigneten geschützten Platz!

4. Wenn wir uns an Kalliopis Geschichte erinnern, spüren wir, dass unser Herz mitschwingt, und somit haben wir ähnliche berechtigte Trauergefühle. Ihre Gefühle helfen uns, die eigenen Gefühle zu entdecken, die ja dabei gleichzeitig zum Schwingen gebracht werden. Durch dieses Mitfühlen für Kalliopi haben wir jetzt die Möglichkeit, in der Boot-Solidargemeinschaft lebendige Gefühle zu gewinnen.

5. Die in unserem inneren Dunkel aufbewahrten Gefühle streben verständlicherweise zum Licht. Es ist mit ihnen wie mit den Wolken. Solange es nicht regnet, hängen sie dunkel über dem Land. Solche Gefühle sollte man nicht, wie sonst üblich, loswerden oder schön schminken wollen, denn dann werden sie immer dunkler. Aber wir brauchen eigentlich keine Angst vor solcher natürlichen und verständlichen Dunkelheit zu haben, denn bald werden sich die Wolken öffnen und ausregnen. Dann haben unsere Gefühle endlich einen Ausdruck gefunden. Übrigens, die Erde und der Boden freuen sich sehr über den Regen, der von oben kommt. Dann können alle Lebewesen auf der Erde ihren Durst löschen und wachsen. Mit unserer inneren seelischen Wüste ist das genauso. Fällt endlich der ersehnte Regen, können die bunten duftenden Blumen der lebendigen Gefühle, Ideen und Zukunftsperspektiven wachsen. So kann auch in uns eine Oase entstehen, deren Quell von unseren lebendigen Gefühlen gespeist wird.

Diabolino: Also, keine Angst vor „regnenden Tränen", auch wenn wir bisher erlebt haben, dass unsere Eltern ihre Tränen immer schnell versteckt weggeputzt haben, damit man sie nicht sieht. Dann waren ihre Augen immer so geschwollen. Und wenn sie im stillen Kämmerlein weinten, habe ich es gewusst, weil die Tischdecke und der Teppich nachher ein bisschen nass waren.

Robin-Mood-Coachie: Wenn die dunklen Wolken der Tränen ihren Ausdruck gefunden haben, können wir uns eines sicher sein: **Dann wird die Sonne hervorkommen. Alles wird hell und farbig sein und wie frisch gewaschen. Also ein doppeltes Geschenk für uns Lebewesen.**

6. **Tränen müssen gesehen werden**, sonst sind sie umsonst geweint. Sie wollen aber auch **verstanden und durch das Nicken der Anwesenden akzeptiert und angenommen werden**. Darüber sind die Tränen besonders froh, sonst würden sie ja „sinnlose" Tränen heißen. Malt schön weiter eure Tränenbilder!

7. **Es gibt keine Zufallstränen, und erst recht keine ziellosen Tränen! Jede Träne hat ihre besondere Qualität**. Darunter entdeckt man **Wuttränen, Freudentränen, Angsttränen, Einsamkeitstränen, Wiesentränen (hier kann Neues wachsen)** und viele, viele andere, die ihr im nächsten Bild gleich entdecken und bewundern könnt.

Robin-Mood-Coachie:

8. Für das alles brauchen wir einen geeigneten Platz, an dem wir uns sicher fühlen. Auf diesem Platz hier können wir uns sicher fühlen, getragen von der Erde, gesehen von unserer Bootsgemeinschaft und der ganzen Natur, sogar von den Engeln. Wir werden auch von allen gehört, falls es berechtigte Anklagen gibt. Wenn wir dann gemeinsam weinen, möchte ich euch auf ein besonderes Gefühl von Verbundenheit aufmerksam machen, das man im Alltag kaum erfahren kann. Die Menschen freuen sich füreinander, weil sie merken, dass der andere reich an Gefühlen ist und damit auch fähig für mitmenschliche Liebe, oder besser gesagt für Mit-Lebewesen-Liebe. Freut euch darauf und vergesst nicht, dass man auf den höchsten Gefühlshöhen Freudentränen weinen wird.

Wuttränen schenken Kraft für das Leben

Robin-Mood-Coachie:
9. Seid jetzt achtsam! Wenn die Wolken mit ihrem lang erwarteten Regnen beginnen, sollten wir die Naturelemente nachahmen, indem wir viel Luft hinauspusten, mit der Stimme Donnergeräusche erzeugen und mit großen Armbewegungen Blitze schleudern.

Erzähler-Begleiter: Und schon bricht eine Flut von Anklagen hervor. Alle im Publikum sind aufgesprungen, äußern ihre berechtigte Wut und schimpfen mit. Heiße Wuttränen fließen, energiegeladene Gefühlsblitze zucken über die Bühne wie ein renigendes Gewitter. Mindestens eine halbe Stunde lang geht das so. Langsam hat sich das Gewitter ausgetobt, die Schweinchen im Publikum sinken erschöpft auf ihre Stühle, aber strahlen sich gegenseitig mit funkelnden strahlenden Augen und roten Wangen an. Ihre neu gewonnen Lebendigkeit ist ihnen direkt anzusehen!

Robin-Mood-Coachie:
10. Dann können wir uns liebevoll umarmen und spüren. Achtet dabei auf euren Herzschlag, euren kräftigen Atem, auf die brennende Wärme in eurem Körper und die aufkommende Entspannung in Bauch und Gliedern. Lasst eure Hände dem Körper gute Worte überbringen wie: „Bist du aber lebendig gewesen!" „Bist du aber ausdrucksstark!" „Hast du aber laut gewütet und getönt!" „Bist du aber lieb zu dir!"

Diabolino: Na, jetzt ist die Zeit reif, uns selbst zu gratulieren und uns zu danken für die gewonnene Lebendigkeit!

Alles geht dahin zurück, wo es hergekommen ist

Erzähler-Begleiter: Endlich ist die Gelegenheit da, in der unsere Kalliopi ihr selbst gebasteltes Papierschiffchen dem Bächlein anvertrauen kann. Darin liegen trockene Blätter des Herbstes, die schon lange vom Baum Abschied genommen haben. Kalliopi benetzt sie ein wenig mit ihren Tränen für den Papa und einem dicken Kuss!

Kalliopi: Endlich kann ich meine große Menge Tränen für dich, Papa, den ich nie kennengelernt habe, weinen! Endlich kann ich wütend sein darauf! Und ich bin nicht allein mit meinem Schmerz, sondern ihr alle seht mich, versteht und akzeptiert mich, so wie ich bin!

Pan-Orpheas: Kalliopi, schau, wie das Bächlein das Schiffchen gerne aufnimmt und zum großen Teich bringt. Dort werden sich das Papier und die Blätter mit der Zeit im Wasser auflösen. Wenn der Frühling vergeht und der Sommer mit den starken Sonnenstrahlen kommt, wird einiges von diesem Wasser verdampfen. Der Dampf wird sich in den oberen Schichten der Atmosphäre sammeln, und es wird nicht lange dauern, bis eine Wolke entsteht, die sich langsam dunkel färbt. Bald wird es dann regnen. Du kannst darauf vertrauen, dass sich dies immer wiederholt, und dass das Bild deines Papas in dir und die Gefühle für ihn mit dieser symbolischen und rituellen Handlung genau den gleichen Weg der Umwandlung nehmen wie das Schiffchen mit den Blättern. So kommt alles wieder dahin zurück, wo es hergekommen ist.

Mittlerer Engel: Das ist wirklich himmlisch bei denen da unten, und wir hier oben fühlen uns ganz irdisch. Seltsam!

Kalliopi: Ich habe mich noch nie so schön entspannt und sicher gefühlt.

Pan-Orpheas: Habt Vertrauen! Macht euch keine Sorgen! Nichts kann jetzt mehr stören! Nach zehn Minuten seid ihr alle wieder quietschfidel!

Die Eule Kukuwaja: Hoffentlich falle ich nicht vom Baum runter und blamiere mich.

Diabolino: Ich fühle mich wie neu geboren! Hoffentlich fängt Earthy nicht an zu schnarchen und macht damit die Ruhe hier kaputt.

Assipelli: So wie es mit dem Lauf der Welt ist, ist es auch mit dem Lauf der Gefühle. Man fühlt sich ganz, wohl, warm, spürt eine wohltuende Müdigkeit und kann sich bedingungslos der anziehenden Kraft der Erde hingeben, weil dies ihre Liebe zu uns ist.

Tränen sind sehr kostbar

Diabolino: Jetzt verstehe ich, dass das Werden und Vergehen für Lebendigkeit sorgt, die in Ewigkeit nicht zu Ende geht.

Kalliopi: Diabolino, wenn ich dich reden höre wie ein großer Philosoph, kann ich meine Tränen verstehen und lieben und damit mich selbst auch! So kann ich meinen Papa dort lassen, wo er ist, umgewandelt als Teil der uns umgebenden Natur. Jetzt fühle ich mich sehr glücklich und habe Vertrauen zu mir, zu meinen Gefühlen und zu euch.

Diabolino: Hier gibt es ja nur etwas zu gewinnen! Wenn das die von der Börse wüssten!

Schnecke Slowly (schwärmt): Deine Tränen, Kalliopi, haben ausgesehen wie kleine Diamanten!

Diabolino: Die Moral aus der Geschichte ist: **Tränen sind sehr kostbar!**

Engel links mit langen Haaren: Ich habe nicht gewusst, dass alles, was nach oben kommt, wieder runter muss, wie Kalliopis Tränen für ihren Papa.

Rechter Engel: Dann müssten wir ja eigentlich auch nach unten. Aber das ist so ungewohnt, wenn man nur so dünne Luft kennt!

Fisch Glucksy: Durch all eure Tränen hat das Wasser viel salziger geschmeckt als sonst.

Pan-Orpheas: Jetzt könnt ihr vom Philosophieren in das Tönen hineinfinden, so kann der ganze Körper philosophieren und nicht nur der Kopf. Macht mit den Füßen einen langsamen Rhythmus wie der Herzschlag und sucht gemeinsam eine kleine Melodie. Diese wiederholt ihr dann, bis manche sich so getragen fühlen, dass sie kleine Variationen als Herzensmelodien darauflegen möchten wie auf einen Klangteppich!

Erzähler-Begleiter: Wir sind sicher, dass ihr Leser und Zuschauer viel durch diese Erlebnisse gewonnen habt, weil einige von euch mit der Sub-Haut-Schlüpf-Methode an dieser Gefühls-Expedition teilgenommen haben. Vertraut darauf, dass in euch all dies als Video gespeichert ist, das ihr immer in eurem inneren Kino abspielen könnt. Dann seht ihr, wie es mit dem Fühlen, Ausdrücken und Gewinnen ist. Vergessen kann man so etwas nie! Wenn euer Blick doch hin und wieder einmal vernebelt sein sollte, werft einfach einen Blick in dieses Buch.

Band III Teil 4

Viel Lärm um ein bisschen Liebe!

Was ist Liebe überhaupt? Theoretische Liebesquasseleien

Assipelli: Wenn man sich mit diesem Thema befasst, muss man sich in Acht nehmen, sonst kann man sehr leicht darin verloren gehen. Außerdem sollten wir uns beim Schreiben asketisch kurz halten, sonst könnte leicht ein Buch im Buch entstehen. Dies würde dann den Rahmen sprengen und alles andere an die Seite drängen.

Diabolino: Also ganz locker vom Hocker und vorsichtig, sonst verbrennt man sich die Finger daran. Obwohl - ich habe mir dabei schon mal mein Herz verbrannt!

Pan-Orpheas: Wenn man sich mit der Liebe befasst, muss man ein Zauberwort zu Hilfe nehmen. Das werden wir tun, sonst sind wir verloren. Das Wort ist von uns ganz frisch kreiert worden, da wir beim Schreiben die Krise bekommen haben. Die Liebe ist nämlich überall zu finden, bei jedem und mit jedem, sogar bei den Tieren und den Pflanzen. Sie liefert die Hauptenergie für alles Lebendige. In der Antike wurde sie als **Eros** bezeichnet, und das war die enorme Anziehungskraft nicht nur der Menschen untereinander sondern alles Seienden im Universum. Es ist der Urstoff, aus dem Gefühle und Lebendigkeit entstehen. Obwohl es sie überall gibt, sind die Menschen ein Leben lang auf der Suche nach ihr.
Moment mal, wie war das jetzt mit dem Zauberwort? Ich merke schon, wenn man zu viel über das Ganze nachdenkt, verzettelt man sich leicht. Aber jetzt teile ich euch feierlich dieses Zauberwort mit: „**Klar-Grenzung**". Nur wer eine klar abgegrenzte **Persönlichkeit entwickelt, ist beziehungsfähig. Nur an den klaren Grenzen kann Kontakt entstehen. Sind keine Grenzen da, verlieren wir unsere Identität und Individualität und drohen in einer Art gemischten Sauce von „Ketchup und Mayonnaise" zu versinken.** Weder der Zuschauer noch die beteiligten Saucen können sich dann noch als einmalige Sauce mit eigenem Geschmack wiedererkennen.

Assipelli: Diese Klar-Grenzung gibt es schon seit der Entstehung des Universums, als aus einem heißen undefinierbarem schwarzem Loch eigenständige Gebilde entstanden. Solche Formungen erlaubten es, eigene Namen zu bekommen und von uns mit ihnen benannt zu werden. **Verlust von Grenzen bedeutet daher Verlust von Identität.** Und dann gibt es wenig Kontakt und wenig Kommunikation! Dann ist man nicht mehr der oder die, die man vorher war. **Deshalb: Liebe entsteht nur aufgrund von klaren Grenzziehungen.**

Diabolino: Also, Achtung! Solltet ihr grenzenlos verliebt sein, dann rate ich eins: Bleibt schön in euren eigenen Flaschen drinnen, wenn der eine Ketchup und die andere Mayonnaise ist! Wenn ihr eure Flaschen verlasst und euch vermischt, seid ihr verloren, denn dann seid ihr weder das eine noch das andere. Außerdem könnt ihr euch dann nicht mehr anschauen, ansprechen, begrüßen, streicheln, Liebeserklärungen machen und vieles andere. Ihr könnt nicht mal mehr den anderen bei seinem oder ihrem Namen nennen. Ihr seid nämlich dann eine richtige Sauce, die keinen Namen hat! Siamesische Zwillinge sind dann sogar noch freiere Wesen als ihr.
Liebe ist wie ... der Atem zum Leben, und wenn man keine klaren Grenzen hat, kann man sogar daran ersticken. Wenn ihr mehr über Liebe wissen wollt, verweise ich euch an die unzähligen erfolgreichen Romane, Schlager oder sucht doch einfach im Internet!

Pan-Orpheas: Nein, Diabolino, wir machen das anders. Wir schaffen jetzt erst einmal Ordnung im Liebes-Chaos. Wir schauen uns jetzt einmal an, welche Arten es davon gibt und wo so etwas vorkommt.

1. Die Liebe zu sich selbst: Ihr staunt, aber bei der Liebe muss man zuerst bei sich selbst anfangen, sonst besteht wie allerorts die Gefahr, dass man sie zuerst mal bei den anderen sucht und dabei gleich Probleme ins Haus bekommt, oder besser gesagt: ins Herz. Das, was man sich selbst an Fürsorge und Liebe geben kann, kann niemand anderes uns geben.

Diabolino: Typisch egoistisch und selbstsüchtig!

Pan-Orpheas: Stimmt genau! Egoistisch und selbstsüchtig wird man, wenn man **nicht fähig ist, sich selbst zu lieben.** Daraus kann sogar eine narzisstische Persönlichkeitsstörung entstehen, wie die Psychologen es nennen.

2. Die Liebe zu den Mitmenschen, wozu die Familienangehörigen und andere Menschen zählen, denen wir in unserem Leben persönlich begegnen oder von denen wir gehört haben:
Hier ist es wie bei Punkt 1: Wenn ich nicht gelernt habe, mir selbst Liebe zu geben, bin ich unfähig, anderen Liebe zu geben. Ob wir all die lieben können, mit denen wir zu tun haben, hängt von vielen Faktoren ab: wie wir zu ihnen stehen, wie wir sie schätzen, was wir von ihnen bekommen oder nicht, was wir von ihnen erwarten und vieles mehr.

3. Liebe zwischen gleich geschlechtlichen und anders geschlechtlichen Menschen:
Also, bei dieser Kategorie gibt es die meisten Schwierigkeiten, was wir ja gleich live miterleben können, wenn Kalliopi den Mann ihres Lebens kennenlernt. Hier muss unmissverständlich das Gesetz der Klar-Grenzung beachtet werden oder, wie Diabolino sagt, bleibt schön in euren Flaschen als Ketchup und Mayonnaise und macht keine gemischte Sauce daraus.

4. Die Liebe zur Natur:
Von dieser Liebe scheinen viele kaum etwas zu wissen, weil die meisten die Natur als selbstverständlich nehmen oder gar nicht wahrnehmen. Das ist ein verhängnisvoller Fehler! Unsere Kulturen leiden an diesem Grundfehler, dass ihnen nicht bewusst ist, welche totale Abhängigkeit es für uns von der Erde gibt. Bei den Ausführungen der letzten Kapitel haben wir dazu schon genügend gesagt. Die Liebe zur Natur scheint gar nicht zu existieren, sonst würden wir alle nicht systematisch unsere Lebensräume zerstören. Darunter gibt es nicht nur Täter, sondern auch schweigende Zuschauer und viele, die einfach gar nichts davon wissen wollen.

5. Die Liebe zu Dingen und zu nicht Fassbarem:
Bei dieser Liebe müssen wir genauer hinschauen, um sie da einzuordnen, wo sie auch hingehört. Es handelt sich hier um:

a) die Liebe zu Dingen, die für uns unentbehrlich geworden zu sein scheinen, z.B. mein Auto, mein Haus, mein Boot, mein PC, mein Waschautomat, mein Fernseher, mein Bankkonto, meine Goldbarren, und nicht zu vergessen meine Markenklamotten. Hier scheint viel Liebe vorhanden zu sein.

b) Hier wird es schwieriger, weil diese Liebe so unfassbar ist, eben die Liebe zu den unzähligen Göttern, die es auf der Erde gibt. Dazu kommen noch die Ideale und unzähligen Träume, Ideen und Visionen, die sich später als nicht realisierbar entpuppen können, und die Wunschbilder von Menschen, Philosophien, Heimat und Religionen.

In dieser Sparte kann es oft zu inflatorischen Liebesphänomenen kommen.

Diabolino: Du meinst, dass man hier schnell pleite gehen kann oder es gar zu Liebeskriegen oder echten Kriegen kommt!

Erzähler-Begleiter: Ja, und so machte Kalliopi Erfahrung mit der Liebe zu einem Enterich. Nachdem sie die Liebe zur Mutter Erde und die Selbstliebe entdeckt hat, scheint sie nun offen zu sein für die Liebe zu einem von Ihresgleichen. Mal sehen, ob sie gut auf sich achtet. Oberstes Gesetz für eine solche Begegnung ist ja Klar-Grenzung oder kurz gesagt: „Bleib in deiner Flasche!".

Engel mit lila Pullover: Ist der cool, ich zittere. Der ist ja noch besser als einer aus Hollywood!

Biene unten: Wenn ich ihn sehe, sehe ich gleich, dass sie gut zu ihm passt!

Maus auf dem Balkon: Auf dieser Bühne wird aber einiges geboten.

Leonardo (fasziniert)**:** Was für ein weibliches Wesen schwimmt denn da auf mich zu?

Erzähler-Begleiter: Kalliopi sieht beim Baden sehr hübsch aus.

Biene hinter Kalliopi: Entweder hat sie sich verschluckt oder die Stimme verloren. Sie sagt kein Wort.

Kalliopi (mit gequetschter leiser Stimme)**:** Ich bin Ka Ka Ka…, ähem…, ich bin Kalliopi!

Biene: Die Liebe ist ihr auf die Stimme geschlagen.

Leonardo: He! Willkommen, du Wasserwesen. Ich bin Leonardo. Wo kommst du her? Du gefällst mir gut! Darf ich dir diese schöne große Wasserblume schenken?

Die Andockung läuft schon!

Spatz: Hmm. Ich wäre gerne an seiner Stelle.

Diabolino: Langsam, nicht so schnell! Man soll den Tag nicht vor dem Abend loben.

Frau Farilari (schaut ihren Mann mit glänzenden Augen an): So hat es bei uns beiden auch angefangen.

Herr Larifari: Ja, das ist aber schon unzählige Jahre her.

Frau Farilari: Also die beiden, die gefallen mir! Ich würde sie doch glatt zum Paar des Jahres wählen.

Herr Larifari: Oh, die heiratswütigen Prinzessinnen unserer Zeit werden gelb vor Neid, wenn sie die beiden erblicken.

Spatz: Ich traue mich gar nicht, ihr diese paar Blumen zu überreichen. Ach, wie ich sie bewundere.

Diabolino: Ich sehe schon, der Countdown der Andockung läuft. Bald haben wir den Salat: dann sind Ketchup und Mayonnaise schön gemischt!

Erzähler-Begleiter: Kalliopi und Leonardo genießen sichtlich ihr Zusammensein. Lassen wir die beiden aber jetzt erst einmal in Ruhe. Wir müssen ja nicht bei all ihren Gesprächen dabei sein.

Erzähler-Begleiter: Mal sehen, wie es weitergeht! Ob die Andockung schon läuft? Jeder von uns hat ja sicherlich schon einmal ähnliche Erfahrungen gemacht. Wie wird es sich wohl hier entwickeln?

Die beiden Bienen: Komm, lass uns auch so wie die an den Händen halten. Vielleicht ist das dann auch so himmlisch schön!

Frau Farilari (schwärmt): Das ist richtige, echte, wahre Liebe!!

Leonardo (denkt): Sie gefällt mir so gut! Sie ist so süß. Ich könnte sie gleich fressen! Aber sie zittert. Ich glaube, sie hat Angst. Ich muss sie beschützen!

Diabolino: Der legt hier eine richtige Macho-Karriere aufs Parkett! Die Beschützerrolle hat er schon übernommen. Sein Blick trübt sich und er sieht sie einen halben Meter kleiner als vorher, sodass sie Hilfe braucht! Er wünscht sie sich wohl so klein, damit er sie in die Tasche stecken und mitnehmen kann! Mann, ist das dramatisch!

Herr Larifari (zum Publikum): Wenn meine Farilari damals nur halb so süß gewesen wäre, wäre ich jetzt bestimmt immer noch so verliebt.

Kalliopi (denkt): Ich mag ihn schon, aber er drückt mich zu fest mit seiner Umarmung. Ich habe das Gefühl, er will mich festhalten, mich an sich festbinden. Andererseits bekomme ich schon Angst, wenn er vom Wegfliegen spricht. Was mache ich jetzt nur?

Besuch von Mega-Foot, dem Beziehungsspezialisten

Diabolino (schüttelt sich): Jetzt wird es aber dringend Zeit, dass wir etwas von unserem Beziehungsspezialisten hören. Wo bleibt er nur? (schaut sich um) Na Mega-Foot, es wurde Zeit, dass du kommst. Was hast du denn da in der Hand, ein Plakat? Willst du uns etwas ankündigen? Da bin ich aber neugierig! Hoffentlich hast du ein paar nützliche Tipps für Beziehungskisten auf Lager!

Mega-Foot: Danke für den Empfang und für die Vorschusslorbeeren in deinen Worten. Also hier meine erste Liste! Oben steht natürlich unser Zauberwort Klar-Grenzung! Ja, und Liebe setzt Beziehungfähigkeit voraus! Daher ist meine erste Liste eine **Beziehungsliste**. Ich sehe schon, wie Diabolino hochspringen will, um vorzutragen: **Ohne Beziehung läuft nix, also auch keine Liebe!**

Diabolino: Lieber Mega-Foot, ich bin erstaunt! Du kannst ja sogar Gedanken lesen!

Mega-Foot: Ich musste bei meinen Recherchen leider feststellen, dass unsere Kultur stark an Beziehungsfehlentwicklungen leidet. Es ist ja mittlerweile allen bekannt, dass jeder zweite Europäer mindestens einmal geschieden worden ist. Und was meinst du dazu, Diabolino?

Diabolino: Null-Bock auf Beziehung! Meine erste Beziehungskiste mit Diabolina ging schnell in die Hosen. Sie war ganz cool. Und das hat mir scheinbar gefallen, bis es zu einem Big Bäng kam. Bei so viel Cool-in war ich gar nicht auf einen Big Bäng eingerichtet! Ich wusste nicht, was zu machen war und sie erst recht nicht! Unser Pan-Orpheas nennt das **Gefühlsanalphabetismus** oder die **Mentalität der „emotionalen Sparschweinchen"**.

Mega-Foot: Dann schauen wir jetzt mal auf die Liste, auf der du dich bestimmt wiederfinden wirst. Es gibt nämlich folgende gängige Beziehungsformen:

1. Blauäugige Beziehungen

2. Kindliche Beziehungen, obwohl man 50 ist.

3. Andockungsbeziehungen: Eine halbe Ente will durch die Andockung bekanntlich ganz werden.

4. Kompensatorische Beziehungen: Das, was einem fehlt, liebt man im anderen. Der andere darf daher nicht weggehen.

5. Besitzbeziehungen: Mein Haus, mein Auto, meine Frau oder mein Mann, mein Boot, mein Kind werden als Besitz betrachtet. Die Besitzpsychologie lehrt uns, dass solche Objekte austauschbar sind und gegebenenfalls weggeworfen werden können.

6. Übertragungsbeziehungen: Man heiratet jemanden, der Papa oder Mama ersetzt. So wird das Familiendrama in Ewigkeit fortgesetzt.

7. Klischeebeziehungen: Man liebt jemanden, dessen Aussehen und Handeln dem entspricht, was uns die Größen in Hollywood oder sonstwo vormachen.

8. Normbeziehungen: Die Person entspricht religiösen, moralischen und sogar den höchsten Treueanforderungen in der Hoffnung, dadurch einen sicheren Platz im Himmelreich zu bekommen.

9. Zweckbeziehungen: Hier gilt die Liebe Personen, die geschäftliche und finanzielle Sicherheiten mitbringen.

10. So genannte chronische Familienandockungen: Wir identifizieren uns mit einem Schiff, das im seichten Familienhafen vermodert, d.h. dort beginnt und endet die Lebenskarriere eines Menschen.

Es gäbe natürlich noch einige weitere Beziehungsformen, doch ich will hier aufhören, damit es keine plötzlichen Grr-, Brr- und Jamrr-Ausbrüche gibt, wenn ihr an eure eigenen Beziehungskonzepte denkt.

Diabolino: Zu spät! Ich sehe schon, wie einige im Publikum schwitzen, die Augen verdrehen, und ohne es zu wissen mit mindestens einer Extremität nervös wippen.

Pan-Orpheas: Aber jetzt solltest du, Mega-Foot, doch besser zu deiner zweiten Liste aus dem Wi-Li-schi- und Wi-Li-gu-Schatzkoffer wechseln, die uns eine klare Orientierung für den Alltag gibt. Ich sehe schon, wie alle ihre Schreibwaffen zücken und bereit sind, alles brav aufs Papier zu bringen, um danach täglich zu üben.

Mega-Foot: Ich habe mir erlaubt, statt Ratschläge zu erteilen, euch durch die Wi-Li-schi-Methode direkter ans Thema heranzuführen. Damit kann man Liebesbeziehungen besonders erfolgreich gestalten. Ich sehe schon die Fragezeichen in euren Augen, was wohl Wi-Li-schi heißen soll. Es handelt sich hier um eine Mischung von chinesisch-griechischem Kulturhintergrund. Übersetzt heißt es: **„Wie Liebe schiefgeht!"**, kurz Wi-Li-schi.

Diabolino und alle Zuschauer: Waaasssss?

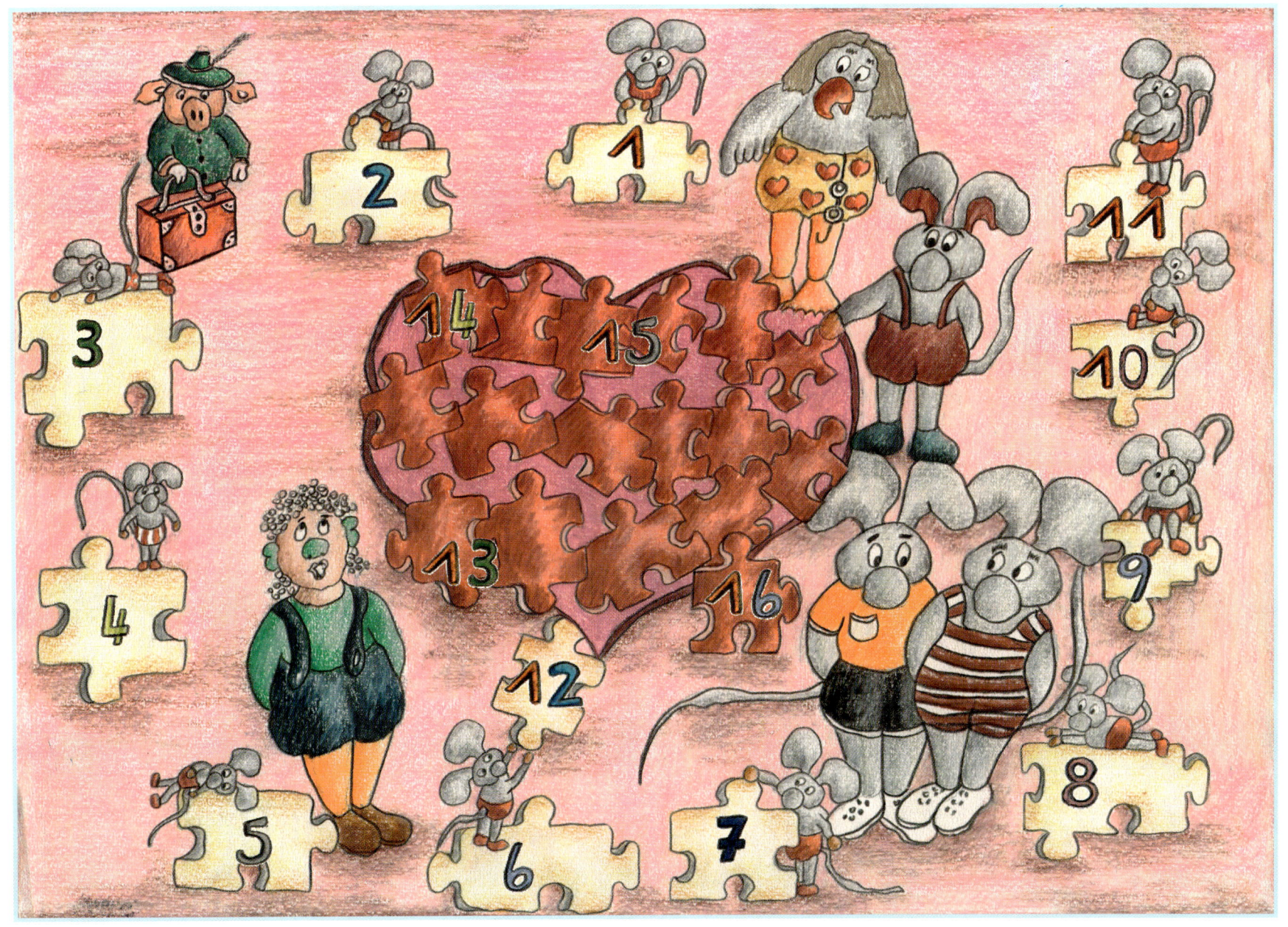

Die Liebe wird auseinander genommen

Mega-Foot: Ich weiß, aber bitte bleibt cool! Mindestens einen Moment lang. Ich greife hier auf neue wissenschaftliche Erkenntnisse zurück und mache euch folgendes Angebot, um direkt Licht in das Dunkel zu bringen. Wenn ihr euch entscheidet, die Spielregeln und die Gebote, die darin zu finden sind, zu befolgen, dann gelingt es euch ohne viel Mühe, das Ziel zu erreichen. Bei dieser Methode weiß man direkt, woran man ist, sodass man sich leichter entscheiden kann, ob man dies wiederholen will oder nicht. Alles klar?

Also, jetzt hier ganz frisch die **Wi-Li-schi-Methode!**

1. Fordert von dem anderen, den ihr liebt, er müsse so werden, wie ihr es wünscht, so aussehen, so hopsen, sprechen und singen, wie ihr es wollt, **oder** werdet, wie es der andere von euch wünscht.
2. Liebt den anderen **mehr** als euch selbst.
3. Sorgt **mehr** für den anderen als für euch selbst, und wenn es möglich ist, **opfert** euch für den anderen auf.
4. Sucht euch jemanden, mit dem ihr **Mitleid** haben könnt und dem ihr meint, **helfen zu müssen.**
5. Verlangt, dass der andere euch **alle eure Wünsche von den Augen ablesen** kann und wird.
6. Sagt dem anderen des Öfteren, dass er der einzige ist, der Beste, der Schönste, **dein Alles,** dein Gott oder deine Göttin, deine Sonne oder Mond, dein Atem, dein Leben.

Diabolino: Moment mal! Mir stockt der Atem!

Mega-Foot: Diabolino, bitte nimm dich zusammen und unterbrich mich nicht!

7. Halte den anderen **fest** angebunden, als wäre er deine **beste** Hälfte!
8. Werdet **eins** miteinander, sodass ihr euch auf Schritt und Tritt folgt und **einer ohne den anderen nichts mehr** sein oder tun kann.
9. Besser die anderen tragen Verantwortung für euch, als ihr für euch selbst.
10. Seid **oft hilflos und bedürftig**, jammert viel, sodass der andere sich gezwungen fühlt, zu helfen. So kann derjenige leichter zu einem echten Turbo-Macho werden.
11. Spielt früh genug **Mama und Papa für den anderen** oder sucht im anderen eine Mama oder einen Papa, der schön für euch sorgt.
12. Haltet eure berechtigte Wut im Bauch und äußert sie **niemals,** höchstens im Wald alleine, so wie es sich gehört.
13. Äußert **keine lebendigen Gefühle,** und wenn doch, dann leise, sonst könnte der andere sich erschrecken und belastet und sogar missverstanden fühlen.
14. Tragt für alles in der Beziehung **allein** die Verantwortung, anstatt diese mit dem anderen zu teilen.
15. Lebt alleine **nur für eure Kinder** und **trennt euch niemals** von eurem Partner oder Partnerin, auch wenn es euch noch so schlecht in der Beziehung geht. Vergesst nie den Satz: Bis dass der Tod euch scheidet!
16. Macht dem Partner **nie Komplimente**, sonst könnte er meinen, er sei der Größte.

Wenn Ihr das genau befolgt, werdet ihr schon merken, wie eure Beziehung aussehen wird. Berichtet uns beizeiten über Eure Wi-Li-schi-Erlebnisse! Und macht keinen Fehler. Ich, Mega-Foot, habe euch nicht dazu aufgefordert, dies auszuprobieren!

Frau Farilari: Ist das alles?

Robin-Mood-Coachie: Ich wusste gar nicht, was da in meinem Koffer ist. Das wirft ja meine ganzen Vorstellungen von heimeliger Liebe über den Haufen! Wie nennt man das noch? Dekonstruktion – oder so?

Mega-Foot: Vertraut dem wissenschaftlichen Hintergrund und verzweifelt nicht. Üben macht den Meister! Trotzdem möchte ich euch Hilfe anbieten, wenn euch das zu viel geworden ist. Ich habe noch eine weitere Liste in Reserve mit dem Titel: „**Wi-Li-gu**", das ist nicht chinesisch, sondern echt deutsch und bedeutet: „**Wie Liebe gut geht**!"

Robin-Mood-Coachie: Was meint der denn jetzt schon wieder damit? So was Verrücktes!

Herr Farilari: Dann schnell her mit der Liste!

Mega-Foot: Als guter Pädagoge und Psychologe mache ich das anders. Diese Liste ist für unterwegs. Beim Gehen kann man solche Rat-Schläge besser lernen und verdauen. In der Antike gab es sogar eine philosophische Schule, die nur beim Gehen philosophieren durfte. Der Name der Schule war „Peripatiteen".

Diabolino: Haben die einen Kilometerzähler dabei gehabt? Und wahrscheinlich hatten sie auch Dauer-Hunger! Aber Jogging mussten sie sicherlich nicht machen, um ihre Figur und ihren Geist schlank zu behalten, so wie wir heute!

Erzähler-Begleiter: So gehen wir also weiter in unserer Geschichte und wollen mal schauen, wie sich Leonardos und Kalliopis Beziehungskiste nach diesen Übungen weiterentwickelt.

Herr Larifari: Das ist eine richtige Frau! So eine Selbstständige hätte ich mir auch gewünscht! Psst! Hoffentlich hat meine schöne Farilari nichts davon gehört! Kalliopis Worte haben richtig gut gesessen!

Frau Farilari: Siehst du, jetzt haben wir den Salat! Die haben jetzt einen handfesten Streit im Haus!

Leonardo (leise zu sich selbst)**:** Wenn du nicht willst, will ich zweimal nicht! Ich bin wütend auf dich! Aber wie sagt ein griechisches Sprichwort: Einem geschenkten Gaul schaut man nicht ins Maul! (Zu Kalliopi) Du bist aber abweisend! Du kommst mir hart vor! Ich habe das Gefühl, dass du mich nicht mehr liebst! Am liebsten würde ich wegfliegen!

Kalliopi: Mein liebster Freund, Leonardo, ich muss einen Teil des Tages allein verbringen, sodass ich über mich nachdenken, am See baden, meine Lieblingsfrüchte holen und mich waschen und kämmen kann, wann ich will. Du musst nicht immer neben mir sein. Ich bin kein kleines Kind. Ich kann gut für mich sorgen. Bisher habe ich es gut allein geschafft! Ich schätze deine Bereitschaft, mich zu schützen. Aber du brauchst dich nicht zum Oberbeschützer aufzuplustern! Das macht doch bestimmt sehr müde!

Herr Larifari: Er sagt ja selber zu sich, dass er ein alter Gaul ist! Hihi!

Erzähler-Begleiter: Na ja, wie gehabt! Es fängt immer schön an, und dann wird es anders. Aber lassen wir die beiden sich mal alles von der Seele reden! Das könnte auch ein Zeichen von Liebe sein!

Die Wut-Trabanten

Assipelli: Ich muss euch dringend eine kleine Geschichte erzählen in der Hoffnung, dass sie präventiv wirkt. Falls wieder so ein Streit ausbricht, soll sie uns Orientierung geben, damit er nicht gleich eskaliert.

Diabolino: Endlich einer, der einmal etwas Gescheites machen will. Sonst bekomme ich auch noch die Krise!

Assipelli: Ich muss sehr weit ausholen.
Wenn wir geboren werden, sind wir gut ausgestattet mit Möglichkeiten, uns zu melden und zu protestieren, wenn uns etwas fehlt oder weh tut oder wir etwas wünschen. So können wir die Aufmerksamkeit der anderen auf uns ziehen. Wenn wir unsere Ausstattung nutzen, wenn wir klein sind, zeigen wir Wut. Und dies nicht, weil wir böse sind, sondern, um auf unsere Bedürfnisse und Grenzen aufmerksam zu machen. In den meisten Fällen klappt es Anfangs gut mit dieser Ausstattung, und so lernen wir, unsere Lebendigkeit zu schätzen und zu lieben.
Aber nach einer gewissen Zeit, in der wir irgendwie aus der Babyphase herauswachsen, etwa ab dem Zeitpunkt, an dem wir stehen und weglaufen können, ändert sich das. Die Erwachsenen meinen, wir wären auch schon erwachsen, und fordern von uns Sachen, die wir noch gar nicht können. Dabei entsteht das Problem, dass bei einem auf eigenen Füßen stehenden Kind die berechtigte Wut nicht mehr so gern gesehen wird. Daher überfallen uns die Eltern mit Schimpfworten, Verboten, Liebesentzug und Nichteingehen auf unsere geäußerten Signale. Und dann haben wir wirklich ein Problem: Wir dürfen unsere Gefühle nicht mehr äußern, wenn wir die Liebe der Eltern nicht verlieren wollen. Wir sind traurig darüber, weil wir früher auf jede kritische Situation mit uns mit lauten und wütenden Gefühlen aufmerksam machen konnten. Also, wenn Gefühle nicht geäußert werden, erhalten wir als Quittung eine innere Angst und auf der anderen Seite wächst der Berg von Wut uns über die Ohren hinaus. Wir können uns zwar dann Wutäußerungen vorstellen und irgendwie nebenbei äußern, aber sie ist nicht zielgenau gerichtet auf die Eltern oder auf diejenigen, die zuständig sind.
Stellen wir uns vor, dass wir ein Kanonenrohr in der Hand halten und jedes Mal, wenn wir wütend werden, abdrücken. Gleich danach aber überkommt uns die Angst, dass diese Kanonenkugel unsere liebsten Angehörigen treffen könnte. Wir bekommen Schuldgefühle und Angst, beschimpft und nicht geliebt zu werden, und versuchen mit allerhöchster Fantasie-Energie die Flugbahn der Kugel zu verändern, sodass sie einen Bogen um unsere Liebsten macht. Dieser Bogen setzt sich aber so fort, dass die Kugel auf einer gebogenen Bahn zu uns zurückkommt. Und da wir ja inzwischen Schuldgefühle haben, kann die Kugel endlich den Schuldigen finden, der sie abgeschossen hat. Damit trifft die Kugel uns und nicht die Eltern. Daraus entstehen Phänomene der Selbstaggression und Selbstbestrafung und ein Dauer-Grr-und-Brrr-Verhalten!
Da wir zu viel denken, nimmt manche zurückkehrende Kugel eine neue Flugbahn und kreist um unseren Kopf, als ob sie unser Kopftrabant wäre. Natürlich geschieht so etwas nicht nur einmal, sondern oft, sodass wir bald einen reich bestückten Trabantenkopf haben. Dann bekommen wir vom Grübeln und Brüten bei Tag und Nacht Migräneanfälle und leben innerlich in einer Art permanentem Aufruhr, der unserem Körper die ganze Lebensenergie entzieht. Deshalb sind wir oft müde, matt und depressiv. Hinzu kommt noch, dass unsere Mitmenschen bei der Begegnung mit uns eine dieser Trabantenkugeln plötzlich unerwartet und scheinbar grundlos abbekommen können, sodass wir in Streit geraten. Diese hat aber gar nichts mit diesem Mitmenschen zu tun, sondern war ja schon seit langem abgeschossen, eben in früheren ärgerlichen Momenten. Mit Trabantenträgern wollen die meisten Menschen zurecht nichts zu tun haben, da man schnell unschuldigerweise eine Trabantenkugel abbekommen kann, die ursprünglich für jemand anderen gedacht war.

Diabolino: Sicherheitshalber werde ich mir bald einen Helm kaufen. Wer weiß, welcher von den Leuten, denen ich begegne, mit solchen Trabanten bekränzt ist.

Pan-Orpheas: Wir hoffen, dass ihr euch diese Geschichte zu Herzen nehmt, sodass ihr euch selbst vor eigenen und fremden Trabantenkugeln schützen könnt, euch und die anderen aber gleichzeitig selbst besser versteht. Also speichert das Trabantenmodell nachhaltig in euch ab, damit ihr euer Leben mit den anderen gesünder und kreativer gestalten könnt.

Frau Farilari: Jetzt weiß ich endlich, warum ich so oft Kopfweh habe. (leise) Ich sollte Larifari wohl öfter mal die Meinung sagen, wenn er etwas von mir will, das nichts mit mir zu tun hat!

Herr Larifari: Jetzt weiß ich, warum ich so oft Beulen an meinem Kopf entdecke.

Von Wi-Li-schi zu Wi-Li-gu

Diabolino: Ich glaube, die beiden Vorträge von Mega-Foot und Assipelli sind den beiden Verliebten in die Knochen gefahren. Jetzt kann es echt etwas werden. Zwei Personen, die eigenständig sind, statt einer zusammengeklebten.

Frau Farilari: Siehst du, da hat sich ja was getan. Wenn man Mega-Foots Worte ernst nimmt und sich entscheidet, sieht man schon an der Natur draußen, wie bei ihnen drinnen die Liebe blüht.

Herr Larifari: Ja, ja. Das sind schöne Blumen. Man sieht förmlich, wie sie vor unseren Augen aufblühen!

Pan-Orpheas: Ja, das ist ein heikles Kapitel mit der Liebe, vor allem, wenn sie nicht zu einem Happy End, sondern zu einer sinnvollen Lebensführung, Lebensgestaltung und Lebensfreundschaft führen soll. Und das ist das Stichwort: Freundschaft. Wenn man das Phänomen der evolutiven Anziehungskraft der Geschlechter gut abgrenzt, und das muss ja auch sein, sonst wären wir ja nicht hier, müssen wir die Anfänge durch Freundschaft und Wertschätzung des Menschen, mit dem wir gemeinsam etwas erleben, sichern, egal ob es eine große oder eine kleine Liebe ist. Das, was immer bleibt, ist eine Kameradschaft von Mensch zu Mensch, also eine **humane Beziehung.** Eine solche Beziehung ist frei von hohen Erwartungen, Wunschdenken, falschen Vorbildern, schlechten Nachahmungen, sonst würde sie ja jeden Beteiligten der Selbstzerstörung ausliefern. Sie ist auch frei von falschen religiösen Auslegungen. Was bleibt, ist immer eine gemeinsame Wegstrecke als Gefährten, wo man sich auch für den anderen einsetzen kann, wenn es nötig ist, besonders in Krisenmomenten.

Dann kann man weiterhin Ehrfurcht spüren für den anderen in Momenten der Auseinandersetzung und verfügt über eine Portion bedingungsloser Liebe, um ihn so zu lassen und zu schätzen, wie er ist. Es kann keine wertvolle Liebe und Freundschaft sein, wenn wir mit aller Kraft und allem manipulativen Einfluss versuchen, den anderen so umzukrempeln bis er uns passt. Und man kann nicht oft genug wiederholen: **Wenn jeder für sich versucht, durch Selbstliebe und Selbstfürsorge seine Bedürfnisse und Defizite aufzufüllen und sich immer weiterzuentwickeln, dann besteht keine Gefahr, dass man den anderen dazu verpflichtet, dies für einen zu tun.** So bleibt eine große Menge Energie frei für die Gestaltung von gemeinsamen Lebenswegen. Und es besteht keine Gefahr von Andockung, Abhängigkeit und Unzufriedenheit.

Liebe ist Schwingung des Herzens – Kann man Liebe durch einen Gongschlag verstehen?

Pan Orpheas: Wir müssen unbedingt versuchen, durch neue kreative Ideen dieses lebenswichtige Phänomen Liebe zu verstehen. Habt ihr Interesse, dass wir einmal auf ganz neue Art versuchen, uns dem Phänomen Liebe zu nähern?

Publikum: Ja, natürlich. Wir hätten jetzt auch Lust, etwas Liebe zu schmecken.

Pan-Orpheas: Wir haben ja schon davon gesprochen, dass wir nur durch die Einzigartigkeit des Universums, aus dessen Tiefe unsere Erde gekommen ist, die Möglichkeit haben, uns hier als einzigartige Lebewesen zu entwickeln. Eingebettet sind wir in die Liebe von Mutter Erde, die uns alles bereitstellt, was wir brauchen: Nahrung, frisches Wasser, Atemluft, Erdanziehung, den Wechsel der Jahreszeiten und vieles, vieles mehr. Nur durch den Impuls des großen Big Bäng hat die Erde diese Liebesfähigkeit hin zu eigenständiger Impulskraft und lebendiger Schwingung, die immerwährend Neues hervorbringt, entwickelt. So möchte ich mit euch jetzt eine kleine Übung machen.
Setzt euch bequem hin und spürt dieses Getragensein von Mutter Erde. Ihr seid gut eingebettet in ihr verlässliches Schwingen! Sie ist wie ein großer Gong, der immer noch von damals her schwingt, als sie vom Big Bäng ihren Liebesimpuls bekam. Schließt nun die Augen und gebt euch dieser **Liebesschwingung** hin.
Lenkt eure Aufmerksamkeit auf euren Atem, der kommt und geht. Je größer eure Begeisterung, Offenheit, Hingabe und innere Bereitschaft ist, und je weniger verkrampft ihr seid, umso tiefer, breiter und intensiver ist die Einatmung. Spürt ihr das? Diese Einatmung bringt uns besonders viele Wohlgefühle, weil wir Sauerstoff bekommen und neue Lebensimpulse, die unsere Zellen, die wiederum wie kleine Gongs sind, in eine **Wohlschwingung** versetzen. Die belebenden Auswirkungen zeigen sich dann bald in allen Funktionen des Körpers und der Seele. Ihr könnt dieses Potenzial der **Selbstliebe-Schwingung** gleich hier probieren, indem ihr eure Hände kräftig reibt und dann mit der rechten Hand die Brust an der Stelle des Herzens berührt, diese zunächst zärtlich in kleinen und großen Kreisen massiert und dann mit der flachen Hand sachte beginnt zu klopfen. Dieses Klopfen breitet sich dann über die ganze Brust und den ganzen Körper aus bis zum kleinen Zeh. Es soll euch und eure Zellen wachrütteln zu lebendiger Schwingung. So werdet ihr **resonanzfähig.** Na, wie fühlt sich das an?

Rosa Schweinchen: Es ist, als wären die kleinen Gongs in mir jetzt erst richtig aufgewacht! Es hüpft alles in mir! Das tut gut!

Diabolino: Aber denkt daran, schön sachte zu klopfen! Ihr seid ja nicht aus Metall, oder?!

Pan-Orpheas: Wenn ihr aber versucht, diesen Atem, diese Schwingung festzuhalten, kommt es zu keiner neuen Einatmung und keinem neuen Impuls! Dann hängt man fest im Besitzenwollen. Das mit dem Festhalten haben wir ja schon öfters geübt, so wie bei Diabolinos Übung zum Big Bäng. Erinnert ihr euch? Besser ist es also, fürsorglich zu sein mit sich selbst, um sich dem Werden, Vergehen und Neuwerden immer mehr und mit größerer Bereitschaft hingeben zu können. Damit kann wie hier bei Kalliopi und Leonardo jede neue Begegnung ein weiter, tiefer, intensiver, vielfarbiger und vieltöniger Gongschlag werden. Wenn das Vertrauen da ist, können beide empfangend und hingebend füreinander sein, miteinander und füreinander schwingen, ohne die Eigenschwingung zu verlieren. Bei jeder gegenseitigen Berührung kommt es dann zu Mini-Klang-Triumphen. Die Begegnung zweier Lebewesen birgt in sich das Erleben von vielen Mini-Big-Bängs mit Impulsen hin zu neuem leiblich-seelisch-geistigen Wachstum und einer Entwicklung, die in der Resonanz des Universums nachklingt.
Wenn wir den Gong jetzt als Symbol für Lebendigkeit, Weite und Ausdruckskraft nehmen, sehen wir, dass eine große Breite, Weite, Tiefe, Intensität und Vielfältigkeit der Schwingung nur möglich ist, wenn, wie Schlegel und Gong, der eine den anderen erwartet, ganz in den Moment des Zusammentreffens eintaucht, sich hingibt, empfängt, in Resonanz geht, um sich dann wieder zu lösen, damit die Schwingung sich ausbreiten, weiten und vertiefen kann in Raum und Zeit, um schließlich langsam auszuklingen. Die Schwingung hält nur so lange, wie die Intensität der Berührung war. Gelingt eine Begegnung zwischen Lebewesen mit solcher Farbe, solchem Geschmack und Genuss, erwächst der Wunsch, sich wieder zu begegnen, und es findet von Neuem ein Gongschlag statt. Und nur wenn der Wunsch auf beiden Seiten da ist, kann es zu einem neuen Gongschlag kommen.

Diabolino: Und denkt ja nicht, ein Gongschlag reicht! Nein, eine Schwalbe macht noch keinen Sommer! Und so ist es auch mit der Liebe! Mit Diabolina damals hat's nicht geklappt!

Pan-Orpheas: Ja, alte Erfahrungen von Verletzt- und Gekränktwerden hemmen natürlich unsere Schwingungsfähigkeit. Sie wird dumpf und verhalten und gelangt so nicht hinaus zum Partner. Aber sei dir sicher, Diabolino, du bist auf dem besten Weg, eine ganze Maus zu werden. So wird dir auch bald dies gelingen!

Assipelli: Ja, so ist der **Lauf der Liebe.** Und so können wir in jeder Begegnung untereinander die evolutive Kraft des Big Bäng erleben und genießen. Mit dieser Übung und mit dieser Metapher könnt ihr an der Entwicklung einer **gelingenden Liebe** mitwirken. Ihr habt viel Klarheit gewonnen, indem ihr zunächst geübt habt, wie Liebe schief geht, und jetzt auf der Schwingungsebene erfahren habt, dass die Liebe eine gute Entwicklung nehmen kann und ihr dabei Spaß, Freude und Genuss erleben könnt.

Erzähler-Begleiter: Nachdem die beiden eine „gelingende Liebe" gefunden haben, spürt Kalliopi wieder die Sehnsucht nach zu Hause. Das ist ganz natürlich. In diesem Fall aber muss Kalliopi mit Leonardo erst klären, ob er mitkommen will oder nicht, in welcher Rolle und mit welcher Einstellung. Die Gefahr ist, dass er nicht so viel von der Normalität der Tränen und der starken Ausdruckskraft der Trauergefühle weiß. Er könnte dadurch leicht wieder in die Rolle des Beschützer-Machos rutschen. Dies geschieht unter normalen Umständen fast in jedem Haus. Wir vertrauen aber darauf, dass Kalliopi ihm durch ihre gemachten Erfahrungen gut signalisieren kann, was sie möchte und was nicht. Wenn sie ihm mit klarer Offenheit genug Informationen vermittelt, kann ihre Rückkehr nach Hause gelingen, ohne dass sie sich durch seine Anwesenheit belastet fühlt. Sie weiß ja, was sie zu Hause erwartet. Die traurigen und trüben Bilder der Mutter und der Geschwister, der Großeltern und anderen Angehörigen sind ihr bekannt.

So werden die beiden hoffentlich wie beim Gongexperiment ihre eigene Schwingung erhalten und von Neuem anklingen lassen. Dann kann jeder in der belastenden Umgebung dort frei sein für Eindrücke und Ausdrücke, die auf sie warten.

Beide atmen tief ein und blasen durch die Ausatmung die Trübsal und alten Bilder weg. Dann fliegen sie los über eine Landschaft, die in jeder Jahreszeit ihre Pracht zeigen kann.

Frau Farilari: Ich habe das Gefühl, das die beiden auch diese Reise im Miteinandersein schaffen werden.

Herr Larifari: Nun denn, guten Flug und Hals- und Beinbruch!

Diabolino: Aus meiner Erfahrung kann ich da nur sagen: Passt höllisch gut auf, damit ihr nicht in den alten Mist von noch nicht umgewandelten Gefühlen hineintritt! Das wäre für die Sinne sehr schockierend und wenig anregend!

Band III Teil 5

Rückflug nach Hause! Ob das wohl gut geht?

Trübe Heimatidylle

Erzähler-Begleiter: Leonardo und Kalliopi genießen den Flug nach Rutschi-Popolis.

Leonardo: He, Du bist ja stark! Ich hätte nicht gedacht, dass du so gut fliegen kannst.

Kalliopi: Wenn du wüsstest, dass ich zu Beginn meines Entenlebens überhaupt nicht fliegen konnte, wärst du noch erstaunter!

Leonardo: Es ist ein schöner wunderbar heller Tag, und die Natur zeigt sich von ihrer besten Seite. Aber dort unten ist ein Dorf, das im Nebel liegt.

Kalliopi (erschreckt)**:** Oh! Ich hatte ja ein trübes Bild von meiner Heimat vor meinem inneren Auge, aber jetzt sehe ich das Dorf wirklich im Nebel vor mir liegen. Wie aufgeregt ich bin!
(zu Leonardo) Wir werden gleich alle überraschen, wenn wir eine wunderbare Landung im Ententeich vorführen. Durch diese Sensation wird es sofort hell werden bei unserer Ankunft, du wirst sehen.

Assipelli: Die Landung ist ja super, richtig filmreif!

Diabolino: Endlich kommt mal helles Licht in die trübe Dorfbude!

Erzähler-Begleiter: Habt ihr gemerkt, dass die ganze Umgebung irgendwie hell wurde, als die beiden landeten? Die erstarrten Gesichter der Dorfgemeinschaft veränderten sich vor Erstaunen, als sie entdeckten, dass es Kalliopi ist, die dort so elegant und lebendig landete.

Die Wiedersehenstränen reinigen die trübe Atmosphäre

Erzähler-Begleiter: Für Kalliopi sind plötzlich wieder alle Erinnerungen an Verletzungen, Kränkungen und Zurückweisungen präsent, aber erscheinen in einem neuen Licht. Kalliopi umarmt ihre von Depression gezeichnete Mutter, springt und jubelt mit ihren Geschwistern. Das Verständnis für alles Gewesene bringt eine Versöhnung mit den Angehörigen und Dorfbewohnern.

Kalliopi: He, ihr Entengeschwister! Hallo Mama, Opa und Oma! Schön, dass ich euch wieder sehe! Aber dieses Mal kommt ihr mir lebendiger vor. Ich sehe, eure Tränen machen euch lebendiger. Also weinen wir ruhig gemeinam weiter! Das tut gut! Tränen sind immer gut, Hauptsache man weiß, für wen man weint und wer der Weinende ist, der Erwachsene oder das kleine Kind in ihm. Am schönsten sind die Freuden- und die Wiedersehenstränen.
Hier, darf ich vorstellen? Das ist mein Gefährte! Wir bereisen gemeinsam die Welt und genießen die Natur. Wir sind gute Kameraden und schätzen einander sehr! Wir empfinden viel Entensympathie und Freundschaft füreinander. Wir haben zwar erst eine kurze, gute gemeinsame Zeit hinter uns, aber hoffen, dass es uns gelingt, die kommende Zeit genauso gut zu gestalten – oder noch schöner!

Entenmama Nora: Kind, dass du zurückgekommen bist, ist das größte Geschenk meines Lebens! Endlich bist du wieder da! Jetzt traue ich mich, meine Gefühle zu zeigen. So viel Schmerz, aber auch so viel Freude ist in mir!
Willkommen in deiner Heimat und in unserem Ententeich! Deine Geschwister und Großeltern werden viel Freude an dir haben. Dein Urgroßvater, der immer noch draußen im Wald lebt, wird es kaum glauben können. Jetzt bist du eine richtige ganze Ente! Wer hätte das gedacht! Lass dich umarmen!

Erzähler-Begleiter: Jetzt ist es wohl mal an der Zeit, die Anwesenden einander vorzustellen. Sonst stehen alle noch länger hier herum und keiner macht den Anfang. Aber ich sehe, Kalliopi nimmt die Sache in die Hand.

Der Engel in grün: Das ist doch ganz natürlich! Beim Auftritt einer solchen Entenpersönlichkeit wie unserer Kalliopi leuchtet die ganze Umgebung vor Freude! Ich habe immer gesagt, dass es gar nicht so schlecht sein kann, auf der Erde zu leben, anstatt hier oben in den Lüften zu vereinsamen

Kalliopi: Ich möchte euch meine Tier- und Menschenfreunde vorstellen. Assipelli, Diabolino und Familie Larifari kennt ihr ja schon. Pan-Orpheas hier ist mein bester menschlicher Freund.
Na, ihr großen Geschwister! Was habt ihr denn alles angestellt, seitdem ich weggegangen bin? Man kann hier ja überall sehen, wo ihr eure Spuren hinterlassen habt mit eurer Enten-Power. Ihr seid echt klasse Vertreter unserer Gattung! Ich hoffe, dass man auf euch stolz sein kann! Was meinst du, Mama?

Der Engel links im Bild: Wer hätte gedacht, dass die Freude in diese Sippe zurückkehrt! Ich fühle mich auch richtig beglückt.

Diabolino: Ich hätte auch so gerne ein paar Geschwister. Kalliopi, du kannst dich glücklich schätzen! So wie ihr da steht, seht ihr aus wie eine königliche Entenfamilie.

Kalliopi: Aber jetzt möchte ich mit euch gerne zu Papas Grab gehen. Dort können wir dann endlich einmal richtig fühlen und die Erinnerung an Papa auffrischen.

Am Grab von Papa Babo

Erzähler-Begleiter: Und ohne Widerworte, Grrr oder Brrr gehen alle mit zu Papa Babos Grab. Das hätte ich nicht gedacht! Aber wie sagt Assipelli: „Das ist der Lauf der Liebe!" Die ganze Sippe weint mit offenen Herzen und zeigt endlich alle ihre berechtigten Tränen. Das ist schon ein berührender Moment. Kalliopi ist den anderen durch ihre ehrliche Gefühlsäußerung ein Vorbild. Jetzt kann sie getragen von den Tränen ihrer Familie auch hier um ihren Papa Babo weinen. Sie führt sogar diese Gefühlsfeier zu noch größerem Ausdruck.

Milo, Kalliopis ältester Bruder: Na, wie gefällt dir das Grab unseres Papas, liebe Schwester? Wir haben es mit allen Geschwistern zusammen in mühevoller Arbeit fertiggestellt.

Kalliopi: Also, ich bin überrascht. So etwas Schönes und Natürliches habt ihr hier gemacht. Es ist sicherlich eines der schönsten Entengräber! Ich gratuliere euch! Jeder von euch bekommt dafür nachher einen extradicken Kuss von mir! Na, warum steht ihr da wie die Ölgötzen? Hier liegt doch unser Vater begraben. War das ein guter Vater für euch, ja oder nein? Ich hatte ja nicht das Glück, ihn zu erleben.

Alle Geschwister (mit zitternder Stimme wie aus einem Munde)**:** Er war der beste Papa!

Kalliopi: Na, ihr Großeltern. Seid ihr zufrieden gewesen mit eurem Sohn und Schwiegersohn? Ja, ja, ich weiß schon, dass ihr hier keinen Ton äußern könnt vor lauter Berührtsein. Und du, Mama, sag ehrlich, war das nicht ein wunderbarer Gatte, dein Enterich?

Mama Nora: Ach, Kind, du rührst mich zu Tränen und bringst mich endlich zum Weinen.

Kalliopi: Also, sollen wir nicht so einen wunderbaren Menschen hier beweinen? Wir haben doch ein Recht dazu! Erlaubt euch ruhig, die Liebe zu ihm allen Anwesenden hier durch eure Tränen zu zeigen! Dann kann ich ihn auch beweinen, obwohl ich ihn nie kennengelernt habe. Erzählt mal ein bisschen von meinem Papa! War er ernst, streng, lustig, fleißig? Wie war es, wenn er wütend wurde? Wie war er, wenn er schwach war? Wie sah es aus, wenn er hoch hinauf geflogen ist? Wie ist er gelandet, wenn er von weit weg wieder hierher nach Hause kam?

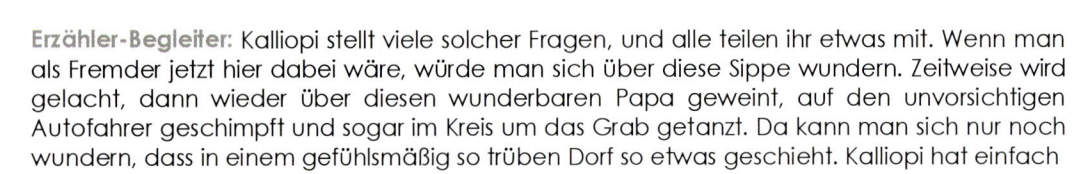

Erzähler-Begleiter: Kalliopi stellt viele solcher Fragen, und alle teilen ihr etwas mit. Wenn man als Fremder jetzt hier dabei wäre, würde man sich über diese Sippe wundern. Zeitweise wird gelacht, dann wieder über diesen wunderbaren Papa geweint, auf den unvorsichtigen Autofahrer geschimpft und sogar im Kreis um das Grab getanzt. Da kann man sich nur noch wundern, dass in einem gefühlsmäßig so trüben Dorf so etwas geschieht. Kalliopi hat einfach alle mit ihrer lebendigen Trauer angesteckt. Und das Schönste daran ist, dass sie selbst durch die Aussagen der Anwesenden jetzt im Gehirn ein farbenprächtiges Erinnerungsalbum an ihren Vater gespeichert hat. Darin kann sie immer blättern. Es ist eine richtige Erinnerungs-Schatzkiste. Nun hat sie wieder einen wichtigen Schritt auf ihrem Weg zur ganzen Ente gemacht.

Wie aus einem Picknick ein „herzlicher" Leichenschmaus wird

Erzähler-Begleiter: Nach einer langen Zeit am Grab werden die ersten hungrig und packen ihr mitgebrachtes Essen aus. Dafür suchen sie sich ein schönes Fleckchen Erde ganz in der Nähe. Es ist ein Augenschmaus, die Familie zu sehen, wie sie das Picknick im Freien zu einem herzlichen Leichenschmaus umwandelt. Als die Großeltern ein paar Gläschen Wein getrunken haben, erzählen sie noch mehr vom verstorbenen Enterich Babo, besonders von den „Schandtaten" seiner Jugend. Tino erzählt, wie er seinen Papa einmal so richtig wütend erlebt hat, als er mit seiner neuen Haarfrisur, einem Afro-Look, nach Hause kam. Und Karina erinnert sich, dass er sie als faul beschimpft habe, weil sie keine Lust hatte, ein Gedicht auswendig zu lernen. Dem Nachbar Meier fällt die Geschichte ein, wie Papa Babo seinen Traktor zu Schrott gefahren hat in jener Nacht, als er ein paar Gläschen zu viel zu sich genommen hatte. Später verrät Frau Meier, dass sie früher mal in Papa verliebt gewesen war, aber Mama ihn ihr vor der Nase weggeschnappt habe. Alle lachen, genießen und singen. Somit sieht Kalliopi ihren Vater in einem neuen Licht, denn bisher war er nur ein Schatten gewesen. Endlich hat er eine Persönlichkeit bekommen. So kann sie dieses Bild in sich aufnehmen und ihre berechtigte Trauer an etwas Fassbares richten. Endlich weiß sie, worüber sie weint und warum. Und diese Klarheit ist für sie sehr gesund.

Kalliopi: Aber jetzt will ich zu Uroma und Uropa! Die habe ich schon seit Ewigkeiten nicht mehr gesehen! Ich habe gar nicht geglaubt, sie lebend wiederzusehen! Auf geht's zum alten Ententeich, wo die ehrwürdigen Urgroßeltern leben! Sie konnten immer so gut zuhören!

Das Höhlenhaus der Urgroßeltern am alten Ententeich

Kalliopi: Was ist das für ein wunderschöner Ort hier. Hallo, ich grüße euch!

Uropa: Hallo Kalliopi! Wie sehr ich mich freue, dich zu sehen! Ich hatte fast gedacht, du wärst in der weiten Welt verloren gegangen! (ruft in das Höhlenhaus hinein) Thea, du wirst nicht glauben, wer uns heute besucht! Komm schnell!

Kalliopi: Es ist eine so lange Zeit vergangen, seitdem ich hier war, und Ihr seid wie immer aktiv, lebendig, gütig und trotz vieler Falten kann man darunter noch das freundliche Lächeln entdecken. Obwohl ich noch so klein war damals, erinnere ich mich gut an euch. Das uralte Haus ist wie ein Märchenhaus, und ihr beide seid auch märchenhaft! Gerne würde ich mich auf den Boden setzen und eure fantastischen Märchen hören.

Bruder Tino: Weißt du Schwesterchen, hier ist ein wichtiger Versammlungsort für Viele. Sie kommen hierher, werden beraten, getröstet und in Entscheidungen unterstützt. Man bekommt einen Tipp, wo man Fachleute finden kann oder wird zu alten Freunden geschickt, die helfen können. Die Alten werden hier wie ungekrönte Fürsten verehrt wie in alten Zeiten. Natürlich bekommen auch sie Hilfe, wenn sie es brauchen. Man schätzt und liebt sie, gerade wegen ihrer unschätzbaren Lebenserfahrung. Wir brauchen ja noch Jahrzehnte, bis wir so weit sind. Untereinander sind die Alten sehr lieb, jeder sorgt gut für sich und ist daher, wenn es notwendig ist, auch für den anderen da. Wenn es leichte Probleme mit der Gesundheit gibt, helfen die bewährten Hausmittel fast wie Wundermedizin.

Oft bringen die Leute in der Erntezeit Obst und Gemüse vorbei. Die Alten gratulieren uns dann immer zu den guten Früchten und Produkten. Es ist wunderbar, dass die beiden noch da sind. Das Schöne dabei ist, dass sie immer noch Neues lernen wollen. Oft sieht es lustig aus, wenn wir Jugendlichen und Kinder uns mit Freude bemühen, Uroma und Uropa etwas Modernes beizubringen, wie etwa bei der alten Waschmaschine das richtige Programm einzustellen.

Schwester Lina: Ich habe das Gefühl, dass das ganze Dorf die zwei Alten als Urgroßeltern beansprucht. Es ist eine wunderschöne harmonische Verbundenheit. Da freuen sich Alt und Jung, sich mit Uralt hier zu treffen. Jeder profitiert vom anderen und jeder schätzt, achtet und liebt den anderen.

Kalliopi (umarmt ihre Urgroßeltern)**:** Uroma und Uropa, ich freue mich, dass es euch gut geht und dass alle von euch ganz begeistert sind. Ich wünsche euch von Herzen, dass ihr älter als hundert Jahre werdet, wenn es euch Spaß macht! Morgen komme ich wieder mit meinem Freund zu euch. Dann nehmen wir uns einen ganzen Tag lang Zeit!

Ein guter Platz für "junge Alte" und "alte Junge"

Pan-Orpheas: Schau, Assipelli! Hier gibt es ein richtiges kleines Dorf-Refugium für Alte. Wir haben ja gesehen, wie gut es den Uralten geht. So sammeln sich hier tagtäglich die alten und jungen Dorfbewohner und verbringen eine gute Zeit miteinander. Ein richtig wohliger Ort für die Alten ist das hier, und für diejenigen, die auch Spaß mit den Alten zusammen haben.

Assipelli: Ich bin erstaunt. Ich kann es gar nicht glauben, dass es so etwas gibt! Ich habe auch aufgehört zu hoffen, dass die Menschen in der Kultur, in der wir leben, so etwas schaffen werden. Da trifft wieder mal meine bekannte Aussage: Das ist der richtige Lauf der Welt. Und für diesen Ort heißt mein Satz: Das ist der richtige Ort zum Altwerden ohne Betüddelei! Hier kann einer vom anderen lernen und sich gegenseitig wertschätzen.

Pan-Orpheas: Darüber wird sich mein Chef sehr freuen. Er beendet gerade sein Konzept für ein sinnvolles, kreatives, verlebendigendes, mitwirkendes und sicheres Wohnen für ältere Menschen, natürlich in Verbindung mit jungen Menschen. Sein Projekt trägt den wohlklingenden Namen **Geropolis-Projekt**! In der wunderbaren und natürlichen Umgebung der Alten hier wird er sein Modell bestätigt finden. Das wird ihn motivieren, sich noch mehr für sein ungewöhnliches alternatives Lebensmodell im Alter zu engagieren. Es ist wirklich wunderbar, dass es die Alten gibt. Die Alten sind ja ein kaum gewürdigter Schatz jeder Kultur, sogar für die kränkelnde Wirtschaft. Nur muss man kreativ und intelligent darangehen, diesen Schatz zu heben. Die Alten brauchen kein Mitleid. Sie sind reif genug, um die Bevölkerung auf die verheerenden Fehlentwicklungen im Umgang mit ihnen aufmerksam zu machen.

Diabolino: Ich wundere mich, dass die jungen Menschen im Anblick dessen, was in unserer Kultur mit den alten Menschen geschieht, nicht laut protestieren. Ihr könnt euch wohl nicht vorstellen, dass mit euch Ähnliches geschehen wird beim Altwerden. Ich wundere mich, dass ihr überhaupt noch schlafen könnt!

Pan-Orpheas: Weißt du Diabolino, die meisten Menschen heute wollen nicht mehr reagieren oder etwas verändern. Sie haben die negativen Bilder, die man vom schlechten Umgang mit den Alten in den Medien sieht, so tief in sich gespeichert, dass im Inneren ihrer Seele eine unermessliche Angst erzeugt wird. Diese Angst lässt einen das Altwerden und Altsein unbewusst verneinen. Das Nicht-fühlen-Wollen, sonst tut es sehr weh, geht dann ganz einfach über die eigenen Hormone, die ausgeschüttet werden und sich im Körper verteilen. Es ist eine Art Selbstbetäubung gegen die Realität des Altwerdens. Und so entsteht ein starker Widerstand, eine Art „Anti-Kultur" gegen das Altern. Man begegnet nicht von ungefähr heute täglich dem Begriff „Anti-Aging". Dahinter verbirgt sich eine negative lebenshindernde Bewegung nach dem Motto „Vereinigt euch alle zum Kampf gegen das Altern"!

Assipelli: Lieber Pan-Orpheas, du triffst den Nagel auf den Kopf! Ich mache mir seit langem Sorgen um die Menschheit. Ich zweifle daran, ob alles noch mit rechten Dingen zugeht. Sind die Menschen heute so gedopt, dass sie nicht mehr bei Sinnen sind, um diese Gefahr frühzeitig zu erkennen? Die ganze Kultur ist in einer Fehlentwicklung begriffen. Ich fürchte, dass es wegen der stark zunehmenden Zahl von alternden Menschen bald für Viele zu spät sein wird. Für diese Sackgassen-Entwicklung werden sich spätere Generationen schrecklich schämen! Ich merke, wie ich vermeide, meinen bekannten Satz auszusprechen, deshalb verändere ich ihn in diesem Fall auf kreative Weise: „Diesen Lauf der Welt darf es nicht geben, weil es kein natürlicher Lauf ist!"

Diabolino: Bravo, Assipelli, du sprichst mir aus dem Herzen. Ich kann die Menschen auch nicht verstehen. Ich habe das Gefühl, dass Ihr Menschen vor lauter Coolness euer Herz verloren habt. Ich fürchte mich, unter solchen Lebewesen zu leben, die nicht mehr fühlen wollen und deshalb auch nicht mehr fühlen können.

Alle wollen gerne älter werden, aber niemand möchte gerne alt sein

Erzähler-Begleiter: Immerhin habt ihr gerade etwas durch eure lebendigen Aussagen bewegt. Sicher ist, dass Ihr Leser und Zuschauer nicht mehr der schweigenden und wegschauenden Mehrheit angehört. Hoffentlich erwachen auch die Alten bald und lassen so etwas nicht mehr mit sich machen!

Kalliopi: Ich habe euch in den letzten Minuten aufmerksam zugehört. Ich bin erstaunt und sehr berührt. Ab sofort werde ich mich für unsere Alten engagieren. Natürlich erst, wenn ich meinen Weg hier zu Ende gegangen und eine „ganze Ente" geworden bin. Dann werde ich, und da bin ich mir ganz sicher, fähig sein, mich richtig für diese Aufgabe zu engagieren. Für solch wichtige Engagements braucht man „ganze Enten", die für sich selbst kompetent sind. Glaubt nur nicht, dass ich wieder mein altes Helfersyndrom ausleben will. Wenn wir junge Wesen nicht bald anfangen, etwas zu tun, bleiben wir selbst und die Kultur, in der wir leben, „chronische halbe Enten". Mal sehen, wer uns und die Kultur dann retten soll. **Menschen, die das Alter nicht achten, achten auch nicht ihr eigenes Leben!**

Diabolino: Unser Erzähler-Begleiter sagt es noch treffender: **„Von „Anti-Aging" zu „Eu-Aging"; d.h. anstatt gegen das Älterwerden zu kämpfen, für das „gute Altern" sorgen !**

Pan-Orpheas: Merkst du, liebe Kalliopi, wie sich die Wirkung deines bisherigen Weges bei dir bemerkbar macht? Wer Selbstkompetenz sammelt, übt und damit gewinnt, ist in der Lage, sich auch für andere zu engagieren. Wir brauchen also engagierte Präventionsarbeit und herzens- intelligente Konzepte, um die Lage der „alternden Kultur" positiv zu verändern. Das Anti-Aging-Phänomen verkommt mittlerweile zu einer Art kopfloser Windhund-Jagd nach der verlorenen Jugendlichkeit. Viele wollen heute **gerne alt werden, aber nicht alt sein.** Verständlicherweise kann so das Ziel nie erreicht werden, weil man vorher tot umfällt oder sich selbst aus dem Verkehr zieht.

Kalliopi: Ich möchte Diabolinos Methode folgen und dieses Kapitel mit folgenden erleuchtenden Erkenntnissen schmücken, auch wenn ich von vielen noch als zu jung dafür eingestuft werde: Durch die gemachten Erfahrungen ist mir bewusst geworden, dass ich gerne den schönsten Teil meines Lebens, meine „Alterszeit", in einer Umgebung wie hier bei meinen Urgroßeltern verbringen möchte. Mit modernen Mitteln und Techniken wäre es bestimmt möglich, in oder um unsere Städte herum solche Umgebungen zu schaffen. Dort möchte ich meine im Leben erworbenen Fähigkeiten und meine Reife nutzen, um diese Zeit für das Abrunden und Genießen in Anspruch zu nehmen. Ich möchte nicht in herkömmlichen „unverbesserlichen" Umgebungen landen, wo man die kostbare Zeit des Älterwerdens wartend auf den Tod verbringt. Ich könnte mir vorstellen, dass in der schützenden und die Kreativität anregenden Struktur einer Geropolis jedes Lebewesen die dort angebotenen Bedingungen nutzen kann, um sich zu einer „ganzen Ente" zu entwickeln und dadurch ein **ganzes rundes Alter** zu erreichen. **Dann kann man bis zum letzten Atemzug das eigene Leben mit und für die Mitlebewesen kreativ und mit Engagement gestalten.**

Im Stadion geht's, vor dem Supermarkt nicht

Erzähler-Begleiter: Ja, es gibt noch Einiges zu tun, nicht nur für die alten Lebewesen unter uns, sondern auch für die, die mit den vielen Bordsteinkanten, Treppen, Liften und schmalen Türen Probleme haben. Aber sehen wir, was passiert, denn da kommt gerade jemand zurück von den Paralympischen Spielen.

Diabolino: Da kommt ja unser Dauer-Schwitz-Schweinchen Oly Schwitzy von den Paralympics zurück. He, du hast ja eine Medaille bekommen! Ist ja toll! Jetzt hast du endlich mal Zeit zum verschnaufen, anstatt immer zu schwitzen. Na, man muss einfach viel tun, wenn man so gut sein will wie die Nichtbehinderten!

Oly Schwitzy: Oh, Mann, bin ich kaputt, aber total stolz! Wenn nicht der Reifen meines Rollstuhls geplatzt wäre, hätte ich sogar die Goldmedaille bekommen. So hat es nur zur silbernen gereicht! Aber ich bereite mich jetzt schon vor für die nächste Para-Oly!

Erzähler-Begleiter: Später treffen sie sich vor der Bäckerei wieder.

Diabolino: Wie siehst du denn aus? Statt des frisch gebackenen Olympia-Eroberers sitzt im Rollstuhl ein deprimiertes Häufchen Elend. Weshalb bist du traurig? Hast du einen Grund dafür?

Oly Schwitzy: Merkst du nichts? Ich warte jetzt hier schon eine Stunde lang und komme nicht weiter. Ich will zum Supermarkt, um Milch und Brot zu kaufen. Viele kommen vorbei und niemand merkt, dass ich hier nicht hochkomme! Wenn diese blöde Bordsteinkante doch nicht wäre!

Diabolino: Wegen eines mickrigen zwanzig Zentimeter hohen Bordsteins wird sogar ein Olympiasieger zu einem depressiven Klotz? Aber du hast doch trainierte Muskeln. Kannst du dich nicht selbst nach oben heben?

Oly Schwitzy: Das geht nicht. Das Training war nicht für die Borsteinkante gedacht. Siehst du nicht, dass die ganze Stadt voll von solchen unüberwindlichen Fallen ist? Ist das nicht komisch, so Viele fahren Auto und setzen sich trotzdem nicht dafür ein, solche Bordsteine behindertengerecht zu machen, da sie denken „Mir passiert das nicht!". Das ist einfach unerhört!

Diabolino: Komisch, ich habe auch noch nie so darüber nachgedacht. Auch wenn ich kein Autofahrer bin! Ich vertraue lieber meinen vier Mäusepfoten!
Aber ich habe eine tolle Idee! Es gibt eine besondere Technik, eine Meditationstechnik aus dem fernen Osten. Wenn man lange genug meditiert, seine Mitte findet, Ruhe in einem einkehrt und in der richtigen Weise mit gekreuzten Beinen auf dem Boden sitzt, könnte man beizeiten ein so genanntes Levitationsphänomen erleben. Schau mich nicht so an, Oly Schwitzy! Hattest du etwa mal einen Tag in der Schule geschwänzt, als wir darüber gesprochen haben?

Oly Schwitzy: Ja, wie geht denn das? Kannst du es mir nicht zeigen? Dann wäre das Problem ja gelöst!

Diabolino: Ja, ja. Da gibt es aber eine Schwierigkeit: den Rollstuhl. Den muss man in die Meditation mit einbeziehen.

Oly Schwitzy: Ja, aber ich stehe oft genug vor dem Eingang zum S-Bahnhof vor zehn unüberwindlichen Stufen. Da würde mir das gut nützen!

Diabolino: In Geheim-Meditationskreisen sagt man hinter vorgehaltener Hand Folgendes: Wenn man lange genug meditiert, baut sich unter dir ein Kraftfeld auf, das nicht nur den Rollstuhl, sondern auch noch ein paar Meter Erde unter dir mit einbezieht. Dieses Kraftfeld setzt dann die Anziehungskraft der Erde außer Kraft! Und mit einer ganz leichten Bewegung kann man sich dann über den Bordstein hieven und sogar eine Treppe hinauf. Das ist dann nur eine der leichteren Übungen.

Oly Schwitzy: Das sind ja ausgezeichnete Perspektiven! Ich brauche also dringend neben meinem Olympia-Trainer einfach noch einen Meditationguru!

Diabolino: Also, ich halte es nicht aus, dich hier stehen und warten zu sehen. Ich habe eine gute Lösung: Anstatt dass ich dich mit deinen unzähligen Kilos hier über den Bordstein hieve und mehr schwitze als du, gehe ich in den Supermarkt und hole dir deine Milch und dein Brot.

Erzähler-Begleiter: Diabolino kehrt bald zurück mit Brot und Milch und beide sind zufrieden.

Oly Schwitzy: Weißt du, manche Türen sind auch ein Hindernis. Die sind so eng, dass ich mit meinem Rollstuhl nicht hindurchpasse. Und am schlimmsten ist es mit den kleinen Liftkabinen. Da komme ich nie rein! So sind manche Behörden, mit denen ich unbedingt sprechen muss, unerreichbar für mich.

Diabolino: Ja, am besten hättest du eine Schar von Begleitern, die für dich das Meiste erledigen.

Oly Schwitzy: Ja, aber ich will selbstständig sein. Du weißt, wir Behinderten brauchen kein Mitleid, sondern Engagement von den anderen, die sich mit uns für unsere Rechte einzusetzen. Und das Wichtigste, was fehlt, ist die SHS-Methode bei den Nichtbehinderten. Die in den Behörden sollten unbedingt mal in unsere Rollen schlüpfen, um zu erleben, wie viele Hindernisse in unserer Stadt sind.

Diabolino: Nein, wir laden sie zu den nächsten Paralympischen Spielen ein, wo sie sich dann in folgenden neuen olympischen Disziplinen messen müssen:
1. Rollstuhl zusammenpressen: Dafür müssten besondere Muskelkräfte aufgebaut werden, damit man den Rollstuhl von beiden Seiten zusammenpressen kann.
2. Schlank-Dünn-Disziplin: Hier kommt es darauf an, Appetit hemmende Übungen zu machen, damit auch der im Rollstuhl Sitzende schlanker wird, um enge Passagen besser zu überwinden.
3. Leviation, damit man die normalen physikalischen Gesetze außer Kraft setzen und sich nur mit der Kraft der Gedanken über Hindernisse heben kann.
4. Olympischer Rampenbau: Alle Zuschauer der nächsten Spiele erwerben Grundkenntnisse für den Bau von Rampen.

Aber, ob sie das schaffen, steht in den Sternen! Für den Moment würde ich vorschlagen: Üben, üben, üben und einen Haufen guter Freunde, die immer einspringen, wenn nötig!

Kalliopi: Es wäre doch viel wichtiger, eine Alltags-Olympiade zu starten und nicht nur alle vier Jahre bei den Paralympics die Behinderten zu sehen und etwas für sie zu tun. Und eigentlich sind wir ja die Behinderten, die nicht verstehen wollen und die nicht klar kommen mit unserem Leben. Wir müssten einfach in ihre Haut schlüpfen, um das Leben mit anderen Augen zu sehen und es uns auch mit eingeschränkten Fähigkeiten und Fertigkeiten lebenswert zu gestalten.

Publikum: Bravo, Kalliopi! Wir sind dabei! Ich gehe jetzt endlich mal zu meinen Nachbarn, um sie besser kennen zu lernen!

Schnell ist geil!

Erzähler-Begleiter: Eigentlich müssten wir uns jetzt dringend in vielen Bereichen engagieren und insgesamt auf eine ruhigere Gangart umstellen, damit wir alten und behinderten Menschen überhaupt begegnen können und gleichzeitig gut für uns sorgen! Aber die Alltagswalze hat uns oft genug fest im Griff und rollt erbarmungslos über uns hinweg.

Diabolino: Als Hafenstraßenkind habe ich gelernt, sehr schnell zu sein, um zu überleben. Aber ich muss euch sagen, dass in meinem Leben inzwischen Vieles so schnell, oft zu schnell, und immer schneller wird, dass ich bald nicht mehr mitkomme. Sogar die Bilder auf dem Fernsehschirm sind so schnell geworden, dass ich nicht mehr hingucken kann. Ich glaube, dass ich dafür schon zu alt bin, oder dass ich dadurch viel schneller alt werde.

Pan-Orpheas: Diabolino, schau dir dieses Bild an: Hier ist alles total schnell wie in unserem Alltag. Die Umsteigezeiten auf den Bahnhöfen werden immer kürzer. Keiner hat mehr Zeit für eine Auskunft, die Ampeln springen von Grün direkt wieder auf Rot, obwohl man noch mitten auf der Straße steht – unüberwindbare Hürden für behinderte Menschen.
Ich sage dir, im Alltag wie hier sehe ich schon den Crash kommen. Ich bin sicher, solche Crash- Ereignisse gibt es auch in unserer Seelenwelt. Bevor es zu solchen ungewollten Crashs kommt, sollten wir probieren, im Alltagsleben Straßenbuckel auf unseren „Seelenstraßen" einzubauen, sodass wir gezwungen sind, langsamer zu sein. Dann hätten wir endlich Ruhe, die Umgebung und die Lebewesen darin anzuschauen, ihnen zu begegnen, mit ihnen zu lachen, fair zu streiten oder ordentlich feucht zu trauern. Dann braucht es nicht erst zu einem ungewollten Crash-Ereignis zu kommen, bevor man zur Besinnung kommt. Denn von Megaschnell stockt uns der Atem und es kommt zum Mega-Breakdown. Körperliche oder seelische Zusammenbrüche und Burnout gibt es ja schon genug um uns herum. Also lasst uns mehr auf uns achten.

Diabolino: Die Moral dieser Geschichte ist: **Mit Straßen- und Seelenbuckel fährt man im Alltagsleben langsamer, ruhiger, lebendiger und damit auch besser.** Die Alltagswalze muss zurück nach Walzenhausen!

Erzähler-Begleiter: Hätten sie von den Straßenbuckeln gewusst, wären sie wohl langsamer gefahren. Es ist aber nicht zu spät. Alles zu seiner Zeit. Wir wollen hier die Gelegenheit nutzen zu einem „Entwicklungstraining für plattgewalzte Wesen", das man unbedingt einüben muss.

Haltet euch einfach an den Titel dieses Bildes: „Auszeit ist Lebenszeit und besser als Endzeit!", und handelt nach diesem Motto.

Entwicklungstraining für plattgewalzte Wesen

Pan-Orpheas: Auch wenn man zu Hause fleißig an sich arbeitet, ist es nicht sicher, dass das Gelernte auch lange hält. Das liegt meistens daran, dass der Alltag uns wie eine Walze platt macht. Das haben wir einsehen müssen und darüber sind wir lange traurig gewesen. Wir haben aber nach Lösungen gesucht und während der Entstehung dieses Buches ein Gegenmittel zum „Vom-Alltagsstress-platt-gemacht-Werden" gefunden. Unsere Entdeckung haben wir wiederum den wunderbaren Enten zu verdanken. Diese Wesen sind eine der reichst Beschenkten in Sachen Vielfalt an Fähigkeiten und Fertigkeiten, die es auf unserer Erde gibt. Eine Ente (oder ein Enterich) kann bekanntlich viel mehr als andere Tiere und besonders viel mehr als der Mensch. Sie kann watscheln, quacken, schwimmen, tauchen und auch fliegen. Aber auch in ihrer Lebensführung und im Verhalten ist sie für Vieles beispielhaft und daher ein gutes Leitbild zum Nachahmen für uns. Wir haben sie und ihre Artgenossen während dieser Expedition in der freien Wildbahn beobachtet und daraus ein geeignetes Konzept zur Verlebendigung von Lebewesen, auch für Menschen, entwickelt. Das entstandene Training trägt den Namen **En-Tr**, das heißt: **Ententraining für ganze Leute.**

Grüner Königsfrosch: Sehr gerne würde ich an einem solchen Training teilnehmen, obwohl ich der Gattung der Frösche angehöre und mit Wasservögeln so meine Schwierigkeiten habe. Schade, dass ich nicht fliegen kann, sonst könnte ich auch ein Leitbild für die anderen sein. Quaken kann ich ja besser als alle anderen. Aber mein Quaken scheint ja nicht zu genügen, bloß weil man dieses blöde Fliegen nicht kann. Wie dem auch sei, wie kommt man denn an dieses Training?

Pan-Orpheas: Lieber Königsfrosch, schön dass du dich trotzdem dafür interessierst! Das zeigt, dass du richtig Lust hast, dich weiterzuentwickeln. Respekt für dein Alter! Wir werden daher jetzt hier für das ganze Lesepublikum ein kleines Ententraining veranstalten! Liebes Publikum! Wir werden zunächst hier drinnen üben, aber nachher die Übungen draußen in der Natur wiederholen, sodass wir uns in einer ähnlichen Umwelt bewegen wie die wunderbare Gattung der Enten.
Befreit euch von einengender Kleidung, trinkt einen Schluck Wasser, sodass ihr wie die Enten zeigt, dass ihr das Wasser als Element liebt. Öffnet die Fenster und holt aktiv frische Luft in eure Lungen durch ein tiefes Einatmen. Schaut in die Umgebung in der wir uns befinden, damit jeder weiß, wo er ist. Dann schließt die Augen und stellt euch vor, dass ihr der Gattung Ente angehört. Macht euch ein Bild davon, wie ihr euch vorbereitet, das morgendliche Entenbad zu nehmen. Spürt auch, wie kalt das sein wird, sodass ihr Gänsehaut bekommt, obwohl jeder nur eine Ente ist. Achtung! Jetzt nicht unbedingt zittern, sonst erkältet ihr euch, obwohl gar kein richtiges Wasser da ist. Jetzt darfst du all das nachahmen, was eine echte Ente macht! Hier ein paar Ideen dazu:

Watscheln, quacken, sinnlich sein, futtern, genießen, schauen, denken, fühlen, handeln, tauchen, kuscheln, sich selbst mögen, flirten, lieben, streiten, diskutieren, debattieren, fliegen, schwimmen, spritzen, lachen, sich freuen, gemeinsam weinen, wütend sein, mit den Flügeln schlagen, werben, wenn dir etwas nicht passt, ans andere Ufer gehen, Freiheit suchen, sich auf Zeit binden, keine Glucke sein für die kleinen Entlein, sondern eine Mutter, die sie ins Wasser führt.

Wichtig ist, dass du dir einfach alles merkst und mit Experimentierfreude daran gehst, ohne dich dabei total in der Rolle zu verlieren. Vergiss nicht, dass du bei diesem Training keine Ente wirst, sondern eine spielst, d.h. du identifizierst dich mit ihr. Schau dass du immer in der Lage bist, elastisch in die Rolle hinein- und wieder hinauszugehen. Mach kein Grr…und Brr…, sondern probiere spielerisch! Sei nicht tierisch ernst bei der Sache, damit du auch ein wenig Spaß dabei hast. Ihr dürft dabei ruhig laut sein, euch frei fühlen und den wunderbaren Ausdruck einer Ente probieren, um daraus viel Lebendigkeit zu gewinnen.
Zeigt den anderen, was ihr macht, sodass ihr dabei gesehen werdet. Manches könnt ihr sowieso nur mit den anderen zusammen machen. Haltet nach einiger Zeit inne, um nachzuspüren, wie es euch geht, wie ihr euch fühlt, was ihr dabei denkt und allem, was ihr noch bemerkt.
Nach einigen Minuten führt ihr die Übung weiter. Aber dieses Mal stellt ihr euch vor, in einer wunderbaren Entenlandschaft während einer angenehmen Jahreszeit zu sein. Jetzt könnt ihr probieren, das Entendasein fortzusetzen. Diesmal aber beschreibt ihr alles, was ihr wie im Tagtraum unternehmt, laut, sodass die anderen mithören und mitgestalten können. So könnt ihr als „geträumte Ente" noch andere Dinge ausprobieren, da die Geschichte ja von euch allen mit gesponnen wird. So werdet ihr durch eure Fantasie gemeinsame Abenteuer erleben. Wenn die Geschichte zu Ende gesponnen ist, umarmt euch selbst, spürt Wohlgefühle für die kleine Ente, die ihr in euch gespürt habt, bedankt euch bei ihr und öffnet dann die Augen.
Nehmt ein Blatt Papier und bunte Stifte und malt die Ente, die ihr euch vorgestellt, gespürt und ausgedrückt habt. Wenn ihr das Werk beendet habt, zeigt es den anderen, lasst euch überraschen, was sie dazu sagen und denken. Sprecht so mit möglichst Vielen über dieses Training.
Jetzt haben wir es geschafft! Na, Diabolino, wie ging es dir? Du bist so schweigsam.

Diabolino: Ich weiß nicht, was mit mir geschehen ist. Vor lauter Entesein konnte ich kaum mehr zurückkehren zu meinem Hafenstraßenmaus-Dasein! Und so konnte ich für einige Minuten keinen Mäuse-Piepston hervorbringen, sondern habe nur noch gequackt!

Pan-Orpheas: Siehst du! Alle lachen herzlich über dein Abenteuer und applaudieren auch noch! Ich glaube, du hast geschummelt und bist meinen Anweisungen nicht richtig gefolgt! Das Identifizieren mit jemandem darf nur so kurz sein wie ein Blitz, sonst besteht die Gefahr, dass du sogar viele Tage quacken wirst, anstatt wie eine Maus zu piepsen! Möge euch allen dies eine Lehre sein! Im Leben muss man sich eben an gewisse Spielregeln halten, nicht wahr? Seht ihr, so kann man aus Fehlern Einiges lernen. Danke, lieber Diabolino! Und jetzt rüber zu den nächsten Szenen, wo ihr hinausgeht in die pure Natur, um das alles noch einmal zu probieren!

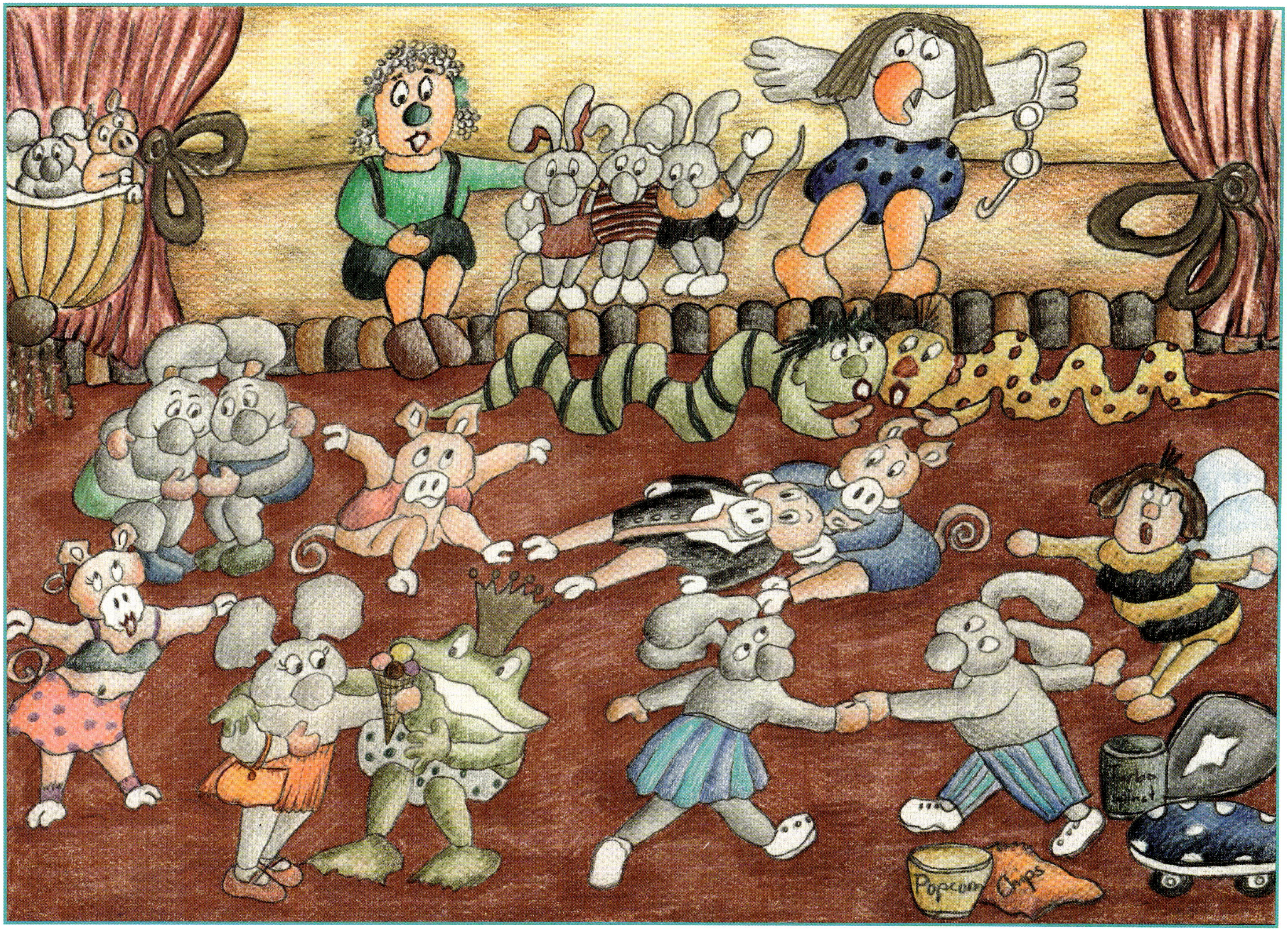
Popcorn
Chips

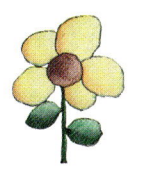

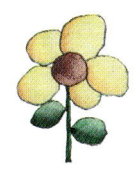

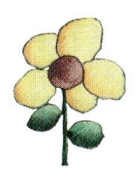

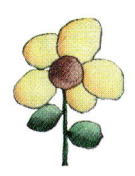

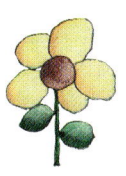

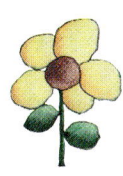

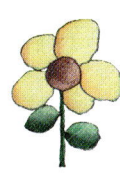

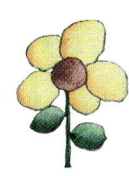

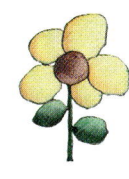

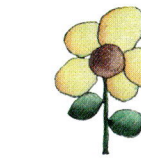

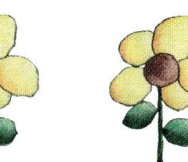

Erzähler-Begleiter: Und wie immer in solchen Momenten erscheint unangemeldet, aber mit Power, der Robin-Mood-Coachie. Er lockt die ganze Mannschaft hinunter zum Ententeich und öffnet den sonnengelben En-Tr-Schatzkoffer!

Robin-Mood-Coachie: Hi, da bin ich! Endlich können wir die erworbenen Entenfähigkeiten und Fertigkeiten in der freien Wildbahn probieren. Ihr könnt hier eurer Lebendigkeit freien Fluss und freien Lauf lassen – das wird Assipelli freuen – und euch vorstellen, dass das kleine Entlein in euch dabei so viel an Lebendigkeit gewinnen wird, dass ihr selber bald nur so strotzt vor purer Ent-licher Lebendigkeit! Also los! Übt so lange, bis ihr müde werdet, dann erholt euch ein bisschen.

Achtet auf das Zauberwort Klar-Grenzung, das wir ja schon kennen gelernt haben. Na, dann viel nasses Vergnügen! Aber lasst im Ententeich ein wenig Wasser übrig und macht die Sonne nicht nass! Ich werde zum Schutz meinen En-Tr-Regenschirm hervorkramen und meine Badehose! Hoffentlich habe ich die in der Eile nicht vergessen!

Das Fest kann beginnen

Pan-Orpheas: Jetzt seid ihr gut angewärmt, sodass endlich das „Ganze-Enten-Freudenfest" stattfinden kann. Wir haben uns gedacht, es dionysisch zu gestalten.

Diabolino: Was ist denn das? Ist das der von der Formel 1? Der sein Auto in der vorigen Woche zu Schrott gefahren hat? Was hat denn der hier zu suchen?

Assipelli: Ach, du Kulturbanause! Also, jetzt zeigst du dich von deiner schlechtesten Seite, Diabolino. Ich habe den Verdacht, dass du den Tag in der Schule geschwänzt hast, als euer Lehrer über die wichtigsten Götter der Antike sprach. Und jetzt haben wir den Salat! Vor lauter Lachen kann sich die ganze Mannschaft nicht mehr zusammennehmen! Aber das haben wir gleich! Dionysos war einer der letzten und damit frischesten Götter des Olymps. Das oft gebrauchte Wort „ganzheitlich" würde hier genau passen! Er war unter den Göttern das Mädchen für alles, würde man sagen. Er war der Gott der Fruchtbarkeit, der Vielfalt und des genießerischen Überflusses. Er war der Gott der Unterwelt, und damit hatte er eine Ahnung davon, wie das Leben oben ist, eben weil er auch das unten kannte. Und er war ein Gott, der Gegensätze vereinte, einerseits weiblich, andererseits männlich. Und seine Spezialität war das, was wir hier machen wollen.

Diabolino: Hoffentlich sollen wir nicht in die Unterwelt!

Assipelli: Nein, du Angsthase. Wir wollen die höchste seiner Fähigkeiten beanspruchen und das größte Event stattfinden lassen, die Ekstase! Aber bitte eine Mega-Ekstase, und das heißt pures leibliches, seelisches, geistiges, miteinander seiendes Vergnügen und Genießen. Und das unter der Obhut und Getragenheit unserer herrlichen Mutter Erde. Machst du aber komische Augen, Diabolino. Natürlich weißt du wieder nicht, was Ekstase ist. Das heißt ganz einfach, so lange tanzen, singen, essen, trinken und mit den anderen spielen und umarmen, bis der kleine innere Schweinehund, so nennt ihr Hafenstraßenmäuse es, von euch weicht und ihr frei seid fürs Genießen, Erleben, Spaß und Lust haben. Aber Achtung! Immer bei Sinnen bleiben, sonst bist du bald betäubt wie ein Betrunkener, und dann ist Dionysos schnell verflogen.

Also in der Ekstase weicht das, was dich am Leben hindert, und räumt den Platz für Freude und Lebendigkeit. Ich sehe schon, wie deine Augen strahlen! Ein solcher Gott wäre doch dein Liebling, oder? Aber bitte kauf dir keine Statue als Gottesbild! Dionysos mag das nicht! Er mag nicht, dass wir ihn anbeten und anbetteln! Dieser freudige lustige Gott ist überall und in allem, das heißt in mir und in dir auch. Deshalb benimm dich bitte! Ich habe vergessen, dir zu sagen, dass diejenigen, die ihn verehrten und diesen Kult erfunden haben, ganz wilde Frauen waren. Sie hießen Mänaden! Sie waren wild und ungehalten, richtig dionysisch. Sie sorgten dafür, dass man das Dionysische achtete und nicht zu einem unkontrollierten Saufgelage verkommen ließ. Tut man das, dann wehe einem! Plötzlich erscheinen sie und jagen einen so lange, bis man ohnmächtig wird und auf den Boden fällt. Dann kann man weder essen noch trinken. In der Hoffnung, dass die Mänaden nicht erscheinen müssen, lasst uns jetzt beginnen.

Diabolino: Die Moral der Geschichte ist: „Dionysos ist spitze! Aber man muss mega-achtsam sein, dass man nicht schummelt dabei!" Sonst sind einem die Mänaden auf den Fersen!

Mega-Foot: Ich grüße euch, liebe Mitfeiernde! Endlich ist Kalliopi nach Hause zurückgekehrt, aber erst nachdem sie auch sich selbst gefunden hat. Wir haben also Grund, ein paar Tage lang zu feiern – und das mit göttlicher Erlaubnis von Dionysos, wie Diabolino gerade erklärt hat. Wie werde so ausgiebig und ekstatisch feiern hier unten auf der Erde, dass sogar die Engel im Himmel Sehnsucht bekommen. Wir machen denen jetzt richtig die Nase lang, vielleicht kommen sie dann endlich wieder zurück auf die Erde. Wir beginnen mit einem Reigentanz. Dann singen wir mit dem Schweinchen-Kammerchor die Entenhymne, während unsere Schlangen einen tragenden Grundton dazu machen. Und dann springen wir wieder ins kühle Nass. Gebadet wird wie jeder es mag, mit oder ohne Badehose. Auf jeden Fall aber mit viel Freude! Dann werden sich unsere Alten bald wieder an ihre Jugend erinnern. Also los!

Erzähler-Begleiter: Vertrauen wir darauf, dass sich diese lustige Tiergemeinschaft auf dem Weg zum ekstatischen Ziel befindet. Wenn wir zurückkommen, haben sie sich bestimmt richtig eingestimmt auf die Mega- Feier!

Wir ziehen uns nun vorsichtig zurück und machen mit Mega-Foot eine kleine Exkursion ein paar Stockwerke über die Wolken hinauf, um zu schauen, was sich dort oben zusammenbraut.

Das dionysische Remmidemmi:
Der Himmel kommt runter und feiert göttlich auf der Erde

Der Himmel zieht um zur Erde

Erzähler-Begleiter: Mega-Foot ruht sich auf einer Wolke aus. Er ist völlig außer Puste nach dem langen Aufstieg auf der Himmelsleiter. Leider gibt es bis jetzt noch keinen himmlischen Fahrstuhl für zeitbegrenzte Schnellbesucher.

Der Engel in Grün: Also, wenn ich sehe und höre, was da unten los ist, springt mein Herz vor Freude und Sehnsucht! Wie schön wäre es, an dieser Party dort unten teilzunehmen.

Der Engel mit Zöpfen: Also, ich bin sofort bei dieser Expedition dabei. Ich habe Kalliopi in mein Herz geschlossen. Ich habe mitgeweint, mitgelacht und mitgefürchtet. In mir brennt eine tiefe Sehnsucht, sie einmal kennen zu lernen. Ich möchte gerne dort unten sein. Ich möchte Ähnliches erleben. Ich verstehe nicht, was die Menschen haben, dass sie uns den ganzen Tag anbetteln, damit wir sie endlich hier herauf holen.

Engel in rosa: Ihr habt mir wie aus dem Herzen gesprochen! Mich zieht es auch mächtig nach unten, aber das ist ganz neu und ich schäme mich für diese Sehnsucht. Wie könnten wir auch nur in Gedanken unseren lieben Gott verlassen wollen. Das wäre ja unverzeihlich!

Engel mit Zöpfen: Wisst ihr das Neueste? Ein Nachrichtenengel hat eben alle Engel benachrichtigt, dass es heute noch eine Audienz beim lieben Gott gibt.

Engel in Grün: Ich habe es mir gedacht. Er ist so gütig. Er ist so allwissend. Er fühlt uns. Ich habe noch Hoffnung. Er wird uns verstehen.

Erzähler-Begleiter: Eine Menge von älteren und jüngeren Engeln palavern aufgeregt miteinander.

Engelgruppe: Die Erde ist doch gar nicht so schlecht, wie die Menschen immer behaupten. Schau mal da unten, wie sie dort göttlich feiern. Das wäre schön, wenn wir die Erlaubnis bekommen könnten, dorthin zu gehen.

Mega-Foot: Da bin ich aber froh. Es sah am Anfang aus wie eine Hofrevolution. Aber jetzt nimmt der Lauf der Engel andere Züge an. Hört ihr die Engelstrompeten? Sie rufen wohl schon zur Audienz. Seht dort hinten, eine mächtige Wolke! Sieht aus wie Seidenstränge, die vom Himmel herunterhängen. Dahinter könnte man glatt den lieben Gott vermuten. So schön ist das.

Erzähler-Begleiter: Also, es wird bestimmt gut gehen, da die Engel doch sowieso nur als Gäste hier im Himmel sind. Richtige Asylanten sind das! Sie sind nämlich eigentlich die guten Anteile der Menschen, die diese aus Unachtsamkeit gegenüber sich selber aus ihren Herzen vertrieben haben und die hier oben, wo der liebe Gott sein soll, Unterschlupf, Schutz, aber auch einen neuen Wirkungskreis bekommen haben. Ohne sie fühlen sich die Menschen nun wie halbe Enten, ähem..., halbe Menschen!
Da sie ja ursprünglich aus den Menschen kommen, wissen sie auch genau, wo es bei den Menschen brennt. Deshalb sind sie gute Vermittler zwischen unten und oben. Wie dem auch sei, die Engel gehören auf die Erde zurück, zu den Menschen. Seitdem sie weg sind, leiden die Menschen. Sie haben keinen Kontakt zu sich selber, verstehen sich selbst nicht, finden auch keine Liebe für sich, und durch ihre Hilflosigkeit ziehen sie andere an, die ihnen helfen sollen. Natürlich fühlen sich die Engel verpflichtet, von hier oben etwas zu machen. Aber hier erleben sie nur permanentes Betteln und permanente Hilflosigkeit und keine Entwicklung von Selbstständigkeit. Doch jetzt tun die auf der Erde endlich mal etwas für ihre Entwicklung! Hörst du, Mega-Foot? Man hört lautes Sprechen, Rufen, und jetzt klingt es, als ob alle gemeinsam singen. Na ja, noch ein wenig Geduld. Bald wissen wir, was los ist.

Engel: Hurra, wir dürfen zur Erde zurück! Er ist so gütig! Welche Freude! Kommt, wir feiern mit! Wir haben seine Erlaubnis und seine guten Worte.

Mega-Foot: Es ist geschafft! Endlich kann sich etwas verändern, oben und unten! Wenn diese guten Anteile der Menschen zurückkehren und sich wieder in den Seelen der Menschen einnisten, werden sie selbstständiger und gütiger, und in schwierigen Momenten und Krisen werden die Engel als die guten Anteile von ihnen an ihrer linken Schulter erscheinen, die jeweilige Lage einschätzen und ihnen ins Ohr flüstern, was man berücksichtigen soll, um die Situation zu managen.

Erzähler-Begleiter: Das freut uns sehr! Dann gibt es wohl endlich mal ein Ende von Abhängigkeit und Hilflosigkeit, die gar nicht notwendig sind. Reife und selbstverantwortliche, sensible und kreative Menschen sind in der Lage, ihr Leben mit anderen und mit der Natur meisterhaft zu gestalten. Also freuen wir uns! Kommt, wir machen uns auf den Weg, bevor sich die Himmelsrutsche öffnet! Auf zum Abstieg über die Himmelsleiter zurück zum Ententeich.

Entenengel oder Engelente?

Erzähler-Begleiter: Der Ententeich sieht mittlerweile aus wie ein dampfender Kochtopf: Schreie, Lachen, eine Wolke aus herumfliegenden Entenfedern – oder Engelfedern? Dort ist der Teufel los! Nur er könnte so etwas inszeniert haben! Vor lauter fliegenden Federn und spritzendem Wasser kann man nicht mehr genau unterscheiden, wen das Schicksal getroffen hat. Niemand weiß mehr, wo Engel und wo Enten sind!

Eule Kukuwaja: Jetzt sollen die Engel endlich einmal spüren, wie das ist, wenn man um Hilfe schreit und die Hilfe immer etwas verspätet kommt!

Schmetterling Papillion (fliegt wie ein Rettungshubschrauber um den See): Rettet die Engel! Rettet die Engel!

Rabe Mehmet: Das nimmt ja gar kein Ende! Es kommen immer noch mehr. Der Himmel wird bald leer sein!

Kalliopi: Um Himmels willen! Die armen Engel! Sie schnappen nach Luft. Sie haben die Krise! Wie kommt das?

Engel im rot gestreiften Kleid: Hilfe, helft uns doch endlich! Wir ertrinken! Wir können doch nicht schwimmen!

Assipelli: Das ist der Lauf der Welt direkt hinein in den Ententeich. Und dass sie nicht schwimmen können ist eine andere Geschichte, wie Diabolino sonst zu sagen pflegt.

Diabolino: Natürlich können die armen Engel nicht schwimmen! Engel dürfen bekanntlich keinen Badeanzug anziehen.

Diabolino: Das braucht der Himmel! Der war so lange so isoliert und von Wolken bedeckt da oben. Hier unten kann er endlich zu irdisch-sinnlicher Lebendigkeit angesteckt werden. Das wäre doch „geerdet himmlisch", oder?

Pan-Orpheas: Schwups, hoppla, und da ist noch einer! Da gibt es ja einen richtigen Stau von Engeln, die die Himmelleiter zur Rutschbahn umgestaltet haben. Was ist denn da oben geschehen? Ich sehe auf jeden Fall eines: Der Himmel kommt runter! Wer hätte das gedacht?

Erzähler-Begleiter: Jetzt ist das Chaos im Ententeich perfekt! Ein typisch himmlischer Fehler, dass die Engel in Jahrtausenden nicht schwimmen gelernt haben und es daher jetzt in der Stunde Null nicht können. Inzwischen sind alle Enten ins Wasser gesprungen, um zu retten, was zu retten ist. Sogar die Uroma ist aus dem Wald gekommen und in den Teich gesprungen. Auch sie versucht, einen Engel zu retten – aus Dankbarkeit für die Hilfe, die sie jahrzehntelang genossen hat.

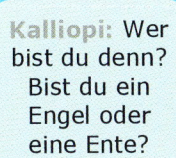

Kalliopi: Wer bist du denn? Bist du ein Engel oder eine Ente?

Diabolino: So ähnlich muss es bei der Auferstehung aussehen! Das ist wirklich total lebendig! Sogar Kalliopis Mama ist mit ganzem Herzen dabei. Ich ahnte es schon immer! Das Helfersyndrom hat auch eine gute Wirkung, wenn man es nicht übertreibt!

Pan-Orpheas: Gott sei Dank! Das Drama war nur von kurzer Dauer! Jetzt ist wieder alles geordnet! Die Engel sind ein bisschen nass, aber an ihnen kleben viele Entenfedern. Man kann kaum noch unterscheiden zwischen Engeln und Enten.

Erzähler-Begleiter: Gott sei Dank sind die Engel wieder zurück auf der Erde und werden ihren Platz auf den Schultern eines jeden Lebewesens einnehmen, wo sie ja auch hingehören. Und nun kommen wir endlich zum Finale! Das himmlisch-irdische Remmidemmi kann starten! Jetzt haben wir noch einen Grund mehr dazu!

Der Freude- und Genießer-Schatzkoffer

Erzähler-Begleiter: Der Start wirkt sehr gehemmt. Diabolino würde sagen: Das sind Weicheier, die es nicht schaffen, richtige Omeletts zu werden. Lord Quackoq tritt auf und schlägt mit gehemmten Bewegungen die Triangel. Obwohl dieses Instrument so groß ist, klingt es wie die zögerlichen Vorklänge des Weihnachtsfestes im Oktober. Vielleicht ist es ja eingerostet?! Die fünf potenziellen Ekstase-Grunzis und -Mäuse bewegen sich langsam und faul. In ihren Gesichtern liest man, dass sie sich gegen die eindringlichen Töne der Triangel wehren. Sie stehen nur auf einem Fuß wie schief geratene Störche. Manchem hängt die Zunge aus dem Mund, als wäre er in der Wüste. Ihr Grunzen verrät Widerwillen. Ihre Köpfe hängen schlaff nach unten, und man staunt, dass sie sich noch nicht umgefallen sind. Andere blicken ins Leere und hängen aneinander, um nicht umzufallen. Ihre Atemgeräusche hören sich nach Asthma an. Und es breitet sich eine Atmosphäre der Langeweile über die ganze Umgebung aus. Lord Quackoq verliert den Rhythmus und als lähmender Unterton kommt noch das Schnarchen des Tam-Tam-Grunzis dazu. Seltsam, die Körperhaltung der Ekstatischen wechselt mehrmals in der Minute von Schlappheit zu PBS-Anspannung. Sie versuchen trotz ihrer Schlappheit, mit allen Kräften ihre fünf Farbstifte zwischen den Pobacken eingeklemmt zu halten. Der Bewundernswerteste dabei ist der auserwählte Ekstase-Coachie Robin Mood. Er hält das alles aus. Robin-Mood-Coachie starrt die Schweinchen mit großen Augen an und wackelt mit dem Kopf, als wolle er sagen: Das darf nicht wahr sein! Dann stampft er mit dem rechten Fuß auf den Boden, sodass es ein Mini-Erdbeben der Stärke fünf für die umliegenden zehn Meter gibt. Alle stoppen erschreckt und schauen ihn an. Jetzt könnte er mit einem Sturm von Wut- und Schimpfworten losbrechen, doch erstaunlicherweise kommt es zu einer Umwandlung. Sein Gesicht und seine Körperhaltung verändern sich zu einer Haltung von Coolness. Wie ein gigantisches Chamäleon hat er sich diese moderne Haltung einverleibt. Aber am Ende platzt ihm trotz allem der Kragen. Er schießt nach vorne und steht in bedrohlicher Haltung vor der Truppe. Was ist denn hier nur los?

Robin-Mood-Coachie: Na, Jungs und Mädels, lasst uns mal eine A-Capella-Ekstase probieren! Also, schlagt bitte mit euren Händen und Armen den Rhythmus, um euch anzutörnen. Warum guckt ihr so? Eine guter Rap ist schon die halbe Miete, sonst sitzen wir noch die ganze Nacht hier.

Hops-Grunzi: Ja, wir probieren doch schon so lange, aber wir kommen und kommen nicht zu diesem Ekstasi...

Pan-Orpheas: Du meinst Ekstase?! Was soll ich machen? Vielleicht habt ihr etwas falsch verstanden. Ach, da kommt ja wie gerufen unser Robin-Mood-Coachie. Der wird euch zeigen, wie das mit der Ekstase geht!

Pan-Orpheas: Was ist los mit euch? Wir wollen doch feiern? Euer Grr..., Brr... und Jamrr... schreit ja zum Himmel! So geht das nicht!

Die Trommelgruppe stärkt den Puls der Erde

Robin-Mood-Coachie (voller Ironie)**:** Genug jetzt! Wir wiederholen das Ganze! Aber diesmal machen wir es richtig. Ich möchte sehen, wie lange ihr es aushaltet, so zeitlupenartig zu tanzen! Du, Tam-Tam-Grunzi, schläfst bitte weiter. Warum sollten wir schon eine Trommel brauchen für die Ekstase? Die Triangel muss hingegen endlich auf ihre Kosten kommen, indem sie dem Big Ben in London Konkurrenz macht. Lord Quackoq, du kannst den Rhythmus machen, der dir allein passt. Aber halte dich bitte an deine PBS-Pflicht, fest zusammengepresste Pobacken und ein Lächeln im Gesicht! Ihr anderen stellt euch bitte wieder wie schief stehende Störche auf ein Bein. Atmet schön asthmatisch hoch mit wenig Ausatmung und möglichst unregelmäßig. Das klappt ja gut. Im Wiederholen seid ihr unschlagbar! Bitte kein Stöhnen oder langes Ausatmen! Das brauchen wir hier nicht! Kurz gesagt, macht, was ihr wollt! Hängt weiterhin so rum, schaut die anderen am besten gar nicht an, tanzt nicht mit ihnen und singt bitte auf keinen Fall gemeinsam. Sehr gut! Das klappt ja wie am Schnürchen! Im Kopf immer die gleiche Gebetsmühle: Nur nicht ekstatisch werden, vielleicht gehe ich dann verloren, weiß nicht mehr, wer ich bin und werde verrückt! Ich will ja eigentlich keine Ekstase, sondern nur so tun, als ob. Ich bin ja kein Wilder aus dem afrikanischen Urwald! Wenn diese Gebetsmühle unterbrochen wird, beginnt einfach damit zu planen, wie ihr im nächsten Sommer billig Urlaub machen könnt. Achtet darauf, dass ihr nicht schwitzt. Dann schaut die anderen an und sagt: „Sind die aber komisch!" Jetzt kommt der Clou: Einmal richtig ekstatisch lachen, und zwar über die anderen! Und dann der hohen Erwartung treu bleiben mit dem Spruch: Wann ist es denn endlich zu Ende? Ich möchte es bald abhaken können!
Jetzt Mund halten; meditiert darüber, wie es gelaufen ist und wie es euch geht. Aber genug der Meditation, eine Minute genügt. Lasst uns besser darüber reflektieren. Also, um die Wahrheit zu sagen. Mir ging es die ganze Zeit schlecht dabei, euch zu beobachten. So ein Mist, dass es gerade mich getroffen hat, mit euch dies hier erleben zu müssen. Ich frage mich, wo ihr so etwas gelernt habt.

Diabolino: Sie haben die Aprilausgabe eines neuen Kochbuchs für schlechtes Essen gelesen. Ist doch klar!

Pan-Orpheas: Trotzdem hat die Sache auch eine gute Seite! Robin-Mood-Coachie hat euch jetzt bewusst gemacht, wie ihr es **nicht** machen sollt. Tja, eure Vorstellung könnte man Schlapp- und Einnick-Ekstase-Training für halbe Enten nennen.

Robin-Mood-Coachie: Wenn ihr euch jetzt eine halbe Stunde lang hinsetzt, euch den ganzen Ablauf noch einmal vor Augen führt, dann wisst ihr genau, wie man es nicht machen darf. So hättet ihr noch eine Ewigkeit lang trainieren können, aber es hätte nie geklappt! Also setzt euch hin, diskutiert ernst und offenherzig miteinander, und wenn ihr Fragen habt, äußert sie. Dafür stehe ich hier.
Und jetzt freut euch, wenn ihr fertig seid, geht es endlich los mit dem richtigen Training! Mit eurem Hintergrundwissen kann es ja nur noch gelingen. Also viel Glück!

Pan-Orpheas: Ihr wisst, dass wir den Rhythmus zur Entwicklung der ganzen Ekstase in unseren Händen haben. Deshalb sollten wir uns zuerst gut hinstellen, unseren eigenen Puls spüren, den wir dann auf die Trommel übertragen, bis wir den Rhythmus durch unseren Körper und unsere Füße zurück zur Erde bringen. Wir synchronisieren unsere Trommelschläge, indem wir aufeinander hören. Dabei ruhen wir gut in uns selbst, wiegen uns mit dem eigenen Puls und kuscheln uns in das Trommeln hinein. Die Antwort des Erdenpulses nehmen wir auf und bringen ihre und unsere ganze Power zum Klingen. Im stetigen Dialog mit ihr und untereinander bereiten wir einen Boden, auf dem einzelne, einzigartige Solos von euch gestaltet werden können. Achtet aber gut darauf, immer einen Boden zu erhalten. Zeigt mit eurem Trommeln, wie froh ihr seid, Mutter Erde in ihrer Bewegung zu unterstützen. Bleibt die ganze Zeit bei Sinnen, atmet immer tief durch und öffnet euch für das Genießen. Dann kommt ihr in der Trommel-Kuscheligkeit zu ekstatischen Momenten. Ihr schwingt ein in einen gemeinsamen Rhythmus, der euch verlockt, ganz im Augenblick zu leben! Genießt es! Und alle anderen können dann mit Tanzen und Klatschen einstimmen!

Diabolino: Ja, viel Vergnügen bei der Ekstase! Ich bin mit allen Sinnen dabei!

Ein gelungener ekstatischer Triumph!

Assipelli: So, jetzt geht's ans Herrichten der Sinnesfreuden! Macht gute Arbeit, damit es nachher auch schmeckt! Esst und trinkt jetzt nicht, sondern richtet erst alles her! Erst, wenn ihr fertig seid und Sehnsucht nach einem gemeinsamen Essen habt, könnt ihr probieren. Durch das Entbehren ist der Genuss nachher umso größer. Lasst euch bei der Zubereitung von den Trommlern unterstützen, indem ihr euch mit ihnen synchronisiert. Die Ekstase ist dann gesichert! Vergesst nicht, dass dies hier kein Bierfest ist. Ekstase durch Genüsse, wie hier beim Schmecken und beim Hören der Trommeln haben nur ein Ziel, das Göttliche, d.h. das Lebendige in uns, in seiner größten Stärke zu erfahren!

Fisch Glucksy: Wenn das mit den Schwingungen so weitergeht, werde ich verrückt! Dann springe ich, glaubt mir, aus dem Wasser und tanze! Dieses Dionysische zeigt seine Wirkung! Ich wollte, ich wäre kein Fisch! Oder wenigstens einer, der auch noch an Land leben kann! Solche Typen, die beides können, gibt es ja auf der Welt!

Entenbruder Tino: Ich will einen Löffel Suppe! Hoffentlich ist ein kleines Fischlein drinnen!
Die ganze Ekstase-Mannschaft: Tanzen, tanzen, tanzen!

Diabolino: Und wenn sie nicht müde geworden sind, tanzen sie immer noch!

Robin-Mood-Coachie: Den Ekstaseknigge brauchen wir wohl nicht mehr! Nach dieser intensiven Vorbereitung wissen alle, wie das mit der Ekstase geht!

Assipelli: Das ist der ekstatische Lauf der Welt!

Erzähler-Begleiter: Die ganze Mannschaft verhält sich korrekt ekstatisch. Sogar Assipelli hat die Fassung verloren. Sein Lauf scheint direkt in den Ententeich hineinzuführen. Kalliopi freut sich darüber, mit Leonardo zu tanzen, damit die Oma es sieht und ein paar Tränen gewinnt. Alles folgt unter den kritischen Augen des Robin-Mood-Coachie dem lebendigen Lauf der Welt. Na, was wollen wir noch mehr!

Philosophischer Schlafzirkel

Kalliopi: So hat alles seinen Sinn. Ich spüre alle meine Muskeln! Was wir jetzt dringend bräuchten, wäre eine von Mega-Foot angeleitete philosophische Schlafmeditation!

Pan-Orpheas (singt): Schlaf, Truppe schlaf! Ekstase war zu stark! Uaaahhh! Grr!

Frau Farilari: Uahh! Ach, bin ich müde. Ich muss üben, üben, üben...

Leonardo: Ekstase muss man schon ein bisschen üben. Sonst geht sie zu sehr in die Beine!

Diabolino: Vor lauter Müdigkeit falle ich gleich vom Baum runter! So etwas muss man öfter machen, sonst ist es zu viel auf einmal!

Assipelli: Mmmmhh! So läuft man direkt in den Schlaf hinein mit allen müden Gliedern!

Herr Larifari: Ich kann nicht mehr üben! Berühmte Philosophen sind auch immer mal wieder zwischendrin eingenickt! Schnnrrr...

Erzähler-Begleiter: Nach einem kurzen, intensiven Heilschlaf strecken und recken alle ihre Glieder. Pan-Orpheas und der Schweinchen-Chor springen auf und räuspern sich. Sie scheinen etwas Besonderes vorbereitet zu haben.

Pan-Orpheas: So, jetzt zeigen wir alle mal, was wir bei dieser Expedition gelernt haben. Also volle Pulle, mit schwungvollen Herzen und lebendigen Gesichtern! Ein, zwei und...

Erzähler-Begleiter: Und der Chor singt frei nach Friedrich Schiller die Ode an die Lebendigkeit.

1. Liebesfeuer aus unsern Herzen, freudetrunken, erdenschön,
quellen über, singend, tanzend, werden von euch gern geseh'n.
Unser Funke, unsre Schönheit, schenkt uns Freud und Lebendigkeit.
Alle Wesen auf der Erde sind Geschwister allezeit.

2. Wem der große Wurf gelungen, sich zu lieben und ganz zu sein,
der hat Umwandlung errungen, der kehrt gerne bei sich ein,
der schätzt jeden Augenblick des Lebens auf der Erde hier.
Und nun stimmet ein und singet, dionysisch feiern wir.

3. Erdentorte woll'n wir schmatzen durch der Früchte satte Pracht,
tanzt, genießet miteinander, dass das Leben Freude macht.
Trommelrhythmus, Flötenzauber, Schweinegrunzen, Entenquack',
vielfältig wurd' umgewandelt und zu Gefühlsgold gemacht.

Giga-Bilanz nach drei Bänden

Pan-Orpheas: Dreimal dürft ihr raten, was jetzt kommt! Natürlich die Giga-Bilanz! Alles ist bis zum Rand voll, unsere Herzen, unser Geist und unser Leib! Wir lassen nichts hier zurück! Den einen Haufen nehmen wir gleich mit zum Schmecken, der andere wird mit ein bisschen Umwandlungsmühe zu guter Nahrung für Leib, Geist und Seele!
Wer hat noch Fragen, wie das geht? Diabolino? Alles, was du mitnimmst, ist in deinem Video zu sehen, das du selbst gedreht hast auf dem Weg von einer halben zu einer ganzen Hafenstraßenmaus. In deinem inneren Heimkino kannst du dir diese gespeicherten Bilder, Szenen und Gefühle immer wieder vorspielen und dich dabei Tag und Nacht bewundern! Mit dem Jammern ist es jetzt endgültig vorbei! Also nehmt euch kurz Zeit für die Bilanz und später im Alltag regelmäßig ein bisschen, um die Videos anzuschauen und davon zu zehren.

Der ultimative Gongschlag!

Erzähler-Begleiter: So, jetzt gehen wir langsam aufs Ende zu. Die Trommeltruppe hat dafür gesorgt, dass dies mit dem Gong auch leiblich erfahren werden kann. Der Gong ist ja ein mächtiges Instrument, das sich sehr gut für die Abrundung dieses Abenteuers eignet.
Er ist verwandt mit uns, weil er so aussieht wie unsere Zellen, die auch einen Kern in der Mitte haben. Übrigens haben wir einige Milliarden solcher Zellen in unserem Körper! Schlägt man den Gong mit dem Schlegel ganz stark, dann hören es die Zellen und wissen, dass nun Schluss ist. Sonst bestände die Gefahr, dass einige Zellen hier bleiben wollen für noch mehr Ekstase. Also, Oberschlagmaus, los geht's! Gooonng! Der Gong-Big-Bäng verkündet unmissverständlich das Ende der Expedition. Falls ihr einen gehörigen Schreck bekommt, wisst ihr ganz sicher, dass Schluss ist!

Erzähler-Begleiter: Das Farilari-Paar tritt voll bepackt mit den Schatzkoffern auf die Bühne und verbeugt sich. Frenetischer Applaus! Laute Bravo-Rufe! Stehende Ovationen! Frau Farilari ermahnt das Publikum mit erhobenem Zeigefinger.

Frau Farilari: Wir nehmen die Koffer mit! Das Geheimnis ist nämlich: Üben, üben, üben! Sollte manches im Alltag nicht direkt klappen, versucht es so lange, bis es endlich klappt! Und tut euch zusammen. Gemeinsam wird es uns gelingen!

Diabolino: Mama und Papa, ich bin stolz auf euch! Ihr seid zwei richtige ganze Mäuse geworden! Ich freue mich sehr darüber, weil ich jetzt nicht mehr für euch sorgen muss. Ich bin jetzt eine richtige ganze freie Maus.

Diabolino: Die Moral der Geschichte ist: Koffer gut, alles gut! Und wie war das noch mit dem Solidaritäts-Schatzkoffer? – **Einer für alle, alle für einen und ich für mich!** Oh, meine Lehrer werden sich über meine neuen Merkfähigkeiten wundern! Ich bin wohl doch ein Wunderkind!

Ente gut – alles gut! Ein Mega-Lob an alle, die dabei waren

Kalliopi und Leonardo mit ihren zurückgewonnen Engeln: Liebe Freunde! Vielen Dank für euer Mit-Sein, Mit-Fühlen und Mit-Ausdrücken. Wir machen uns auf die Reise, um neue größere Ententeiche zu entdecken. Gute Wünsche für euch! Ente gut – alles gut!

Erzähler-Begleiter: Kalliopis Family tritt geschlossen auf mit verhaltener Spannung, nimmt die Ovationen auf und kann es noch nicht glauben, dass dies alles kein Traum ist, sondern echte fassbare, fühlbare Ereignisse.
Man hört sie leise ein Dankeschön flüstern und kann sicher sein, dass die neu gewonnenen inneren Engel ihnen ermöglichen werden, fehlende Entwicklungen noch nachzuholen.

Für Kalliopi brauchen sie nicht mehr zu sorgen. Sie ist befreit von aller Eltern- und Geschwistersorge und kann endlich beginnen, gut für sich zu sorgen. Mit der Natur und mit Leonardo wird das Leben bestimmt gelingen. Und wenn sich ihr Schwierigkeiten in den Weg stellen, kann sie bei ihren Freunden Unterstützung finden. **Eine für alle, alle für eine und jeder für sich selbst!**

Erzähler-Begleiter: Diabolino verbeugt sich mit den glorreichen Coachies vor dem Publikum. Sein „innerer Beistand" sitzt auf seiner rechten Schulter, da sein linkes Ohr vom Disco-Sound etwas beeinträchtigt ist. Genauso ist es auch beim Robin-Mood-Coachie.

Es hat keinen Sinn, den Coachie-Turm wie am Anfang wieder aufzubauen. Alle sind zu müde, würden umkippen, und dann hätten wir die Blamage. Also ein bisschen vortreten, sich verbeugen, mit den Armen winken, Dankeschön, zurücktreten, Vorhang zu! Ab mit der Bande!

Erzähler-Begleiter: Die Zuschauer können es gar nicht fassen, dass die Expedition schon zu Ende ist. Durch die Ovationen haben sie ein Ventil gefunden, ihren Gefühlen Ausdruck zu geben. Sie sind wie umgewandelt. Das sieht man an ihren Gesichtern und Bewegungen. Die meisten von ihnen scheinen auch zu einer ganzen Ente geworden zu sein. Hier gibt es wohl keine **Gefühls-Analphabeten** mehr. Und mit den Koffern können sie sich auch regelmäßig zum Üben und Auffrischen ihrer Erkenntnisse treffen!

Was mich angeht, ich bin ehrlich gesagt froh, dass es jetzt zu Ende ist, sonst würde die Schreiberei noch weitere Bücher füllen. Alles hat einen Anfang und ein Ende und dieses Buch auch! Dank an alle, die sich in unterschiedlichster Weise bemüht haben mitzuarbeiten oder uns im Hintergrund unterstützt haben.

Einen Dank möchten wir auch an die Leser richten, die mit ihrer Sympathie für das Buch und seine Entwicklung der ganzen Plackerei Sinn verleihen werden. Danke bis zum nächsten Lebensabenteuer!

Assipelli: Ich verbeuge mich vor euch, liebe Leser und liebe Zuschauer. Es war schön, euch als einmalige und einzigartige Wesen bei dieser Expedition kennen gelernt zu haben. Schön, dass ihr da wart! Meinen Schlusssatz kennt ihr ja schon auswendig: Das ist der Lauf der Welt!

Aber ich wollte am Ende noch sagen: Auch wenn der Lauf der Welt bei euch nicht so war, wie ihr es euch gewünscht hättet, gebt nicht auf. Auch bei solch schrägen Abläufen kann man immer noch etwas umwandeln. Das liegt an euch!

Sonne Helios: Es ist euch gelungen, ein herrlich lebendiges und farbiges Buch zu schreiben! Ihr könnt stolz sein!
Meine Tränen, die ja gleich verdampfen, zeigen meine Freude darüber. Schönen Dank für das Licht der Erkenntnis, das ihr mit diesem Buch in die Welt schickt. Das wird vielen Leuten aus dem Dunkeln helfen!

Mondin Selene: Ich bin froh, dass ich euch in sternenlosen Nächten mit meinem zarten Licht ein bisschen durch die dunkeln Pfade eurer Seelenexpedition leuchten konnte.

Die Wolke: Ich bewundere euch dafür, dass ihr die immer wieder angesammelten dunklen Wolken der letzten Jahre mit eurem treffenden Ausdruck erhellt habt. Die Leser und Zuschauer werden dies bestimmt spüren und Erhellung in dunklen Momenten finden!

Flüchtendes Buch: Schnell weg von hier, sonst wollen sie vielleicht doch noch weiterschreiben!

Mega-Foot: Ich bewundere euch für eure Hingabe, Geduld und Fähigkeit, die Trauer umzuwandeln, die bei jeder Sitzung durch alles nicht Gelungene entstanden ist.

Erzähler-Begleiter: Vielen Dank für alles. Es ist uns gelungen! Vor dir, Pan-Orpheas, und deinen wunderbaren Coaches möchte ich mich verbeugen. Ihr seid gute seelische Kameraden gewesen. Ich fühle mich auch beinahe wie eine ganze Ente, trotz ein paar ausgerupften Haaren und wunden Fingern. Lasst uns jetzt Freudentränen gewinnen in Dankbarkeit füreinander! Übrigens, solltet ihr irgendwo wieder Enten sehen, achtet gut darauf:

„In jeder Ente könnte ein Engel stecken!"

Enten- und Menschentrainings Angebote
Jeder könnte ein „ganzer Mensch" werden!

TRAUER - KREATIVITÄT - HUMOR - SPIEL - FREUDE :
„JETZT MACHEN WIR AUS TRAUER LEBENDIGKEIT!"

„Aufbruch zur Lebendigkeit mit tierischem Ernst und menschlichem Humor"
Eine ungewöhnliche interaktive Veranstaltung

Die Lesungen und Trainings für Erwachsene, Kinder und Fachleute bieten **innovative Konzepte** aus dem **neuen** Buch von Dr. Jorgos Canacakis „**Die Welt ist voll von halben Enten**". Das Publikum wird angeregt zu emotionalen, humorvollen und kreativen Erfahrungen durch speziell entwickelte „Enten-Trainings". Bei diesen Trainings geht es vor allem darum, den Umgang mit Gefühlen wie Trauer und Freude neu kennenzulernen. Am Leitbild der kleinen Ente „Kalliopi", der Protagonistin des Buches, ordnen wir unser Gefühlschaos, entwickeln unsere emotionale Kompetenz und begleiten das Entlein auf ihrem Entwicklungsweg von einer „ halben Gefühlsente" hin zu einer „ganzen Ente" . Bei dieser einmaligen Gelegenheit können auch wir uns zu „**ganzen Menschen**" entwickeln!

Ziele:
a) das von uns im Buch entdeckte Potenzial an Lebendigkeit mit allen Sinnen anzuzeigen
b) die Erfahrungen aus der Gefühls-Expedition mit dem Buch zu vertiefen und zu erweitern
c) die gewonnenen guten Gefühlsentwicklungen nachhaltig zu verankern
d) die Inhalte, Meditationen und Übungen leichter in unseren Alltag zu übertragen

Angebote:
1. Lesungen in Buchhandlungen, Dauer: ca. 2 Stunden
2. Halbtagstraining, ca. 4 – 5 Stunden
3. Ganztagstraining, von 9.30 – 19.00 Uhr
4. Wochenendtraining, 2 oder 3 Tage
5. Das so genannte „Lebendigkeitstraining für Enten-Trainer", zwei Mal 5 Tage

Für ausführliche Informationen wenden Sie sich direkt an die AMB oder das JCI. Sie erhalten alle Unterlagen direkt auf der Homepage oder können diese mit einem frankierten und adressierten Couvert anfordern. Adressen siehe unten.

Seminare

Angebote der AMB Essen, und des JCI Zürich
Basis- und Aufbauseminare mit dem
Lebens- und Trauerumwandlungsmodell LTUM©

Lebens- und Trauerumwandlungsseminar LTUM© Typ A
„Kreativer Umgang mit Trauer"
Das klassische Seminar für alle Personen, die sich von aktueller, bevorstehender, weit zurückliegender oder „scheinbar" grundloser Trauer betroffen fühlen.
Es eignet sich auch besonders gut für alle Menschen in sozialen, pflegerischen, pädagogischen, therapeutischen und medizinischen Berufen, in denen sie oft Kontakt mit Menschen in Trauerkrisen haben.

Lebens- und Trauerumwandlungsseminar LTUM© Typ B
„Eltern auf neuen Lebenswegen nach dem Tod eines Kindes"
Dieses Seminar bietet speziell für trauernde Eltern nach dem Tod eines Kindes einen geschützten Rahmen. Wenn das eigene Kind stirbt, scheint die Welt plötzlich auseinander zu brechen. Nichts ist mehr, wie es war. Die Aufgabe, mit dem Tod eines Kindes (oder mehrer Kinder) fertig zu werden, scheint in unserer Kultur und speziell in der aktuellen gesellschaftlichen Situation fast unüberwindbar zu sein. Trauer um ein Kind trifft Mütter und Väter in ihrem ganzen Sein und erschüttert sie bis ins Innerste.

Lebens- und Trauerumwandlungsseminar LTUM© Typ C
„Mit Kindern lachen und weinen"
In diesem kreativen Seminar können Kinder und Jugendliche nach dem Tod eines Elternteils-, Großeltern- oder Geschwisterteils durch eine verständnisvolle und einfühlsame Begleitung in einer tragenden Solidargemeinschaft ihren lebendigen Trauergefühlen begegnen, sie durchgehen und umwandeln.

Parallel dazu nehmen die Eltern oder Bezugspersonen an einem Aufbauseminar teil, wo sie Selbstliebe und Selbstfürsorgekompetenz entwickeln und Orientierung für die Weiterbegleitung ihrer Kinder auf dem Weg der Entwicklung vorwärts in ein lebendiges Leben hinein erhalten.

Ausbildung MyroAgogik© Lebens- und TrauerbegleiterIn / TrainerIn
- Dies ist eine lebensverändernde Ausbildung für sich Selbst und den Beruf.
- Sie begleiten dank der erlernten Methoden, Konzepte und Erfahrungen kompetent Menschen in Trauer- und Verlustphasen in ihrem aktuellen Tätigkeitsfeld.
- Sie integrieren in ihr bereits bestehendes Angebot das Fachgebiet TRAUERUMWANDLUNG.
- Sie bauen auf Wunsch in einem zweiten Schritt mit der Aufbaustufe zur MyroAgogik© TrainerIn einen selbstständigen Erwerb oder Nebenerwerb auf.

Ziele und Schwerpunkte der Basisausbildung:
- Die Entwicklung der eigenen Trauerfähigkeit, auch zur eigenen Gesundheitsprävention.
- Das Erlernen eines heilsamen Umgangs mit der eigenen Trauer. Durch Selbsterfahrung die heilsame Wirkung des LTUM© am eigenen Leib spüren.
- Das eigene heilsame Potenzial entdecken und integrieren.
- Durch Übungen die speziellen Methoden, Techniken und den theoretischen Hintergrund des LTUM© und des MyroAgogik© Ansatzes erfahren und verstehen.
- Dadurch die Kompetenz erlangen, das Trauerphänomen und das darin enthaltene Gesundheitspotezial bei sich selbst und anderen differenzierter wahrzunehmen.
- Erlangen von Handlungskompetenz, um selbst Übungen, symbolische Handlungen und klar strukturierte Abläufe (Rituale) zu entwickeln und anzuwenden. Erlernen der speziellen LTUM© Bedingungen, Methoden, differenzierten Zielrichtungen und theoriegeleiteten Prozesse.
- Erlangen der ersten Stufe der modularen Ausbildungsangebote des JCI für ein eigenes, neues oder erweitertes berufliches Wirkungsfeld.

Aufbauseminare / Module

I. TransSelbst© Modell
Der Name TransSelbst© steht für das gesamte Wirkungs- und Lebenspotenzial in uns. Dieses Potenzial entsteht immerfort aus allen unseren Lebenserfahrungen. Dazu gehören alle Dimensionen unseres Seins; die Erinnerungen der Kindheit, die aktuellen Erlebnisse und auch alle Ängste und Pläne für unsere Zukunft. Fehlentwicklungen in diesen Zeitdimensionen bewirken, dass das SELBST sich oft als vergessen, falsch, abgespalten und ungeliebt erfährt, was die eigene Lebensgestaltung erschwert.

Aufbauangebot
Die Aufbau-Module bieten alle einen geeigneten Rahmen für die systematische Entwicklung der Identität. Dies fördert den Kontakt zwischen ICH & SELBST. Durch das Lernen von Selbstfürsorge, Selbstliebe, Selbstverständnis und Selbstakzeptanz kehrt Lebendigkeit und Lebensfreude zurück. So werden diese Teile zu einem Ganzen, was die Identität automatisch stabilisiert und bereichert. Wir befähigen uns dadurch, den Kontakt zu den Mitmenschen und zur Natur zu erhalten und weiterzuentwickeln.

Einführungsseminar TransSelbst© (3 Tage)
Trainingsseminar TransSelbst© (5 Tage)
Expeditionsseminar TransSelbst© (14 Tage im Frühling in Griechenland)

II. TransSonans© Modell
TransSonans© bedeutet, dass wir durch Ausschöpfen unseres gesamten SchwingungsPotenzials zur Verbundenheit mit uns selbst, den Mitmenschen, der Natur und dem uns umgebenden Universum gelangen können. Wir können lernen, Schwingung als Grundpotenzial alles Lebendigen zu empfinden und auszustrahlen. Wir entdecken durch Klang, dass wir ein Teil des schwingenden Universums sind und das Universum ein Teil von uns. TransSonans© bedeutet Entwicklung und Aktivierung von inneren und äußeren Ressourcen-Potenzialen zur Selbstwahrnehmung,

Aufbauangebot

Die Module bieten alle den geeigneten Rahmen für das Experimentieren und Arbeiten mit Klang und Schwingung. Dies bringt ungeahnte Entwicklungsmöglichkeiten. Im Mitschwingen von erzeugtem Klang entstehen im neuronalen Verbindungsnetz unseres Leibes neue Verknüpfungen. Neue Erkenntnisse, neues Verständnis, neue Kreativität, eine Erweiterung des Denkens und Handelns ergeben sich dadurch automatisch. Das Erfassen von Zusammenhängen und Entwickeln von Visionen und Perspektiven wird möglich. Alte Muster lösen sich auf. Schwingungen fördern Vernetzungen im Denken, Fühlen und Handeln und damit „trans-neuronale Plastizität" im Gehirn. Wir werden uns plötzlich der Zusammenhänge unseres Seins, unseres Tuns, des bisherigen Lebens und der Zukunft klar bewusst.

Zusätzlich je nach Nachfrage und Zeitmöglichkeiten sind folgende Spezialseminare, Expeditionen und Weiterbildungen im Angebot:

Einführungsseminar TransSonans© (3 Tage)
Trainingsseminar TransSonans© (5 Tage)
Expeditionsseminar TransSonans© (14 Tage im Herbst in Griechenland)

III. Edukative Expeditionen

„Mit Orpheus zu den Wurzeln der europäischen Trauerkultur"
(12 Tage im Frühling in Griechenland)
Wir reisen von Athen zum Totenorakel von Efira, dem Totenfluss Acheron und der Gedenkstätte der Frauen von Zalongo in Nordgriechenland. Dann geht es nach Süden, nach Mani zum Orakel von Poseidon am Kap Tainaron und zu den Wehrtürmen von Vathia. Dort erleben wir die Klagefrauen und Klagemänner mit ihrer Trauerkultur der Myroloja.

„Das Auf und Ab der Berge und der Seele"
(12 Tage im Frühling in Griechenland)
Ein Aufbruch zum Panorama der drei Kontinente und zur Wandlung des Ikarus-Mythos in uns selbst. Eine völlig andere Art, der Natur - speziell den Bergen - zu begegnen. Förderung der Sinneswahrnehmung, der realen Selbsteinschätzung und der Selbstfürsorge - also der leib-seelischen Power-Ökonomie im privaten Alltag und im Beruf.

„Reise zu den Wurzeln der Heil- und Orakelkultur der Antike"
Hier geht es um Expeditionen zu besonderen, einmaligen Plätzen in der Natur und zu wichtigen antiken Orten und Kultstätten, die als Wurzel der abendländischen Zivilisation gelten. Wir reisen zu den Orten Dodona, Epidaurus und Delphi, nehmen deren Atmosphären auf und lassen die Steine dort lebendig werden, indem wir uns in die damalige Zeit hinein versetzen. Durch Rückbindung an jene antike Zeit, in der besondere bis heute wirkende Erkenntnisse gewonnen wurden, können wir Orientierung für unser aktuelles Leben finden.

Adressen

Für ausführliche Informationen wenden Sie sich direkt an die AMB oder das JCI. Sie erhalten alle Unterlagen direkt auf der Homepage oder können diese mit einem frankierten und adressierten Couvert anfordern bei:

AMB Akademie für Menschliche Begleitung
Goldammerweg 9, D-45134 Essen
Tel. +49 (0) 201 44 24 69 Fax +49 (0) 201 47 18 00
info@canacakis.de   www.canacakis.de

JCI Jorgos Canacakis Institut
Postfach, CH-8053 Zürich
Tel. +41 (0)43 819 37 34 Fax +41 (0)43 819 37 35
info@jci-zuerich.ch   www.jci-zuerich.ch

Buchveröffentlichungen

Canacakis, Jorgos:
Ich sehe deine Tränen. Lebendigkeit in der Trauer
Komplett überarbeitete und erweiterte Neuauflage 2006, Kreuz Verlag, 312 Seiten

Trauer will gesehen, gehört, ernst genommen, verstanden, akzeptiert, aber auch mitfühlend bestätigt werden. Sie ist die Basisressource für den Umgang mit den stetigen Veränderungen in unserem Alltag. Trauer ist eine angeborene Fähigkeit, die aber Entwicklung und Unterstützung durch eine solidarische Gemeinschaft, durch symbolische Handlungen und strukturierte Abläufe (Rituale) braucht. Trauer kann man nicht loswerden, sondern sie muss gefühlt, ausgedrückt, begriffen und so in Lebendigkeit umgewandelt werden. Dabei geht es auch um die Unterscheidung zwischen alter, aktueller und zukünftiger Trauer. Diese Klärung bewirkt eine Reifung der Traueremotionen und somit der eigenen Persönlichkeit.
In dieser komplett überarbeiteten und erweiterten Neuauflage des Klassikers stellt der namhafte Trauerforscher Jorgos Canacakis sein Lebens- und Trauerumwandlungsmodell (LTUM©) dar, das er in den letzten 30 Jahren europaweit durch Forschung und praktische Arbeit entwickelt hat. Neu an diesem Buch sind die Aussagen, spontan geschriebenen Gedichte, Bilder, Trauer- und Lebensmärchen und anderen kreativen Arbeiten von Seminarteilnehmern.

Canacakis, Jorgos:
Ich begleite Dich durch deine Trauer. Lebensfördernde Wege aus dem Trauerchaos
Komplett überarbeitete und erweiterte Neuauflage 2007, Kreuz Verlag, über 100 Seiten

Jorgos Canacakis führt Trauende kurz, einfühlsam und verständlich in das schwierige Thema ein, sodass diese ihre Trauer verstehen und selbst aktiv werden können. Er berücksichtigt alle Arten von Verlusten und zeigt nicht nur Trauer-, sondern gleichzeitig Lebensalternativen auf. Als kompetenter Begleiter über die Berge und Täler der Gefühlslandschaften gibt er Orientierung im Trauerchaos, unterscheidet klar zwischen „lebenshemmender" und „lebensfördernder" Trauer und zeigt Wege auf, wie Trauernde sich vor Überflutung und Depression schützen können.
In der komplett überarbeiteten und erweiterten Neuauflage wird die Weiterentwicklung des Lebens- und Trauerumwandlungsmodells (LTUM©) dokumentiert, kommen Teilnehmer der Trauerseminare zu Wort und gibt es neue Anregungen für Meditationen.

Canacakis, Jorgos; Bassfeld-Schepers, Annette:
Auf der Suche nach den Regenbogentränen. Heilsamer Umgang mit Abschied und Trennung
12. Auflage 2005, Bertelsmann-Verlag, 255 Seiten

Angeregt durch die jahrelange praktische Arbeit mit trauernden Menschen haben Jorgos Canacakis und Annette Bassfeld-Schepers mit der Geschichte von den Regenbogentränen eine ungewöhnliche poetische Form gefunden, die uns neue Wege für den liebevollen Umgang mit Trauer erfahren lässt. Sie erzählen eine Geschichte, die Kindern und Erwachsenen dabei hilft, sich den Trauergefühlen zu öffnen, sie auszudrücken und ihre lebensfördernde Kraft zu spüren.
Trauer ist eine heilsame Antwort eines lebendigen Herzens auf Abschiede und Trennungen. Solchen Lebenssituationen sind wir von Kindesbeinen an immer wieder ausgesetzt. Die Trauerfeindlichkeit unserer Kultur führt jedoch dazu, dass wir uns diesem lebenswichtigen Gefühl entfremden, es fürchten und unterdrücken. Die daraus resultierende Gefühlsverarmung hat erschreckende Konsequenzen für viele Lebensbereiche.

Schneider, Kristine; Canacakis, Jorgos:
Heilsamer Umgang mit Schwingungen. Gongklänge: Neue Wege zum Selbst und zur Lebendigkeit
1996, Walter Verlag, 228 Seiten
Restexemplare bei der AMB erhältlich, Adresse siehe oben.

Durch das völlig neue „TransSonans"-Modell wird ein neuer Zugang zu Klangmedien wie Gong, Klangschale, Trommel und Lyra eröffnet. Hier kann der Mensch sich in der Inszenierung von kreativen Medien, Mythen, Symbolen und Ritualen als schwingend, allverbunden und heilsam abgegrenzt erfahren. Das Buch bietet den Lesern einen Fundus von bewährten und neuen Gongübungen. Es wendet sich an psychologisch Interessierte, an Fachleute der helfenden Berufe, an Psychotherapeuten und Ärzte. Die Modelle geben eine klare Orientierung, auch für Nichttherapeuten, die die heilsame Arbeit mit Klang kennen lernen möchten.

Und wenn unsere Ente nicht gestorben ist,
findet ihr sie sicher im nächsten Ententeich!